DELIUS KLASING

NATHALIE MÜLLER
MICHAEL WNUK

MEER ALS EIN TRAUM

Unter Segeln ins Glück

Delius Klasing Verlag

Für unsere Familien

Bibliografische Information der Deutschen Nationalbibliothek
Die Deutsche Nationalbibliothek verzeichnet diese Publikation in der Deutschen Nationalbibliografie; detaillierte bibliografische Daten sind im Internet über http://dnb.dnb.de abrufbar.

1. Auflage
ISBN 978-3-7688-3913-6

Fotos: Nathalie Müller und Michael Wnuk
Für die Abdruckgenehmigung des Janosch-Zitats auf Seite 80 danken wir der Verlagsgruppe Beltz, Weinheim.
Für die Abdruckgenehmigung des Zitats von Tom Neale auf Seite 136 danken wir dem Verlag Conrad Stein, Welver.
Karte: Inch 3, Bielefeld
Umschlaggestaltung: Buchholz.Graphiker, Hamburg
Satz: Fotosatz Habeck, Hiddenhausen
Druck: CPI – Clausen & Bosse, Leck
Printed in Germany 2014

Delius Klasing Verlag, Siekerwall 21, D–33602 Bielefeld
Tel.: 0521/559-0, Fax: 0521/559-115
E-Mail: info@delius-klasing.de
www.delius-klasing.de

Inhalt

Segelschiffe

Sie haben das mächtige Meer unterm Bauch
Und über sich Wolken und Sterne
Sie lassen sich fahren vom himmlischen Hauch
Mit Herrenblick in die Ferne.

Sie schaukeln kokett in des Schicksals Hand
Wie trunkene Schmetterlinge.
Aber sie tragen von Land zu Land
Fürsorglich wertvolle Dinge.

Wie das im Winde liegt und sich wiegt,
Tauwebüberspannt durch die Wogen,
das ist die Kunst, die friedlich siegt,
und ihr Preis ist nicht verlogen.

Es rauscht wie Freiheit. Es riecht wie Welt. –
Natur gewordene Planken
Sind Segelschiffe. – Ihr Anblick erhellt
Und weitet unsre Gedanken.

Joachim Ringelnatz

Prolog

»Eines Tages werden wir die Leinen an diesem Steg zum letzten Mal lösen und nicht wieder am nächsten Tag festmachen«, murmele ich innerlich lächelnd, als ich die Bugleinen loswerfe und die freien Enden auf das Vordeck der LADY ziehe. »Leinen sind los!«

Nathalie steht am Ruder, und langsam zieht der Daimler das schwere, zwölf Meter lange Stahlschiff rückwärts in den Kanal.

»Pass mit dem Dalben auf. Achtung!«

Ziel ist Medemblik auf der anderen Seite des IJsselmeers. Samstag hin, Sonntag zurück. Ich könnte die IRON LADY schon blind dort hinsegeln, kenne jede Landmarke, den Tonnen habe ich schon Namen gegeben. Else, Heidi, Elisabeth.

»Alles klar auf dem Vorschiff. Scholle satt wartet nicht ewig auf uns. Gib mal ein bisschen mehr Gas als sonst. Wind ist eh keiner. Nur Dunst und trübe Sonne. Die ganze Woche wunderbares Wetter und am Wochenende ist Regen angesagt. Da gönnen wir uns heute doch 'ne eiskalte Flasche Chardonnay. Nicht wahr, mein Schatz?«

Am Anfang stand nur die Sehnsucht, etwas zu verändern. Sechs Jahre Medizinstudium und zweieinhalb Jahre Krankenhaus. Viele verregnete Sommer in Deutschland. An langen Winterabenden machten Michael und ich uns immer wieder Gedanken darüber, was wir eigentlich von unserer Zukunft erwarteten. Wollten wir in fünf Jahren in einer perfekt eingerichteten Eigentumswohnung sitzen und unseren Freunden bei Hummer und Champagner die Dias von unserem letzten Segel-Kurztrip nach Kuba zeigen? Wären wir zufrieden mit einem übervollen Terminkalender, der kaum noch Zeit für spontane Pläne ließe, stattdessen ein Konto mit sich brächte, mit dessen Hilfe man schick essen und shoppen gehen könnte? Die Vorstellung eines solchen »normalen« Lebens verursachte uns beiden ein Gefühl des Unwohlseins – ohne dass wir eine konkrete Vorstellung gehabt hätten, wie unser Leben anders aussehen könnte.

Ungefähr zur gleichen Zeit absolvierten wir unsere ersten Segelkurse, charterten Yachten im Mittelmeer und an der französischen Atlantikküste. Wir sahen Delfine, schnupperten Seeluft, spürten den Wind in den Segeln und bei jedem Ankeraufmanöver dieses leichte Kribbeln in der Magengrube: Wie wäre es wohl, wenn wir nun doch weitersegelten, nicht nur zur nächsten Insel, sondern immer weiter Richtung Westen, und erst nach 20 000 Seemeilen wieder ankämen? Wir begannen, Berichte von Fahrtenseglern, Reiseführer und Hafenbücher fremder Länder zu lesen, und mit jedem Satz schlich sich der Traum tiefer in unser Bewusstsein. Wir wollten morgens im Meer baden, unser Abendessen selber fischen, die Kokosnüsse von den Bäumen schütteln, den Strom von der Sonne geschenkt bekommen und das Süßwasser in 20-Liter-Kanistern auf unser Boot schleppen. Irgendwann fiel dann der magische Satz: »Wir kaufen ein Boot!« Guter Plan, aber es ist wie mit allen Dingen, die man zum ersten Mal im Leben macht: Wir hatten keine Ahnung. Wie viel durfte ein Boot kosten, wie groß sollte es sein? Stahl, Holz, Langkieler, Kurzkieler, Selbststeueranlage, Radar? Wir wälzten Bücher, hatten Blauwasserratgeber am Bett liegen, in der Küche, auf der Toilette. Wir lasen und lernten, jeden Tag ein bisschen mehr. Bis wir uns reif genug fühlten, die ersten Anzeigen in Segelzeitschriften zu lesen. Und auf Annoncen zu antworten.

An einem Freitagabend mit zu viel Wein und gutem Essen in einer Trattoria leeren wir unseren Briefkasten und kuscheln uns mit der Ausbeute auf das Sofa. Typische Düsseldorfer, wie wir da auf dem Sofa sitzen, die fünfundzwanzigjährige angehende Frau Doktor Nathalie mit kurzem Rock, langen Beinen und noch längeren schwarzen Haaren, leicht beschwipst, und der neun Jahre ältere erfolgreiche Werbeagenturinhaber Michael im guten Zwirn im gleichen Zustand. Kichernd halten wir ein mit der Hand geschriebenes Exposé und amüsieren uns prächtig darüber.

»Vakuumtoilette, Petroleumherd, das klingt ja abenteuerlich«, kichere ich.

»Aber guck mal, sieht doch ganz nett aus, die IRON LADY.« Nathalie hält das Bild der IRON LADY hoch, und ich werfe einen Blick auf das kleine Foto.

»Ja, da hast du recht. Das hat was. Ist auch ein Stahlschiff, und sogar in einer Preislage, die wir realisieren könnten.«

Ein paar Wochen später stehe ich am Steg der IRON LADY in Stade, und Klaus, der Voreigner, tut mit seinem hanseatischen Charme sein Bestes, um mich zumindest in meiner Vorstellung schon mal zum Weltumsegler zu machen. Er hat ein leichtes Spiel. Am nächsten Wochenende fahren wir zu zweit in den Norden und verlieben uns gemeinsam in die zwölf Tonnen Stahl, die unser Leben verändern sollen. Wir erleben zum ersten Mal, wie viel Aberglauben, Gefühl und Instinkt in ein Seglerleben gehören: Im Nachhinein kann keiner von uns beiden sagen, was uns gerade zu diesem Schiff hingezogen hatte. Die IRON LADY war das erste und einzige Boot, das wir uns anschauten. Danach gehörte sie uns. Die Ironie an der Geschichte stellt sich erst Monate später heraus: Das Foto, das den Ausschlag gab, zeigte gar nicht unsere IRON LADY – wir hatten das Bild dem falschen Brief zugeordnet. So viel zu einer gründlichen Kaufentscheidung.

Im Mai 1999 machen wir uns auf den Weg, die LADY in Empfang zu nehmen. Fast vier Wochen haben wir Zeit, um uns mit ihr anzufreunden und sie von Stade aus über die dänische Westküste und die Nordsee nach Makkum im IJsselmeer zu überführen. Schon nach wenigen Tagen ist uns klar, dass wir nur einen Bruchteil dessen, was wir hätten wissen müssen, in unseren Segelkursen gelernt haben. Plötzlich sitzen wir nicht mehr in einem leichten, schnittigen Joghurtbecher, sondern auf zwölf Tonnen Stahl. Auf einem Schiff mit Seele und eigenem Willen – unsere erste Starkwinderfahrung macht uns Angst und der LADY offensichtlich Spaß! Mit wackeligen Knien baumten wir die Segel aus und versuchten gleichzeitig, der Windsteueranlage zu vertrauen. Mehrere Male blieben wir im Schlick stecken, weil wir wieder einmal unseren Tiefgang unterschätzt hatten. Doch mit jedem Tag wuchs das Vertrauen in unser Schiff und in uns.

Fast zwei Jahre lag die IRON LADY im IJsselmeer und langweilte sich. Klar, sie genoss das Süßwasser und den Regen nach fünf Jahren Sonne und Salz. Doch auf unseren Wochenendübungsfahrten merkten wir spätestens ab Windstärke fünf, dass sie ihren Bug immer wieder unmerklich Richtung Westen drehte. Wir versuchten, ihr die Zeit zu vertreiben, indem wir sie mit neuem Spielzeug verwöhnten. Sie bekam einen Windgenerator, eine hydraulische Selbststeuerung, Navigationssoftware, ein Kurzwellenfunkgerät und eine Satellitenkommunikationsanlage.

Doch bevor der Startschuss fiel, mussten nicht nur überflüssige Weisheitszähne und Leberflecken der Kapitäne, sondern auch die Roststellen der LADY operiert werden. Im Mai 2000 landete sie mithilfe eines Travelliftes und unter Bangen der Skipper auf dem Trockenen. Es schien uns, als hätten wir bisher nur die Spitze des Eisbergs gesehen. Bewuchs, abgenutztes Antifouling, Blasen im Anstrich, die nach dem Öffnen tunnelartige Rostirrgärten freilegten. Kurz gesagt, Arbeit. Mit

Freunden und geliehenen Geräten arbeiteten wir zwei Wochen lang und entdeckten wieder eine neue Seite des Fahrtensegelns: Schleifen und Streichen, Beschäftigungen, die uns in den nächsten Jahren in Fleisch und Blut übergehen würden – würden müssen. Eine weitere schwere Aufgabe wartete noch auf uns: Wir mussten unserer Familie, Freunden, Kollegen und Bekannten von unserem Vorhaben berichten. Mittlerweile glaube ich, es ist einfacher zu erzählen, dass man schwanger sei und heirate. Das kennt jeder. Aber segeln? Nur Wasser? Und das drei Jahre lang? Diese Vorstellung fiel gerade hier im Rheinland vielen Menschen schwer. Die Reaktionen waren bei allen ähnlich. Zuerst Staunen, Begeisterung, Neugier – doch je länger das Gespräch dauerte, desto häufiger sprachen sie von Sicherheit, Beruf, Einkommen, Versicherungen, ABS und Alarmanlagen.

Von Anfang an schreiben wir unser persönliches Logbuch und versenden jeden Eintrag von See aus via Mobiltelefon als E-Mail mit einer langen cc-Liste an unsere Familie. Zurück bekommen wir Aufmunterungen, weiterzuschreiben und haufenweise Anträge von Bekannten, die in die Adressliste der Sammelmails aufgenommen werden wollen.

Freund Mark von der Multimediaagentur anymotion taucht auf, auch er ein begeisterter Leser unserer ersten Erfahrungsberichte, und er hat nachgedacht:

»Ihr schreibt Mails von unterwegs, jeden Tag einen Bericht, vielleicht sogar ein Bild, und eine Datenbank erzeugt damit dynamische Internetseiten. Euer Tagebuch im Internet, für jeden zugänglich, immer aktuell. Mitträumen, mitsegeln.«

Mark erfindet unseren Blog und das zu einer Zeit, als das Wort Blog noch gar nicht existiert. Das Blog das unsere Reise begleiten wird, uns Freude, Verzweiflung, Trost und Zuspruch durch unsere Leser vermitteln und nicht unerheblich für unser Durchhaltevermögen sorgen wird. Anymotion realisiert diese Internetseite (www.ironlady.de) vollkommen kostenfrei.

Immer wieder wackelt die Gewissheit, das Richtige zu tun. Es gibt viele rationale Argumente gegen dieses Abenteuer, die einleuchtend sind. Sie zwingen uns dazu, uns auch mit den negativen Seiten auseinanderzusetzen – und das ist gut. Zum Beispiel sich klarzumachen, dass nicht alles mit einem Sundowner in der Karibik schöngetrunken werden könnte. Natürlich würden wir unsere Familien und Freunde vermissen. Und bestimmt manchmal die Bequemlichkeit eines Lebens auf dem Festland – oder unsere Arbeit. Wir wissen nicht, wie uns das Leben auf dem Boot verändern wird. Wie eine Rückkehr in das normale Leben sein wird. Aber wir bleiben neugierig. Trotz vieler Zweifel und Bedenken ist der Traum stärker, setzt sich durch und wird zu unserer Realität.

Schon bald haben Michael und ich ein neues Hobby entwickelt, und das heißt Kündigen! Mit der Wohnung und dem Job fängt es an. Wir streichen unseren letzten Arbeitstag im Kalender rot an, führen Wohnungsinteressenten durch die Räume, verticken die Küche gleich mit. Wir verkaufen auch unsere Computer – bis wir wieder zurück sind, werden sie höchstens noch als Antiquität zu gebrauchen sein. Wir durchforsten sämtliche Aktenordner. Jegliche sinnigen und unsinnigen Versicherungen, Vereinsmitgliedschaften und Zeitungsabonnements werden gekündigt. Ballast abwerfen! Ein Dauerauftrag nach dem anderen verschwindet von unseren Konten, und mit jedem fühlen wir uns ein Stück leichter und freier. Wer braucht schon eine Fahrradversicherung ohne ein Fahrrad, den ADAC ohne ein Auto, eine Haftpflichtversicherung, die nicht für Schäden im Ausland haftet, die Mitgliedschaft in einem Tauchverein, der an einem rheinischen Baggerloch stationiert ist?

Im Frühjahr 2000 stehen wir vor unserer wohl schwierigsten Entscheidung. Meine Ausbildung endet erst im Juli 2001, Michael hat die Möglichkeit, schon im Sommer auf die LADY *zu ziehen. Nach langem Abwägen des Zeitplans, unserer Route und der Arbeit, die uns noch bevorsteht, fällen wir einen Entschluss. Michael soll das Boot auf die Kanaren segeln und die restlichen Reparaturen vornehmen, während ich in Deutschland an meiner Approbation arbeiten und die letzten Dinge organisieren würde. Alle zwei bis drei Monate würden wir gemeinsam zwei Wochen auf der* LADY *verbringen, größere Etappen segeln oder das Hafenleben genießen – immer bemüht, die Kluft zwischen unseren beiden Leben so klein wie möglich zu halten.*

Auf in den Atlantik

Sing me a song
of a lad that is gone,
Say, could that lad be I?
Merry of soul
he sailed on a day
over the sea to Skye.

Sing mir ein Lied
von einem Jüngling, der fort ist,
sag, könnte ich jener Jüngling sein?
Heiteren Gemüts
fuhr er eines Tages
über das Meer nach Skye.

Aus »The Skye Boat Song«,
Robert Louis Stevenson

So viel Wasser

Träumen von der Welt

»In drei Wochen bin ich wieder da. Mach dir keine Sorgen. Das bisschen Wasser. Das segeln wir doch auf einer Backe ab.« Doch Nathalies markanter Stirnfalte, Sorgen- und Bedenklichkeitsbarometer, verrät ihre innere Unruhe. »Wir segeln halt mal eben die LADY nach Spanien, was soll's?«

»Klar, mal eben. Du hast ja auch schon so viel Hochseeerfahrung. Einmal rund Texel beim Küstenschein, einmal die Dänische Küste rauf und runter und bis ins IJsselmeer. Jetzt mit deiner Internetcrew, die du drei Stunden kennst, durch den Ärmelkanal und dann über die Biskaya. Hast recht, da braucht man sich doch wirklich keine Sorgen machen.«

Die Ironie in der Stimme der Skipperin ist unüberhörbar. Nathalie wird hierbleiben, sie ist noch für ein Jahr fest eingebunden in ihre Tätigkeit als Ärztin, ich hingegen bringe die LADY mit meiner vier-Hände-gegen-Koje-Crew irgendwo bis nach Nordspanien, um anschließend auf dem Landweg wieder nach Düsseldorf zu kommen und den Rest meines Lebens in Deutschland aufzulösen.

»Mit Zweifeln kommen wir nicht um die Welt, noch nicht mal aus diesem verdammten Hafen. Auf und durch. Wir glauben an uns, an unser Boot und dass wir das schon irgendwie hinbekommen.« Ich nehme Nathalie in den Arm und wir spazieren noch ein letztes Mal durch die Marina in Makkum. Das Motto unserer mehrjährigen Reise steht fest.

»Es ist so weit. Schneid den Tampen durch.« Alles ist viel unspektakulärer als geplant, und Nathalie schneidet den Tampen natürlich nicht durch. Sie lacht mich an:

»Guck lieber nach vorne, damit du die LADY nicht schon im Hafenbecken versenkst!« Kurz vor dem Bug prescht ein schickes Motorboot vorbei. »Mach keinen Bruch, und viel Wind von der Seite wünsch ich euch. Ruf mal an, wenn ihr England erobert habt.«

Start zur Weltumsegelung. Am 30.07.2000 um 10:55 haben wir mit der IRON LADY abgelegt. Bei Sonne und moderatem Wind laufen wir aus dem Hafen von Makkum aus. Nathalie, die die Leinen an diesem Morgen gelöst hat, wird immer kleiner und kleiner, bis ich sie schließlich nicht mehr sehen kann. Ein kurzes Schlucken, ein mulmiges Gefühl, dann richte ich den Blick nach vorn. Richtung Enkhuizen gehen wir durch das IJsselmeer nach Amsterdam. Mit mir Alfred und Michael. Etappenziel ist die Südküste von England. Ein typischer Männertrip, die Bilge voll mit Suppen von Aldi, Dosenbier und tütenweise Träumen. Manche werden jedoch schnell zu Alpträumen. Nach 14 Stunden gegenan hat Michael genug gespuckt und steigt in Harwich schnell wieder aus – auch gut. Jetzt sind wir zu zweit und finden schnell einen Weg, hervorragend klarzukommen. Alfred, ein österreichischer Binnensegler, lehrt mich auf allen Kursen entlang der südenglischen Küste die Segel richtig zu trimmen. Das macht er gut, und manchmal fühle ich mich weit weniger als Skipper, denn als Lehrling.

Nach einer kurzen Verschnaufpause in Falmouth geht es weiter, Kurs Spanien. Dazwischen die Biskaya. Mag sein, dass Alfred ein Anfänger auf langen Salzwassertörns ist, ich, wenn auch vom absoluten Gegenteil überzeugt, bin das totale Greenhorn. Dummerweise aber auch der Skipper. Und ich habe Angst. Vor Stürmen, Wellenbergen und Kreuzseen. Darf ein Skipper Angst haben? Das weiß ich nicht und ich verheimliche es vor Alfred, tue so, als wenn ich super cool wäre, als wenn mich das alles nicht aus der Bahn werfen könnte. Doch in meinem Inneren habe ich Angst.

Logbuch

> Wir werden nicht gerade das beste Wetter haben. Zum größten Teil sind achterliche Winde in 3 bis 4 Bft vorhergesagt, doch vor der spanischen Küste wird uns am Wochenende eine Kaltfront überqueren, die uns zumindest zeitweise den Wind auf die Nase geben wird. Schaun wir mal, wie die Österreicher immer sagen.

Ich sollte recht behalten, bis Höhe Brest haben wir so sportliches Segeln, dass sogar Alfred meint, mehr Wind müsse es nicht werden. Ich spüre, dass auch Alfred Angst hat. Doch statt mit Starkwind empfängt uns der nächste Tag mit Seglers schlimmstem Los: Flaute. In den nächsten Tagen erleben wir die Biskaya flach wie einen Spiegel. Der Daimler röhrt. Wir wollen ja ankommen. 100 Meilen vor der spanischen Küste ist es vorbei damit, dafür kommt die besagte Front. Auf den Azoren bläst es mit 115 Knoten Wind! Mir zittern die Knie, als ich die Wettervorhersage auf dem Navtex lese.

Dann fängt es an zu blasen, wir fallen ab und schaffen es mit Segel und Volldampf so gerade eben noch nach Ribadeo.

Spanien ist erreicht, es ist warm, der kalte Norden liegt hinter uns. In dem kleinen Hafen dürfen wir die LADY für wenig Geld und mit langen Trossen an der hohen Hafenmauer liegen lassen. Deutschland ruft.

Häppchenweise, zum Teil in Tagestörns, bummeln wir in wechselnder Besatzung weiter. Am schönsten sind dabei die Schläge mit Nathalie.

»Lass uns ausbaumen und die Passatsegel setzen. Perfekte Bedingungen.«

Kaum sind die Bäume draußen, beginnt ein wundervolles Spiel. Eine Schule Tümmler begleitet uns bei der Rauschefahrt um das Kap Finstere. Wir sitzen im Bugkorb und genießen das Naturereignis der wilden Tiere, die in unserer Bugwelle surfen, die unter uns, neben uns durch das tiefdunkle blaue Wasser schnellen wie Pfeile. Das so oft Gelesenene passiert nun uns selber, wir sind da, wo wir hinwollten, im Atlantik auf dem Weg nach Süden, der portugiesischen Küste in Tagesschlägen folgend. Alle hundert Meilen erreichen wir einen neuen Hafen für die Nacht, es ist wunderschönes Küstensegeln. Wir genießen die Zeit und die leichten nördlichen Winde.

Jeden Abend überredet mich meine Capitana, auch die allerkleinsten und kniffligsten Buchten und Häfen anzulaufen. Jede Einfahrt in einen neuen Hafen ist somit ein neues Kapitel im Lehrbuch »Nathalie & Michael lernen segeln«.

Doch damit nicht genug, auch Dinge einfach zu probieren lerne ich. Vertrauen zu gewinnen, in mich und in mein Schiff. Sogar Gelassenheit. Nur einmal wird dieser Prozess auf die Probe gestellt, und das ausgerechnet als mein Freund Guido an Bord kommt. Oder besser gesagt: aus der Ankunftshalle des Flughafens Faro.

»Nein, das meinst du nicht ernst. Du fliegst sofort zurück. Das mache ich nicht mit. So kommst du mir nicht auf die LADY! Nein. Nein. Nein.« Ich bin vollkommen außer mir.

»Nun lass uns erst mal an die Bar da vorne gehen und reg dich mal ab. Ich hatte gerade nichts anderes zur Hand.«

»Quatsch, ich glaub dir kein Wort. Das machst du extra. Nur um mich zu ärgern.«

»Nur um mich zu ärgern. Nur um mich zu ärgern«, äfft Guido mich nach. »Dann benutzen wir ihn eben als Fender. Was hältst du davon?«

Bei dem Gedanken muss auch ich schmunzeln, denn mein Freund Guido ist durch die automatische Schiebetür der Zollkontrolle mit einem riesigen, unhandlichen, hässlichen roten Hartschalenkoffer gekommen …

Auch hier zeigt sich: Alles geht, und so landen wir alle – Guido, die LADY, der Hartschalenkoffer und ich – nach einem langen Schlag auf meiner ersten Atlantikinsel. Mir stehen mal wieder die Tränen in den Augen. Übermüdung, Stress und Aufregung wirken sich meist so bei mir aus. Meine Endorphine brodeln im Blut.

Hier, auf Madeira, dem Treffpunkt vieler Fahrtensegler, die gleich uns mit einem Sack voller Träume und zum Teil selbstgebauten Booten auf dem Weg zu den Kanaren und weiter in die Karibik sind, beginnt für mich eine Arbeit, die sich als endlose Episode in der Geschichte unserer Weltumsegelung herausstellen wird: die Bekämpfung von Rost.

Glücklicherweise werde ich durch die Ankunft meiner Capitana erlöst, die ein letztes Mal vor unserem großen Abenteuer Urlaub genommen hat und die LADY mit mir nach Lanzarote überführt.

Canarias. Für depressive Exmanager gibt es nichts Schöneres und Heilenderes, als Segeln auf den Kanarischen Inseln. Die Landschaften der einzelnen Inseln sind so unterschiedlich und einzigartig, die Menschen so unglaublich nett, vor allem, wenn man Spanisch spricht. Auf den Kanaren gibt es kaum Jahreszeiten. Es ist fast immer Frühling mit 25 Grad, es weht immer etwas Wind, stetig scheint die Sonne im trockenen Südosten der Inseln, regnen sich die Wolken an den Berghängen im Nordwesten ab, wo es grün und fruchtbar ist. Zwischen den Inseln weht es zum Teil heftig um die Kaps, oder es ist Totenstille und die Pilotwale ziehen gemächlich durch die glatte See zwischen Teneriffa und La Gomera. Die Segeltrips zwischen den Inseln sind kurz, und abends ist man meist wieder in der schützenden Marina. Es gibt so gut wie keine ruhigen Ankerplätze außerhalb der mit Fischerbooten überfüllten Stadthäfen, es rollt überall, und somit landet man fast immer in einer der damals noch günstigen Marinas. Die Touristen konzentrieren sich an den sonnigen Stränden im Süden von Teneriffa, Gran Canaria und Fuerteventura, auf El Hierro sieht man fast gar keine. Unterwegs zwischen den Inseln sind die LADY und ich jetzt viel alleine. Zeit will herumgebracht werden, denn vor August wird Nathalie nicht freikommen von ihrem Job in der Unfallchirurgie in einem Krankenhaus in der Nähe von Düsseldorf. Dann erst werden wir lossegeln können in Richtung

Kapverdische Inseln. Die Kanaren sind nicht das richtige Blauwasserrevier, Segelabenteuer finden hier vor allen Dingen nach Sonnenuntergang unter Deck oder im Cockpit statt, wenn es maritim, ob mit Bob Marley oder eigener Gitarre, einer Flasche Wein oder Whiskey, um das Ablegen im August geht, wenn der Passat einsetzt.

Dennoch, seien wir ehrlich: einen Kurs in »Segeln unter allen Bedingungen« kann ich eigentlich ganz gut gebrauchen …

Logbuch

Ich könnte mich ja gewählter ausdrücken. Aber das war heute so wirklich richtig gemein. Nach meinem gescheiterten Versuch das Nordkap zu umrunden ist das Barometer mal so eben innerhalb von 4 Stunden um 8 hpa gesunken, und ich steckte mitten in der Düse der Ostseite von Gran Canaria. Ich hätte ja gerne was geschrieben und Wind gemessen, aber nix ging mehr. Nur handsteuern und hoffen, dass das irgendwann ein Ende hat. Also fange ich mal an, vorsichtig zu schätzen. Wind acht bis neun, Welle von hinten 4 bis 6 Meter. Segel: eigentlich keine mehr. Küchentuch am Groß. Badehandtuch an der Fock. Mann, was hab ich meine Nathalie vermisst. Noch nicht einmal eine Zigarette war möglich. Zwischenzeitlich hab ich zwischen zwei Wellen einfach mal das Steuer losgelassen und den Niedergang zugemacht. Gut so. Kurz später, fast quergeschlagen, Welle in die Plicht. Klatsch. Nicht nur einmal. Alles nass. Bis auf die Unterhose. Teilweise war ich so dermaßen frustriert, das ist unglaublich. Ich hab die Sprayhood schon zerfetzt gesehen, und meine Schultern schmerzten wie wild vom Steuern. Meine Hände rutschten auf dem Steuer herum wie Seife. An die Segelhandschuhe zu kommen war nicht drin. Navigation war auch nicht. Wie sollte ich denn nach unten kommen? Gut, dass ich die Strecke schon mal gesegelt bin. Echolot an, und ab und an mal 'ne Peilung nehmen. Dann um die Ecke von Maspalomas und Ruhe kehrt ein. Wind weg. Sonne raus. Motor rein. Na, Gott sei Dank. Ich war kurz vorm Abdrehen.

»Steve, ich weiß genau, dass du mir nicht glaubst, aber ich habe mir wirklich zum ersten Mal in die Hose gepinkelt. Nee, wirklich! Aus zwei Gründen: Erstens, weil ich die Hände nicht vom Steuerrad loslassen konnte und das für drei Stunden. Zweitens, weil ich Schiss hatte, tierischen Schiss, dass mir die LADY querschlägt bei dem scheiß Seegang.«

Steve schaut mich nur mitleidig an, grinst und wirft mir noch ein Bier rüber. »Mensch Alter, immer cool bleiben. Da wo du noch hinwillst, da wird dir das und noch viel mehr passieren.«

Den Blick auf die Planken, die im Moment meine Welt bedeuten, nicke ich nur. »Klar, du hast recht. Und das erste Mal ist wie das erste Mal Sex. Total aufregend und hinterher ist man tierisch durcheinander.«

Der Atlantik hat es mir gezeigt. Einfach so. Zum ersten Mal habe ich parallel laufend Wellenkämme, die sich brechen, erlebt. Die LADY ist die Wellenberge hinuntergeschossen, dass mir jetzt noch übel ist.

Nach einigen Wochen hier und da, nach ersten Krankheiten bei mir und Reparaturen der LADY erreiche ich El Hierro – und bin schlagartig ernüchtert, denn die Einheimischen sind ein sehr verschlossenes Völkchen. Fremden begegnet man mit einer gewissen Skepsis. Auf keinen Fall will man dem Beispiel der Nachbarinseln folgen und große Hotels mit deutschsprachigen Schnitzelbuden wie auf Teneriffa oder Selbstfindungskommunen à la Gomera haben. Warm werde ich nur mit dem österreichischen Günter von der lokalen Tauchschule. Er nimmt mich einige Male mit raus, und wir machen einen prima Deal: Ich programmiere ihm seine Internetseite und dafür macht Nathalie ihren Tauchschein bei ihm. Denn Segel- oder Tauchunterricht von seinem Liebsten, das endet schnell im Streit, und den können wir weiß Gott auch wegen wichtigeren Sachen haben. Zwei Wochen sitze ich am Rechner in Restinga, dem besten Tauchplatz auf den Kanarischen Inseln. Durch den Wind habe ich immer Strom, der Windgenerator im Rigg surrt am Tage wie in der Nacht. Zum Ausgleich ist jeder Tauchgang mit Günter ein Erlebnis. Er ist ein hervorragender Tauchguide, kennt die besten Tauchplätze wie seine Westentasche und so komme ich auch zum Anblick meines ersten und einzigen riesigen Mantarochens.

Trotz des Tauchens vereinsame ich nach einer Weile. Aus Deutschland kommen keine gute Nachrichten. Meine Mutter liegt im Krankenhaus. Ich ahne Übles und segle schnell nach La Gomera. Ich bin mächtig verwirrt von den familiären Problemen in Deutschland und lasse die LADY in der Marina. Heimflug ist angesagt. Ich will zu meiner Ma.

Die Kanaren sind für die meisten nur Absprungpunkt. Zur ARC, der Atlantic Ralley for Cruisers, treffen sich jährlich Hunderte von

Segelbooten, die mit Zahlung einer knackigen Gebühr alle zusammen über den Atlantik gehen. Nach dem Motto: Gemeinsam sind wir stark, ist die Reise perfekt organisiert und die Sorge, dass etwas passieren kann, geringer. Drei Wochen später fallen die Yachten und ihre Crew auf St. Lucia in der Karibik ein, und jeder, der die Rechnung bezahlt hat, erwirbt das Recht, einen Pokal zu bekommen. Die schnellste Yacht, das beste Etmal, der schnellste Mono, die beste Köchin, der höflichste Funker, der bestgekleidetste Vorschoter. Ein ziemlicher Rummel wird darum gemacht, doch dieses Rudelsegeln ist gar nicht unser Ding. In der Marina San Sebastian auf Gomera dagegen bekommt man von alledem nicht viel mit. Hier lebt eine kleine Gemeinde der Hängengebliebenen. Um es gleich zu sagen, wie wir, denn zumindest zeitweise fühlen wir uns mittlerweile auch als solche. Hier, wie in vielen anderen Häfen der Kanaren, liegen Segelboote, die seit Wochen oder Monaten oder Jahren schon über den Atlantik wollen. Jahr für Jahr werden Karten ausgetauscht, wird Ausrüstung gekauft und installiert und werden Partys gefeiert. Boote kommen, Boote gehen, ein kleiner harter Kern bleibt und bildet den Kochclub, der sich immer mittwochs trifft. Die Freaks treffen sich zum Kiffen, und die Computerspieler verlegen illegal Netzwerkkabel unter dem Steg, um ihre Laptops zu vernetzen und sich gegenseitig abzuballern. In der ersten Bar hinter dem Steg treffen sich die Alkis, und im August ertrinkt ganz San Sebastian für einen Monat in einer Fiesta. Die Band spielt jeden Abend ohrenbetäubend das gleiche Programm.

Das ist seltsam und schön. Die Boote verschieben Jahr für Jahr ihre Abreise. Die Männer wollen meist los, die Frauen haben Angst. Die Boote sind nicht fertig, es mangelt an Geld und Mut. Kinder werden geboren, Kabinen müssen nachträglich mit Wiege und Wickeltisch ausgestattet werden. Einer hat seinen Motor ausgebaut und im Werftbereich vor Monaten zerlegt, der andere will doch lieber nach Hamburg zurück, weil ihm der Job sicherer erscheint, als das ungewisse Leben. Mut loszusegeln, richtig Mut, bekommt man hier nicht, das begreife ich schnell. Ich habe sie alle in mein Herz geschlossen in dieser Zeit, und doch zieht es mich weiter.

Wenn ich unterwegs bin, segelt die LADY meist alleine. Nachts, etwas mehr gerefft, brauche ich eigentlich nichts anderes zu machen, als ab und an mal den Standort zu kontrollieren. Die Selbststeueranlage ein paar Grad nach steuer- oder backbord korrigieren und mich mit der Frage beschäftigen, ob ich nun einfach schlafen gehe oder nicht. Genau zehn Minuten vergehen vom ersten Sichtkontakt zu einem dieser Riesenschiffe, bis es theoretisch ordentlich kracht. Das heißt auch, theoretisch alle zehn Minuten einen 360°-Rundumblick. Die Realität hingegen ist: den Wecker auf eine halbe Stunde stellen und schnell versuchen einzuschlafen. Irgendwann komme ich an einem Punkt der Erschöpfung an, der dazu führt, dass ich einfach zwei bis drei Stunden schlafe. Der Körper holt sich, was er braucht. Da ist nichts zu machen. So ist die Wahrheit und nicht anders. Also doch gefährlich. Andere Segler, die einhand unterwegs sind, haben mir das bestätigt. Aber irgendwie will ja keiner ehrlich drüber reden. Ist klar.

Ich bin nicht wirklich motiviert zum ganz großen Törn, die vielen gescheiterten Abenteurer der Weltmeere in meiner Umgebung hinterlassen ihre Spuren. Doch dann kommt die Capitana endgültig an Bord der LADY. Die sieben Sachen unterm Arm, steigt sie die Treppe der Fähre aus Teneriffa herunter. Der Blick ist klar.

»Was soll ich hier? Worauf habe ich mich da nur eingelassen? Wofür habe ich Freunde, meine Familie und meine Karriere so einfach fallen gelassen?«

Nun, ich habe mich auch mehr fallen gelassen in den letzten Wochen als geplant und der Tod meiner Mutter hat das nicht besonders verbessert. Dabei wollen wir doch eigentlich bald los und zu den Kapverdischen Inseln segeln! Doch an der LADY sind immer noch hundert Sachen zu machen. Mindestens.

»Hättest du ja eigentlich schon alles machen können, als du hier sechs Monate alleine verbracht hast.«

Die Kritik ist nicht unangebracht, reumütig zucke ich mit den Schultern und setzte meinen Dackelblick auf. Was bleibt mir auch sonst übrig gegen so viel Wahrheit?

Nathalie muss das Skalpell nahtlos gegen Nähmaschine, Flex und Beitel eintauschen, denn Werft ist angesagt. Wir verlegen nach Los Christianos auf Teneriffa. Antifouling und tausend andere Kleinigkeiten, die es zu erledigen gilt, stehen auf der Liste. Termine gibt es keine mehr, doch Werftchef Ramon hat ein Einsehen und stellt die LADY für sechs Tage zwischen zwei anderen Stahlschiffen ab.

»Sechs Tage und keine einzige Stunde länger, wenn ihr nicht fertig seid, kommt ihr eben ohne Antifouling ins Wasser.«

So borstig das erste Zusammentreffen ist, die Werft erweist sich als absoluter Glücksgriff. Die Deadline spornt uns zu Höchstleistungen an. Selber kochen geben wir auf, keine Zeit und außerdem sind da Fatima und Maria in der Kantine der Werft, die die besten Fischgerichte der Insel für kleines Geld kochen. Nach zwei Tagen müssen wir nichts mehr bestellen, Fatima macht das schon. Wir streichen, renovieren, schleifen, fluchen und erledigen so ganz nebenbei unseren ersten Verproviantierungseinkauf in einem der gigantischen Supermärkte der Insel. Sechs Einkaufswagen füllen wir mit Konserven, Grundnahrungsmitteln, spanischem Rotwein und vakuumverschweißtem Schinken. Zurück auf der Werft stehen wir vor einem neuen Problem: Wie bekommen wir die unzähligen Tüten an Bord, alle einzeln über die Leiter? Doch auch hier hilft die Werft. Juan kommt mit dem Gabelstapler, und die Arbeit ist im Nu erledigt. Natürlich fehlen am Ende der sechs Tage immer noch Kleinigkeiten, doch Ramon hebt uns gnadenlos wie angekündigt wieder ins Wasser. Denn mal los. Das Wichtigste ist erledigt, vom Antifouling über Lackreparatur, Kühlschrank und Batterien. Wir haben alles geschafft und unseren künftigen Dauerzustand schon fast erreicht. Unsere Bordkasse ist leer.

Es ist August, der Wind in die Karibik kommt erst im November. Doch die Zeit auf den Kanaren ist für uns abgelaufen. Wir wollen nicht enden, wie so viele der Boote, die wir in den letzten Monaten kennengelernt haben. Auf dem Weg in die Karibik liegen die Kapverden, ein Ziel, dass sich wunderbar in dieser Jahreszeit anliegen lässt. Dort zieht es uns hin. Nach einem traurigen Abschied von der Insel Gomera und den gewonnenen Freunden lösen wir noch Nathalies Tauchgutschein auf El Hierro ein, dann kann es endlich losgehen. Immer der Sonne entgegen, zumindest am Abend. Go West.

Kapverden

Diese zehn kleinen Stückchen Erde
Die Gott inmitten des Meeres verloren hat
Sie gehören uns, sie sind nicht das Ergebnis irgendeines Krieges
Das ist Kap Verde, unser geliebtes Land
O Kap Verde, geliebtes Land
Land des Friedens, Land der Träume

Alle, die unsere Gastfreundschaft kennenlernen
Wollen hier bleiben
Und sie weinen, wenn der Abschied naht
Sie weinen aus Sehnsucht nach unseren dunkelhäutigen Mädchen
Die sie mitnehmen in ihren Gedanken
Sie weinen in ewiger Erinnerung
An die Zeit, als es kein Leid gab

Kap Verde, geliebtes Land (Cabo Verde Terra Estimada)
von Cesaria Evora

Wale, Wüste und Musik

Erste Fahrtenseglerabenteuer auf den Kapverden

»Ein Wal, ein Wal!«, schreie ich in den Niedergang. Mir gegenüber eine vollkommen entsetzte Nathalie, einen Ausdruck im Blick, wie ich ihn noch nie zuvor bei ihr gesehen habe.

»Komm runter, komm runter, sofort. Der greift bestimmt noch einmal an. Komm jetzt sofort!«, schreit sie mich wieder und wieder vollkommen aufgelöst an.

Aber ich will nicht ins Bootsinnere, beuge mich über die Reling und sehe kurz seinen riesigen Schädel, ein großes graue Auge, seinen ausdruckslosen Blick, dann taucht das Tier wieder in die Tiefe. Alles geht viel zu schnell. Ich habe Angst, mir zittern die Knie. Der Wal ist länger als unsere LADY. Neben ihm glaube ich ein Junges zu erkennen. Auch Nathalie steht wieder in der Plicht und erlebt diesen gefährlichen und zugleich wunderschönen Moment mit mir. Wir sind dankbar um jeden Millimeter Stahl, der uns von der endlosen Tiefe trennt. Und zu Recht, denn wie sich später herausstellt, hat der Wal seinen Kopfabdruck in Form einer riesigen Beule im Bug hinterlassen. Und das bei diesem stabilen Boot! Diese Begegnung gehört zu den skurrilsten Erlebnissen während unseres Schlages zu den Kapverdischen Inseln.

Die anderen Tage verleben wir fast wie in Zeitlupe, wie auf jeder längeren Reise im endlosen Blau der Ozeane. Übermüdet durch die Nachtwachen verlangsamen sich die Bewegungen, alles wackelt, gerade bei den Vorwindkursen, das Kochen, Aufräumen, Spülen wird zur akrobatischen Leistung. Wir lesen, knüpfen Tausendfüßler, kontrollieren die Schoten, basteln Angelköder oder verlieren uns immer wieder im Anblick des Wassers, das abends durch das grandiose Farbschauspiel der Sonnenuntergänge abgelöst wird. Es könnte ewig so weitergehen, dieses harmonische Miteinander von Boot und Meer und von zwei Menschen. Die eigentliche Abwechslung auf diesem Törn sind die Bewohner des Meeres. Mit unserer Schleppangel ziehen wir zwei Doraden aus dem Wasser in die Pfanne, Delfinschulen begleiten uns für eine Weile, und die fliegenden Fische nutzen das Deck der LADY als Landebahn. Wenn sie Glück haben, finden wir sie rechtzeitig und werfen sie zurück in ihr Element, wenn nicht, werden sie zu Stockfisch.

Die Winde auf dem Weg in die Wüste bleiben wie erhofft mäßig und aus nördlichen Richtungen, schieben die LADY Meile für Meile näher an den angepeilten Inselarchipel. Am siebten Tag erscheinen nachmittags die ersten Umrisse der Insel Sal am Horizont. Afrika ist erreicht, ein Glücksgefühl macht sich in uns breit. Gerade deshalb schon lohnt sich jede Meile. Für dieses Gefühl des Ankommens.

Der Hafen begrüßt uns mit Regen, afrikanischer Armut und subtropischer Hitze. Um uns herum liegen Stahl- und Holzyachten, die GFK-Charter-Schlacht der europäischen Segelreviere ist weitestgehend vorbei. Fahrtenseglerboote erkennen wir schnell an den Kanistern, dem Kinderspielzeug, den Hängematten und stromerzeugenden Erfindungen auf dem Vordeck. Eine Marina ist weit und breit in keiner Karte verzeichnet. Wir haben es geschafft: Europa ist fernab, und wir sind in der Wüste. Zum ersten Mal überhaupt ist Einklarieren angesagt, und wir fragen uns in Multikultimischmasch auf Französisch, Spanisch und Englisch zu einem verwunschenen Haus durch, wo das angebliche Amt sein soll. Vollkommen überfordert durch den Klimawechsel, die vielen schwarzen Menschen, die Hunde und den Müll werden wir weitergeschickt zum Flughafen. Auf der Ladefläche eines Toyotas geht es durch die Steinwüste Richtung Flughafen zur Immigration. Stündlich verlieren wir mehr von der Angst, die wir ehrlich hatten: vor Piraten, Banditen, Straßenräubern und ähnlichen Klischees. Die Menschen sind nett, lächeln uns an, versuchen sich mit uns zu unterhalten. Die Kinder- und Jugendbanden schleppen uns unsere Wasserkanister bis zum Dingi und sind fast beleidigt, als wir ihnen Geld dafür anbieten.

Im Süden der Insel Sal ruft der Ort Santa Maria, der in einem Tagestörn erreicht ist. Ein unendlicher weißer Sandstrand, türkisfarbenes Meer, genau dieses Bild schwebte in unseren Köpfen, als wir noch Unmengen von Büchern mit unseren Augen verschlungen haben. Die lange Dünung, der Schwell und der rolligste Ankerplatz seit Gedenken wollen uns erst nicht so recht nett begrüßen, doch nach einigen Stunden sind wir eingeführt und wissen, dass unser Dingi nicht uns, sondern den Kindern des Dorfes gehört. Eine auf den Kapverdischen Inseln weitverbreitete Sitte. Natürlich verschwinden die süßen Kinder sofort, wenn wir uns ihnen nähern. Zurück im Dingi bleibt der Sand, ein alter Tampen, Zeichen für vollkommenen Spielspaß. Hier in Santa Maria lernen wir auch zu kaufen, was es gerade gibt, und nicht was wir kaufen wollen. Die Supermärkte haben nur eine begrenzte Auswahl an Waren, einen Tag kann es frischen Käse geben, dann wieder wochenlang keinen. Das ist

Afrika. Auch Wasser, hier das Gold der Erde und manchmal schwieriger zu haben als Bier.

Mit der ansässigen deutschen Tauchschule unternehmen wir diverse Tauchgänge und lernen gleichzeitig die Insel vom Pick-up aus kennen. Der Steinwüste die Schönheit abzugewinnen, fällt nach einigem Hinschauen nicht mehr schwer, doch sind es eigentlich diese immer glücklich lachenden Menschen, die diese Inseln so schön machen.

Am Horizont ruft an klaren subtropischen Tagen die Insel Boavista, unser nächster Wegpunkt, ein Tagesschlag entfernt. Den letzten Abend verbringen wir mit Freunden in der angesagtesten Bar von Santa Maria. Der Besitzer, ein Franzose, hat versucht ein typisches Pariser Szenecafé zu eröffnen und Erfolg gehabt. Maßgeblich daran beteiligt sind Valerie, die die besten Caipirinhas der Insel mixt, und die Musikwahl. Am nächsten Morgen schaffen wir es gerade eben drei Meilen in die nächste Bucht zu verlegen und schlafen unseren Rausch aus. Nächstes Mal sind wir vorsichtiger mit dem kapverdischen Grogue, der von den Insulanern selbst aus Zuckerrohr gebraut wird. Einen Tag später geht es früh aus den Federn und schnell mit der LADY die 40 Meilen weiter.

Boavista, die schöne Aussicht, ist ein etwas eigentümlicher Name für eine Insel, die für viele Kapitäne und Matrosen wohl der letzte Blick war, bevor ihr Schiff an den Klippen zerschellte. Dies liegt zum einen daran, dass die flache Insel im Dunst häufig erst sehr spät gesehen wird, zum anderen ist Boavista auf den Karten immer noch um sechs Seemeilen zu weit östlich verzeichnet. Das Symbol für Wracks und gestrandete Schiffe findet sich rund um die gesamte Insel. Das Zeitalter des GPS erleichtert uns die Navigation, und bald liegen wir im Kreise einer Handvoll Fahrtensegler vor dem örtlichen Elektrizitätswerk, sprich Generator.

Hier in Sal Rei, dem Hauptort Boavistas, ist der Tourismus schon nicht mehr so allgegenwärtig. Die eine oder andere sterile Ferienanlage mit gefegtem Strand findet man zwar, doch der internationale Flughafen für eine komplikationsarme Anreise fehlt noch. Entsprechend verschlafen zeigen sich die Straßen. Es ist Mittagszeit, kaum jemand hält sich im Freien auf. Auch wir schlendern eher träge durch die portugiesische Kolonialarchitektur und versuchen uns die abblätternden Anstriche in ihrer alten Pracht vorzustellen. Der Marktplatz, Standort von Kirche, Krankenstation und Flaniermeile, ist schnell gefunden und mit ihm ein kleiner Laden, dessen Besitzer, zwei Brüder, uns gleich mit allen Informationen versorgen, die man so brauchen kann. Angefan-

gen vom Erwerb zweier Flaschen Sagres, geht der Service über Wegbeschreibungen und Mietwagenbeschaffung – sogar ein Häuschen können sie uns vermieten, nicht dieses Jahr natürlich, es wird noch gebaut, aber wenn wir nächstes Jahr wiederkommen, wird es fertig sein.

Gegen Abend erwacht der Ort langsam wieder zum Leben. Kinder nehmen uns bei der Hand, um uns durch die verwinkelten Straßen in die Backstube zu führen. Backstube ist genau das richtige Wort für diesen Ort: Der Bäcker sieht mit seinen weißen Haaren, der weißen Kleidung und dem dunklen Gesicht wie aus einem Märchen entsprungen aus. Der Raum duftet nach Hefe und Mehl, und auf den Holztischen liegen in verbeulten Blechschüsseln die Brote, zugedeckt mit weißen Tüchern.

Aufgrund der Nähe zum Senegal trifft man auf den Kapverden scharenweise französische Fahrtensegler, Familien, Einhandsegler, junge Paare. Gerade in der Nebensaison, lange bevor die Atlantiküberquerer ihren Zwischenstopp in Palmeira oder Mindelo einlegen. Eine kleine Gemeinde verrückter Menschen, die beschlossen haben, im afrikanischen Raum auf Schiffen zu leben. Zu dieser Gemeinde gehört unter anderem die MS FULLBECK*, ein ehemaliges, 20 Meter langes Aufklärungsfahrzeug der britischen Marine. Irgendwann soll es als Arbeitsfahrzeug und Anlaufstation für eine ganze Flotte Chartersegelboote dienen, doch bisher ist davon nichts zu sehen. Den größten Teil der Zeit sind Dave, englischer Maschinist und Kapitän, sowie Fifi, französischer Koch und Matrose, alleine an Bord. Dave verbringt ungefähr zwölf Stunden am Tag ölverschmiert im Maschinenraum und redet nur, wenn es unbedingt sein muss. Kaum zu sehen ist er, wenn er sein Baby pflegt, so sehr haben sich Bart, Hautfarbe und Kleidung dem Aussehen des Motors im Laufe der Zeit angeglichen. Fifi dagegen sprudelt vor Energie und Mitteilungsbedürfnis, auf den ersten Blick meint man, ein Großwildjäger hätte sich auf ein Schiff verirrt. Ein zottelhaariger Riese mit krokodilbissähnlicher Wunde an der Wade, der das tarnfarbene Beiboot in Höchstgeschwindigkeit durch die Bucht steuert. Doch wenn es dunkel wird, wird Fifi häuslich, alle Freunde sind auf der* FULLBECK *zum Diner geladen, wenn er die Kochlöffel schwingt und Hai im Teigmantel, frischgebacken Kuchen, Käse und andere Köstlichkeiten auftischt. In der Kombüse der* FULLBECK *mit dem riesigen Gasofen fühlt man sich in Marinefilme der 1930er-Jahre versetzt, vor allem, wenn Dave mal wieder sein rußschwarzes Gesicht aus dem Maschinenraum steckt. Die Tage vergehen mit Fischfang, Muscheln sammeln, Insel erkunden und der Nachbarschaftspflege. Fifi pflegt besonders, des Öfteren sieht man ihn im Morgengrauen, noch sehr verschlafen und* *ganz leise eine Dorfschönheit im Beiboot ans Ufer bringen. Wir schmieden derweil schon wieder neue Pläne, verlassen bald die französische Gemeinde und begeben uns weiter auf unserem Weg nach Westen und damit auf den etwas ruppigen Weg nach Sao Vicente, um bald den riesigen Naturhafen von Mindelo zu erreichen. Hier in Mindelo, an der Stelle, wo früher riesige Überseedampfer Kohle und Wasser gebunkert haben, um den Weg über den Atlantik zu schaffen, liegt die* LADY *inmitten der internationalen Fahrtenseglergemeinde, die zu dieser Jahreszeit meist auf dem Weg zur afrikanischen Küste ist. Mindelo ist Zentrum, ja, Hauptstadt der Kapverdischen Musik. Kaum angekommen, erfahren wir von unserem Schiffsnachbarn, dass schon am nächsten Abend die Gruppe »Splash« ein kostenloses Konzert geben wird. Nach Sonnenuntergang machen wir uns auf den Weg in die komplett gesperrte Innenstadt. Tausende Jugendliche, ältere Menschen und Kinder tummeln sich auf den Straßen, um ihre einheimischen Stars zu hören und zu sehen. Überall gibt es Kühltaschen, aus denen kalte Getränke verkauft werden, und Campingkocher, auf denen frittiert und gebraten wird – jede Familie versucht nebenbei noch etwas zu verdienen. Als die Stars der Inseln endlich auf der Bühne erscheinen, wird mächtig gedrängelt und geschubst. Mindelo ist zu klein für den Ansturm der Fans. Die Popgruppe startet ihr Programm, und ein unglaublicher Begeisterungssturm wird vom Publikum entfacht. Wir werden mitgerissen von der Stimmung, die die Gruppe auf dem Platz entstehen lässt, tanzen, jubeln und singen inmitten der Menschenmenge. Irgendwann, fast vor Schluss, wird es uns zu eng. Wir suchen das Weite, wollen den Ausklang des Abends in der warmen Nacht in unserem Cockpit feiern.*

Die Stadt, etwa 60 000 Einwohner groß, entpuppt sich in den nächsten Tagen und Wochen als kulturelles Zentrum für Musik und Kunst. Doch auch die negativen Seiten einer »Groß«stadt gibt es hier, Kinderbanden, jede Woche von der Polizei in Verwahrung genommen, jede Woche wieder frei gelassen, hängen sich an unsere Fersen und verursachen ein Gefühl der Wut und zugleich Mitleid bei uns. Nach einer schroffen Zurückweisung durch Micha werden die Vorfälle jedoch seltener. Wir versuchen, die Situation so zu nehmen, wie sie nun mal ist, das Boot wird immer abgeschlossen, Schmuck wird nicht auf der Straße getragen und das Dingi wird an die Kette gelegt. Wer würde in Hamburg sein Fahrrad unabgeschlossen nachts auf der Straße stehen lassen? Die Zeiten, in denen Weltumsegler das Boot ohne Sorge immer offen gelassen haben, sind heute eben einfach vorbei, vor allem in der Nähe größerer Städte.

Die Musik von Cesaria Evora, vor allem ihr Lied »Paraiso di Atlantico«, beschreibt am treffendsten die ruhigen Abende mit einem doppelsinnig tiefschlürfendem Mojito in der Hand auf einer kleinen Balkonbrüstung ein Stockwerk über der Hauptstraße von Mindelo im Café Music. Die Atmosphäre dieser Stadt, die Musik, sie nehmen einen gefangen, und meist bleibt das Eisen vieler Segler länger im Hafenbecken verankert, als ursprünglich geplant. Auch uns hat Mindelo ergriffen und festgehalten, und wir nutzen die Gelegenheit, um die Bilge unserer geliebten IRON LADY zu entrosten und frisch zu konservieren. Auch das gehört zu unseren Aufgaben, die regelmäßige Pflege unseres Heimes. »Wenn wir hinten fertig sind, fangen wir vorne wieder an«, erklären wir unseren Besuchern diese Schattenseite der großen Freiheit.

Die Freiheit jeden Tag neu zu entscheiden, Pläne zu ändern, neue Ziele zu stecken ist ein Charakteristikum des Lebens unter Segeln. Santo Antao wird aufgrund rolliger Ankerplätze und guter Fährverbindungen von Mindelo aus selten von Yachten besucht. Doch Freunde belehren uns im Café Royal eines Besseren, die Route wird geändert, und schon am nächsten Morgen laufen wir aus, lassen die Großstadt hinter uns. Wir verabschieden uns laut hupend von Mindelo, und aus jedem Segelboot kommen winkende Hände, schallen Tröten zurück. Mit Tränen in den Augen schubsen wir uns gegenseitig an, lächeln und lassen die Genua vom Wind ausrollen. Mindelo wird im Kielwasser der LADY kleiner und kleiner, doch voraus lassen sich schon die Umrisse der Insel Santo Antao ausmachen.

Der Westen der Insel ist kahl, braun, grau, Vulkangestein ohne Vegetation, trocken. Doch in den Bergen über dem kleinen Ort Tarafal gibt es eine Süßwasserquelle, die aus dem kargen Land in der Bucht eine grüne Oase macht. Terrassenartig angelegte Zuckerrohrfelder und Bananenpflanzen, zwischen denen sich das Dorf aus hellen Häusern den Hang entlangschlängelt. Das Wasser der Bucht ist wunderbar klar, jedoch müssen wir schnell feststellen, warum so wenige Yachten hier den Anker werfen: Die Bucht ist tief, sehr tief, erst wenige Meter vom Ufer entfernt steigt der Grund auf zehn Meter an. Mithilfe der Fischer, die jeden Stein hier kennen, finden wir einen geeigneten Platz, der immerhin so vertrauenserweckend ist, dass wir an Land rudern.

Afrika überfällt uns: äußere Einflüsse durch viele Touristen, Segler, all das gibt es hier nicht mehr. Keine Straßen, sondern im Laufe der Jahre festgetretene Sandwege. Niemand kommt auf die Idee, gegen Geld auf unser Dingi aufzupassen, eine Horde Kinder begleitet gleich unseren Weg und scheucht die freilaufenden Hühner, Schweine und

Ziegen von den Pfaden. Vor einem Haus am Strand wird gerade der Tagesfang Thunfisch auf einer zweckentfremdeten Tiefkühltruhe zerlegt. Wir fragen, ob wir einen Teil des Fisches kaufen können, und im Handumdrehen funktioniert die Hausherrin ihr Heim zu einem Restaurant um. Im Esszimmer sitzen wir mit den Kindern der Familie, essen frittierten Thun und Muräne, über uns eine Küchenuhr, deren Zeigermittelpunkt das Herz einer Jesusabbildung ist. Einer der Söhne agiert als Dolmetscher für die Familie. Spanisch-Französisch, kein Problem, im Nu sind wir über die Familienverhältnisse aufgeklärt. Mama hat das Sagen, verwaltet Essen, Geld und natürlich auch das Bier. Mindestens sechs Kinder kommen nacheinander zum Essen, holen sich ihre Portion und verschwinden wieder. Die älteren Söhne und auch der Vater liefern vorher ihren Tageslohn bei der Matriarchin ab. Nach dem Essen besichtigen wir den größten Stolz, das Bad. Viele Familien auf den Kapverden haben ein komplett eingerichtetes Bad mit Kloschüssel, Wanne und Waschbecken und sogar Bidet, doch die wenigsten haben auch einen Wasseranschluss. Wasser wird nach wie vor mit Eimern vom öffentlichen Brunnen geholt, das Bad geputzt, gepflegt, doch niemals genutzt. Unsere Gastgeber hingegen, wahrscheinlich durch die clevere Finanzverwaltung seitens der Mama, konnten Wasserleitungen legen lassen. Hilfsbereit werden die Hähne für uns aufgedreht, und wir bewundern respektvoll diesen Luxus. Ernsthaft, denn wer Wassertanks von 500 Litern Kapazität für fünf bis sechs Wochen an Bord hat, betrachtet Wasser als etwas Kostbares.

Die Bürokratie macht jedoch auch vor solch einem kleinen Dorf nicht halt. Simao, der das Amt des Hafenkapitäns bekleidet, ist hauptberuflich Lehrer, nebenberuflich Elektriker, baut in seiner Freizeit Zuckerrohr an, um den heimischen Schnaps Grogue zu brennen, und ist gemeinsam mit seiner Frau Besitzer eines kleinen Ladens und einer Kokospalme. Die Palme, ummauert von einem Steinbänkchen, direkt vor dem Alkoholausschank, ist der kulturelle Treffpunkt der Abende im Dorf. Hier trommelt Simao die Musiker des Dorfes zusammen, um auf den wenigen vorhandenen Gitarren kapverdische Lieder zu singen. Die Kinder spielen daneben, lernen schon früh die Musik kennen, einige Lieder, ein paar Griffe auf der Gitarre. Stundenlang könnten wir unter dieser Palme sitzen und den Menschen lauschen. Schon viele haben geschrieben, dass die Musik die Seele Cabo Verdes sei, doch erst hier, in dem kleinen Dorf inmitten einer Vulkanlandschaft, begreifen wir wirklich die Bedeutung dieses Satzes. Simao selbst hat Pädagogik studiert, hat in Praia, der Großstadt, gelebt, hätte nach Europa, Amerika gehen können. Doch wenn man ihn in seinem Heimatdorf sieht, wie er jeden

Tag mit einem strahlenden Lachen beginnt, weiß man, weswegen er dieses einfache Leben dem Luxus in Europa vorzieht.

»Pass auf die Genua auf.«

Ich krieche aufs Vordeck, um die Genuaschot zu entwirren, die sich um einen der Blöcke gewickelt hat.

»Fall mir nicht über Bord«, höre ich Nathalie hinter mir gegen den dröhnenden Wind anschreien.

»Fall ab, fall ab!«, versuche ich gegen den zerrenden Wind zu erwidern, aber es ist schon zu spät. Ein Brecher erfasst den Bug der LADY, reißt das ganze Schiff in die Höhe, und seitlich prallt der Rumpf hinter dem Brecher in die weiße Gischt.

»Micha!«, höre ich wie durch Watte. Vom Heck aus sieht sie wahrscheinlich nur Wasser und Gischt über mir zusammenbrechen. Ich kann nicht antworten, verkrampft halte ich mich immer noch am Mast fest, glücklich, jetzt nicht in der schäumenden See ein paar Bootslängen hinter der LADY zu schwimmen. Manchmal ist es schwer, den Sicherheitsgurten zu trauen, und in diesem Fall war ich nur an einem Punkt mit dem Schiff verbunden. Zweimal eingehakt ist Standard auf der LADY, doch diesmal hat die Zeit nicht gereicht. Klitschnass finde ich den Weg nach hinten. »Das war aber knapp«, japse ich.

Nathalies »Scheiße!« kommt von ihr ganz ernst über die nassen Lippen. Solche Worte benutzt meine sonst so gut erzogene Düsseldorferin nicht oft. Ganz unerwartet wurde aus Segeln bei Sonnenschein und Badehose Windstärke acht. Im Düsenwind an der Südspitze von Santo Antao auf dem Weg einmal quer durch die Kapverdischen Inseln Richtung Santiago haben wir plötzlich viel zu viel Segelfläche oben. Schlecht vorbereitet, das hätte ins Auge gehen können. Die nächsten zwei Stunden kämpfen wir uns mit gerefften Segeln hoch am Wind durch die Düsenwinde. Bald schon steht die Sonne am Horizont, der Wind geht auf sechs Windstärken runter, und wir laufen unter leichtem Reff Richtung Tarafal de Santiago mit berauschenden sieben Knoten dahin, genießen Segeln pur im T-Shirt. Die unangenehmen Sachen vergisst man am schnellsten. Das ist das Schöne am Segeln. In der Erinnerung ist immer alles toll und aufregend, auch wenn man sich in Wirklichkeit in die Hosen geschissen hat.

In der Bucht von Tarafal de Santiago angekommen, finden wir uns schnell zurecht. Die Marktfrauen merken, dass wir schon länger auf den Inseln sind. Die Preise sinken, Qualität und Quantität entsprechen dem, was die Einheimischen erhalten – wir sind glücklich. Ich nutze die Gelegenheit, auch mal alleine ohne Nathalie eine Stadt, nämlich Praia, die Hauptstadt, zu erkunden, denn abends landet Astrid, Freundin und Drehbuchautorin aus Hamburg, auf dem Flughafen der Insel, und ich soll sie abholen. Die Innenstadt langweilt mich schnell mit ihren Versuchen, einen europäischen Standard zu erreichen, und so finde ich mich in der Abenddämmerung in den Vororten von Praia wieder; dort, wo Touristen normalerweise nicht hingehen, in den Gassen ohne Licht, wo eine verfallene Hütte neben der nächsten liegt, und Menschen, Hühner, Schweine gemeinsam leben. Jeder ist mit jedem bekannt oder verwandt, und ich sorge mich ernsthaft, ob ich jetzt zu weit gegangen bin und mir gleich ein Messer zwischen den Rippen steckt. Da draußen, quasi auf der Straße, gekocht wird, und zwar einfach auf längsgeteilten ehemaligen Ölfässern, frage ich todesmutig nach Essen. Prompt werde ich eingeladen, bei einer Familie zu speisen, und plötzlich kommt mir unsere LADY gar nicht mehr so klein vor. Hier leben die Menschen in Schichten. Wenn der eine zur Arbeit geht, nutzt der andere das Ruhelager zum Schlafen. Alle muss ich begrüßen, jedem etwas aus meinem Leben erzählen, jeder will mich anfassen. Ich bekomme ein Kind angeboten, um es nach Europa mitzunehmen, was mich verwundert, erschreckt, nachdenklich stimmt. Ich lehne dankend ab und versuche meine Unsicherheit mit einem Lächeln zu überspielen. Das zubereitete Huhn könnte nicht besser sein, und zum Abschluss trinke ich noch einen Selbstgebrannten, immer noch das beste Mittel nach jedem Essen, um sich selbst zu desinfizieren. Ich löse mich von der Familie, bezahle ein paar Escudos und schleiche mich vorsichtig bei Dunkelheit wieder aus den Slums. Genug erlebt für heute. Ich nehme den nächstbesten Bus, drei junge Mädchen sorgen dafür, dass ich zweimal richtig umsteige, ohne verloren zu gehen und mein Ziel, den Flughafen, finde. Wie jedes Mal ist ein Flug ausgefallen und ich sitze mutterseelenallein stundenlang in der Wartehalle, bis Astrid endlich aus einer der kleinen Inselmaschinen steigt.

Für den Transport über die Insel habe ich ein paar Stunden vorher auf der Straße ein Taxi reserviert. Der Taxifahrer fühlt sich geehrt, fährt mit der Bemerkung, gleich wiederzukommen weg und steht dann pünktlich vorm Flughafen: Mit einem fabrikneuen, silbernen 300er Mercedes. Er versichert, dass der Wagen einzigartig auf den Kapverdischen Inseln sei und nur für besondere Anlässe eingesetzt wird – ich glaube ihm sofort. Jeglicher Schnickschnack ist vorhanden, und er rast wie ein Berserker mit uns über die Insel, zwischendurch wird noch ein Freund eingeladen, und der kapverdische Rennfahrer zeigt, was aus dem Wagen wirklich herauszuholen ist. Mir wird fast schlecht, aber Astrid hat so immerhin gleich den richtigen Eindruck von der Insel: Hier sind alle vollkommen verrückt. Schön.

Astrid gewöhnt sich schnell in unser Bordleben ein. Nun, das ist auch nicht besonders schwierig. Gerade, wenn Besuch aus dem Land, wo alle Menschen Socken an den Füßen tragen, da ist, wird natürlich besonders lange gefrühstückt, geschnorchelt, fotografiert, im Dorf auf dem Markt rumgeschnüffelt. Das Seglerleben ist romantisch und duftet nach fremden Gewürzen. Wir wollen keinem diese Vision nehmen. Es ist ja meist auch so, nur leider nicht immer.

Brava, die Wilde, die kleinste Insel, ist unser letztes Ziel auf den Kapverden. Meist wird sie von Yachten besucht, die auf dem Weg nach Brasilien sind, andere verirren sich nur selten hierher. Die Einkaufsmöglichkeiten sind beschränkt, ebenso wie die Anzahl guter Ankerplätze. Doch gerade deshalb reizt uns der Ort. Wir laufen Furna an, den Hafen der Insel, wo auch die Versorgungsschiffe anlegen. Der Hafenort wirkt ungeheuer aufgeräumt, kein Dreck auf den Straßen, die Anstriche der Häuser noch relativ frisch, fast fühlt man sich wie in einem Museum. Vor allem, wenn der Blick in die wenigen Lebensmittelläden fällt, mit ihren Vitrinen und Regalen in Pastellfarben und den ordentlich gestapelten Waren. Dass nur Ketchup, Heinekenbier und getrocknete Hülsenfrüchte zu sehen sind, ist typisch für die Inseln. Kurioserweise tauchen hier zum ersten Mal zusätzlich amerikanische Produkte auf, Backmischungen, Saucen und Ähnliches. Stolz bekommen diese Luxusgüter einen Sonderplatz in der Vitrine. Die Beziehung Bravas zu Amerika entstand zu den Zeiten der Walfänger im 18. Jahrhundert. Die Einwohner dieses Inselchens hatten einen guten Ruf als Seefahrer und kamen als Matrosen an Bord der Walfangschiffe aus Massachusetts und New Bedford auf die andere Seite des Atlantiks, wo sie sich niederließen. Nun sind die Zeiten des Walfanges zwar schon lange vorbei, doch immer noch gibt es in jeder Familie einen Onkel, Bruder, Neffen oder eine Cousine in Amerika.

Auch Beto hat Familie dort. Eines Tages steht er am Hafenbecken von Furna, um uns seinen Ort zu zeigen. Am nächsten Tag taucht er mit Maske und Schnorchel im Wasser direkt neben der LADY *auf und bringt uns drei Langusten als Geschenk. Gegessen wird gemeinsam, am Abend im Cockpit, worauf eine Einladung zum Essen bei seiner Schwester folgt. Im Wohnzimmer nehmen wir Platz. Wir bekommen frittierten Fisch auf den besten Porzellantellern inmitten von dicken*

Kissen, Plüschtieren, Spitzendeckchen und Nippes. Die Familie guckt zu oder isst in der Küche. Die europäische Vorstellung von gemeinschaftlichem Essen in der Küche, wo wir viel lieber sitzen möchten, wäre hier fehl am Platz. Und unhöflich, denn die Familie möchte uns zeigen, wie wohlhabend sie ist. Dass dieser Umstand uns nicht so wichtig ist, stößt auf Unverständnis.

In den folgenden Tagen ist Beto gemeinsam mit seinem besten Freund, dem Lehrer Titi, unser ständiger Begleiter. Er verhandelt die Fischpreise, zeigt uns die Umgebung und besorgt Wasser, wenn der Verwalter mal wieder tagelang die Leitungen geschlossen hält. Oder er organisiert eine Tankstelle. Denn vor der Atlantiküberquerung wollen wir noch ordentlich Diesel bunkern. Den Preis haben wir im Landesinneren an der Hauptfiliale ausgehandelt. 15 Cent der Liter, fast so günstig, wie die Fischer ihn kaufen. Die Tankstelle in Furna ist ein kleines Lager mit Fässern, Eiern, Cola und Bier und einem wortkargen Tankwart. Zapfsäulen sucht man vergebens. Um der Schlepperei zu entgehen, wird das 200-Liter-Fass mit Fußtritten zur Mole befördert, und von dort wandert der Inhalt kanisterweise per Dingi in den Bauch der LADY*. Natürlich nicht ohne die Kommentare unzähliger Schaulustiger. Zum krönenden Abschluss werde ich noch in die Schmuckgeheimnisse der Insel eingewiesen. Hier trägt man die Dichtungsringe der Dieselfässer, schwarz mit drei grünen Streifen, als Armbänder. Je mehr, je besser. Zwei Fässer, zwei Bänder, ein drittes schwatzt Micha einem jungen Mädchen ab. Unter der Hand erzählt uns Beto, in den USA würden die Bänder für immense Dollarpreise verkauft, da sie eine magisch beruhigende Wirkung haben.*

Die können wir auch brauchen, denn Nathalie und ich sind nervös. Jeden Tag rücken wir nun ein Stück näher an unsere Atlantiküberquerung. Wir reden nicht so viel darüber, doch ich erwische mich selbst, wie ich an den Wanten und Stagen stehe, prüfend meinen Blick über die Terminals schweifen lassen oder mit der Hand kräftig an den beiden Vorstagen reiße, um die Spannung zu überprüfen. Der Motor verliert immer wieder etwas Öl. Ist das nun normal oder nicht? Filter- und Ölwechsel sind erledigt. Stehendes und laufendes Gut sind wieder und wieder überprüft worden. Trotzdem, über 2000 Seemeilen liegen vor uns, ohne Zwischenstopp. Nur Wasser, darin wir in einem 38 Fuß langen Schiff, das fördert die Fantasie. Nachts, in unseren Träumen, verarbeiten wir unsere Ängste, die wir tagsüber gerne überspielen, die Vision eines Zusammenpralls mit einem Container, die Vorstellung, dass einer während seiner Wache über Bord fällt. Grauenhaft, diese nächtlichen Träume. Verstehen, wirklich verstehen kann das alles nur jemand, der schon mal in derselben Situation war. Doch es ist auch ein schönes Gefühl. Wir freuen uns auf Amerika. Kolumbus hat es auch geschafft. Ohne GPS. Also schaffen wir es bestimmt auch mit der ganzen elektronischen Ausrüstung, die wir im Bauch der LADY mitschleppen. Seit Wochen schon schreien wir unser Freude über den zu erreichenden Kontinent zum Horizont hinaus.

»Ammmeeeerika!«, die Hände zum Ruf ans Gesicht gelegt, schmettern wir dieses magische Wort gen Westen und lassen Furcht, Freude und Anspannung einfach raus. Das hilft.

Schließlich laufen wir unter Motor westlich um die kleine Insel Brava in den Süden, doch der geplante Landfall im Westen der Insel vor dem so malerisch beschriebenen Dorf Faja d'agua ist leider nicht machbar, hoher Schwell steht in der Bucht, macht den Ankerplatz rollig und das Anlanden mit dem Dingi auf Steinen unmöglich. Unsere letzten Escudos wollen wohl ihren Weg in die Karibik antreten. Angesichts des unerreichbaren Ufers, an dem sich die Wellen brechen, breche ich in bittere Tränen aus. All die Anspannung der letzten Tage, all die Vorfreude und auch die Angst bahnen sich ihren Weg.

»Aber wir wollten doch noch Gemüse kaufen und frisches Brot. Und außerdem hatte ich extra Geld übrig behalten, um meine Mama noch mal anzurufen, bevor wir lossegeln«, bringe ich unter Schluchzen hervor. An dem Schwell kann auch Micha nichts ändern, und so verholen wir tief enttäuscht weiter Richtung Süden in die Bucht von Tantum. Die Einwohner des Südens sollen griesgrämige, mürrische und teilweise gefährliche Menschen sein, sagt Beto. Doch in der Bucht treffen wir auf ein Camp zwar teilweise wortkarger, jedoch freundlicher Fischer. Einer der Männer schlägt vor, uns zum nahe gelegenen Bergdorf Tantum und der angrenzenden Obstplantage zu führen, für eine Bananenstaude als Wegzehrung und ein paar frisch geschüttelte Kokosnüsse. »Nahe gelegen« erweist sich als recht dehnbarer Begriff. Auf dem Weg in der prallen Mittagshitze, steil die Berghänge hoch, kommen wir ordentlich ins Schwitzen, während unser Begleiter leichtfüßig wie eine Ziege vor uns herläuft. Am Ende wird die Anstrengung mehr als belohnt. Gleich am Ortseingang liegt ein weiß getünchtes Haus mit gekacheltem Innenhof, liebevoll mit grünen Ornamenten bemalt. Dorfladen, Bäckerei, Kneipe und Café, all das beherbergt dieser Ort. Nach einer kurzen Wegpause drängt der Fischer weiter. Zwischen fetten Schweinen und dürren Hühnern suchen wir unseren Weg durch das Dorf bis zum Bewässerungssystem. Entlang der schmalen Kanäle geht es nun auf handbreiten Balustraden an den steilen Hängen entlang.

Nur nicht nach unten sehen, einen Fuß vor den anderen. Erleichtert sind wir, als sich der Weg wieder verbreitert und wir inmitten einer Plantage von Bananen, Kokosnüssen, Papaya und Mango sind. Der Duft der Pflanzen und der nassen Erde ist überwältigend. Mit Händen und Füßen verhandeln wir mit dem zwölfjährigen Sohn des Bauern und erstehen stolz die erste Bananenstaude unseres Lebens, nebst einiger anderer Früchte. Auf dem Rückweg schultert sich der Fischer schnell unsere Schätze, anscheinend hat er Angst, dass wir mit der Last das Gleichgewicht auf den schmalen Wegen verlieren.

Die letzten Escudos lassen wir in der Dorfkneipe. Mit neugierigen Kindern und Dorfbewohnern sitzen wir im schattigen Innenhof, der Ghettoblaster spielt kapverdische Musik, Mornas, Lieder voller Sehnsucht, Fernweh und Heimweh. Wir sehen uns an und wissen, glücklicher und trauriger kann man gleichzeitig nicht sein.

Goldmakrelen

(Coryphaenidae)

Familie der Barschartigen mit eher langer (vom Nacken bis zum Schwanzstiel reichender) Rückenflosse und tief gegabelter Schwanzflosse am schlanken, prächtig metallisch schillernden Körper. *Große Goldmakrele (Dorade,* Coryphaena hippurus), etwa 1 m lang, Gewicht bis 30 kg; in trop. und gemäßigt warmen Meeren; erwachsen mit steil hochgewölbter Stirn, die dem Kopf eine delfinähnl. Form verleiht (Delfinfisch, engl. Dolphin): Rücken blaugrün, Körperseiten rötl. golden, ebenso die Flossen, Bauch silbrigweiß. Die Große Goldmakrele ist ein außergewöhnl. rascher Schwimmer (bis etwa 60 km/h). Sie lebt räuber., bes. von Fliegenden Fischen, wobei sie weit aus dem Wasser springen kann.

Aus:
Meyers Enzyklopädisches Lexikon

Der große Teich

Das Einmaleins des Fahrtensegelns

»Weißt du, wenn wir doch nur schon drüben wären. Mir gruselt es richtig bei dem Gedanken daran, drei Wochen auf See zu sein.«

»Wenn wir morgen früh den Anker heben, gibt es kein Zurück mehr. Gegen den Passat können wir nicht zurücksegeln. Wenn einer von uns krank wird, wenn wir auf einen Container rauschen ... Keiner wird da sein, der uns hilft.«

Ich nicke. »Aber wir wollten es so. Schatz, wir segeln immer am besten alleine. Sonst hätten wir uns ja direkt bei der ARC anmelden können, als die Nummer 604.«

»Ja, nicht schon wieder die alte Leier, wir haben schon hundert Mal drüber diskutiert. Wir machen das. Wir segeln allein.«

Morgens um neun stehen wir nervös auf. Dort aufklaren, hier verstauen ... monatelang hat man auf diesen Tag gewartet, sich vorbereitet und gefiebert. Jetzt ist es so weit. Nathalie steht am Bug der LADY und drückt unausweichlich den up-Knopf der elektrischen Ankerwinsch. *Ratatatata* ... Der Gang ist eingelegt, und mit drei Knoten zieht unser Schiff langsam Richtung West, Richtung Trinidad und Tobago. Ich greife zum Horn und blase zum Abschied. Langgezogen. Dreimal. Tief einatmen. Viermal. Ich werde diesen Moment nie vergessen; immer im Herzen behalten wie die Einheimischen am Strand stehen und zurückwinken. Es sind alles Fischer, die genau wissen, wohin wir segeln werden. Beim Segelsetzen ein letzter Blick zum Land. Dann schreit Nathalie: »Delfine, Delfine!« Eine ganze Herde begleitet uns aus der Bucht heraus. – Schöner kann ein Abschied nicht sein. Wir schauen uns an. »Jetzt kann ja eigentlich nichts mehr schiefgehen. Oder?«

Nathalie nimmt mich in den Arm, drückt ihren Kopf auf meine Brust, und die umherfliegenden schwarzen langen Haare kitzeln in meinem Gesicht. Es ist der Moment, auf den wir beide jahrelang hingearbeitet haben, unsere Sehnsucht, unsere Träume finden jetzt die Erfüllung.

»Ich glaub es nicht. Wir sind los!«

Es folgt Nordost-Wind. Anfangs noch durch die Bergmassen der Insel Brava begünstigt und als Düse verstärkt, schiebt er die LADY auf raumen Kurs Richtung West. Der erste Tag ist aufregend. So lange kein Land mehr. Es ist wie ein Traum, aus dem man irgendwann einmal aufwachen wird. Ob wir seekrank werden? Werden wir andere Schiffe sehen? Tausende von Gedanken ziehen durch unsere Köpfe. Der erste Tag, die erste Wache. Acht bis zwölf. Allein auf See. Es ist warm. Im T-Shirt sitze ich in der Plicht, mit Rettungsweste und Gurt mit dem Boot verbunden. Meine Nabelschnur. Nathalie würde nie merken, wenn ich beim Pinkeln über Bord falle, und mein Leben wäre sicherlich zu Ende. Das wollen wir vermeiden. Das Abendlicht steht am Bug. Ja, im Westen geht die Sonne unter, und wir wissen, es ist der richtige Weg. Die ersten Wachen wechseln, und ich weiß wieder, was ich am Segeln so abgrundtief verabscheue: den fehlenden Schlaf. Aber Nathalie und ich, wir arrangieren uns, wir sind ein eingespieltes Segelteam. Am nächsten Morgen trimmen wir die Segel, baumen Genua und Fock aus, lassen das Groß zu einem Drittel zur Stabilisierung stehen. Passatsegel. Allmählich wird aus der Aufregung Alltag, aus dem Besonderen etwas Normales. Durch die Wachen ist auch tagsüber eigentlich immer einer von uns in der Koje, oder wir dämmern so vor uns hin. Nathalie verschlingt ein Buch nach dem anderen, ich dagegen verfalle ins Löchergucken. Löcher in den Himmel, ins Wasser und wieder in den Himmel. Sonst passiert nichts. Rein gar nichts. Wir ändern keine Segel, höchstens die Stellung der Schoten, um das Schamfilen des Tauwerks zu verringern. So vergehen die Tage. Kein Fisch beißt, die Passatwölkchen ziehen über uns ihres Weges, der Wind bläst stetig mit drei bis vier von achtern. Wir segeln auf einer blauen, kreisrunden Scheibe. Unsere LADY macht einen tollen Job. Wir vertrauen unserem Schiff, schauen ihm zu, wie der Kiel das tiefblaue Meer vor uns teilt, eine Linie zieht von 14 Grad zu zehn Grad Nord, und das auf einer Strecke von 2140 Seemeilen. Fast drei Wochen leben wir ohne Berge, ohne Häuser, die die Sicht auf den Horizont versperren, ohne Autos, die die Luft verpesten, ohne Krach von Polizei- und Feuerwehrsirenen, ohne den Lärm einer Stadt, einfach nur Nathalie und Michael inmitten des Blaus des Himmels, das am Horizont das Blau des Meeres mit dem Blau der See vermischt, voraus, steuerbord, achtern und backbord. Wir sind verliebt in die See, die Sehnsucht nach neuen Ufern, in die Sonnenauf- und -untergänge, in unseren Freund und ständigen Begleiter, den Mond, in die Venus, die den Morgen ankündigt und dem letzten Wachhabenden immer wieder erneut kurzfristig die Illusion eines Navigationslichtes eines anderen Segelboots beschert. Doch wir sind allein, ganz allein. Andere Boote sehen wir nicht. Die Verpflegung beginnt langweilig zu werden. Es gibt Reis mit Tomatensauce, Nudeln mit Tomatensauce, aber nach einiger Zeit wünscht man sich noch etwas anderes als Bananen, und seien sie noch so mühsam erwandert wie die unsrigen. Tagein, tagaus baumelt die Staude am Geräteträger.

Auf halber Strecke ändert sich alles, angefangen mit dem Wetter. Gewitterbänke erscheinen am Horizont und ziehen über uns weg. Dabei dreht der Wind von Nord über Ost nach Süd. Flaute und Böen mit sechs Windstärken sind die Regel. Erst einmal am Tag, später alle paar Stunden werden wir durchgerüttelt. Aber das Ganze hat auch eine gute Seite: Unser erster Biss auf der Angel. Nathalie sieht die Schleppangel zuerst anreißen. Wir arbeiten in Team. Sie rollt die Angel vorsichtig herein.

»Kannst du erkennen, was es ist, Micha?«

»Nein, noch zu weit weg, aber der muss riesig sein, schau mal, wie die Leine sich spannt.«

»Sag bloß, das merke ich auch, schließlich hole ich gerade die Leine ein!«

»Pass auf, jetzt, nicht nachgeben, gleich ist er längsseits.«

Mit ganzer Kraft stemmt sich Nathalie gegen das Gewicht des kämpfenden Fisches. Und plötzlich sehe ich ihn, es schillert gold und gelb, türkis im tiefen Blau des Wassers.

»Eine Dorade, und was für eine!« Ich komme mit dem Enterhaken zu Hilfe, und in einem hohen Bogen landet die riesige Dorade an Deck. Ein Schluck Pfefferschnaps in beide Kiemen beschleunigt den Tod, ganz ohne Blutvergießen. Das Gold der Schuppen funkelt ein letztes Mal, dann wird es blass, fast grau. So groß der Triumph ist, der Moment des Sterbens lässt uns trotzdem jedesmal kurz innehalten, schlucken. Nun beginnt die eigentliche Arbeit. Ab sofort gibt es Fisch, Fisch und wieder Fisch. Sieben Tage lang ... Das Problem mit der Frischfleischverpflegung hat sich gelöst. Beim Einkochen des Fisches schmeißt Nathalie die Fischreste aus der Küchenluke. Ich sitze in der Plicht und schaue mal wieder Löcher in Himmel und See. Plötzlich ein Schatten im Kielwasser. Ich traue meinen Augen nicht. Ein mindestens drei Meter langer Marlin folgt sachte dem Boot, vielleicht aber auch eher den Spuren von Nathalies Küchenabfällen. Deutlich erkennen wir die Seitenflossen und die senkrechte Schwanzflosse. Als er uns bemerkt, dreht er ab und zieht seines Weges.

Am nächsten Tag zieht wieder ein Gewitter über uns her, wahrscheinlich das dritte an diesem Tag, und wir haben alle Hände voll zu tun. Segel rein, Segel raus, Wind von steuerbord, von hinten, von backbord. Noch während ich die Schot dichthole, reißt die Schleppangel am Gummizug.

»Meiner«, schreie ich Nathalie zu, die sofort die letzten Umdrehung der Winsch übernimmt, während ich mich der Handleine widme. Näher und näher und näher. »Das glaube ich nicht, Nathalie, das ist ein Marlin!«

Bis zum Boot können wir den wohl anderthalb Meter langen Fisch ranholen, dann spannt sich die Leine ein letztes Mal, und der Fisch reißt sich vor unseren Augen von der Angel. Vor lauter Staunen war ich zu langsam mit dem Gaff.

Das Leben nimmt wieder seinen normalen Lauf, und ein neues Ereignis reißt uns aus unserem kleinen LADY-Alltag: Eine Gruppe von sechs Silberreihern kommt auf dem Weg nach Afrika zu Besuch. Sie umschwirren das Boot auf der Suche nach dem besten Landeplatz, geradezu schüchtern lassen sie sich zunächst vorne auf dem Bugkorb nieder. Doch nicht lange nachdem klar ist, dass von uns keine Gefahr droht, nehmen sie Großbaum und Reling der LADY in Beschlag. Immer wieder werden An- und Abflug geprobt, jedes Mal mit lautem Geschnatter und Gekreische, es wird geschubst und gerangelt, gezankt und natürlich geschissen. Vogelparty auf der LADY. Ein Reiher scheint die Ansage zum Aufbruch verpasst zu haben. Er bleibt über Nacht. Mit dem Morgenlicht jedoch verschwindet auch er in Richtung unseres Kielwassers.

Das Wetter wird weiter schlechter, und mit Sorge betrachte ich auf den Wetterfaxkarten die Entwicklung eines Hurrikans tausend Meilen nördlich zu unserer aktuellen Position. Der Wirbelsturm bekommt vom Wetterdienst den Namen Olga und hält uns für die nächsten Wochen ganz schön auf Trab. Zwar ist es höchst unwahrscheinlich, dass der Hurikan unseren Weg passieren wird, aber er wird das Wetter weiträumig beeinflussen, uns Schwell schicken, den der Ozean über Tausende von Meilen für Wochen bereithält. Vom typischen Ostpassat ist keine Rede mehr. Ein Wolkenband von der Mitte des Atlantiks, unserem Standort, bis fast zur Küste von Tobago baut sich auf, und die Satellitenkarten zeigen Gewitter, Gewitter und wieder Gewitter. Unser Regenzeug wird zu Dauerkleidung. Drei Tage wüstes Wetter, davon ein Tag Sturm. 40 Knoten Wind blasen aus Süd in eine »Tropical Wave« nördlich von uns, zwingen uns zum Ablaufen. Kurs Tobago können wir trotz alledem anliegen, nicht

weiter schlimm. Wir verkriechen uns ins Innere. Die LADY ist ein sicheres Schiff. Nur mit der Belüftung haben wir Probleme. Da die See von achtern über das Deck bläst, können wir keine Luken aufmachen. So entsteht eine Sauna im Salon, dass einem fast die Luft zum Atmen fehlt. Feuchtigkeit setzt sich fest im Schiff; was auch immer wir in die Hände nehmen, ist kalt und klamm. Wir sehnen uns nach trockenen Klamotten, einer kuscheligen, duftenden Bettdecke für die Koje. Durch Zufall nehmen wir Funkkontakt mit einem deutschen Schiff in Trinidad auf. Hannes von der VITE VITE hat gerade mit Ehefrau Ruth seine Weltumsegelung beendet und begleitet uns nun jeden Morgen für ein paar Minuten auf unseren letzten Seemeilen. Olga und ihre Auswirkungen machen uns weiter zu schaffen. Die dichte Wolkendecke hindert unsere Solarpanele an der ordnungsgemäßen Arbeit, und ein Simmerring der Hydraulikanlage geht zu Bruch. Warum passiert so etwas immer auf hoher See? Wir schalten um auf die Pendelsteuerung, die direkt auf die Notpinne aufsetzt, also ohne Hydraulik, und wegen ständiger Flauten zwischen den Gewittern kommt statt Windpaddel einfach ein Pinnenpilot dran. Wir nennen ihn Doris. Doris steuert uns den Rest des Weges durch alle Winde, brav und stromsparend. Wir haben keine Lust mehr, wollen weder segeln noch in Flauten motoren, noch Gewitter abwettern. Nathalie kann keine Bücher mehr sehen und knüpft aus Verzweiflung meterweise Tausendfüßler, und der Skipper findet auch keinen Raum mehr zwischen all den Löchern, die er schon in den Himmel geguckt hat.
»Ganz ehrlich. Ich hab kein Bock mehr. So lange Zeit auf See. Ich will nur noch ankommen. Nichts ist mir wichtiger in meinem Leben.« – So denkt man 40 nautische Meilen vor dem Ziel. Und nicht anders.
»Land in Sicht!«

Nathalie streckt müde ihren Kopf aus dem Niedergang, der Tag neigt sich dem Ende zu und es regnet Bindfäden. Das GPS zeigt drei Knoten an.

»Was meinst du? Sollen wir den Motor reinhauen? Ich will endlich ankommen.«

»In der Nacht?« Ein fragender Blick von meiner besseren Hälfte, die Ellbogen auf der Schwelle zum Inneren. »Sollen wir nicht besser beidrehen und die Nacht auf See verbringen, dann sicher mit Tageslicht in die Pirates Bay einlaufen und Charlotteville erleben?«

»Nein, nicht noch eine Nacht Wachen schieben, ich kann wirklich nicht mehr, so kurz vorm Ziel.«

Also drehen wir den Zündschlüssel, der Daimler startet. Wir vertrauen den elektronischen Karten, steuern die Nordspitze von Tobago an. Unspektakulär erreichen wir die offene, rollige Bucht mitten in der Nacht, ankern zwischen den Schatten der anderen Boote, ein Rezept für einen sicheren Ankergrund, wenn man den Ankerplatz nicht kennt. Nach dem Ankerfall gibt es nur eines: Sektkorken knallen lassen, die Familie über E-Mail informieren, dass wir gesund und munter angekommen sind. Fünf Minuten auf die Wirkung vom Alkohol warten und in die Koje fallen. Schlafen. Schlafen. Schlafen.

Sicher, es ist keine besonders gute Seemannschaft, wenn man nachts in fremde Buchten, Häfen und Ankerfelder einläuft. Aber der nächste Morgen, zumal nach einem so langen Schlag, hat seinen besonderen Reiz.

»Himmel, ist das grün!«

Noch im Halbschlaf schiebe ich meinen Kopf aus der Vorluke, direkt über unserem Bett im Vorschiff der LADY.

Der schwarze, verwirrte Lockenkopf neben mir regt sich leise.

»Ich will schlafen. Lass mich in Ruhe«, zetert Nathalie, doch die Neugier siegt und verschlafen quetscht sie sich mit durch das enge Luk. »Uhiii!«

Papageien kreischen, Brüllaffen schreien, der Regenwald umgibt unsere erste Bucht Tobagos. Alles ist grün, der Urwald reicht bis ans Wasser, dort beginnt der weiße Strand. Unter Wasser sehen wir unsere ersten Riffe schimmern. In einem kleinen Feld von kunterbunt zusammengewürfelten Yachten wackelt die LADY mit ihrem Mast. Über den Wipfeln der Bäume des Regenwaldes liegt Dunst, der Schwell hebt sich zu hohen Wellen am Strand, die sich in eintönigem Brausen gegenseitig jagen. Es ist heiß und feucht.

»Wir sind da. Wir sind angekommen. Wir haben es geschafft, Schatz.«

Leise fängt es an zu regnen, ich ziehe die Luke zu, lege den obligatorischen Holzblock zwischen Rahmen und Fuge, und gemeinsam fallen Nathalie und ich ins Bett zurück, eng umarmt, und vergessen schlagartig jede schlechte Erinnerung an die letzten 20 Tage, speichern jede positive Erinnerung in unsere graue Zellen, unwiderruflich, für den Rest unseres Lebens. Das ist Segeln. Unterwegs könnte man alles hinschmeißen, im nächsten Hafen fühlt man sich wie ein Held, ein Star und wäre bereit, sofort wieder loszusegeln, um dem nächsten Ozean die Breitseite zu geben.

»So, denn mal los!«

Eine Stunde nach dem ersten Vorlukenrundblick lassen wir voneinander ab und beginnen eingespielt, die LADY aufzuklaren. Mit einem lauten Platsch fällt der Aluminiumboden des Dingis aufs Wasser, genauso schnell ist unsere SEEKUH, der kleine zwei-PS-Außenborder dran und die Riemen im Boot. Pässe und Bootspapiere im Zipplock, nähern wir uns dem Strand mit seinen schrägen Palmen, dahinter Charlotteville, offizieller Einklarierungshafen von Tobago. Ein alter, baufälliger Ponton streckt seinen Finger in die Bucht. Gut so, denn am Strand ohne Salto anzulanden ist unmöglich, so hoch bricht sich der Schwell aus Norden, der bis tief in die Pirates Bay steht.

Schließlich steht Nathalie unsicher an der Tür des Einklarierungsbüros. Gitter und grimmige, gelangweilte schwarze Beamte erwarten sie, doch die Angst der Capitana, die sie schon seit Wochen immer wieder unruhig werden lässt, stellt sich als absolut unbegründet heraus: Es interessiert niemanden, dass wir ohne auszuklarieren von den Kapverden los sind. Dort waren wir länger als die Gesetze es erlaubten, verbrachten dort mehr als die genehmigten drei Monate, und die Ausklarierungsinsel lag zudem 100 Meilen gegen den Wind. Doch die hiesigen Beamten kümmert das alles nicht. Sie kennen die Kapverdischen Inseln noch nicht einmal. Na denn. Nathalie, Vater und Mutter sind Beamte, ist in solchen Dingen sehr gut erzogen – ein fortwährendes Problem zwischen uns, denn ich nehme es nicht so ernst mit den Papieren. Vielleicht gerade deshalb ist es besser, dass Nathalie sich immer um die Behörden kümmert. Es ist auch einfacher, denn die Beamten sind meist Männer, und wenn Nathalie ihr nettes Lächeln aufsetzt, erklärt, dass mein Englisch miserabel ist und ich eigentlich eh nichts an Bord zu sagen habe, dazu die langen Beine übereinander schlägt und ihren Oberkörper nach vorne beugt, dann geht es meist schneller und unkomplizierter. Mit dem schlechten Englisch hat sie sogar recht. Schon nach ein paar Tagen auf Tobago ärgere ich mich darüber sehr.

Mit dem Bus erkunden wir das Inland. Scarborough ist laut und belebt. Ein verbreitetes Alkoholproblem der Einheimischen ist unübersehbar, aber das Angebot an Lebensmitteln ist weit besser als in den kleinen Tante-Emma-Läden von Charlotteville. Es regnet weiter, sodass ein Problem von Tag zu Tag größer wird: Wir bekommen unsere nassen Sachen nicht trocken. Der Begriff des tropischen Regenwaldes wird uns so langsam klar. Undurchdringlicher Wald und unendlich viel Regen. Wir haben uns nicht die beste Zeit für

Tobago ausgesucht, als wir den Anker heben und in Tagesschlägen die Küste nach Süden segeln. Es regnet und regnet, und der Schwell macht die vielen im Revierführer als traumhaft bezeichneten Buchten zu unerreichbaren Zielen. Wir können zwar gut ankern, aber die Wellen sind viel zu hoch, um anzulanden.

»So langsam reicht es mir aber mit dem Wetter«, widerwillig schiebe ich die Maus des Computers zur Seite, die Karte der Bucco Bay scrollt seitwärts weg. Pigeon Point ist ein typisches Fotomotiv der Karibik. Der lange Holzsteg führt ins Meer, und am Ende ist eine Hütte gegen die sengende Hitze aufgebaut, unter der sich die Schönen dieser Welt zum Barcardi treffen. So träumen wir, doch die Bucco Bay ist dem zahlenden Tourismus vorbehalten, Segler sind hier nur mit Genehmigung geduldet, die wir nicht haben.

»Macht ja nun auch nix. Es regnet eh in Bindfäden.«

Wir versuchen weiter gute Laune zu haben, ankern in der nächstgelegenen Milford Bay. Nördlich von Tobago tobt wieder ein Tief, und die Brecher am Strand werden beeindruckend, das Dingi bleibt eine weitere Nacht am Heck der LADY.

»Morgen versuchen wir es. Wir räumen die wasserdichte Rettungstonne aus, tun da unsere dreckige, klamme Wäsche rein und im Notfall schwimmen wir an Land. Ich brauche endlich wieder frische Anziehsachen.«

Das Anlandemanöver endet mit nassen Füßen, was barfuß nicht weiter schlimm ist – wir werden immer besser. Wir finden eine Kombination aus Waschsalon und Internetcafé, »Wash and surf«, genau das, was wir seit Wochen brauchen. Wir kurbeln den Umsatz des kleinen Ladens mit den dicken schwarzen Muttis und dem Neonlicht mächtig an. Während wir uns im Internet auf den aktuellen Stand bringen, dreht sich unsere frischgewaschene Wäsche im Trockner. Noch warm holen wir sie nach zwei Stunden aus der Maschine und halten unsere Nasen an die duftenden Laken. Welch ein Luxus.

Tags darauf kehren wir Tobago den Rücken. Wochen später treffen wir immer wieder Segler, die von der kleinen Karibikinsel schwärmen, von ihren Stränden, den Menschen, dem freundlichen Gesicht der Insel. Wie unterschiedlich doch Erfahrungen sein können – je nachdem, welche Wetterbedingungen man hat.

»Wo ist denn die Marina, ich kann nichts erkennen, ob wir schon dran vorbei sind?«

»Nee, Hannes hat uns sicher die richtigen Koordinaten gegeben, das

muss hier sein. Aber an Land, das sieht nur aus wie eine Baustelle, oder sind die Strommasten dahinten vielleicht ein paar Segler?«

Wir nähern uns der Bucht von Chaguaramas, der Heimat einiger Marinas und Segler an der Nordspitze von Trinidad.

»Warte mal, das glaub ich nicht. Das sind ja alles Boote. Alles! Guck, jetzt kann man es erkennen, das ist ein Wald aus lauter Masten.«

Wir können es kaum glauben, vor uns erscheinen Hunderte, nein, Tausende von Yachten. Ein Mast neben dem anderen, eine Stadt geradezu. Zum größten Teil Fahrtensegler, davon zeugen die bunten Farben, in denen die Stahlboote gestrichen sind, die Unmengen an Ausrüstung, Kanistern, Tauchkompressoren und Spielzeugen, die an Deck verzurrt sind, die vielfältigen Landesflaggen und die Tausendfüßler an den Wanten.

»Sollen wir da wirklich hin, Nathalie?«

»Na klar, der Hannes wartet auf uns, wir haben die Simmerringe für die Hydraulikpumpe hierherschicken lassen, wir müssen.«

»Na denn!« Vorsichtig manövrieren wir die LADY *in die Bucht von Chaguaramas. In der Anchorage liegt ein Boot dicht neben dem nächsten, durch die starken Strömungen liegt jedes in einer anderen Richtung, sich hier noch dazwischenzuquetschen, gefällt uns gar nicht. Wie schnell kann es zu einem Zusammenstoß kommen, wenn keiner an Bord ist. Etliche Male umkreisen wir das Ankerfeld und nehmen schließlich Kurs auf eine etwas abgelegene Ecke nahe einer kleinen Landzunge. Die Boote hier liegen vor Buganker und sind zusätzlich mit Leinen an Land vermurrt. Zwischen einem Ferrozementboot und einem 17 Meter langem Wharram-Katamaran machen wir die* LADY *fest. »Sieht doch gut aus, oder?«*

Unser Freund Hannes von der VITE VITE *nimmt uns an die Hand und schleppt uns von einer Behörde zur nächsten. Nicht, dass wir das nicht auch alleine geschafft hätten, aber mal nicht fragen zu müssen, ist auch eine Erholung. Darauf folgt die Tour mit dem Dingi durch Marinas und Schiffshändler.*

»Hier bekommt ihr die billigsten Farben, dort sitzt der Elektronikspezialist, in der Bar ist mittwochs um sechs Happy Hour und da gegenüber spielt sonntags immer die Steelband. Da müsst ihr hinkommen, und die Deutschen treffen sich immer da drüben«, bekommen wir die Regeln von Chaguaramas erklärt. So nett es gemeint ist, von Steelband-Musik bekomme ich Kopfschmerzen und von Deutschen, die im Ausland immer noch alle zusammen auf einem Fleck hocken, erst recht.

Der nächste Morgen beginnt früh, es ist noch nicht einmal sechs, und vom benachbarten Boot ertönt ein ohrenbetäubendes Indianergeheul. Man hört Füße über das Holzdeck trappeln, Stimmengewirr, Geschrei. Neugierig stecken wir unsere Köpfe aus der Vorderluke. Im Mast des Wharram-Kats hängen drei Jungs zwischen vier und elf, schwingen sich an Seilen über das Deck, lassen sich auf das zwischen den Rümpfen gespannte Netz fallen und nehmen erneut Anlauf auf das bootseigene Klettergerüst. Als es die ersten Tränen gibt, steckt ein schlacksiger, dunkelhaariger Mann seinen Kopf aus dem Backbordrumpf und brüllt ein Kommando, dass die Seeindianer zum sofortigen Antreten bringt. Frühstück fertig, vermuten wir.

»Lass uns mal rüberfahren nach dem Frühstück, Nathalie, die sehen nett aus.«

Noch immer sind wir etwas schüchtern, wenn es darum geht, an anderer Leute Rümpfe anzuklopfen und sich vorzustellen. Zu Hause klingelt man ja schließlich auch nicht bei Fremden, die einem sympathisch sind und sagt: »Guten Tag, wir finden euch nett, können wir reinkommen?« Wobei sich die Frage stellt: Warum eigentlich nicht?

Ein bisschen ehrfürchtig stehen wir nun am Nachmittag an der Bordwand, handelt es sich doch bei der RAPA NUI ganz offensichtlich um altgesottene Fahrtensegler, während wir uns, trotz überstandener Atlantiküberquerung, als Greenhorns vorkommen.

»Kommt rauf, da unten über die Leiter. Ich hab gerade Kürbissuppe gemacht, ist genug für alle da«, lädt Hans uns an Bord ein. Auf der RAPA NUI gibt es zwei Rümpfe in denen Kojen und Küche untergebracht sind, der Rest spielt sich draußen ab. Die Rümpfe sind verbunden mit einer einzigen Holzplattform, beinahe wie ein gigantisches Floß, kein Cockpit im klassischen Sinne. Auf den groben Planken liegen polynesische Sitzmatten, eine Plane schützt vor der Sonne. Die Masten hat Hans selber im Wald geschlagen, ebenso die Bäume des Lateinerriggs, und die Segel sind aus verschiedenen Resten zusammengeflickt. Wir staunen und lauschen. Hans, ein Deutschschweizer, erzählt von seinen Abenteuern, von seinem Handel mit madegassischem Rum, der der stärkste auf der ganzen Welt sein soll, von afrikanischer Schnitzkunst, von den letzten einsamen, verlassenen Inseln, die niemals von Yachten besucht werden, von den vermeintlichen Paradiesen in der Südsee, die keine mehr sind, und davon, wie man den guten Schweinebauch, den es hier auf dem Markt zu kaufen gibt, räuchert, damit er monatelang haltbar ist. In der einen Hand hält er die Speckschwarte, in der anderen ein großes Messer und schneidet großzügige Scheiben zum Probieren ab.

Hans wirkt auf mich wie ein Riese, alles an ihm hat Übergröße, die Statur, die Hände, die Füße, der Mund, die Stimme. In der Zwischenzeit ist auch seine Frau Katrin an Deck gekommen, eine ruhige, zierliche Südafrikanerin mit strengem Gesicht. Hans' Leben ist die See. Er kennt keine Angst, kein Sturm ist so stark, keine Einfahrt so eng, dass man sie nicht mit den richtigen Mitteln bezwingen könnte. Mit Hans zu segeln erfordert jede Menge starker Nerven, und die hat Katrin. Im Laufe der Jahre wurden Florian, Tristan und Cormac geboren, drei blonde Wildfänge, die an Bord unterrichtet werden, klettern können wie die Affen und uns mit einer faszinierenden Offenheit und Herzlichkeit begegnen. Nicht die ersten Bootskinder, die wir kennenlernen, aber mit Sicherheit einige der liebenswertesten.

»Wer will denn nun Suppe? Schüsseln her!«, donnert Hans, und gehorsam reichen wir unsere Holzschüsseln rüber.

»Seid ihr schon lange hier? Ist doch bestimmt nicht so ganz euer Fall hier, oder? Zwischen den ganzen Massen?«, fragt Micha zwischen zwei Bissen der einfachen, aber köstlichen Kürbissuppe.

»Wieso? Wart ihr schon auf dem Markt? Wahnsinn, alles so billig, wir kochen seit Tagen ein, horten Kürbisse, Orangen und Melonen und was sich sonst noch hält, räuchern Fleisch und nebenbei finden wir in den Mülltonnen der Werften alles Mögliche an neuwertigem Material, das die Leute wegschmeißen. Und die Insel selbst ist auch wunderbar. In Port of Spain pulsiert das Leben, für ein paar Wochen kann man es hier gut aushalten, aber danach gehen wir wieder in die Einsamkeit.«

Für uns bricht ein neues Kapitel des Fahrtensegelns an. Wir lernen immer mehr Seenomaden kennen, die ohne Kühlschrank, ohne Computer und mit minimaler Elektronik unterwegs sind. Während das Gros der Yachten abends beim eisgekühlten Bier über Vectorkarten, Wassermacher und den ewig währenden Strommangel plaudert, kommen andere tatsächlich mit einem kleinen Solarpanel aus, da die einzigen Stromverbraucher Beleuchtung und ein kleiner Kassettenrekorder sind. Zugegeben, wir können und wollen auf unseren Computer und die elektrische Selbststeueranlage nicht verzichten, aber jeden Abend darüber reden wollen wir auch nicht. Die Technik ist für uns Mittel zum Zweck, aber nicht Lebensinhalt. Während also viele Yachten ihre Tiefkühltruhen mit frischem Fleisch bestücken, gehe ich in die Lehre bei Hans und Katrin und vor allem bei Serena von der MOMO.

Die MOMO ist ein wunderschöner selbstgebauter Colin Archer aus Holz, traditionelles Rigg, traditionelle Segler. An Bord ein junges Paar,

Peter und Serena. Die beiden sind der Beweis dafür, dass man auch unterwegs seinen Lebensunterhalt verdienen kann. Serena fertigt Schmuck aus Perlen, die sie in Afrika gekauft hat und der reißenden Absatz findet. In jeder Marina hängt sie Zettel auf, auf denen sie Spleiß- und Näharbeiten anbietet, und jetzt, zur Weihnachtszeit, macht sie mit ihrem Ruderdingi die Runde und verkauft selbst gebackene Lebkuchenmänner an die heimwehkranken Segler. Schnell schließe ich die kleine, quirlige Frau mit der roten Mähne und dem offenen Lachen in mein Herz, und gemeinsam machen wir uns daran, die leeren Backskisten für die Weiterfahrt in die Karibik zu füllen. Ich lerne, wie man Fleisch und Krabben einkocht, wie man Käse einlegt, Butter ohne Kühlschrank aufbewahrt und wie man mit einer lebenden Kultur täglich aus Milchpulver Kefir zaubern kann. Jeden Samstag ziehen wir auf den großen Wochenmarkt und feilschen mit den Marktfrauen um die saftigsten Orangen, die größten Krabben, das beste Stück Fleisch und die aromatischsten Zwiebeln. Nach einer Weile kennt man uns, mit einem Augenzwinkern werden wir begrüßt, und kaum noch einer versucht, uns übers Ohr zu hauen. In den wuseligen Straßen von Port of Spain stöbern wir Geschäfte für Nähzubehör auf, in denen es UV-resistentes Garn zu einem Bruchteil des Preises gibt, den man bei den Ausrüstern der Marinas bezahlt, wir finden einen Chinesen, der unglaublich leckere Tütensuppen für Sturmtage verkauft und billige Stoffe, um die LADY endlich mit einer vernünftigen Sonnenpersennig auszustatten. Bisher dachten wir noch, wir müssten alle Ersatzteile in Deutschland bestellen, doch nachdem sich der bestellte Ersatzteilkit für die Hydraulikpumpe als falsch herausstellte und der Simmerring für kleines Geld in einem kleinen Laden in Trinidad zu finden war, sind wir endgültig geheilt. Fahrtensegeln heißt improvisieren. Für jedes Problem lässt sich fast überall auf der Welt eine Lösung finden, wenn man nicht gerade mit einer hochtechnisierten Yacht unterwegs ist. Und das Beste daran: Es macht sogar Spaß. Bei der Suche kommen wir mit Einheimischen ins Gespräch, fahren mit den lokalen Bussen auf Routen, die man als Tourist niemals aufsuchen würde, und essen in Imbissbuden am Wegesrand die wirklich karibischen Speisen.

Die Weihnachtsfeiertage kommen. Weihnachtsgans und Steelband muss nicht sein, und so verlegen wir mit ein paar Yachten auf die nahgelegene Insel Chakachakare. Chakachakare war früher eine Leprainsel. Heute findet man noch die Ruinen eines alten Klosters, der Kirche und des Krankenhauses. Hals über Kopf müssen die Bewohner damals die Gebäude verlassen haben, in den Krankenhausruinen fin-

det sich das zerbrochene braune und blaue Glas der Medizinflaschen und der braune Karton der Patientenakten. Namen lassen sich noch mit Mühe auf den vergilbten Seiten entziffern, Diagnosen, Medikamente. In zahlreichen kleinen Buchten liegt man vor Anker, mit Leinen an starken Bäumen festgemacht.

Es ist der perfekte Ort, um diverse Bootsprojekte zu erledigen, keine Bars, keine Stadt, keine Ablenkung.

Ende Januar sind alle Projekte erledigt, gläserweise Fleisch eingekocht und die Kefirproduktion bis zu Perfektion geübt. Es gibt nichts mehr zu tun in Trinidad. Uns zieht es zu neuen Ufern, genauer: zu einer Inselgruppe, die man eigentlich nur mit Genehmigung besuchen darf …

Muchachita Sabanera

Del horizonte a la palma, se oye un canto de cigarras,
Y el dolor de una guitarra, que me florece en el alma.
Prenda querida asómate a tu ventana, para que cuentes
manana, como fue mi despedida.
Las espigas van jugando con el perfil de mi sombra,
Trotan por el mismo rumbo, caballo y luna redonda.
Yo no te cambio muchachita sabanera,
Ni por la luz de la luna, ni por todas las estrellas.

Mädchen der Savanne

Vom Horizont bis zur Palme, hört man den Gesang der Grillen
und den Schmerz einer Gitarre, der in meiner Seele blüht.
Mein lieber Schatz, zeige Dich am Fenster, damit Du morgen
erzählen kannst, wie der Abschied war.
Die Ähren wiegen sich im Schatten meines Gesichts,
das Pferd und der Mond treiben in die gleiche Richtung.
Ich würde Dich nie tauschen, Mädchen der Savanne,
nicht für das Licht des Mondes, nicht für all die Sterne.

Venezolanisches Volkslied

Abtauchen

Die venezolanischen und holländischen Antillen

»Festhalten und ducken, es wird etwas ungemütlich werden«, brüllt uns Llano gegen den Fahrtwind zu. Ungemütlich ist gar kein Ausdruck. Mit einem vielleicht acht Meter langen offenen Holzboot und einem 80-PS-Außenborder brettern wir gegen die offene karibische See an. Mit der LADY *ist das kein Problem, aber in so einer offenen Nussschale wird mir doch ganz anders. Mit im Boot sitzen außer uns drei 18-jährige Jungs vom Festland, und Llanos holländische Freundin Marianne. Es gibt keinen einzigen trockenen Platz im Boot, schon nach zehn Minuten Fahrt bin ich nass bis auf die Knochen. Seit zwei Stunden sind wir unterwegs, um Llanos Reusen zu leeren.*

Llano ist Fischer auf den Testigos, einer kleinen Inselgruppe vor der venezolanischen Küste, gerade mal einen Tagestörn vom Touristen-Eldorado Margarita entfernt. Ungefähr 250 Menschen leben hier, der größte Teil auf der Insel Iguana, auf der auch die venezolanische Küstenwache mit monatlich wechselnder Besatzung stationiert ist. Das kleine Dorf besteht aus einer langen Reihe buntbemalter Holzhäuser direkt am Strand. Man lebt im Freien. Am frühen Abend sitzen die Bewohner auf den breiten Stufen ihrer Häuser. Fischernetze werden geflickt, und die Frauen häkeln in mühsamer Kleinarbeit farbenprächtige Hängematten.

Unser Anker fällt früh am Morgen nach einer rauen Überfahrt von Trinidad vor der größten Insel, Testigo Grande. Nach einem Spaziergang über den Hügel sitzen wir stundenlang an einem menschenleeren Strand auf der Luvseite der Insel, lauschen der Brandung und haben das Gefühl, ein kleines Paradies gefunden zu haben. Zurück auf der Leeseite kommen wir mit einigen Einheimischen ins Gespräch. Benjamin ist der einzige Mechaniker der Insel. Er kümmert sich um die Außenborder der Fischer. Bares Geld verdient er dabei nicht, Fisch und andere Lebensmittel sind die Bezahlung, ab und an eine Flasche venezolanischen Rum. Brauchen seine Kinder aber neue Kleidung oder er ein neues Bett, legt die Inselgemeinschaft zusammen, um die Anschaffungen zu tätigen. Benjamin hat viele Freunde unter den Fahrtenseglern, nicht zuletzt, weil der Platz vor seinem Haus mit ein paar zusammengezimmerten Tischen und Stühlen der ideale Ort für ein Strand-BBQ ist. Die

Segler bringen eine Palette Bier oder eine Flasche Rum mit, während Benjamin den köstlichsten Grillfisch zaubert, denn wir je gegessen haben. Nur ausgenommen und nicht geschuppt, wird der Fisch auf den Rost gelegt und stundenlang mehr geröstet als gegrillt. Wenn die äußere Haut schon schrumpelig und verkrustet ist, wird er geöffnet, und das zarte Filet kann herausgelöst werden. Ist ein BBQ angesagt, darf auch Nelli nicht fehlen, denn der eine oder andere Segler hat immer eine alte Klampfe dabei. Nelli ist der Musiker der Inseln, leider ohne eigenes Instrument. Abends sitzt er in seiner Hängematte am Feuer und singt südamerikanische Lieder. Ein paar Akkorde nur, keine virtuosen Melodien, aber seine Stimme und die Leidenschaft, mit der er singt, verzaubern jeden.

Der Gang zu den Behörden, der Guarda Costa, der nach unserem Landfall fällig wurde, erwies sich als völlig unkompliziert. Wir stellten uns als Journalisten aus Deutschland vor und bekamen schnell eine Sondergenehmigung, um länger als die üblichen drei Tage auf den Testigos zu bleiben. Auch eine Tauchgenehmigung erhielten wir, allerdings mit der Auflage, dass wir von einem einheimischen Fischer und einem Commandante der Guarda Costa begleitet werden, zur Kontrolle, damit wir keine Langusten klauen. Die Suche nach einem lokalen Fischer führte uns zum Boot der holländischen Einhandseglerin Marianne, die seit zwei Jahren hier auf ihrer RADNOR *lebt und mit Llano, einem Einheimischen, liiert ist. Mit offenen Armen wurden wir empfangen und fuhren schließlich nach zwei Stunden Erzählungen über die Inseln mit geschenktem Fisch und einer Einladung zum Reusenfischen nach Hause.*

Die Zigarette in Llanos Mundwinkel qualmt schon lange nicht mehr. Die Jungs sitzen mit gesenkten Köpfen in der Mitte des Bootes und blinzeln, die Augen voll Salz. Llano fischt, wie viele andere hier, mit Reusen. Fünf bis sechs Reusen aus feinmaschigem Drahtgeflecht, circa einen Meter im Durchmesser, werden aneinandergebunden, mit Köderfisch versehen und in einer Tiefe von bis zu 30 Metern ausgelegt. Eine kleine Styroporboje mit den Initialen des Besitzers kennzeichnet den Ort. Es ist uns ein Rätsel, wie Llano mitten auf dem Meer, einige Meilen von der Küste entfernt, die Bojen wiederfindet. Ein Blick zurück, Landpeilungen im Kopf, kein Kompass, und doch taucht nach einer Stunde die erste Boje zwischen den hohen Wellen auf.

Nun beginnt die eigentliche Arbeit, das Boot muss genau gegen Wind und Strömung gesteuert werden, während die Fischer die Reu-

sen eine nach der anderen aus der Tiefe holen. Zu dritt ziehen sie mit aller Kraft an den Leinen, Llano schleudert die auftauchenden Reusen ins Boot. Langusten, Schnapper und Kofferfische zappeln zwischen den Drahtnetzen. Der Fang wird ins Boot geleert, die Reuse neu mit Köderfisch bestückt und die nächste an die Oberfläche geholt. Auf dem Weg zum nächsten Riff, wo die Reusen erneut auf Grund gelegt werden sollen, wird der Fang sortiert. Nicht essbare Fische sowie Langusten, die nicht die Mindestgröße haben, werden dem Meer zurückgegeben, Muränen getötet und direkt zu Köderfisch zerkleinert. Ist die neue Auslegestelle gefunden, werfen die Fischer die Fallen im hohen Bogen über Kopf in die Wellen, ein bisschen Leine geben, und die nächste wird hinausgeschleudert. Die Jungs vom Festland dürfen hier ihre Muskeln spielen lassen und den Zuschauern zeigen, mit welcher Anmut sie die schweren Drahtkäfige fliegen lassen. Noch viermal wiederholt sich die Prozedur, bis alle Reusen eingeholt sind, dazwischen lange Fahrten in der Lancia, doch mittlerweile steht die Sonne hoch am Himmel und einen Teil des Weges haben wir die Wellen im Rücken. Die Kleidung trocknet langsam, in den Gesichtern glitzern die getrockneten Salzkristalle. Auf einem Wellenkamm surft das schmale Boot zwischen den steilen Klippen, dass uns angst und bange wird. Doch wieder nah an der Küste, beobachten wir Leguane, die auf den bizarren Felsen zwischen Kakteen ein Sonnenbad nehmen. Am frühen Nachmittag treffen wir schließlich wieder am Ankerplatz vor der Isla Iguana ein. Direkt neben der LADY liegt ein Fischerboot aus Margarita, das den lokalen Fischern ihren Fang abkauft und einmal in der Woche nach Martinique in die Touristenlokale liefert. Neben dem Trawler warten schon die Pelikane, denn den ganzen Tag wird hier Fisch ausgenommen, die Abfälle landen im Wasser. Die Vögel schaukeln faul auf der Wasseroberfläche und lassen sich die Innereien direkt in die Schnäbel werfen. Für uns gibt es kalte Limonade mit Eis, Seemannsgarn und von Llano eine große Languste für das Abendessen.

Ein paar Tage später verlegen wir mit der IRON LADY vor die Insel Testigo pequeno. Der weiße Sandstrand blendet im Sonnenlicht, das Wasser glitzert in einer unendlichen Farbpalette von Türkis- und Blautönen.

Am Nachmittag lungern wir unauffällig am Strand rum und warten auf das eine oder andere Fischerbot, das eventuell mit seinem frischen Fang auftauchen könnte. Wir haben Glück, oder auch nicht. Das einzige Boot, das heute auftaucht, hat nichts als Hai gefangen. Bis zu einem Meter lange junge Haie.

»Damals auf den Kapverden, die Haifischbällchen, die waren doch

gar nicht so schlecht, oder?«, meint Micha und lässt einen kleinen Fisch ins Dingi gleiten.

Nun gut, Haifisch. Flossensuppe vielleicht, als Vorspeise? Schön fühlt sie sich an, die Haut, wenn man darüberstreicht. Glatt und geschmeidig in die eine Richtung und rau wie eine Katzenzunge in die andere. Wunderwerk der Natur. Aber halt! Eigentlich wollen wir das Tier ja essen, wenn es nicht wieder Spaghetti geben soll. Vorsichtig und etwas misstrauisch schneiden wir ein paar dünne Steaks aus dem Schwanz und werfen sie in die Pfanne. Riecht ganz okay, aber hängt da nicht doch schon ein Hauch Ammoniak in der Luft?

»Schmeckt doch gut, oder?«, schmatzt Micha später, das Glas Rotwein fest in der Hand.

»Vorzüglich«, murmele ich und schiebe verstohlen den zerpflückten Fisch von einer Tellerecke in die andere. Kann mich noch nicht mal mit zu viel Gräten rausreden. Da müssen wir wohl noch mal bei einem Fischkoch in die Lehre gehen.

Am nächsten Tag fährt die Guarda Costa vor. Beim Anblick der Offiziellen werde gerade ich ja immer schnell nervös.

»Ob die uns jetzt doch rausschmeißen? Wir sind ja schon viel zu lange auf den Inseln. Hoffentlich bekommen wir keinen Ärger.«

»Typisch Nathalie, kaum siehst du eine Uniform, machst du dir gleich ins Hemd«, poltert Micha und lichtet weiter in aller Seelenruhe Muscheln am Strand ab. Im Eilschritt kommen die Uniformierten auf uns zu, was meine Sorge nicht gerade verbessert. Spanisches Stimmengewirr, laut und durcheinander. Micha hilft beim Übersetzen und schließlich wissen wir, was los ist: Auf der Isla Iguana hat eine Frau Bauchschmerzen, Verdacht auf Blinddarmentzündung, sagt der Sanitäter. Der nächste Arzt ist weit, also wird die »doctora alemana« geholt. Ich werde ins Schnellboot gezerrt und mit imaginärem Blaulicht düsen wir Richtung Iguana. Viele diagnostische und therapeutische Möglichkeiten hat man auf den Inseln natürlich nicht, doch nach zwei Visiten kann ich Entwarnung geben, und der Kranken bleibt eine beschwerliche Reise im offenen Boot ans Festland erspart. Als Lohn für meine Dienste werde ich mal wieder in Naturalien bezahlt. Fisch und, besonders kostbar auf den trockenen Inseln: Auberginen aus dem eigenen Garten.

»Macht euch fertig, der Commandante will heute nachmittag endlich seinen Tauchgang mit euch machen!«

Darauf haben wir schon die ganzen Tage gewartet, kein Tauchgang ohne Behörden, und Otto Cerruti, der Commandante, hatte leider keine Zeit. Aber jetzt. In Windeseile packen wir unsere Sachen und überprüfen den Druck in den Flaschen. Nicht auszudenken, was passieren würde, wenn wir den Tauchunfall eines Guarda-Costa-Offiziers auf dem Gewissen hätten.

Fast pünktlich erscheint die Mannschaft, Llano als Bootsführer und auch Marianne ist mit von der Partie, damit der Offizier einen Tauchbuddy hat. Zwischen den Inseln steht ordentlich Strömung, das haben wir mit unserem Dingi schon öfters zu spüren bekommen, daher muss man bei den Tauchgängen einen Mann im Boot haben, der den Tauchblasen an der Wasseroberfläche folgt. Zurückschwimmen ist bei zwei bis drei Knoten Strom absolut aussichtslos, und tückischerweise sind die Unterwasserströmungen häufig auch noch anders als diejenigen über Wasser.

Der Commandante wirkt irgendwie nervös, nestelt an seiner Weste herum, spuckt zum zehnten Mal in die Taucherbrille.

»Sag mal Otto, wann hast du eigentlich deinen Tauchschein gemacht und wie viele Tauchgänge hast du schon hinter dir?«, fragt Micha neugierig.

Es waren genau drei, wie sich schnell herausstellt, aber Otto hat ja auch keinen Tauchschein. Aha.

»Prima, dann weißt du ja schon, worauf es ankommt. Ähm. Vielleicht gehen wir noch mal eben zusammen die wichtigsten Taucherzeichen durch, für den Fall, dass die hier anders sind als in Deutschland«, improvisiert Micha. Hinter seiner Stirn sehe ich es arbeiten, nun nestelt er etwas nervös an seiner Weste. Mittlerweile hat Llano das Boot vor der Insel Morro Blanco gestoppt. Im Lee der Insel dümpeln wir im Schwell und versuchen uns in der schmalen Lancia nicht gegenseitig mit den Flaschen ins Gehege zu kommen. Micha als erfahrenster Taucher und zertifizierter Tauchführer weist unseren Commandante ein: »Otto, wir beide tauchen zusammen, die Frauen sind das andere Team. Du bleibst immer in meiner Nähe, wenn Strömungen da sind, versuch nicht gegenan zu schwimmen, lass dich treiben.«

»Ich muss ja mit, wegen der Lobster. Die müssen geschützt werden, das ist Vorschrift.«

»Ist klar, Otto, keine Sorge, verstehen wir schon«, denke ich im Stillen und male mir aus, wie er gleich unter Wasser die Lobster gegen uns Wilderer verteidigen wird. Bevor ich in schallendes Gelächter ausbreche, ziehe ich mir die lieber die Brille auf die Nase, nehme mir das Atemgerät und lasse mich rückwärts ins Wasser plumpsen. Marianne und ich schauen uns an. »Alles klar?« Das Okay-Zeichen kommt

zurück, und innerhalb weniger Minuten sind wir in 20 Metern Tiefe. Außer Sandboden und ein paar kahlen Felsen sehen wir nicht viel, die Sicht ist trüb, was sollen wir machen. Auch die Männer sind mittlerweile hinter uns, der Commandante kämpft etwas mit dem Auftrieb.

»Da lang«, bedeutet mir Marianne. Langsam lassen wir uns entlang der Felsformationen gleiten. Plötzlich wird die Welt schneller, ich habe das Bedürfnis mich festzuhalten, doch der Sog ist stärker. Micha und Otto sind im Nu verschwunden, von Marianne kann ich noch gerade die Umrisse erahnen. »Nicht dagegen kämpfen, Nathalie, lass dich einfach fallen, mitnehmen. Wir sind alle in derselben Strömung. Du kannst nicht verloren gehen, und Llano passt oben auf. Loslassen, loslassen, loslassen.« Und ich lasse los, spüre wie der letzte innere Widerstand verschwindet und ich wie auf einer Welle, einer gigantischen Rutsche, einer Unterwasserachterbahn mitgerissen werde. Rechts und links ziehen die Felsen, die Korallenköpfe vorbei, der Strom windet sich in Kurven durch die Unterwasserlandschaft, und urplötzlich ist es vorbei. Stehe ich wieder still. Neben mir sehe ich auch Marianne wieder. Grinsend deutet sie auf ihren Druckanzeiger. Ich schaue auf meinen, nur noch 70 Bar, kurz vor der Reserve. Vor lauter Aufregung habe ich fast die ganze Flasche leer geatmet. Aus dem trüben Blau werden nun auch die Männer ausgespuckt. Wir sammeln uns und steigen langsam wieder an die Wasseroberfläche. Der Commandante ist ganz benommen, hat glasige Augen und kriegt kaum noch einen Ton raus.

Es geht weiter zum nächsten Tauchplatz. »Hier findet ihr Korallen, ganz sicher«, verspricht Llano. Doch Marianne ist kalt, und Otto ist noch so beeindruckt von Tauchgang Nummer eins, dass er den Druckausgleich nicht hinbekommt, und so schweben Micha und ich für eine Stunde alleine über wunderbar intakten Korallen und beobachten die Unterwasserwelt.

Die Tage vergehen. Seit zwei Wochen sind wir nun schon auf den Testigos. Langsam drängt die Zeit, denn wir erwarten Besuch von unserem Freund Mark auf der Insel Margarita. Doch der Abschied fällt schwer. Der Abschied von den Freunden, die wir gefunden haben, von den Inseln, auf denen es jeden Tag etwas Neues zu entdecken gibt. Es macht es nicht leichter, dass uns Llanos Familie eine Scheinheirat anbietet, um das Recht zu haben, Land auf den Testigos zu erwerben und ein Haus zu bauen. Doch wir wollen weiter.

Unser nächster Stopp ist die Insel Margarita, das venezolanische Ferienparadies. Täglich landen hier die Charterflieger aus Europa und

Nordamerika, um ihre Gäste zu den unzähligen Hotelburgen und Beachresorts zu bringen. Die Segler wiederum sammeln sich in der Anchorage nahe der Stadt Porlamar, weil es hier auf der Insel zollfreien Diesel, zollfreie Konserven und nicht zu vergessen zollfreien Rum gibt. 72 Stunden Aufenthalt kann man ohne Einklarieren als Notstopp herausschlagen, und die Yachties interpretieren den fehlenden Sprit jeglicher Art an Bord der Einfachheit halber als Not. Doch wir nehmen außer zollfreien Gütern noch Mark aus Düsseldorf an Bord, der ordnungsgemäß in die Crewlisten aufgenommen werden muss, da wir ihn erst in Bonaire wieder abgeben werden. Wie immer in Südamerika gibt es Agenten, die viel Geld damit verdienen, die Visaprozeduren zu beschleunigen.

Schließlich sind wir wie gehofft zu dritt auf der LADY. Mark ist blass, hat Ringe unter den Augen und bedarf dringend eines Kurses für gestresste Manager auf der IRON LADY. Erster Punkt auf der Therapieliste: Dosen spülen. Wir waren auf der Überfahrt mal wieder etwas unvorsichtig und haben durch das Mittelluk eine Welle in den Salon hineingelassen. Die Konservendosen, die wir in den Backskisten unter der Seekoje lagern, vertragen sich nicht besonders mit dem salzigen Nass, und so bekommt Matrose Mark die Order, sämtliche Büchsen mit Spüli und Süßwasser zu behandeln. Eine nach der anderen, quasi zum Meditieren. Es sind 52 Stück. Zur Belohnung für die getane Arbeit darf er alleine mit unserem zehn-PS-Mercury durch die Bucht brettern und den Müll wegbringen. Erst Stunden später, die Sonne geht gerade unter, sehen wir unser kleines Dingi in Schlangenlinien durch die Anchorage fahren.

»Mark, endlich, was ist passiert?«

»An den Mülltonnen, da waren zwei Jungs vom Yacht Club, die haben irgendwas von computador gefaselt und mich einfach mitgezogen und vor einen Rechner gesetzt, der schon vor fünf Jahren veraltet war. Da ging nix mehr. Hab trotzdem ein bisschen an den Kabeln gezogen, und die Jungs haben mich mit Polarbier versorgt. Is wohl 'n bisschen spät geworden. Na ja, aber der Rechner läuft trotzdem nicht.«

Keine zwei Minuten später ist unser Matrose in der Vorpiek verschwunden.

Nächster Programmpunkt im Leben eines Fahrtenseglers: Wie wäre es mit einem Provianteinkauf? Im Eingangsbereich des Konsumtempels finden wir ein Schild mit Piktogrammen: kein Eis, keine Hunde, kein Rollschuhfahren, keine Schusswaffen. Generell benötigt hier in Venezuela niemand einen Waffenschein, dementsprechend besitzen circa 50 Prozent der männlichen Bevölkerung eine Waffe, meist Pump-

guns. Für welchen Zweck diese außer Kaninchenjagden benutzt werden, malen wir uns lieber nicht aus. Immerhin, hier sind wir sicher. Mark verfolgt mit ungläubigen Augen, wie wir ganze Regalbretter Tomatendosen mit einer Armbewegung in unsere Einkaufswagen fegen und Unmengen an Nudeln, Reis und Leberpâté horten, als gäbe es bald nichts mehr zu essen. Doch so sind die Fahrtensegler, man ist gerne autark, hat alles an Bord, um einige Monate fernab der Zivilisation leben zu können.

Zum Abschied von Margarita dürfen die Männer sich an der Strandpromenade die spärlich bekleideten Mädchen anschauen und Mark sich den ersten Sonnenbrand auf dem Rücken holen.

Hoch am Wind brettert die LADY durch die karibische See, Mark übt Knoten, sitzt auf dem Bugsprit und lässt sich vom Gefühl der Freiheit durchfluten. La Blanquilla, die Weiße, heißt unser erstes Ziel, eine Insel, die noch zu den venezolanischen Antillen gehört. Türkis und Weiß sind die vorherrschenden Farben, leuchtendes Wasser, gleißende Strände. Das T-Shirt zum Schutz vor der Sonne als Turban um den Kopf geschlungen, gehen wir an Land. Besiedelt wird die Insel nur von einer kleinen Militärstation, deren grimmiger Wachhund träge wie ein lebendiger Bettvorleger in der Hitze vor dem Eingang döst. Unser Freund Otto von der Guarda Costa auf den Testigos hat uns schon bei seinen Kollegen angekündigt, und so bekommen wir ohne Umschweife die Erlaubnis, auf der Insel und unter Wasser tun und lassen zu können, wonach uns der Sinn steht. Hauptsache, wir fotografieren nicht die militärischen Anlagen. Doch die interessieren uns eh nicht, wir wollen die Unterwasserwelt erkunden.

In der Bucht liegen außer uns noch zwei typisch venezolanische Fischerboote. Zehn Meter lange, bunt bemalte Kähne aus Holz mit altersschwachen Dieselmotoren. Die Jungs sind immer dankbar für Abwechslung, sind sie doch den größten Teil der Zeit unter sich und vor allem weit weg von ihren Familien. Wir klönen ein bisschen, bekommen eimerweise frischen Fisch geschenkt und das Angebot, mit ihnen zum Tauchen zu fahren. Das ist natürlich großartig, gleich am Nachmittag geht es los. Unter Wasser empfängt uns die reinste Märchenlandschaft: Fächerkorallen wiegen sich sanft in der Strömung, Feuerkorallen blitzen in Knallrot zwischen unzähligen Gehirnkorallen auf. In den Höhlen verstecken sich die Langusten, und über alledem tummeln sich die tropischen Fische in erstaunlicher Vielfalt.

Plötzlich sehe ich einen dunklen Stein am Meeresboden, der irgendwie seltsam aussieht. Ich stupse Mark an und sehe nun auch aus den Augenwinkeln, dass Micha aufgeregt in dieselbe Richtung deutet.

»Da, da, schau mal, das ist ja gigantisch«, kann ich ihn förmlich unter Wasser schreien hören. Der dunkle Felsbrocken fängt an, sich zu bewegen, sich loszulösen aus seiner Umgebung und mit einem Mal erkenne ich, dass es sich um einen riesigen Zackenbarsch handelt, perfekt getarnt mit seiner fleckigen Zeichnung. Der sicher 300 Kilogramm schwere Fisch schwebt wie in Zeitlupe an uns vorbei, betrachtet uns etwas gelangweilt, reißt sein riesiges Maul auf und zieht unbeeindruckt seines Weges.

An der Wasseroberfläche sprudelt es nur so aus uns heraus: »Wahnsinn, dieses Urwesen. Unglaublich.«

»Der hat sicher noch nie einen Taucher gesehen, wer weiß, vielleicht waren wir wirklich die ersten Menschen in seinem jahrzehntelangen Leben.«

»Was muss der sich wohl gedacht haben.«

Am Abend im Cockpit wird der Zacki natürlich immer größer, aber das muss sein, unter Anglern wie unter Tauchern.

Langsam trödeln wir weiter. Mark verbringt die Zeit wieder auf dem Bugspriet, wird von einer Herde Delfine beglückt und erlebt zum ersten Mal, wie wir eine kapitale goldschimmernde Dorade aus dem Wasser ziehen. Die LADY zeigt ihre Wirkung:

Logbuch

Manchmal besteht das Highlight darin, dass nichts passiert, außer dass man reist. Einfach so. Das Leben auf der LADY ist schon verrückt. Wir haben gesungen, dass sich die Spanten biegen und Kinderwitze zum Besten gegeben, Dr. Albern sach ich da nur. Herrrrrrlisch. Man soll ja nicht den Tag vor dem Abend loben, aber das muss ich doch loswerden: Micha hatte mir in einer Vorab-Mail prophezeit, dass ich nach dem Trip ein anderer Mensch sein würde. Der Typ hat recht. Entdecke alt bekannte Positivitäten, welche mit einer Portion LADY-Erfahrung sich zu einer Gemengelage mischt, die ich zwar noch nicht verstehe, sich aber gut anfühlt. Wer auch immer zum erlauchten Kreise derer gehört, die mit dem Gedanken spielen dürfen, die Skipper zu besuchen, sei hiermit von mir ermutigt: tut es. Nicht zweifeln, nicht warten. Kein Geld der Welt kann das hier ersetzen. Es geht um Leben, nicht um Warten. Der richtige Moment ist immer jetzt. Tja, eigentlich könnten die beiden auch 'ne Gestresste-Menschen-Therapie-Einrichtung eröffnen. Das wäre ein Riesenerfolg.

Unser nächstes Ziel: Holland! Die kleine Insel Bonaire gehört zu den holländischen Antillen und ist als das Tauchparadies gleich nach dem Roten Meer bekannt. In Bonaire kann man entweder in einer der schicken Marinas festmachen, die wir uns nicht leisten können, oder für sechs Dollar am Tag eine der Murings an der Waterfront der winzigen Stadt Kralendijk aufnehmen. Wir entscheiden uns für Letzteres und gehen an Land. Es ist Sonntag, die Straßen sind leer und verlassen. Alles erinnert an Holland, die bunten Häuser, die sauberen Straßen, Papierkörbe, wo man hinschaut, nur Palmen und Flamingos machen einen stutzig. Mark hat Hummeln im Hintern, hält Ausschau nach Nightlife, Aktion und Vergnügen. Auch wenn er jede Minute der Einsamkeit auf den venezolanischen Antillen genossen hat, jetzt ist Party angesagt. Pommes Spezial bei Watta Burger, Heinekenbier in der City Bar und ein fahrbarer Untersatz, sprich Pick-up, unser zukünftiges Divemobil. Micha und mir geht das alles viel zu schnell. Daran gewöhnt, die neue Umgebung von der sicheren LADY *aus zu betrachten, ein paar Infos auf Nachbarschiffen einzuholen und vielleicht ein Bier zu trinken, kommen wir mit Marks Tatendrang nicht ganz mit. Dreimal fährt er mit unserem neuen Gefährt um den Supermarkt, bis er einen Parkplatz vor der Tür gefunden hat. Wann haben wir das letzte Mal einen Parkplatz gesucht?*

Mit dem Pick-up tauchen wir buchstäblich ein ins Abenteuer Bonaire. Unzählige Korallengärten, tropische Fische und das Wrack der HILMA HOOKER *in über 30 Meter Tiefe, dicht bewachsen und mittlerweile Lebensraum für Rifffische, Raubfische und Muränen, warten auf uns. Die Steilwand im Norden der Insel, wo Mark und ich das erste Mal auf 40 Meter Tiefe gehen dürfen und natürlich Korallen, Korallen, Korallen. Micha verliert sich mit seiner Nikonos in der Makrowelt und bewegt sich stundenlang nicht über einen quadratmetergroßen Fleck Korallengarten hinaus, während Mark und ich noch immer dem Wunder der Schwerelosigkeit erlegen sind und Wettbewerbe für die schönste Rolle rückwärts austragen.*

Fast drei Wochen bleibt Mark an Bord und hat von all unseren Freunde, die zu Besuch waren, wohl den echtesten Einblick in das Leben auf der IRON LADY *mitbekommen. Ausklarieren, lange Schläge, segeln, wo keiner segelt, unberührte Tauchgründe, einklarieren und einen quirligen Hafen mit anderen Fahrtenseglern anlaufen … kein Wunder, dass am winzigen Flughafen zum Abschied ein paar Tränchen fließen. Doch das Agenturleben wartet schon wieder in Düsseldorf. Zum Glück jedoch nicht auf uns.*

Wir ziehen weiter nach Curaçao, denn das Leben in Bonaire, wo jede einzelne Tomate von weither kommt, ist auf die Dauer zu kostspielig für unsere Bordkasse. Spaanse Waters heißt die große Lagune auf Curaçao, die nur durch eine schmale Einfahrt mit der See verbunden ist. Schon die Fahrt durch den Kanal erinnert uns an unsere lange Zeit am IJsselmeer. Die Vegetation ist natürlich anders, trockener, karibischer, doch die Häuser am Ufer, das bunte Treiben von Surfboards, Jollen und Hobbiecats und die vielen Fahrtenschiffe mit niederländischer Flagge lassen uns glauben, wir wären seit der Abfahrt aus Amsterdam nicht viel weitergekommen.

Für uns bedeutet Curaçao jedoch vor allen Dingen eins: harte Arbeit. Der Ankerkasten leckt, bei der Rostbekämpfung stoßen wir mit dem Beitel durch den Stahl und haben beidseits am Bug daumennagelgroße Löcher. Michas Daumennagel, wohlgemerkt. Ein neuer Ankerkasten muss her, die Löcher müssen mit Glasfasermatte und Epoxy repariert werden, der Ankerkasten komplett geschliffen und gestrichen werden. Weil eine Baustelle nicht reicht, lackiere ich sämtliches Holz im Cockpit neu und ebenso Decke und Wände im Salon. Bei der Happy Hour im Sarifundys dagegen geht es nur noch um eins: den Kanal. Gerüchte über doppelt, dreifache, zehnfache Gebührenerhöhungen mehren sich, nichts Genaues weiß man. Viel Seemannsgarn wird erzählt und doch ist es wie immer: Irgendwann machen sich die ersten Boote einfach auf, Richtung Panamakanal. Wir allerdings sind noch nicht so weit, uns lockt Kolumbien!

Freak Wave

Von einer Monsterwelle oder Freak Wave sprechen Meeresforscher immer dann, wenn die Woge mindestens doppelt so hoch ist wie eine Welle mit signifikanter Wellenhöhe. Dieser Wert ergibt sich aus dem arithmetischen Mittel der 33 höchsten von 100 aufeinanderfolgenden Wellen.

Riesenwelle ist aber nicht gleich Riesenwelle. Experten unterscheiden drei Arten von Freak Waves:

- »Kaventsmänner« sind gewaltige Einzelwellen, die die normale Wellenhöhe um ein Vielfaches überschreiten und unterschiedlich geformt sein können.
- Die »Drei Schwestern« bestehen aus drei kurz aufeinander folgenden Wellen, die deutlich höher sind als die restlichen Wellen.
- »Weiße Wände« sind äußerst steile, fast senkrechte Wellen, die mitunter eine Breite von mehreren Kilometern einnehmen.

Gemeinsam ist allen Freak Waves, dass ihr steiler und extrem hoher Wellenkamm einem sehr tiefen, runden Wellental folgt.

aus www.esys.org
Europäisches Segelinformationssystem

Angst

Über die raue Küste Kolumbiens zu den Rosarios

»Was ist los mein Schatz, du bist ja ganz weiß um die Nase! Warum kurven wir hier so komisch rum? Hast du heute Morgen schon den venezolanischen Rum probiert?« Nathalie steckt ihre Nase aus dem Niedergang unter der Sprayhood, die LADY donnert mit sieben Knoten die fünf Meter hohen Wellenberge herunter, verliert ihren Kurs, wenn das Ruder aus dem Wasser kommt, sinnlos wird im brechenden Kamm, legt sich hart, verdammt hart, mal steuerbord, mal backbord auf die Seite. Die Sonne ist gerade aufgegangen, wir sind schon seit einigen Stunden unterwegs Richtung West, Richtung Cartagena, der einzig sicheren Stadt Kolumbiens für uns Fahrtensegler.

»Och nichts. Ich habe gerade auf elektrische Steuerung umgeschaltet und nichts geht.« Verdammt, ich merke, wie ich Nathalie anschreie, wie mir das Adrenalin in den Adern durch den Körper zieht, in die Knie, und diese weich wie Butter werden. Ich habe Angst. Angst, die Kontrolle zu verlieren, Angst, dass die LADY einen der Wellenberge hinunterrauscht und sich auf die Seite legt. Angst, dass sich einer dieser Kaventsmänner ins Cockpit verirrt. Angst, alleine mit Nathalie in diesem Wetter ein ernsthaftes Problem zu haben. Die Gewalt der See ist unglaublich nah. Das Freibord wird in meiner Wahrnehmung immer niedriger, und der Bug scheint fast einzutauchen in die nächste Welle, die sich weit schneller fortbewegt, als die LADY rennen kann. Jetzt nur nicht meine Angst auf Nathalie überschwappen lassen. Aber Nathalie bekommt alles mit, realisiert in Sekundenschnelle, dass wir bei 30 Knoten achterlichem Wind und fünf Meter brechender See manövrierunfähig 50 Meilen vor der kolumbianischen Küste stehen.

Gegen zwei Uhr hat der Wecker uns aus der Koje geklingelt, und mitten in der Nacht sind wir ankerauf gegangen. Nathalie hat berechnet, dass wir mit Strom und Wind bei Sonnenaufgang vor Cartagena, unserem offiziellen Einklarierungshafen in Kolumbien, stehen sollten. Aus den fünf Buchten bei Santa Marta, dem ersten illegalen Ankerfall in Kolumbien, laufen wir bei Finsternis unter Motor und Stützsegel aus. Kaum erreichen wir offenes Wasser, begrüßen uns 30 Knoten Wind auf die Nase. Das hatten wir uns anders vorgestellt.

Aber nun sind wir drin in der Suppe. Fünf Meilen unter Motor gegen die See stehen uns bevor, ehe wir den Kurs westlicher setzten können, abfallen und den Wind zum Segeln bekommen.

»Schnell. Kuppel doch Daisy wieder ein, vielleicht funktioniert das noch.«

Am Rad drehen hilft nichts, kein Widerstand merkbar, das Rad läuft durch, ohne auch nur die geringste Auswirkung auf das Ruder zu haben. Der Bypasshebel der Hydraulik ist schnell wieder umgelegt. Die Verbindungskette unserer Windfahnensteuerung wird eingehakt. Um sicherzugehen, steige ich aus dem Cockpit und stelle mich auf das schmale Trittbrett, das uns die Windfahne zugänglich macht. Schnell klinke ich den Karabiner meiner Rettungsleine ein und versuche die gierenden Bewegungen der LADY auszugleichen, ohne ins Meer zu stürzen. Mit einer Hand ergreife ich die Windfahne, ziehe sie senkrecht, als wenn der Wind aus der richtigen Richtung käme und kann so das Boot per Hand steuern. Das Paddel im Wasser stellt sich gerade, die aus dem Wasser genommene Kraft greift über die Pinne direkt auf das Ruder, übernimmt die Kontrolle. IRON LADY segelt wieder geradeaus, donnert in einem Höllentempo in die richtige Richtung. Es funktioniert, es muss die Hydraulik sein. Daisy hat alles im Griff, zumindest solange der Wind nicht stärker wird.

Nathalie übernimmt die Ruderwache, während ich mich auf die Suche nach der Ursache unseres Problems begebe. In ein paar Minuten habe ich Kanister, Segelsäcke, Werkzeug und Gerümpel aus der achterlichen Koje entfernt und sehe die Bescherung: Der Hydraulikzylinder, verschraubt mit einer dicken Stahlplatte, angeschweißt an eines der beiden 100 Millimeter starken Edelstahllenzrohre unter dem Cockpit, ist einfach aus der Halterung gerissen. Die Hydraulikleitungen aus Kupfer sind durchgeknickt und zerborsten. Das Hydrauliköl ist ausgelaufen, klebt an Decke und Wänden. »Hier ist nichts mehr zu retten. Nicht bei diesem Seegang. Wir haben keine Radsteuerung mehr.«

80 Meilen liegen vor uns. 80 Meilen mit der Hoffnung, dass alles glattgeht. Ein mulmiges Gefühl.

»VITE VITE für IRON LADY. VITE VITE für IRON LADY. Bitte kommen.Wie geht es bei euch?«, kommt es vertraut aus dem Lautsprecher des SSB-Radios.

Mir ist direkt wohler, als ich Hannes Stimme höre, und ich erzähle ihm sofort von unserer misslichen Situation.

»Okay. Da kann euch ja jetzt keiner helfen, Micha. Aber je weiter ihr West gut macht, desto weniger habt ihr Welle und Strom. Vor Cartagena werdet ihr keinen Wind mehr haben.«

Hannes hat seine Weltumsegelung schon hinter sich gebracht, liegt in Trinidad vor Anker und wartet auf den Käufer seines Aluminium-Katamarans. Er kennt die Strecke, und das hilft.

Später am Tag sitze ich in der achterlichen Steuerbordecke der Plicht, bewusst eingeklemmt, eine Hand an der Reling, eine an der Freibordkante. Den Blick nach vorne gerichtet auf den handtuchgroßen Fetzen Segel, der die LADY auf Rumpfgeschwindigkeit hält.

»Schatz! Genauso hatte ich mir immer schon segeln vorgestellt.«

Der Kragen der Segeljacke ist bis unter die Nasenspitze zugeschnürt. Eine plötzliche Eingebung bringt mich dazu, den Sicherheitskarabiner zu lösen, die Treppe zum Niedergang herunterzufallen, Tür und Niedergang zu schließen und auf dem Navigationsstuhl zu landen.

»Alles klar?« Nathalie steht an der Spüle.

»Den Umständen entsprechend.«

Da hören wir sie beide. Die Welle. Mit einem irren Getöse kommt die Erste der Drei Schwestern, baut sich hinter der LADY auf, zieht das Wasser unter dem Kiel weg. Wir neigen uns nach Lee. Der Brecher vergräbt das Deck unter sich, Tonnen von Wasser ergießen sich in das halb ausgerollte Hauptsegel, das mittschiffs steht, füllen das Segel und drücken es weiter nach unten. Der Mast muss jetzt fast platt auf der See liegen, durch alle Deckshausfenster ist nur grünes Wasser zu sehen. Der Kartentisch öffnet sich, der Inhalt verteilt sich über den Boden der Kombüse, wir stehen auf der Einrichtung, die Schränke öffnen sich und Werkzeug fällt ebenfalls aus dem Schrank. Im Vorschiff lauter Krach, als sich die Schapps öffnen und ihren Inhalt in die Kojen ergießen. Alles, was nicht niet- und nagelfest ist, purzelt durch den Salon. Wir wissen beide, was jetzt kommt. Solche plötzlich aufkommenden Superwellen nennt man Freak Waves oder Drei Schwestern, da diese Wellen häufig als Dreierfolge auftauchen, jede Einzelne aus einer anderen Richtung.

Die LADY versucht zaghaft den Mast wieder aufzurichten, doch schon ist die Nächste da und bricht erneut über uns hinweg. Nicht mehr so enorm und beeindruckend wie die Erste, aber gewaltig genug. Dann die Dritte. Wieder richtet sich der Mast auf, und wir stehen mit Gummibeinen in der Kombüse.

»Alles dicht, kein Wasser, kein gebrochenes Luk oder Fenster.«

Ich schaue zu meiner Capitana. Ob jetzt ein Nervenzusammenbruch kommt? Schreikrampf? Hysterie? Ich selber bin mehr als beeindruckt. Bin nur noch froh, ein so schweres, solides Stahlschiff zu haben, das nicht durchgekentert ist.

»Jetzt reicht es aber. Jetzt ist genug!« Die Capitana fängt an aufzuräumen. Kein Schrei, keine Träne, kein Schluchzen. Tolle Frau!

»Ich werde mich mal vorsichtig nach draußen begeben, um die Lage zu checken.«

Solardusche im Relingsnetz, Dingi verschoben, Rettungsring im Wasser, Badeleiter runtergeklappt. Na, das hätte auch schlimmer enden können, geht mir durch den Kopf.

Die See rollt wieder von hinten, die Wolken spielen am Himmel Fangen und der Wind sein Lied in den Wanten. Von den drei Schwestern ist nichts mehr zu sehen. Kaum wieder im Schiff, fällt mir Nathalie in die Arme. Nachdem sie Klarschiff gemacht hat, keine direkte Aufgabe mehr im Sinn, kommen die Tränen der durchlebten Angst. Eng umarmt stehen wir wortlos an die Spüle gelehnt.

»Micha, ich will ankommen. Ich will, dass das hier vorbei ist. Ich kann nicht mehr.«

Die Gedanken gehen eine halbe Stunde zurück, und ich frage mich, was passiert wäre, wenn ich oder sogar wir beide wie meistens in der Plicht gesessen hätten. Wie durch ein Wunder hat es den Topf mit kochendem Wasser auf dem Herd gehalten. Jetzt gibt es die weltbesten Spaghetti mit Tomatensoße à la Nathalie. Nervennahrung.

Und doch sollte Hannes von der VITE VITE recht behalten: Zum Abend wird die See ruhiger, der Wind flaut ab. Nicht viel, aber eben genug um den Einbruch der Nacht nicht allzu bedrohlich wirken zu lassen.

Logbuch

Gerade als wir im Cockpit sitzen und uns mit etwas wackeligen Knien erholen, taucht eine Gruppe von bestimmt 20 Delfinen auf und zieht an uns vorbei. Schön! Das bringt Glück, und uns geht es gleich besser. Die Stimmung ist gut, ich reiße dumme Witze und sing Lieder, hab ich früher in Kanada in den Bergen auch mit meinem Onkel gemacht, um die Bären zu vertreiben ... Warum sollte es nicht auch hier helfen? Micha grinst sich eins ...

Mit gebrochener Hydrauliksteuerung, unter Windsteuerung und Notpinne laufen wir nach unserm bisher schwierigsten Segelschlag nachts in Cartagena ein. Wir wollen nur noch eines: Wunden lecken, schlafen und nicht mehr segeln, keine imposante See mehr im

Rücken haben. Doch schon zehn Seemeilen vor der Stadt werden wir von einem Schnellboot mit zwei Außenbordern à 300 PS abgefangen. Mit Flutlicht ausgeleuchtet, befragt man uns nach dem Wer, Wohin, Warum und Wie lange. Einer der Uniformierten steht gut sichtbar hinter dem Schützenkleid seines fest an Deck montierten Maschinengewehrs. Was für eine Begrüßung. Ob das wohl die üblichen Sicherheitsmaßnahmen sind, oder liegt es an den bevorstehenden Wahlen im Land?

Cartagena lockt mit einer wunderschönen Altstadt, mit Preisen wie im Schlaraffenland und einem ruhigen Ankerplatz. Irgendwann am nächsten Morgen wachen wir auf. Ich stecke vorsichtig den Kopf aus der Luke – und schaue geradewegs in die Öffnung eines Maschinengewehres. Schon wieder eines der Patrouillenboote. Ich lasse mich zurückfallen. Wir sind gut bewacht. Nichts kann passieren und es ist heiß. Kein Luftzug kommt durch die Luke. Wir baden zum Frühstück im eigenen Schweiß. Cartagena ist in vieler Hinsicht ein heißes Pflaster. Schuld daran ist vor allen Dingen die vorherrschende Windstille. Kein Luftzug geht durchs Boot, und auch an Land ist es keinen Deut besser.

Mit Cartagena haben wir uns den sichersten Ort in Kolumbien ausgesucht, um einen Eindruck von diesem wunderschönen Land und seinen freundlichen Menschen zu gewinnen. In Cartagena wird uns unter vorgehaltener Hand mitgeteilt, dass in dieser Stadt keine Terroranschläge verübt und keine Drogen verkauft werden, weil die Mafia hier selbst Urlaub macht und ihre Kinder in ordentliche Schulen schickt. Ein Aushängeschild für die Touristen und für die wohlbetuchten Kolumbianer. Das erklärt natürlich die Unmengen von Uniformierten in der Stadt. Trotzdem ist Cartagena ein bisschen wie Urlaub im sonnigen Süden Spaniens. Die UNESCO hat die Altstadt zum Weltkulturerbe erklärt, und somit fließen viele Gelder in die Stadtsanierung. Es ist ungewohnt sauber und aufgeräumt. In der Altstadt schlendert man über gepflegtes Kopfsteinpflaster, in den restaurierten, in warmen Farben leuchtenden Altstadthäusern findet man schummerige Kneipen, originelle Läden und gute Restaurants. Die weiten Plätze werden als Bühne von Musikern und Pantomimen genutzt, und umherziehende Händler stellen ihre Waren auf bunten Tüchern zur Schau. An kleinen Imbissständen kann man sich für wenig Geld Obstsäfte aus frischen tropischen Früchten pressen lassen und zuckersüße Teilchen frühstücken. An einer Ecke finden wir einen Stoffladen, der die Ware kiloweise verkauft.

Wir erstehen drei Kilogramm alte Hängematte in orange-gelb-grün gestreift, die als zukünftige Polsterbezüge unseren Salon aufhellen sollen.

Doch unser erstes und wichtigstes Projekt ist zweifellos die Befestigung des Ruderzylinders der Hydrauliksteuerung neu zu überdenken und zu realisieren. Eine einfache Schweißnaht hat die Seen des karibischen Meeres nicht davon abhalten können, die Halterung komplett herauszubrechen. Wir setzen uns einen halben Tag ins Taxi, fahren von A nach B und C und landen schlussendlich im Büro eines Spezialbetriebes. Der Chef persönlich betreut unser Problem in seinem Büro mit eleganten Ledersitzen und freut sich sichtlich, dass sein Alltag mal von etwas anderem unterbrochen wird. Wir bekommen unser Ersatzteil innerhalb weniger Tage aus Edelstahl gefertigt und sind einfach glücklich. Die neue Verbindung des Rudergebers ist etwas flexibler und den Ansprüchen auf See angepasst.

Von Cartagena aus steht auch ein Heimaturlaub an. Nathalie fliegt vor, und ich kümmere mich derweilen um eine Bleibe für die LADY. Der Weg führt mich ins Paradies der Rosarios-Inseln, ungefähr dreißig Meilen südlich von Cartagena. Hier hört alles Vertrauen in elektronische Navigation auf, weil entsprechende Detailkarten definitiv nicht vorliegen.

Nathalie hat wieder auf schlau gemacht und eine Papier-Detailkarte der Rosarios im Marinaoffice gekauft. Die 15 Meilen zu den Inseln sind nicht weit, und ohne Probleme finde ich mein Ziel, das Ozeanarium auf der Insel Martin del Paraiso.

»Hola, Hola. ¿Puedo estar aqui por la noche al anclar? (Kann ich heute Nacht hier ankern?)«

Raffa, der Besitzer des Ozeanariums, schaut mich erstaunt an. »¡Hablas bien el Español!«

Da ich alleine bin, werde ich kurzerhand in die große Familie aufgenommen. Spanisch zu sprechen hilft hier nicht nur Tore zu öffnen, sondern auch Herzen. Nach ein paar Tagen, ich kratze mal wieder zwei Stunden unter Wasser Büschel von Seepocken vom Unterwasserschiff, frage ich Raffa um die Erlaubnis, unser Heim vor seiner Haustüre zu lassen, um ebenfalls nach Deutschland zu fliegen. Kein Problem. Einzige Bedingung ist, dass ein Angestellter von ihm nachts mit Pistole unter dem Kopfkissen aufpasst, damit niemand vorbeikommt und was abschraubt. Das kostet mich 100 Dollar Entwicklungshilfe für den Jungen. Das zahlen wir gerne! Was

Raffa nicht weiß, ist, dass unser versteckter Satellitensender jede Stunde eine Positionsmeldung abgibt und ich via Internet sehen kann, wo die LADY steht.

»Miguel, drei Wochen hast du dich nicht gemeldet. Den Schlüssel hast du mir gegeben und dann lässt du, einfach so, dein Boot direkt vor der kolumbianischen Drogenmafiaküste«, wundert sich Raffa bei unserer Rückkehr.

Die folgenden Wochen gehören zu den schönsten der Reise. Das Paradies der kolumbianischen Reichen und Schönen könnte man die Inseln auch nennen. Jeder Kolumbianer, der den dazu nötigen Geldbeutel hat, besitzt mindestens eine der unzähligen hübschen Inselchen und hat sich dort eine feudale Villa hingestellt. Eine der kleineren Inseln ist seit Generationen im Besitz der Familie von Raffa, der sie vor einigen Jahren geerbt hat. Doch Raffa hält nichts von schicken Villen und Partys, seine Liebe gehört dem Meer und seinen Bewohnern. Kurzerhand funktionierte er die Insel zum Ozeanarium um und engagiert sich für die Entstehung des maritimen Nationalparks Rosarios. Auf seiner Insel leben etwa zwanzig Menschen, sorgen sich um Aufzucht von Schildkröten und den monströsen Zackenbarschen. Durch die Einnahmen für das halbtags geöffnete Aquarium, die Delfinshows und den Verkauf von Tierplastiken finanziert Raffa die Aufzucht von bedrohten Tieren und den Unterhalt einer komplett privaten meeresbiologischen Station. Außer den Meeresbewohnern leben auch zahlreiche Vögel, Flamingos und sogar zwei Krokodile hier.

Wir bekommen die Erlaubnis, zu jeder Zeit außerhalb der Öffnungszeiten jeden Winkel der Station zu erkunden, in jedes Freibecken mit Tauchequipment und Kamera einzusteigen. Eine traumhafte Vorstellung, deren Anfang eine mondfreie Nacht im Freibecken der Delfine ist. Nie zuvor sind wir mit Delfinen so eng beieinander geschnorchelt. Kaum rutschen wir über die Kante des Stegs, umgibt uns das Pfeifen der ultraschallortenden Säuger. Wir sehen nichts, merken nur wie die Tiere dicht an uns vorbeipreschen, uns begrüßen wie Neuangekommene in einer anderen Dimension. Sobald man selbst anfängt den Tieren zu folgen, Geschwindigkeit aufnimmt, kommen sie näher, interessieren sich. Doch immer bleiben sie exakt so weit von uns entfernt, dass wir sie nicht berühren können. Beim Verlassen des Wassers kommen sie alle zu uns, schnatternd und kreischend fragen sie, warum wir schon aufgeben. Wir sind eine willkommene Abwechslung im eintönigen Alltag eines 5 x 20 Meter großen Beckens. Morgen für Morgen beginnen wir den

Tag kurz nach Sonnenaufgang mit dem Besuch eines weiteren Delfinbeckens, das der Öffentlichkeit nicht zugänglich ist. Hier lebt Estefani, Delfindame, mit einem der anderen Männchen. Die Männer mussten getrennt werden, weil sie sich aus Eifersucht und Liebesgerangel geprügelt haben. Das scheint recht unmanierlich zuzugehen, wie die Bissspuren belegen. Alle paar Tage springt das Männchen über den meterhohen Zaun ins andere Becken, und die Aufregung ist groß. Alle müssen helfen, die Tiere wieder zu trennen. Estefani interessiert das alles nicht besonders. Wir springen zu ihr ins Wasser mit Brille und Schnorchel, und mit jedem Tag wird die alte Dame zutraulicher. Es wird gedrückt und liebkost, was das Zeug hält; Nathalie ist total verliebt. Sitzen wir kurzatmig nach 20 Minuten am Beckenrand, holt Estefani uns schnatternd wieder zu sich ins Wasser, legt sich in unsere Arme, springt wild um uns herum.

Irgendwann nagt allerdings die Zeit. Ein Programmpunkt jedoch steht noch auf dem Plan: Seit Tagen habe ich mich immer um das Haibecken herumgedrückt. Etwa zwanzig bis fünfundzwanzig graue Riffhaie leben in einem zehn mal zehn Meter großen Becken, das lediglich drei Meter tief ist. Gleichmäßig ziehen sie Stunde um Stunde Kreise, warten auf die tägliche Fütterung mit kreischenden Touristen am Beckenrand. Dabei geht es heiß her, denn das Futter wird über die Wasseroberfläche gehängt und die Haie springen gleichzeitig aus dem Wasser, um den Fisch in große Stücke zu zerreißen. Das sieht gefährlich, wild und furchteinflößend aus. Doch es sind keine richtig gefährlichen Genossen, und Raffa meint, dass es nach der Fütterung kein Problem sei, dort in Ruhe zu tauchen und Fotos zu schießen. Wir schauen uns die Fütterung des Öfteren an, und der Plan, mit den Haien zu tauchen, reift. Am nächsten Nachmittag ist es dann soweit. Ich hangele mich als Erster am Maschendraht herunter, und Nathalie gibt mir die Kamera an. Auch wenn ich schon diverse Haie in meinem Taucherleben gesehen habe, so ist dies doch ein adrenalinhaltiges Erlebnis neuer Dimension. Vorsichtig und mit zitternden Knien wehre ich die neugierigsten Haie, die meinem Gesicht empfindlich nahe kommen, mit der Kamera ab. Alle Haie haben Narben und offene Wunden vom gegenseitigen Kämpfen um das tägliche Mahl. Die Nähe zu den schnellen Biestern mit den wunderschönen, ergonomisch geformten Körpern fordert meine absolute Aufmerksamkeit. Nach einigen Minuten beschleunigter Herzfrequenz scheint mir, dass jeder der Zellengenossen mich nun von Auge zu Auge bewundert hat, und das Chaos nimmt langsam ab. Ich bin akzeptiert, alle ziehen wieder gleichgültig ihre Runden um das Becken. Umgeben von Haien, bin ich überwältigt, fasziniert und überfordert. Ich fange an, mein Objektiv auf die Tiere zu richten. Wie werden sie auf den Blitz reagieren? Doch ich kann mich schnell beruhigen. Es scheint sie kein bisschen zu interessieren. Foto auf Foto versuche ich die Objektivbewegungen der Beschleunigung der Tiere anzupassen. Die Ladezeit meines Blitzes erscheint mir zum ersten Mal zu langsam. Jetzt werden sie langsam nervös, die Kreise der größten Tiere werden immer enger, und ab und an schießen sie direkt auf mich zu. Nein, denke ich mir. Diese Tiere können gar nicht gefährlich werden – doch irgendwie steigt die Stimmung, die Nervosität der Tiere überträgt sich auf mich und andersherum, bis ich die Kamera zu Nathalie hochgebe und mit dem Rücken in einer der Ecken meines Boxringes klebe. Nun nur noch rausklettern. Mit oder ohne Flasche? Besser ohne und mit der Brille immer schön schauen, was so passiert im Moment. Dann kommt dieses schreckliche Gefühl, als Hüfte und Beine noch unter Wasser sind und ich am Maschendraht hänge. Nun muss es passieren ... aber nichts passiert. Die Ungeheuer unter mir ziehen ihre Kreise wie auch zuvor, Tage, Wochen und Monate. War die ganze Aufregung Einbildung? Bestimmt nicht! Auf dem Steg setze ich mich erst einmal hin und atme tief durch. Grinsend kommt Raffa auf mich zu: »Gut gemacht, Amigo. Einer musste ja der Erste sein«, und lässt mich verdutzt stehen.

Der Abschied ist wie immer traurig. Nach einem letzten Bad blicken wir noch einmal wehmütig auf das Becken von Estefani zurück, und irgendwie erscheint es uns so, als würde auch dieses lächelnde Delfingesicht ein wenig traurig blicken.

Otra vez sobre las aguas

by Aiban Velarde

Libertad yo te busqué mientras tu cuerpo mecía en la penumbra
Intento ahora tocar tus enigmas y jamás se han vuelto olas
Lugar de tantos sueños que mis ojos volverán acariciar sobre el mar
Inmóvil trémulo y desnudo agitando siempre en tu melena
Besaré tus pies de cieno cerca de la playa sobre las aguas del remolino
Es a ti a quien primero converso contigo de tantas rocas que sueñan
sin memoria
Tantas cosas rotas que amé en silencio a través de las breñas
Hablo contigo y me vuelvo un murmullo en el útero del tiempo

Zurück auf dem Wasser

Freiheit, ich habe eine Weile nach Dir gesucht,
während Dein Körper sich im Schatten wog,
Nun versuche ich Deine Rätsel zu berühren
und niemals wurden sie zu Wellen.
Ort so vieler Träume, dass meine Augen zurückkehren
um die See zu liebkosen
Bewegungslos, bebend und nackt, immer mit den Händen
Dein langes Haar bändigend.
Ich werde Deine Füße aus Schlamm küssen,
nahe am Strand bei den strudelnden Wassern,
Du bist es, mit der ich als Erstes spreche, Du,
aus den zahllosen Steinen, träumend, ohne Erinnerung
So viele Dinge, die ich liebte, in der Stille des Dickichts
Ich spreche mit Dir und ich werde ein Flüstern im Mutterleib der Zeit.

Pleite im Paradies

Regenzeit auf den San-Blas-Inseln

»Wir sind am Ende.« Nathalie und ich sitzen mit heruntergezogenen Mundwinkeln im Cockpit und schauen auf den Traumstrand von Kuanidup, einer von dreihundertfünfundsechzig Trauminseln vor der Küste Panamas. Keine zweihundert Meter misst die kreisrunde Sandscheibe, knapp ragt sie über die Wasseroberfläche, bewachsen mit vielleicht ebenfalls zweihundert Kokosnusspalmen und ein paar Hütten. Davor liegt die LADY am Rande des Riffs, der Passat weht durch die offenen, nach vorne aufgestellten Luken. »Wir sind gerade mal zwei Jahre unterwegs, weg von Deutschland und die Bordkasse ist schon restlos leer.«

Aber nicht nur die Bordkasse, auch Konten in Deutschland, Sicherheiten. Wir haben keine Ahnung, wovon wir die Gebühren der Panamakanaldurchquerung bezahlen sollen, wir wissen nicht, wie wir dringende Reparaturen an der LADY zusammenbekommen sollen, geschweige denn wovon wir leben, wenn wir erst mal im endlosen Pazifik sind.

»Ja, dann fahren wir am besten zurück nach Hause«, kommt ein enttäuschtes Seufzen aus meinem Mund. Und nach einer kleinen Pause: »Wir sind also pleite«, und führe den Strohhalm der Trinkkokosnuss zu meinem Mund. »Da sind wir ja wenigstens nicht alleine. Alle netten Segler um uns herum, die jungen sowieso, sind ständig pleite.«

»Wie wäre es mit Arbeit?«

Seit den Kapverden schreiben wir Artikel für Segelzeitschriften, versuchen unsere Reise zu verkaufen. Die Erfolge sind wechselhaft, Geld damit zu verdienen eher Traum als Realität. Viele unserer Mitlebenskünstler verdienen hier auf den San Blas Inseln ihr monatliches Budget mit Charterfahrten. Das Business ist in französischer Hand. Je nach Auftragslage greiften die Franzosen auch auf uns Fahrtensegler zurück, schicken ein Flugzeug aus Panama mit Eisboxen, gefüllt mit Fleisch, Gemüse und Getränken sowie eine Gruppe von urlaubshungrigen weißen Touristen auf eins der Boote. Eine Woche reicht prima, um einen Monat oder sogar länger von den Einnahmen zu leben. Doch unser Boot ist viel zu klein zum Chartern und ich zudem nicht gerade der geborene Entertainer, aber wir denken uns etwas anderes aus. Ich spreche ein paar von den Seglern an und verkaufe ihnen Internetseiten, um ihr eigenes Charterbusiness zu starten. Das spricht sich schnell rum. Nachdem die erste Seite im Netz ist, kommen neue Anfragen. Bei jedem Boot wird Text und Bild der Seite individuell ersetzt. Es ist ein mühsames Geschäft, die Segler sind schwierig, wollen mehr Leistung als ursprünglich vereinbart, und wenn wir am Ende den Umsatz durch die aufgewendeten Stunden teilen, kommt meist ein Stundenlohn unter vier Dollar dabei heraus.

San Blas, 365 kleine Inseln, 365 Sandhaufen mit Kokospalmen, Riffen, Korallen und Kuna-Indianern. Über fünfundsiebzig Meilen erstreckt sich dieser Archipel entlang der panamaischen Karibikküste. Keine Straße führt durch den dichten Dschungel dorthin; es gibt nur zwei Wege, diese Inseln zu bereisen: mit kleinen Propellermaschinen oder mit dem Boot. Auf dem Archipel leben die Kuna-Indianer, eine autarke, selbstverwaltende Gemeinde, weitestgehend unabhängig von Panama. Über die Jahre hinweg haben sie ihre Traditionen bewahrt. Natürlich findet man auch hier, vornehmlich auf den größeren Inseln, den einen oder anderen Fernseher, Kühlschränke, tiefgekühlte Hühner, Telefone und Außenborder an den Kanus. Doch auf den kleineren Inseln scheint die Zeit stehengeblieben zu sein. Gekocht wird über offenem Feuer, die Hütten sind aus Kokos und Bambus gebaut, und während die Männer mit Shorts, Tanktops und der obligatorischen Baseballmütze bekleidet sind, tragen die Frauen eine farbenfrohe Tracht. Fast alle Segler auf dem Weg in den Pazifik steuern diese Trauminseln an. Viele bleiben hängen und halten sich jahrelang in der Gegend zwischen Panama, San Blas und Cartagena auf. Auch wir bilden natürlich keine Ausnahme und wollen dieses Paradies und seine Menschen kennenlernen.

Nach einer unspektakulären, langsamen, windarmen Überfahrt laufen wir im frühen Morgengrauen und im Regen die erste der vielen Inseln an – Tiadup. Alle Insel heißen Dup, denn Dup heißt Insel und Dups gibt es hier wie Sand am Meer. Es dauert nicht lange, bis wir das erste Mal den Ruf »Compra mola – kauft Molas« hören. Einige Kanus, cajucos, nähern sich der LADY, *gepaddelt von Frauen mit kleinen Kindern in den Armen. Rechts und links der Bordwand hängen sie und präsentieren ihre Arbeiten. Die Tradition der Molas, die von den Frauen als eine Art Schärpe getragen werden, geht auf frühe Körperbemalungen zurück, die von den Missionaren verboten wurden. Statt Körperbemalung werden die Muster und Symbole nun aus mehreren Lagen Stoff herausgearbeitet. Wunderschöne Arbeiten entstehen auf diese Weise, einige Frauen sind regelrechte Künstlerinnen mit Nadel und Faden. Die traditionellen Muster symbolisieren den Fischfang, den Weg in den Himmel, Geburt und bestimmte Riten. Doch die Kunas verarbeiten im Zuge der besseren Vermarktung mittlerweile auch Ideen von außen. Gerade die Amerikaner verlangen nach schreiend bunten Molas mit handfesten Motiven, keine Symbolik, die sich oft nur schwer verstehen lässt. Und so werden uns Molas mit Weihnachtsmotiven, Papageien und sogar Coca-Cola-Werbung präsentiert. Es kostet viel Redekunst und Zeit, bis die Fraktion überzeugt ist, dass wir heute nicht kaufwillig sind. Doch nicht nur die Mola gehört zur Tracht der Indianerinnen. Kombiniert wird sie mit bunten Blusen, blaugemusterten Wickelröcken und rotgemusterten Kopftüchern. An Armen und Beinen tragen sie ellenlange, gewickelte Perlenschnüre, Uinis, mit geometrischen Mustern. Nur wer Geld hat und zu den wohlhabenderen Familien zählt, kann sich den aufwendig gearbeiteten Schmuck aus ziseliertem Goldblech leisten. Ein Muss wiederum ist der Nasenring und ein gemalter schwarzer Strich vom Haaransatz bis zur Nasenspitze, das Zeichen für eine verheiratete Frau. Unsere ersten Molas kaufen wir schließlich an Land. Von Viktor und seiner Familie werden wir zum Essen eingeladen. Es gibt gekochten Kofferfisch, schmeckt wie Huhn, und Brotfrucht. Sehr einfach und simpel ohne Gewürze. Eliza stellt uns ein wenig Salz auf einem Tellerchen hin, denn sie weiß schon, dass die Gringos etwas Probleme mit der puristischen Kost haben. Viktor erzählt uns viel über die Lebensweise der Kuna, zeigt uns die verschiedenen Hütten, das Kochhaus, das Schlafhaus und die kleine überdachte Veranda. Doch natürlich denkt auch er ans Geschäft. Er möchte uns gerne Molas zeigen, sagt er, doch Sitte ist, dass alle Frauen der Insel kommen, um ihre Arbeiten zu zeigen. Der Höflichkeit halber müssten wir auch alle anschauen und loben, aber kaufen sollen wir nur die seiner Frau und seiner Mutter. Aha! Wir versprechen nichts und lassen die Präsentation auf uns zukommen. Der kleine Elliot wird losgeschickt, um die Frauen zu holen, und innerhalb weniger Minuten sitzen wir in einem Berg von Molas.*

Unsere Finanzsituation bleibt weiter ein großes Problem. Wir kommen inzwischen mit 500 US-Dollar im Monat aus, zumindest so lange nichts kaputtgeht. Mithilfe unserer Familien ist auch mal ein Heimatflug drin. Wir freuen uns über jeden Biss an der Angel, jeden gespeerten Fisch und genießen weiter die San Blas, die uns keine große Möglichkeiten zum Geldausgeben lassen. Dennoch lässt uns die Sorge um die Ebbe in der Kasse nicht los. Da erscheint unerwartet ein neuer Stern am Himmel, der günstig zu unserem Kurs nach Westen steht. Micha, alter Amateurfunker seit seinem 14. Lebensjahr, testet schon seit der Atlantiküberquerung mit Martin, DL1ZAM, an einer neuen Form von E-Mail an Bord von Yachten. Das Ganze nennt sich »PACTOR III« und macht aus einem auf den meisten Booten vorhandenem Kurzwellenfunkgerät in Verbindung mit einem Computer ein Empfangs- und Sendegerät für E-Mails. Die kleine Firma SCS aus Deutschland, der außer Martin noch drei weitere Mitarbeiter angehören, hat das Ganze entwickelt und ist der einzige Anbieter für solche Geräte. Micha sieht seine Chance und bietet SCS die wirklich dringend notwendige werbliche und grafische Überarbeitung ihrer Internetseiten an. Das klappt, und die Kanalfahrt in den Pazifik scheint gesichert zu sein. Dachte ich zumindest … doch dann:

»Nein, das hast du nicht gemacht«, ich schaue Micha tief in die Augen.

»Doch, ist doch 'ne prima Sache. Das klappt schon. Ich weiß gar nicht, was du dich aufregst«, Michas blaue Augen strahlen vor Überzeugung. Martin hat Micha als Bezahlung Modems statt Geld angeboten, und was macht Micha? Er sagt zu.

»Aber jetzt müssen wir doch erst diese Kisten verkaufen. Das ist doch noch mehr Arbeit.«

Ich seufze tief, dann füge ich mich. Manche Entscheidungen muss man einfach akzeptieren. Wir sind jetzt also fliegende Händler für PACTOR-Modems. Zunächst jedoch scheint das Unternehmen unter einem schlechten Stern zu stehen. Beim Rückflug aus Deutschland werden von den ersten vier Modems zwei aus dem Gepäck geklaut, und wir stehen wieder da, wo wir vor zwei Monaten standen. Zwei Schritte vor und drei zurück. Ich hab's doch gleich gewusst.

Unsere Erfolge im PACTOR-Business nehmen nach den beschriebenen anfänglichen Schwierigkeiten täglich zu. Die meisten Yachten haben ein Modem an Bord und nutzen gerne unseren Service, das neueste Update durch Micha installieren zu lassen. Ich sammele die Aufträge auf den morgendlichen Funknetzen ein und mache Termine. Micha bekommt den Spitznamen »Pactorman«. Oft wollen die Segler auch komplette Modems, ihr defektes Funkgerät repariert bekommen, einfach nur Streicheleinheiten oder die weiche Funkstimme der IRON LADY *alias Nathalie in natura kennenlernen. Die Arbeitseinsätze finden meist in einsamen Buchten und wunderschönen Ankerplätzen statt und enden nicht selten in langen Abenden auf den Schiffen der Kunden. »Zum Sonnenuntergang sind ja auch immer die besten Ausbreitungsbedingungen auf der Kurzwelle«, ist Michas Standardkommentar.*

Wir brauchen uns keine Sorgen mehr um die Kosten für die Kanaldurchquerung machen. Fast scheint es so, als wenn wir unserem Ziel, dem Pazifik, in Meilenschritten näher kommen. Es geht also doch mit dem Geldverdienen unterwegs, auch wenn wir manchmal neidisch den anderen Dingis hinterherschauen, die zu Abenteuern an Land fahren, während Micha fast wie in Deutschland von einem Termin zum anderen rast – wenn auch hier ebenfalls im Dingi.

Ursprünglich hatten wir geplant, in den Osten von Kuna Yala zu segeln. Zeit auf den Inseln zu verbringen, die nur selten von Yachten besucht werden und noch mehr über die Lebensweise der Indianer zu erfahren. Das Haupteinkommen der Kuna sind neben den Molas der Verkauf der Kokosnüsse. Die Inseln gehören inklusive Palmen bestimmten Familien, während wiederum andere Familien als Caretaker arbeiten und sich um die Plantagen, die Aufzucht der Bäume und die Ernte der Nüsse kümmern. Jeweils drei Monate verbringt eine Familie auf einer der äußeren Inseln, dann geht es wieder zurück ins bunte Dorfleben und wieder zur nächsten Insel. Die Reise, teilweise ganze Tagesreisen, werden mit Mann und Maus und Kind und Kegel in den gesegelten Cajucos zurückgelegt, zumeist ohne Außenborder. Zudem müssen natürlich noch Nahrungsmittel und sogar Wasser mitgebracht werden, denn Süßwasser gibt es auf den kleinen Kokosinseln nicht und Wasserauffangvorrichtungen besitzen die wenigsten. Kein Strom, kein Wasser, ein offenes Feuer in der Kochhütte und höchstens drei bis vier Familien auf einer Insel, das ist die eine Seite. Das bunte, dichtgedrängte Leben im Dorf die andere. Dicht an dicht stehen in Rio Sidra die Hütten, sauber angelegte Wege, ein Dorfplatz mit Basketballfeld, Schule, Krankenstation und kleine Läden. Vor den Hütten sitzen die Frauen und nähen Molas, scharenweise Kinder begleiten uns liebend gerne auf unseren Spaziergängen durch das Dorf. Hier in Rio Sidra können wir auch an die Mole und Wasser aufnehmen, frisches Quellwasser aus den Bergen, das über ein Aquädukt vom Festland hergeleitet wird. Doch unser Plan, ein paar Wochen in einem Dorf zu verbringen und vielleicht sogar in der Krankenstation zu hospitieren, geht leider nicht auf.

Logbuch

Mir zittern jetzt noch die Knie. Gegen drei Uhr wache ich auf, es regnet durch die offene Luke, wieder mal eine Nachtruhenunterbrechung. Sechs Schiffe liegen inzwischen hier vor Anker. Unter anderem die Partycharterboote, die mir mit ihrer Lautstärke einmal mehr das Einschlafen

erschwert haben. Gegen 3:30 Uhr zieht ein Gewittermonstrum genau auf die Anchorage zu. Kaum Wind, nur tiefe Wolken und ein Inferno an Blitzen und Regen. Ich stecke die Schläuche zum Wassersammeln zusammen, habe aber irgendwie schon ein schlechtes Gefühl. Kurz danach der erste Schlag. Ich sitze in der Plicht, ein unglaublicher Lärm. Nie in meinem Leben hat es so laut, so urzeitlich geknallt. Mit einer enormen Kraft und einer nie gesehenen Lichtstärke schlägt der Blitz ein – in die Mastspitze? Ich weiß es nicht, springe auf, es regnet Funken an der Backbordseite der LADY, als wenn ein riesiges Feuerwerk gezündet wurde. Ich bin panisch, all die Erzählungen anderer Boote gehen mir sekundenschnell durch den Kopf. Alles im Eimer, zerstört von millionenschweren Spannungsstößen, die Elektronik in kleine schwarze, qualmende Brocken verwandelt. Ich trommele mit den Händen auf den Niedergang, weiß nicht wohin mit meiner Verzweiflung und der puren Angst, schreie meine Wut hinaus. Doch ich lebe.
Nathalie kommt ebenfalls schreiend, heulend nach oben. Auch sie hat das Feuerwerk in unserem Rigg gesehen, ihr ist das Herz in die Hose gesackt. So stehen wir da, stehen, wie wir glauben, vor den Trümmern unserer Reise. Um uns herum schlagen im Abstand von einigen Sekunden immer wieder und wieder neue Blitze ein, ins Dorf, in die Berge, auf den Inseln und Menschen. Es knallt und blitzt und es scheint, als würde die Welt untergehen. Wir sind tatenlos, denken nicht daran, Computer, GPS und UKW in den Backofen zu schieben, um das Schlimmste zu vermeiden. Kawumm! Noch einer. Gleiche Stelle, wieder Funkensprühen. Nathalie sackt in meinen Armen zusammen. Es ist schwer, diese paar Sekunden mit Worten zu beschreiben. Ich zittere am ganzen Körper, meine Zähne klappern wie gespenstisch zusammen. Ist das alles wahr, oder träume ich? Das war es. Ende unserer Träume, Ende unsere Reise. Diese Schäden können wir niemals finanzieren, schwebt in unsere Köpfen. Zwei vollkommen leere Gesichter und Augen schauen sich an. Zehn Minuten später haben wir schnell noch alles in den Backofen gepackt, was wir greifen können. Nathalie fragt laut: »Warum wir? Warum kein anderes Boot. Warum wir, zweimal hintereinander?« Immer noch am Heulen, immer noch verzweifelt.

Das Inferno geht noch bis gegen vier und wird irgendwann weniger. Auf dem Vordeck riecht es nach Schwefel, verbrannt, aber wir können mit der Taschenlampe nichts erkennen. Wir testen oberflächlich, Computer, Kurzwelle, Satellitenverbindung und starten den Motor. Es hat den Anschein, als wenn wir nichts abbekommen hätten. Unglaublich. Es muss ein kleiner Blitz gewesen sein, der durch die Wanten direkt über den Stahlrumpf ins Wasser abgeleitet wurde. Ich weiß nicht. Bis um fünf Uhr sitzen wir in der Plicht, können eh nichts machen, trinken Rum, um unsere Nerven wieder zu beruhigen.

Es grenzt an ein Wunder, dass unser Schiff außer einer abgebrochenen UKW-Antenne und einer durchgebrannten Sicherung im Radar nichts abbekommen hat. Doch die Abenteuerlust, weiterhin durch die San Blas zu ziehen, jetzt in der Regenzeit vor den Dörfern, nahe am Festland vor Anker zu liegen und ein weiteres Unwetter mit Blitzschlägen zu erleben, ist uns schlagartig vergangen. Ein Blitzschlag ist genug, wir sind nicht versichert und ein größerer Schaden kann leicht das vorzeitige Aus unserer Reise bedeuten. Wir streicheln unsere gefolterten Seelen mit ein paar letzten Tagen auf der Inselgruppe Coco Banderas: Robinsonleben, klares Wasser, Kokosnüsse und Fisch bis zum Abwinken, dann geht es weiter. Neues Ziel: Colon – der Kanal – der Pazifik!

Aber eines Tages schwamm auf dem Fluss eine Kiste vorbei. Der kleine Bär fischte die Kiste aus dem Wasser, schnupperte und sagte: »Oooh ... Bananen.« Die Kiste roch nämlich nach Bananen. Und was stand auf der Kiste geschrieben? »Pa-na-ma«, las der kleine Bär. »Die Kiste kommt aus Panama, und Panama riecht von oben bis unten nach Bananen. Oh, Panama ist das Land meiner Träume«, sagte der kleine Bär.
Er lief nach Hause und erzählte dem kleinen Tiger bis spät in den Nacht hinein von Panama. »In Panama«, sagte er, »ist alles viel schöner, weißt Du. Denn Panama riecht von oben bis unten nach Bananen. Panama ist das Land unserer Träume, Tiger. Wir müssen sofort morgen nach Panama, was sagst Du, Tiger?« »Sofort morgen«, sagte der kleine Tiger. (...) »Und wir müssen die Angel mitnehmen«, sagte der kleine Bär, »denn wer eine Angel hat, hat auch immer Fische. Und wer Fische hat, braucht nicht zu verhungern.« – »Und wer nicht zu verhungern braucht«, sagte der kleine Tiger, »der braucht sich auch vor nichts zu fürchten. Nicht wahr, Bär?«

Aus Janosch, Oh, wie schön ist Panama
Beltz & Gelberg, Weinheim, 2007

Das Tor zum Pazifik

Der Kanal, die Metropole und die Perleninseln

Mit einem tiefen Rumpeln öffnen sich die Schleusentore, und der Pazifik liegt vor uns. Hinter meinem Rücken knallen die ersten Sektkorken, und mir laufen die Tränen über die Wangen.

»Wir haben es geschafft«, flüstere ich Micha ins Ohr. »Wir sind nicht umgedreht, wir sind nicht in der Karibik hängengeblieben, wir segeln weiter, immer weiter Richtung Westen.«

Wie am Anfang unserer Reise liegt alles vor uns, ein Tor öffnet sich, dahinter lockt die große Freiheit. Glück, Beklommenheit, auch ein wenig Angst durchzucken mich, doch dann kommt die Ausgelassenheit. Mit einem Glas Sekt in der Hand löse ich zum letzten Mal den Tampen, der uns mit dem Tugboat verbindet, irgendjemand dreht die Musik auf und während Manu Chao »Clandestino« schmettert, nimmt die IRON LADY Kurs auf die Puente de las Americas, die Brücke, die hier in Panama Nord- und Südamerika verbindet. Getränke lagern in 100-Liter-Säcken mit Eiswürfeln, die unser netter Lotse Edwin heute Morgen mit an Bord gebracht hat. Die holländisch-dänisch-schwedische Leinencrew tanzt übers Deck. Inmitten des ausgelassenen Gewühls fange ich Michas Blick auf. Die Sorgenfalte über der Stirn kenne ich, irgendwas stimmt nicht.

Micha reißt das Gas zurück, »Stop the music, be quiet.«

Statt Manu Chao schmettert nun Johann, unser betagter Diesel, und was er da singt, klingt nicht gut. Gar nicht gut. In Schneckenfahrt tasten wir uns die letzte Meile bis in die Anchorage vor der Isla Flamenco vor, jetzt nur nicht schlappmachen. Doch das seltsame Geräusch ist im allgemeinen Jubel schnell vergessen. Schwede Mats springt als Erster in das pazifische Wasser, an Land tafeln wir üppig Fisch und Meeresfrüchte, und während wir die Kanaldurchquerung abends im Cockpit noch mal Revue passieren lassen, entzündet sich über der Skyline von Panama City ein Feuerwerk. Was für ein Abschluss für diese fast perfekte Kanaldurchquerung.

Am nächsten Tag machen wir Klarschiff auf der LADY, um die alte Dame von den Spuren der Großinvasion von Leinencrew und Kanallotsen zu befreien. Doch mit der Ordnung und Ruhe kommen auch die Gedanken wieder. Da sind wir nun, im Pazifik, haben ein seltsames

Geräusch im Motor, ein Schiff, das wahrscheinlich einen komplett neuen Farbaufbau am Unterwasserschiff benötigt und eigentlich kaum noch finanzielle Reserven.

Logbuch

Es ist so hammermäßig, den Pazifik zu erreichen. Als wenn hinter einem plötzlich jemand die Tür zumacht und sagt: »Nun lauf, der Pazifik ist gar nicht so groß. Stell dich nicht so an.« Und dann schaue ich auf den Horizont und denke mir: »Doch, dieser Pazifik ist riesig!«

Nathalie sitzt in der Plicht, die Gitarre in der Hand, und singt ihren Frust in den Pazifik. Ich liege im Salon, schreibe Mails. Johann, unser Daimler-Motor ist krank, und wir leiden mit ihm. Da wir keine Energie mehr mit dem Diesel erzeugen können, gibt es keinen Kühlschrank mehr. Ist jetzt der Warmschrank.

Doch lange halten schlechte Stimmungen und Selbstmitleid an Bord der IRON LADY *nie an. Der erste Schreck über den Maschinenschaden ist überwunden, nun heißt es handeln. Zunächst einmal liegen wir in der Anchorage vor der Isla Flamenco denkbar ungünstig. Die Hurrikansaison in der Karibik nähert sich ihrem Ende und damit endet auch die Regenzeit in Panama, was eine Winddrehung zur Folge hat. Wo gestern noch ein idyllischer Ankerplatz war, wird man morgen vielleicht schon kräftig durchgeschaukelt. Wenigstens haben wir an diesem windigen Plätzchen Strom durch den Windgenerator, hat eben alles seine Vor- und Nachteile.*

Wir holen uns einen Experten an Bord. Einen Experten, der sich auskennt mit Motoren, vorzugsweise Schiffsdieseln. Wir sind keine Experten, noch nicht, und begrüßen ehrfürchtig Scott von der WHATEVER *an Bord der* LADY, *der uns von vielen Seglern wärmstens als Koryphäe auf seinem Gebiet empfohlen worden ist. Scott hat ein kleines Köfferchen dabei, holt das Stethoskop aus selbigem und strahlt uns an:*

»Na, dann startet mal!«

Es rappelt und scheppert, oder ist es doch mehr ein Pfeifen, ein Schleifen, ein Raspeln? Angestrengt horcht Scott und schüttelt sorgenvoll den Kopf wie ein alter Lungenarzt, der gerade bei einem Patienten eine offene Tuberkulose diagnostiziert hat. »Motor aus«, befiehlt er. »Das hört sich nicht gut an, gar nicht gut. Sieht nach einem Kurbelwellenlagerschaden aus. Schwer zu reparieren und kostenaufwendig allemal. Zudem hat euer Diesel eh schon die besten Jahre hinter sich, kenne kaum einen Motor diesen Typus, der länger als 15 Jahre durchgehalten hat, und dieser hat bald 20 auf dem Buckel. Wenn ihr mich fragt, für 10 000 US-Dollar baue ich euch einen neuen Yanmar ein, die sind hier auf Lager.«

»Aber kam das Geräusch nicht mehr von hinten, da wo die Kupplung sitzt?«, wage ich einzuwerfen.

Der Experte schüttelt energisch den Kopf. »Nein, wenn's die Kupplung wäre, würde das so klingen, krezzzttkrzzztreptep, *aber euer Motor macht so:* gggrrrsgggrgsgsgst.*« Dem kann ich nicht wirklich widersprechen, und so packt Scott sein Köfferchen und rauscht im Dingi ab. Nicht ohne für die kurze Diagnosestunde noch 50 Dollar kassiert zu haben.*

Ratlos sitzen wir im Cockpit. Ein neuer Diesel? Unseren guten alten Johann einfach so abschreiben? Ein Mercedes-Diesel geht nicht kaputt, der läuft. Oder? Bisher lief er doch immer, manchmal einen Schluck Öl extra, aber zuverlässig. Nie im Pass stehen geblieben, nie kurz vor der Box ausgegangen, und auch durch die Schleusen, seine wohl wichtigste Aufgabe, hat er uns gebracht.

»Moment mal, Nathalie, wir reden über Johann schon so, als wäre er tot und im Marianengraben versenkt, so schnell geht das nicht. Lass uns noch eine zweite Meinung einholen.«

Doch wir bekommen nicht nur eine, sondern viele zweite Meinungen. Die Diagnosen reichen von Einspritzdüsen über Zylinderkopfdichtung bis zu eigenem Hörschaden. Beim abendlichen Sundowner hört man die Stimmen der Experten, wie sie versuchen, unser Geräusch möglichst echt nachzumachen.

Leider läuft Johann davon auch nicht wieder. Nach zwei Wochen Beratung von Dieselspezialisten reicht es uns. Wir lösen alle Schrauben und Verbindungsleitungen, heben den gesamten Motorblock aus der Tiefe des Kiels und setzten ihn in der Küche ab. Frau Doktor fragt den Patienten, wo es wehtut, und nach zwei Stunden wissen wir, wo das Übel steckt: Aus der Dämpfungsscheibe sind drei kleine Federn herausgesprungen und haben im trockenen Kupplungsgehäuse hinter der Schwungscheibe des alten Daimlers mächtig Krach gemacht. Die Platte ist schnell ausgebaut, der Motor wird wieder an seinen Platz versenkt.

Mit der Platte in der Hand fragen wir uns durch die Autowerkstätten von Panama City und finden tatsächlich einen Kupplungs- und Bremsenspezialisten, der haargenau die gleiche Platte aus seiner Schrottkiste zieht. Aus eins mach zwei, ein bisschen frischer Lack drauf und zwei Tage später ist unser spezialangefertigtes Ersatzteil einbaufä-

hig. Kostenpunkt: gerade mal 25 US-Dollar. Der Motor wird wieder aus der Versenkung gehoben, die Platte eingebaut und alles ist perfekt. Die Einspritzdüsen werden bei der Gelegenheit auch gleich ausgetauscht, Johann von innen mit Diesel gereinigt, der Motorraum entfettet, und prompt erfüllt der Gute seinen Dienst wieder. Die Motorschmiere klebt noch wochenlang unter unseren Nägeln und verleitet uns zum gegenseitigen stolzen Schulterklopfen.

Nun ruft Panama City. Eine südamerikanische Metropole, wie sie im Buche steht. Nach den Wochen auf den San-Blas-Inseln, vor Anker zwischen Kokospalmen und weißen Sandstränden, fällt uns zu allererst der Geräuschpegel auf. Städte sind laut, und südamerikanische Städte sind der Superlativ von laut. Auf der Via Espana reiht sich ein Geschäft ans nächste. Billige Kleidung, Haushaltsgeräte, Schuhe, Sportartikel und Spielwaren werden feilgeboten. Auf Hochglanz gestylte junge Latinos mit viel Gel und Wachs in den Haaren und knallengen Hosen brüllen ihre Werbesprüche ins Mikrofon, versuchen gegen die ohrenbetäubende Musik des Nachbarladens anzuschreien. Alles ist billig, preiswert, ein Schnäppchen, der letzte Schrei und außerdem … bald ist Weihnachten. Jingle Bells trällert elektronisch aus Stereoanlagen, Kassettenrekordern und Plastikweihnachtsmännern. Und das bei 33 Grad im Schatten und 80 Prozent Luftfeuchtigkeit. Oh, du fröhliche! Für 50 Cent erwirbt man eine Lichterkette, acht Meter lang, die garantiert nach dem Heiligen Abend den Geist aufgeben wird, und wer noch 75 Cent mehr übrig hat, bekommt gleich den passenden Vollplastikbaum in Silberweiß dazu. 30 cm hoch, gerade recht für den Wohnzimmertisch.

Weihnachten kommt und geht. In der Altstadt von Panama City verbringen wir den Heiligen Abend. Ein Teil des historischen Stadtkerns ist saniert, verkauft, vermietet und die Erdgeschosslokale mit guten Restaurants bestückt worden. Ein krasses Kontrastprogramm. Zwei Straßen weiter beginnt eine der ärmsten und gefährlichsten Gegenden der Hauptstadt. Wirklich klar wird uns dies erst, als wir mit dem Taxi nach Hause fahren. Wie aus dem Nichts rennen dunkle Gestalten an einer Ampel an uns vorbei, biegen um die nächste Ecke, gefolgt von der Polizei. Es fallen Schüsse, dann nichts mehr. Stille Nacht. Das Essen liegt schwer im Magen, an ruhigen Schlaf ist nicht mehr zu denken.

Wir haben genug von der Großstadt, genug dreckiges Wasser, in dem man nicht schwimmen kann, genug Autolärm. Kaum 40 Seemeilen von Panama City entfernt liegen die Las Perlas, die Perleninseln. Ein kleiner Archipel bewohnter und unbewohnter Inseln, Wochenendziel vieler Panamenos, beliebter Zwischenstopp der Segler auf dem Weg zu den Galapagos. Die deutschen Segler haben meistens keine Zeit, sich der vollen Schönheit aller Inseln zu widmen, die Strände zu erkunden oder Wanderungen zu unternehmen, denn sie bleiben meist schon auf Contadora hängen. Denn auf Contadora, auf den Klippen gleich über dem Ankerplatz, hat Günther seine Villa. Günther kommt aus Köln. Das hört man schon auf der Funke. Nachdem Günther in seinem ersten Leben das Kölner Nachtleben als Wirt und Gast unsicher gemacht hat, lebt er sein Bedürfnis nach Kommunikation nämlich nun über die Kurzwelle aus. Günther macht keine halben Sachen, entweder ganz oder gar nicht. Zahlreiche Weltmeistertitel in verschiedenen Wettbewerben des Amateurfunks zieren die Wände seines bis oben mit Technik vollgestopften Radio Shacks. Die Luft ist zum Schneiden dick, denn in Günthers Mundwinkel hängt immer eine Zigarette. Deswegen bedient er sein Mikrofon wohl auch mit der Fußtaste. Günther ist ein Rebell. Er liebt den Funk und den Wettbewerb, und er liebt klönen, quatschen, Geschichten erzählen. Vor allem mit den Seglern. Die lieben das auch, und obwohl der Großteil von ihnen nicht über eine Amateurfunklizenz, und damit die Erlaubnis verfügt, mit dem Kölner auf bestimmten Frequenzen zu sprechen, spricht er mit ihnen. Nicht nur das. Auf 14 Mhz wird jeden Abend 20:00 Uhr Panamazeit das Pacific Island Net ausgestrahlt. Einmal quer über den Pazifik, an guten Tagen bis nach Neuseeland. Viele Amateuerfunker finden nicht gut, was Günther macht, schließlich verstößt es gegen die Regeln. Aber das ist Günther egal. Wortgewaltig fegt er jeden Abend den Äther frei, um Positionen aufzunehmen, Mut zuzusprechen, Informationen weiterzugeben.

Doch noch hat die Saison nicht begonnen, die meisten Segler sind in der Karibik, die Funkrunde ist mager bestückt, und Günther hat reichlich Zeit, die er gerne mit Seglern, die vor seinem Haus ankern, verbringt. Als wir nach einem wunderschönen Segeltag unseren Anker fallen lassen, liegt dort, unter Günthers Garten, bereits eine deutsche Yacht. Ein Taiwanklipper, die PETIT PRINCE. Über Funk haben wir die Crew schon mehrfach gehört, aber noch nie gesehen. Am nächsten Morgen schielen wir abwechselnd ins nachbarliche Cockpit, um endlich unseren Vorstellungsbesuch zu absolvieren. Doch außer einem jungen Hund, der in Abständen nach dem rechten sieht, ist nichts zu sehen. Am späten Nachmittag tauchen sie endlich im Cockpit auf.

»Nee, Micha, da können wir noch nicht hinfahren, die sind noch gar nicht angezogen«, bemerke ich zweifelnd.

»Hm, hast recht, dann warten wir eben.«

Wir warten. Drei Stunden später meint Micha: »Komm, das ist albern, wir fahren jetzt darüber, unser Motor ist so lahm und laut, da haben die beiden genug Zeit, sich in Schale zu schmeißen.«

Die SEEKUH pöttert und kracht, der Hund bellt sich die Seele aus dem Leib. Jürgen kommt freudestrahlend an Deck und übernimmt die Dingileine – nackt. Nachdem auch Siggi im Meerjungfrauenkostüm aus dem Niedergang klettert, dämmert es uns: Nudisten. Ist ja auch naheliegend, in den Tropen. Über die Hosenlosen, wie sie einige Monate später liebevoll von der deutschen Seglergemeinde getauft werden, könnte man Bücher schreiben. Ihre Geschichte ist teilweise so unglaublich, dass sie nur wahr sein kann. Jürgen ist Fotograf, Jäger, Segler, Heilpraktiker und ging immer davon aus, dass sich im Leben alles irgendwie regeln wird. Als der Schuldenberg größer wurde, und die Lust auf ein geregeltes Leben kleiner, zog er das große Los: 500 000 DM. Das reichte für die Tilgung des Schuldenbergs und für den Kauf der PETIT PRINCE. Über eine Kontaktanzeige in der »Yacht« suchte und fand sich Jürgen noch schnell seine Siggi und los ging die Reise ins Ungewisse. In Trinidad haben sie Julie aufgegabelt, eine wunderhübsche Hundedame. Als Wachhund meldet sie sich bei allem, was sich einem Schiff nähern kann, seien es verdächtige Gestalten, Delfine oder Wale auf See oder schlechtes Wetter. Auf Julie ist Verlass.

Siggi und Jürgen sind wahre Genießer. Nie haben sie Eile, nie werden sie nervös. Sie kommen notorisch zu spät in der Saison an und ziehen ihre eigene logische Konsequenz daraus: Sie bleiben einfach noch länger. Sieben Monate sind sie bereits auf Contadora, als wir uns das erste Mal sehen. Wenn sie segeln, dann segeln sie, die PETIT PRINCE ist schließlich keine Motoryacht. Wir kennen viele, die sagen, wir motoren nicht, doch komischerweise sind deren Dieseltanks nach einer Ozeanüberquerung trotzdem leer. »Batterien laden«, beteuern diese Menschen. Natürlich. Siggi und Jürgen motoren wirklich nicht. Sie segeln oder stehen auf der Stelle oder segeln wieder, aber vielleicht rückwärts. Ein 1000-Meilen-Törn kann so drei Wochen dauern, oder vier. Macht doch nichts, sagt Siggi. Ich hasse segeln, sagt Jürgen. Denn Jürgen will eigentlich nach Hause. Er weiß jetzt, wie es ist, alleine dort draußen auf See, er hat fremde Länder gesehen, tausendfach nasse Füße bekommen, hundertmal den Motor auseinandergenommen und wäre einfach gerne wieder in seinem reetgedeckten Häuschen in der Nähe von Kiel, um dort im Winter mit Wollpulli und dicken Socken nach den Pflanzen im Hochbeet zu sehen. Ohne Hose, versteht sich.

Am Silvesterabend sind wir mit Günther, seiner Frau und den »Prinzen« unterwegs. Wir landen im Auto und fahren über die Insel. Günther ist fast 70, die Prinzen könnten auch meine Eltern sein, und trotzdem fühle ich mich wie 18, auf der Suche nach der ultimativen Party, die irgendwo steigen könnte.

Auf der anderen Seite von Contadora liegt eine feudale Villa mit privatem Strand. Der Schah von Persien durfte hier sein Exil verbringen, doch zur Zeit gehört das Prunkstück dem Inhaber der größten Baumarktkette Panamas. Vom Privatstrand hört man Salsaklänge. Laut, schnell, heiß, gut. Geradezu magisch von der Musik angezogen, marschieren Siggi und ich zum Eingang.

»Kennst du die Leute hier, Günther?«

»Ja, aber ich hab keine offizielle Einladung bekommen, lasst uns gehen.«

»Ach komm, Günther, lass mal deinen Charme spielen.«

Mit diesen Worten ziehen wir den alten Nachtclubbesitzer immer weiter hinein in die feiernde Menge. Kurze Zeit später kommt der panamaische Gastgeber mit breitem Grinsen und offenen Armen auf unseren Günther zu. Schultern werden geklopft, Freude über das Kommen ausgedrückt und auch die Amigos von den Segelbooten sollen selbstverständlich mitfeiern.

Und schon sind wir mittendrin in der Silvesterparty der oberen Zehntausend. Der Champagner fließt den ganzen Abend, auf dem Buffet finden sich neben einem ganzen Spanferkel Fisch, Gambas, Muscheln und europäische Spezialitäten. Unter funkelndem Sternenhimmel spielt die Salsaband am Strand, und heißgekleidete Chicas schwingen ihre Hüften. Das rauschende Fest findet seinen Höhepunkt um Mitternacht, als drei professionelle Pyrotechniker auf der anderen Seite der kleinen Bucht ein halbstündiges Feuerwerk entzünden. Um fünf Uhr morgens verlassen wir die Party mit den Schuhen in der Hand, zu viel Salsa für die barfußgewöhnten Vagabunden.

Ein paar Tage später geht es zurück nach Panama City: Unser Unterwasserschiff muss dringend überholt werden. 15 Jahre Langfahrt, immer wieder in Teilen abgeschliffen und übergepinselt, das bleibt nicht ohne Spuren. Nach langem Hin und Her entscheiden wir uns schlussendlich doch fürs Sandstrahlen. Der gesamte Farbaufbau ist hinüber, drüberstreichen hilft nicht mehr. Im Inland von Panama finden wir eine kleine Werft, die tatsächlich sandstrahlt. Von der LADY aus treten wir per Mail in Verhandlung mit Elektra und einigen uns auf einen attraktiven Preis.

Nun beginnt der spannende Teil. Kein Mensch kennt die Werft, eine Detailkarte gibt es nicht. Dennoch gehen wir ankerauf und suchen den Rio Chepo, 30 Seemeilen östlich von Panama City. Ein paar Stunden später stehen wir vor dem Flussdelta. Die Tiefenangaben in den Karten stimmen vorne und hinten nicht, das Delta ist total versandet, das Wasser unterm Kiel wird immer weniger, doch ein paar Fischer helfen uns. Peilungen werden ausgetauscht, und schon geht es in den Urwald, etwa 16 Meilen den Fluss hoch. Wir sind auf uns selbst gestellt. Bei auflaufendem Wasser macht der Fluss eine Kurve nach der anderen, in den Bäumen am Ufer hören wir Affen und tropische Vögel.

»Wo sind wir?«, frage ich. »Meinst du, wir sind richtig, ich meine, laut Position müssten wir kurz davor sein, aber hier ist doch nichts, nur Tiere und dichter Urwald.«

Kurz vor der Dämmerung entdecken wir erst zwei Tonnen im Fluss, eine Fischereiflotte, die an einer Kaimauer festgemacht ist und – die Werft.

Die Werft stellt sich als ein sympathischer, griechischer Familienbetrieb heraus. Elektra ist die attraktive junge Tochter des Besitzers, die das Geschäft mit den Yachten aufbauen soll. Alles läuft wie am Schnürchen. Morgen soll geslippt werden. Die Arbeiter der Werft schweißen den Slipwagen zusammen, der Vorarbeiter betrachtet ein ums andere Mal die Zeichnung der LADY, kopfschüttelnd, wie es scheint.

»Wie viele Segelboote waren denn hier schon draußen?«, traue ich mich zu fragen.

»Segelboote? Gar keins. Der Besitzer hat sich die Werft hier gekauft, damit er seine Fischereiflotte, 17 Stahlkähne, kostengünstiger in Schuss halten kann, sonst slippt hier niemand. Aber das soll jetzt kommen.«

Aha. Gut. Einer muss ja der Erste sein. Doch warum ausgerechnet wir?

Allen Befürchtungen zum Trotz geht die Aktion dann aber problemlos über die Bühne. Die Arbeiter behandeln die LADY und uns wie rohe Eier, und mittags steht unsere eiserne Dame ganz elegant und fast filigran zwischen den dicken Pötten. Schnell sind wir fester Bestandteil des Werftkosmos'. Tag für Tag wird die LADY zentimeterweise sandgestrahlt, und jedes Stück freigelegter Stahl wird von uns nach Feierabend, während die Mannschaft nach Hause geht, mit Epoxy überzogen. Obwohl wir gründlich suchen, finden wir am rohen Material unserer aufgebockten Schönen keine einzige Macke. Nichts ist zu schweißen, nichts zu reparieren. Schön!

Nach einer Woche sind wir fertig, die LADY strahlt in neuem Glanz, das Unterwasserschiff ist so glatt, wie wir es uns gewünscht haben. Ob wir wohl über den Pazifik Rekordetmale hinlegen werden? Der Abschied von der Werft ist hart. Alle sind uns an Herz gewachsen, nicht nur die Mitarbeiter draußen auf dem Gelände, sondern auch im Büro. Sliptermin ist zwölf Uhr mittags, kurz vor Hochwasser. Langsam setzt sich der Slipwagen in Bewegung, und die LADY kommt, Zentimeter um Zentimeter, ins Wasser zurück. Der Wagen schlägt an, weiter geht es nicht. Von Aufschwimmen noch keine Spur, aber es ist ja auch noch kein Hochwasser. Wir warten und warten, doch die LADY schwimmt nicht auf. Ratlose Blicke. Der Vorarbeiter kratzt sich am Kopf. Wir sind doch auch rausgekommen! Im Büro von Elektra kommen wir dem Malheur auf die Spur: Der Wasserstand vor zehn Tagen, als wir raus sind, war knappe zehn Zentimeter höher, exakt die symbolische Handbreit Wasser unter dem Kiel, die nun fehlt. Es gibt nur zwei Möglichkeiten: das Hochwasser um Mitternacht abwarten oder aber es in 14 Tagen erneut probieren.

Der Skipper bekommt Panik in den Augen. »Zwei Wochen an Land? Mit dem frischen Antifouling? Das muss ins Wasser, sofort, wir können nicht mehr warten.«

Betretenes Schweigen, dann die ersten gemurmelten Kommentare, Kopfnicken. Alles klar, die Mannschaft wird heute Nacht wieder anrücken. Fahrgemeinschaften werden klargemacht, denn die meisten der Werftarbeiter wohnen weit verstreut auf dem Land. Ganz glauben können wir es nicht, doch um Mitternacht sind sie wirklich alle wieder da. Scheinwerfer werden installiert, ein paar der Jungs springen mit Taschenlampen ins dunkle Wasser, überwachen die nächtliche Aktion. Wieder rumpelt es. Der Slipwagen ist im Wasser, die Flut kommt und die LADY schwimmt – hurra!

Der Morgen kommt und mit ihm das nächste Hochwasser. Die Strömung nutzend, nehmen wir mit sauberem Unterwasserschiff Abschied von unserer Werft im Urwald, klar für das nächste große Abenteuer.

Die Naturgeschichte dieser Inseln ist in hohem Grad merkwürdig und verdient sehr wohl der Aufmerksamkeit. (...) Wenn man sieht, dass jede Höhe von einem Krater gekrönt wird und dass die Verbreitungsgrenzen der meisten Lavaströme noch ganz deutlich sind, so werden wir zu der Annahme geführt, dass sich innerhalb einer geologisch genommenen jungen Periode hier noch der Ozean ununterbrochen ausbreitete. Wir scheinen daher in beiden Beziehungen, sowohl im Raume als in der Zeit, jener großen Tatsache – jenem Geheimnis aller Geheimnisse – dem ersten Erscheinen neuer lebender Wesen auf der Erde, näher gebracht zu werden.

Charles Darwin

Im Reich der Echsen

Eine Reise zu den und durch die Galapagosinseln

Logbuch

22:00 Uhr. Von der Kalmenzone ist noch weit und breit nichts zu merken. Wie gestern frischt der Wind am Abend auf und schüttelt uns kräftig durch. Es stehen vielleicht noch 10 m² Segelfläche, aber dennoch rast die LADY weiterhin ihrem Ziel entgegen. Tagsüber ein ganz normaler Tag auf See, der Himmel blau, die See blau, keine Gefahr, wunderschönes Segeln. Und doch, während ich auf den Horizont schaue, den Wellenbewegungen folge, überkommt mich auf einmal ein seltsames Gefühl. Keine Angst vor Wetter, Seegang oder dem Wasser, keine Seekrankheit, einfach nur ein Ziehen in der Magengegend. Es ist, als wenn man in einer sternklaren Nacht in den Himmel blickt und sich angesichts der Weite und der Unendlichkeit, die einen umgibt, plötzlich verloren, klein und unbedeutend vorkommt. Schwer zu erklären, was das ist. Respekt, Staunen oder einfach nur Hilflosigkeit? Der Pazifik ist so groß!

Panama liegt seit zwei Tagen achteraus, wir sind auf dem Weg zu den Galapagosinseln. 1000 Seemeilen, keine besonders lange Strecke im Vergleich zu den fast 3000, die uns danach erwarten, aber wo liegt der Unterschied, wenn man am Horizont nichts als Wasser und Himmel sieht? Die LADY jagt mit Etmalen von 140 Seemeilen durch das tiefe Blau. Wir haben Spaß, viel Spaß. Auf dem Weg liegt jedoch noch Malpelo, ein Steinhaufen, eine Felseninsel, die berühmt ist für ihre fantastischen Tauch- und schlechten Ankerplätze. Niemand fährt je dorthin, also gibt es wieder Gerüchte. Angeblich sitzen dort die kolumbianischen Drogenbosse und schießen auf jeden, der sich auch nur auf Sichtweise nähert. Oder waren es das FBI, Interpol oder gar die Mafia? Das schürt natürlich wieder unsere Neugier, wir schalten unsere Ohren auf Durchzug und setzen Kurs auf die Pirateninsel.

Selbstverständlich sind alle Gerüchte Quatsch. Niemand schießt auf uns, im Gegenteil, auf Kanal 16 werden wir nett und freundlich vom Aufseher der Insel begrüßt und bekommen die Erlaubnis zu ankern und zu tauchen. Was allerdings wahr ist, ist, dass man nicht ankern kann, oder zumindest nicht mit einem Elf-Meter-Stahlschiff ohne Sonderankergeschirr. Die Ankerplätze an der Leeseite sind mindestens 40 Meter tief. Wir versuchen es trotzdem, vier Stunden lang mit verschiedenen Veränderungen am Ankergeschirr, meterweise Tampen, aber es ist nichts zu machen. Die Strömung reißt unseren Anker weg, bevor er überhaupt den Grund erreicht. Die Stimmung ist angespannt. Um unser Unglück perfekt zu machen, läuft ein deutscher Charterkatamaran ein, der hier seine Gäste zum Tauchen hinfährt, Malpelo kennt und mit Sicherheit 150 Meter Ankerkette im Kasten hat. Es rasselt einmal, und schon schwoit der Kat an der Kette. Nur wir schaffen es nicht. Schließlich, die Touristen haben längst ihren ersten Tauchgang hinter sich, geben wir auf und gehen Kurs Galapagos.

Die Äquatortaufe steht uns bevor. Gut 5000 Seemeilen, wenn nicht mehr, haben wir nun schon im Kielwasser, das Kreuz des Südens begleitet uns schon seit der Karibik, doch erst jetzt werden wir diese imaginäre Linie um den Globus überschreiten. Natürlich nähern wir uns nachts dem Äquator. Der Sekt ist kalt gestellt, dicht aneinandergedrängt sitzen wir vor dem GPS, das neben dem Kompass installiert ist, und warten auf den Moment, wenn alle Ziffern auf Null springen. Ein bisschen seltsam ist es schon, die digitalen Zahlen zu sehen, den Korken knallen zu lassen. Wo ist die Romantik geblieben? Wir möchten die moderne Technik nicht missen, sind viel zu sehr damit groß geworden, aber wäre es nicht doch einen Hauch schöner, echter, wenn wir unsere Äquatorüberquerung nach der Positionsbestimmung zur Mittagssonne gekoppelt hätten? Der Sekt schmeckt trotzdem, wir reißen uns die Kleider vom Leib und übergießen uns gegenseitig mit dem Wasser der südlichen Hemisphäre. Eiskalt ist es oder liegt das eher an der Uhrzeit?

Am nächsten Tag ist Land in Sicht. Viel haben wir gelesen über Galapagos und seine Tierwelt. Über die zahmen Robben, die Tölpel mit Füßen in Bonbonfarben, die Echsen und die Schildkröten, und doch können wir kaum glauben, was wir sehen, als wir im Hafen von San Cristobal einlaufen. Seelöwen in den Fischerbooten, Seelöwen, die ganz dicht an uns vorbei durch das türkisblaue Wasser ziehen. Seelöwen, die auf den Parkbänken ein Nickerchen halten oder in den Hauseingängen die Touristen anblöken. Vor lauter Staunen laufen wir fast auf Grund, kriegen so eben die Kurve und schmeißen unseren Anker ins Hafenbecken von San Cristobal.

Wie immer müssen wir, bevor wir uns ganz dem Neuland widmen können, das Wichtigste zuerst erledigen und einklarieren. Ecuador steht seit Jahren in dem Ruf, besonders komplizierte Regeln zu haben, dazu bestechliche Beamte, willkürliche Gebühren und Entscheidungen, und auf den Galapagos, wo es keine Kontrolle vom Festland gibt, soll es gleich doppelt so schlimm sein. Der Kampf um Cruisingpermit, Anlaufbedingungen und Gebühren beginnt. Wir sind eines der ersten Boote der Saison, haben also noch Glück, sprechen zudem Spanisch und erhalten nach nur (!) einer Woche die schriftliche Genehmigung alle vier offiziellen Ankerplätze anlaufen zu dürfen.

Auf San Cristobal lebt unter anderem der österreichische Amateurfunker Herbert, der sich gerne um deutschsprachige Yachten kümmert, so auch um uns. Schnell werden wir auf den Pick-up eines Taxifahrers eingeladen, und da wir alle Spanisch sprechen und gerade Sonntag ist, kommt die ganze Familie mit. Aus der Touristenführung wird ein Familienausflug ins Inselinnere, Picknick inklusive. Geboten werden uns bizarre Vulkanlandschaften, Riesenschildkröten, tolle Ausblicke über Nachbarinseln, Kraterseen, Hochnebel auf dem Berg und strahlender Sonnenschein am Strand, wo sich die Seelöwen tummeln. Es ist wunderschön hier. Den Seelöwen könnte man stundenlang zusehen. Zwischen den Felsen liegt der Kindergarten, sechs kleine Robben tummeln sich dort unter Aufsicht von zwei Erzieherinnen im Wasser, lernen schwimmen, balgen, tauchen, prusten. Und machen sich wichtig, sobald sie merken, dass sie beobachtet werden. Trotzdem ist Vorsicht geboten, denn der große Bulle mag es gar nicht, wenn man seinem Harem zu nahe kommt. Mit gefährlichem Brüllen warnt er jeden, der seine Regeln missachtet.

Die nächsten Tage verbringen wir damit, zunächst morgens nach dem Voranschreiten unserer Genehmigung zu fragen und nachmittags die Gegend zu erkunden. Wir wandern an der Küste entlang zu wunderschönen Felsbuchten, schnorcheln mit den Seelöwen oder liegen genauso faul wie sie auf den Steinen in der Sonne. Das Leben auf San Cristobal läuft sehr langsam ab, denn es ist unendlich heiß. Bestimmt 35 Grad, die Sonne knallt hier am Äquator fast den ganzen Tag senkrecht auf unsere empfindlichen Köpfe. Aber auch die Galpagenos oder Tortugas (Schildkröten), wie sich selber nennen, empfinden die Hitze als drückend. Überall gibt es nette Cafés mit schattigen Plätzchen, wo man die heißesten Stunden des Tages verbringen kann. Der ganze Ort verströmt eine sympathische Atmosphäre, die Häuser sind farbenfroh bemalt, überall blühen bunte Blumen, die Seelöwen watscheln wie selbstverständlich über die Straße oder reservieren sich die Parkbänke in der Sonne. Die Straßen haben Tiernamen und alle Welt grüßt mit einem freundlichen Lächeln.

Vier Ankerplätze sind für Yachten auf den Galapagos zum Ankern freigegeben und dürfen besucht werden, ohne die teure Nationalparkgebühr zu entrichten. Selbstverständlich wollen wir sie alle besuchen. Unser nächster Stopp ist die kleine Insel Floreana. Ein Muss, finden wir, denn dort lebt die Familie Wittmer, oder was von ihr übrig geblieben ist. Magret Wittmer ist in den 1930er-Jahren mit ihrem Mann und Sohn zu den Galpagos ausgewandert, um dort ein neues Leben zu beginnen. Mit nichts als ein bisschen Ausrüstung, Saatgut und ein paar Tieren begannen sie ihr Leben im Dschungel und haben es trotz wiederholter Schwierigkeiten geschafft, auf dieser einsamen Insel sesshaft zu werden.

Der große Schatz der Familie sind die Gästebücher, Dokumente der Fahrtenseglergeschichte der letzten Jahrzehnte. Das erste beginnt im Jahr 1957 und ist wirklich ein Museumsstück. Die Crème de la Crème ist hier verewigt, ein Who is who der Weltumsegler. Dazu viele, viele anonyme Segler, die irgendwann vor 50 Jahren ohne GPS, ohne Radio, ohne Motor, ohne Elektrik auf neun Meter langen Holzbooten einen Zwischenstopp bei den Wittmers eingelegt haben. Auch sie haben hier gesessen, auf der Veranda, unter dem Bild des Kölner Doms mit Blick auf die Bucht. Nun halten wir selber den Stift in der Hand, blättern die Seiten um, suchen nach bekannten Gesichtern. Wer weiß, wer in zehn Jahren hier sitzen wird und plötzlich unser Bild sieht? »Sieh mal, Micha und Nathalie von der IRON LADY, *wusste gar nicht, dass die auch hier waren« …*

Mit ein paar anderen Locals aus dem 100-Seelen-Dorf fahren wir ins Inselinnere, um uns die alte Höhle anzuschauen, in der die Wittmers die ersten Jahre gewohnt hat. Hier oben sieht es aus wie in Deutschland auf dem Land: grüne Wiesen und Wälder – nur Maniok und Bananen passen nicht ganz ins Bild. Ein Truck fährt zweimal am Tag die Strecke zu den Farmen und zurück, um die Arbeiter hinzubringen und wieder abzuholen. Unser Führer, ein Mitarbeiter der Wittmers, bringt uns stolz in die in den Lavastein gehauene Höhle, erzählt Anekdoten von wildgewordenen Schweinen und zeigt uns die Stellen, an denen vor langer Zeit Früchte und Gemüse gezogen wurden. Nachdenklich setzen wir uns in die feucht-kalte Höhle. Was für ein Leben.

Logbuch

Hätten wir noch den Mut und die Kraft, aus dem Nichts eine Existenz aufzubauen? Kein Geld für das Ticket zurück in die Zivilisation? Bestimmt nicht. Zusammen mit den Gästebucheinträgen aus den 1960er-Jahren, wo die Segler ohne GPS, Radar, elektronische Seekarten und teilweise selbst ohne Motor auskamen, stellt man sein eigenes Vorhaben schnell selbst infrage. Was in der deutschen Großstadt noch so abenteuerlich klang, wird angesichts dieser Leistungen schnell ganz klein.

Auf dem Rückweg wird der Platz eng, jeder hat mindestens ein Kind auf dem Schoß, es riecht nach Erde, Schweiß und harter Arbeit.

Am nächsten Morgen widmen wir uns wieder unserem Element, dem Wasser. Ein paar Minuten mit dem Dingi entfernt liegt eine zauberhafte Bucht mit allem, was Galapagos zu bieten hat. Weißer, feiner Sandstrand, vulkanisches Gestein, riesige Kakteen und jede Menge Tiere. In dem flachen Wasser tummeln sich knallrote Krebse, auf den Felsen sitzen Pelikane und Blaufußtölpel. Und die Robben sind auch da. Eine kleine Süße hat es uns angetan und spielt fleißig Fotomodell, aalt sich im Sand, guckt kokett aus dem Wasser und singt uns ein Lied in Seehundsprache. Doch schließlich wird es ihr wohl zu bunt, sie baut sich auf und kommt laut röhrend in einem Affenzahn auf uns zugewatschelt. Schnell suchen wir das Weite, ein Seehundebiss, das fehlt uns noch.

Über einen kurzen Zwischenstopp beim letzten Außenposten der Zivilisation, Santa Cruz, mit Internetcafé, Telefon und Supermarkt nehmen wir Kurs auf Isabella, der letzten Insel vor dem großen, weiten Pazifik.

Vor dem Einlaufen steht jedoch ein altes Problem auf der LADY: Wir haben keine Lust, diese wunderbare Ruhe auf See durch Dieselgetucker und Gestank zu stören, deshalb lassen wir uns gemächlich treiben. Träge bläht der Wind die Genua, und prompt stehen wir bei Sonnenuntergang vor der Einfahrt in die Bucht. Und hier am Äquator wird es ohne Sonne in Minutenschnelle stockfinster.

»Kein Problem«, sagt Wolfgang von der INOUK, »ich lotse euch.« Über Funk gibt er uns einige Wegpunkte, mit denen wir unser GPS beschicken. Das 25-Watt-Stroboskoplicht der INOUK ist gut auszumachen, und schon beginnt das Abenteuer. Im Wasser sehen wir nichts, Tonnen sind keine vorhanden, das Kartenmaterial recht ungenau.

»Na denn mal los«, sagt Micha, in der Ferne hört man ein paar Seelöwen brüllen.

»20 Grad backbord«, tönt es aus der Funke. In Schleichfahrt tasten wir uns durch die Dunkelheit, den Blick gespannt auf den Tiefenmesser gerichtet. Nach einer Stunde sind wir drin.

»Siehste, ging doch, alles kein Problem. Weiß gar nicht, was die Leute immer haben, dass man hier nicht nachts reinfahren soll«, stellt Micha zufrieden fest und lässt sich in die Koje fallen.

Am nächsten Tag trifft uns fast der Schlag, als wir die Felsen und flachen Stellen sehen, mit denen die Einfahrt geradezu gespickt ist. Nie, nie, nie wieder werden wir ab heute eine Bucht im Dunkeln anlaufen!

Als der Schreck vorbei ist, geht es auf zu weiteren Expeditionen. Direkt hinter der LADY *liegt ein Inselchengewirr aus rauem Vulkangestein, Sand und kargen Sträuchern. Eigentlich gehört auch dieses Gebiet zum Nationalpark und ist für uns tabu, aber am Wochenende und nach vier guckt keiner so genau hin. Dieses kleine Fleckchen Erde gehört mit zu dem Schönsten, was wir auf Galapagos gesehen haben. Überall wimmelt es von den kleinen Lavaechsen, es wuselt und krabbelt und raschelt im Unterholz. Im klaren Wasser sieht man zwischen den Felsen Haie und Schildkröten schwimmen, und am Strand sitzen die großen Meerechsen wie Sonnenanbeter und lassen sich aufwärmen. Kommt man ihnen zu nahe werden sie böse und spucken, ziemlich weit sogar. Pfffft. Auch die Seelöwen sind da, liegen in einer gesamten Herde unter einem Baum im Schatten und schlafen. Wir fotografieren und fotografieren. Immer wieder zieht es uns in diese magische Landschaft zurück. Kein Baum, kein Strauch, nur Fels und Gestein. Tot im ersten Augenblick, doch dann bewegt sich urplötzlich ein kleiner Kiesel, nein, kein Kiesel, der Kopf einer Echse oder der Panzer einer Krabbe. Stunden kann man hier verbringen und das Leben beobachten.*

Die Bucht von Isabella füllt sich zusehends mit Yachten. Deutsche, Engländer, Franzosen, Amerikaner und Holländer. Einhandsegler, Pärchen und Familien, Junge und Alte, Holz-, Stahl- und Plastikschiffe. Eines jedoch haben sie alle gemeinsam: Eine gehörige Portion Respekt vor dem nächsten Törn. Jeder ist mit Vorbereitungen beschäftigt. Bei Windstille werden Segel ausgerollt, in den frühen Morgenstunden Crewmitglieder zwecks Riggkontrolle in den Mast gewinscht, nachmittags der Motor inspiziert. Nichts wird ausgelassen. Täglich laufen wir ins Dorf, um in den Geschäften zu sehen, ob man eventuell doch noch ein paar Eier oder ein wenig frisches Gemüse auftreiben kann. Und wenn man Eier findet, fragt man sich: Wie viele soll ich jetzt kaufen? Wie viele Eier können wir überhaupt essen, bevor sie schlecht werden? Hütet man das Geheimnis, wo es gerade Gurken und Orangen zu kaufen gibt, oder teilt man es für alle hörbar auf Kanal 16 mit? Es ist schon ein Unterschied, ob man sich für einen langen Törn in Panama City oder hier auf dieser spärlich besiedelten Galapagosinsel verprovi-

1

2

1 Von der Anspannung ist kaum etwas zu sehen, aber: »Morgen segeln wir über den Atlantik!«

2 Eine unserer häufigsten Übungen der nächsten Jahre (wenngleich nicht die liebste): pinseln, pinseln, pinseln …

3

3 Wasser ist kostbar auf den Kapverden, schon die Kleinen legen täglich den Weg zum Brunnen zurück.

4 Faszination Blue Hole, der Tauchplatz Buracona auf Sal.

5 Bei raumen Kursen in den ersten Tagen der Atlantiküberquerung wird das Cockpit zur Sonnenveranda …

4

6 … ein paar Tage später haben uns die Squalls fest im Griff, und festhalten ist angesagt.

7 Der beste Platz für eine Mittagspause in der tropischen Hitze der Karibik ist die Hängematte auf dem eigenen Vordeck.

8 An der Pier von Rio Sidra in Kuna Yala füllen wir unsere leeren Wassertanks mit frischem Quellwasser.

5

6

7

8

10

9

11

12

13

9 + 10 In Panama City erkrankt »Johann« an krachenden Geräuschen, wir nehmen das Problem selbst in die Hand.

11 Drei Hütten, fünf Palmen und 100 m^2 Sand: Wohnort für drei Großfamilien auf den San Blas.

12 Wenn der Wind stimmt, wird die Heimfahrt in den wackligen cajucos zum Vergnügen.

13 Die Frauen auf den San Blas tragen bunte Trachten, deren Herzstück die handgenähte Mola ist.

14 Vor der Skyline von Panama City schauen wir den Pelikanen beim Jagen zu.

14

15

16

17

18

15 Reiseprospekt? Einer der unzähligen unberührten Strände auf den San Blas.

16 Das ist sonst gar nicht unsere Art: Auf den Galapagosinseln segeln wir einen Tag Flottille.

17 Bei 30 Grad im Schatten gibt es auf der LADY in der Mitte des Pazifiks nur einen Platz, an dem es sich aushalten lässt.

18 Die erste Trinknuss nach 27 Tagen auf dem Pazifik – gibt es etwas Besseres?

19 Die berühmte Insel Pitcairn verlassen wir mit gemischten Gefühlen.

20 Mit klopfenden Herzen nähern wir uns unserem ersten Pass in den Tuamotus.

19

20

21

22

23

21 Traumankerplätze in der Südsee.

22 Auf den Tuamotus wird das Abendessen gespeert.

23 Der blaue Papageifisch ist der beste Fisch zur Zubereitung der polynesischen Nationalspeise Poisson Cru.

antiert. Wir nehmen es gelassen, auf der Atlantiküberquerung sind wir auch nicht verhungert. Wir haben noch aus Panama jede Menge Kürbis, der sich lange hält, wissen, wie man aus Bohnen frische Sprossen zieht und aus Pulvermilch frischen Joghurt. Und Fisch soll es ja angeblich auch im Pazifik geben. Als wir unsere Atlantiküberquerung vorbereiteten, waren wir alleine. Alleine auf der Insel Brava, von der aus selten Yachten in See stechen. Die Stimmung hier ist neu für uns, und schön. So viele Menschen mit den gleichen Sorgen, Ängsten und natürlich der gleichen Vorfreude und Abenteuerlust. In einer Woche werden wir alle da draußen sein, uns ab und zu auf der Funke hören und in mehr oder weniger dieselbe Richtung segeln. Abends sitzen alle zusammen in der kleinen Bar am Strand, reden und reden. Über das Wetter, über den Schlag, über den Landfall. Welche Insel zuerst angelaufen wird, die Ankerplätze, die Visabestimmungen, die Menschen, die uns erwarten, all die vielen Unbekannten, die vor uns liegen. Morgens verlässt fast jeden Tag ein Schiff unter viel Gehupe und Lärm die Bucht und hinterlässt bedröppelt dreinschauende Nachbarn. Die haben den Absprung schon geschafft.

Logbuch

Heute auf der LADY Pazifikstimmung, wir nehmen Abschied von Südamerika, bereiten die LADY auf den großen Schlag vor. Michas Französisch-Multimedia-CD wandert schon seit einer Woche immer näher an den Rechner, heute schafft sie es ins CD-Laufwerk. Michi sitzt wie ein Telefonist mit Headset vor dem Computer und versucht mit Jaqueline, seiner neuen Lehrerin, zu reden. Sie versteht ihn nicht. Verzweiflung in den Augen. Vielleicht doch besser erst mal die Aussprache üben, bevor man Menubefehle auf französisch gibt. Ich sitze an der Nähmaschine und höre Micha brav Vokabeln wiederholen. Zwischendurch wird die Stimme immer lauter, das Spracherkennungsprogramm ist nicht einverstanden und mit welchem Wort? Ausgerechnet den Namen Nathalie spricht er falsch aus! Weiter geht es über Finger, Augen, Elstern bis zum Rind, le boeuf. Wieder erhebt sich die Stimme, boeuf. Boeuf! BOEUF!!! Geht nicht. Doch auch ein Computer lässt sich austricksen. Kaum hält man sich bei bestimmten Wörtern die Nase zu, applaudiert Jaqueline. Na dann, das werden ja geruhsame Freiwachen mit Gute-Nacht-Geschichten auf Französisch vom Skipper und Jaqueline ...

Passate *(niederl.)*

Sehr beständige Winde, die auf beiden Erdhalbkugeln das ganze Jahr hindurch von den Hochdruckgürteln der Subtropen zum Äquator gerichtet sind, infolge der Erdrotation und von Reibungseffekten jedoch abgelenkt auf der Nordhalbkugel als Nordostpassat, auf der Südhalbkugel als Südostpassat wehen. Die P. sind trockene, niederschlagsfeindl. Luftströmungen. Da eine deutl. Inversion, die Passatinversion, Wolken und Niederschlagsbildung verhindert, kommt es nur dort, wo sie sehr hoch liegt, zur Ausbildung von Kumuluswolken, aus denen leichte Passatschauer mit nur geringer Niederschlagsergiebigkeit fallen.

Aus:
Meyers Enzyklopädisches Lexikon

Unendliches Blau

Pazifiküberquerung

Da liest man Dutzende von Büchern, träumt Hunderte von Träumen und segelt Tausende von Meilen um ihn zu sehen, den Stillen Ozean. Das unendlich tiefe Blau des Wassers, die Ruhe und den Sturm, das Auf und Nieder des Schwells, der irgendwo auf der anderen Seite des Wassers entstanden ist. Die See, dieses Meer in Worten zu beschreiben ist so unmöglich, wie es zu fotografieren. Das will es nicht, es zeigt sich eintönig und langatmig, oben blau und unten blau. Doch das ist es nicht.

Nach dem letzten Abend auf den Galapagosinseln geht es in großen Schritten an einem recht großen Quadranten vorbei Richtung Westen, den man nicht südlich durchqueren soll, sagt Jimmy Cornell, und dem glauben alle – auch wir. Vielleicht aber ist das Meer dort auch besonders schön, denken wir uns in manchen Momenten, doch den Kurs ändern wir nicht. Ganz im Gegenteil stoßen wir des Nachts ohne Licht fast mit einem anderen deutschen Boot zusammen. Am Morgen erscheinen noch Freunde aus England am Horizont. Die Reise um die Welt ist viel begehrter und der Ozean trotz aller Weite viel kleiner, als es in den Dutzenden von Büchern steht, die wir vor unserer Reise gelesen haben.

Es geht recht flott voran in den ersten Tagen. Immer wieder schielen wir auf das GPS und rechnen schon mal aus, wann wir ankommen werden. Albern, denn noch immer liegen über 2000 Seemeilen vor uns. An der Badeleiter lassen wir uns hinter dem Boot herziehen, angeln wie die Helden und werden auch belohnt, meist mit Thunfisch. Bleibt das Anglerglück aus, werden die Backskisten geöffnet. Zwischendurch gibt es immer mal wieder ein Gewitter, das durchzieht, die einzige seglerische Aufgabe, die uns im Moment gestellt wird. Wir versuchen immer wieder Kurs Osterinseln zu laufen, doch wir kommen einfach nicht hoch genug an den Wind, um ein vernünftiges Mittelmaß zu finden aus Lebenskomfort, Schnelligkeit und Kurs.

Unsere Steuerpinne des Windpilots bricht, weil wir zu viel Segel stehen haben, zu schnell sein wollen, anstatt die LADY segeln zu lassen, wie sie es will. Liegt es an dem kleinen Licht, das wir nachts sehen, an dem anderen Segler, der sich seinen Weg Richtung Gambier bahnt? Können wir es doch nicht zulassen, langsamer zu sein? Das ist einer der Gründe, warum wir lieber alleine segeln: weniger Wettkampf, weniger Bruch. Die Reparatur der Steuerpinne mit Bordmitteln ist nicht möglich. Ich versuche einen Innenbolzen in das gebrochene Rohr einzuschlagen, doch nach einer halben Stunde bricht das Ding wieder. Gut. Wir haben ja noch unseren elektrisch-hydraulischen Autopiloten. Das kostet zwar viel Strom, aber immer noch besser, als selber am Rad stehen zu müssen. Der Stille nimmt seinen Tribut für zu viel gesetztes Segel, für unseren Übermut, reckt den Zeigefinger in die Höhe und schickt uns eine zehntägige Flaute.

»Wie blau kann eigentlich blau sein? Hast du jemals zuvor dieses Schimmern des Meeres gesehen? Das Blau des Wassers neben der Bordwand, das Blau hundert Meter vor uns, das Blau am Horizont, wo Wasser und Himmel ineinander übergehen? Das Blau in Lee, das Blau in Luv, das Blau, wenn du dich langgestreckt an der Badeleiter hinter der LADY herziehen lässt und mit geöffneten Augen unter Wasser unscharf in die 5000 Meter Tiefe des Meeres schaust?«

Nathalie liegt neben mir auf der Spielwiese im Cockpit. Unsere Hände finden zueinander, Finger ineinander und ein fester Druck betont die Antwort. »Nein, noch nie«, kommt von der müden Capitana. Es ist Mittag. Die Sonne steht im Zenit. Wolkentürme verzieren den Horizont. Es ist still. Wir sind auf dem Stillen Ozean. In einer Flaute. Seit 24 Stunden totale Flaute.

Nach einer langen Pause räuspert sich Nathalie: »Wir vergessen viel zu oft, welches Geschenk wir uns selber machen, indem wir hier sind. Hier wo kein anderer ist, fünfhundert Meilen weg von jeder Küste, fernab von Schifffahrtsstraßen und Zivilisation. Nein, ich wusste nichts von dieser unvergesslichen Schönheit, die uns hier beschert wird.«

Die See ist so platt wie sie nur sein kann. Kaum merklicher Schwell versetzt die Mastspitze der LADY in eine weiche Bewegung. Die polarisierende Sonnenbrille, unsere »Nochschönermacher-Sonnenbrillen« für schwierige Navigation in Riffen, putzend, schaue ich auf den unbeweglichen Horizont.

»Komm mal zu mir.« Nathalie umarmt meinen Hals und zieht mich langsam hinunter. »Ist ja keiner da!«

Viel auszuziehen gibt es nicht. Unserer Körper verschlingen sich ineinander, und noch viel mehr blaue Nuancen erreichen unsere Sinne, als wir die Augen einfach schließen und uns treiben lassen. Das Einzige, was sich bewegt in dieser unendlichen Flaute, sind wir.

Logbuch

Noch hat sich nichts geändert. Weiterhin kein Wind. Die Wasseroberfläche wird immer ruhiger und glatter, wie ein Spiegel. Zum Abend wird alles in geheimnisvolles Licht getaucht. Mit der Kamera in der Hand laufe ich übers Deck und versuche ein paar dieser verzauberten Momente einzufangen, aber es gelingt kaum, in Wahrheit ist alles noch schöner. Nicht nur lang und weilig und dahingezogen ist eine Flaute, auch wunderschön kann sie sein, wenn man sich Zeit und Ruhe nimmt zu sehen und zu beobachten. Keiner denkt daran, den Motor anzuwerfen, wir sind alleine, hier draußen, warten auf den Wind und versuchen nicht, die Natur zu bezwingen.

Die LADY treibt mit 16 Meilen am Tag auf einer spiegelnden Wasseroberfläche, die an die zellophan-wogende Scheinwelt der Augsburger Puppenkiste erinnert. Immerhin treibt sie in die richtige Richtung, nämlich Richtung Gambierinseln, den südlichsten Inseln der Tuamotus. Wir schlafen den ganzen Tag, lesen und langweilen uns zu Tode. Nichts kann man wirklich machen, es ist so ruhig, dass einem die Ruhe entzogen wird. Eine unglaubliche Erfahrung. Es ist absolut still, bis auf das Klappern im Boot, unsere Stimmen und die Musik.

Bis zu den Gambiers sind es noch einige Hundert Etmale bei dem Schneckentempo. Nach fünf Tagen gibt es endlich wieder etwas Wind, mein Rücken schmerzt vom vielen Rumkrabbeln auf dem Boot. Ich bin leichtsinnig, gehe auf dem Vordeck in die Hocke und klemme mir den Ischiasnerv ein wie noch nie zuvor in meinem Leben. Laut schreiend ziehe ich mich an der Reling entlang nach hinten, schleife meine Beine hinterher, schaffe es bis zum Niedergang, rutsche durch selbigen, lasse mich auf den Salonboden fallen.

»Ich kann mich nicht mehr bewegen, Nathalie. So ein Mist, es geht gar nichts mehr!«

In Windeseile ist Nathalie bei mir und untersucht Rücken und Beine. Gott sei Dank sind es nur höllische Schmerzen, aber keine Ausfälle, keine Lähmungen oder Gefühlsstörungen. Die nächsten Tage verbringe ich dort unten, halb unter dem Salontisch. Ich esse hier, schlafe hier, selbst auf die Toilette komme ich nicht. Nathalie ist jetzt Einhandseglerin, und weil meine Schmerzen so unerträglich sind, genauso wie ich wahrscheinlich, nockt sie mich mit Morphium aus. Schluss aus, jetzt wird geschlafen. Dementsprechend kann ich mich an diese Zeit recht wenig erinnern, außer das ich irgendwann wieder da bin und Nathalie meint, es wäre jetzt gut mit den Spritzen, es sollte mir wieder besser gehen. Die Medikation wird auf Tabletten umgestellt, meine Suppe muss ich auch wieder im Cockpit essen, und wundersamerweise ist die LADY in der Zwischenzeit ein paar Hundert Meilen weitergesegelt.

Wir nähern uns jetzt jeden Tag ein bisschen mehr der Insel Pitcairn. Wie Fliegendreck auf dem Übersegler liegt davor die Insel Henderson. Unbewohnt. Von der UNESCO unter Weltkulturerbe gestellt. Kein Süßwasser. Nur ein 30 Meter hohes Korallenplateau, das im Laufe von Jahrmillionen von den unendlichen Tiefen des Ozeans an die Wasseroberfläche gewachsen ist. Kein Ankerplatz. Schwell um die Insel. Auf allen Seiten 30 bis 50 Meter tiefe Korallenriffe. Stunde um Stunde kommen wir näher. Langsam erkennen wir am Horizont das wahrscheinlich am weitesten von Europa entfernteste Fleckchen Erde.

Neugierig schauen wir uns die Augen am Fernglas platt. »Da liegt ein Boot am Strand!«

»Quatsch mit Soße. Hier gibt es keine anderen Boote. Das wüssten wir. Wen, außer uns, soll es denn in diese verdammte Einsamkeit ziehen? Hier gibt es nichts als Vögel, Steine und Einsamkeit. Kein Süßwasser und unendlich viele Haie.«

Neidisch auf das Steiner-Fernglas, das Nathalie sich vor die Augen klemmt, rutsche ich näher an sie ran, und wir sitzen wie die Hühner auf der Leiter auf dem Freibord des Cockpits. Beide bekommen wir lange Hälse.

»Nun gib schon her, ich will auch mal sehen.«

Unwillig hebt Nathalie den Umhängegurt des Steiners und gibt mir das teure Glas herüber. »Nein. Es ist ein Wrack.«

»Wracks können nicht schwimmen, da ankert wer.«

»Verdammt, das sind unsere Freunde Hans und Katrin von der RAPA NUI!«

In Panama hatten wir uns vor einem halben Jahr aus den Augen verloren, jetzt treffen wir uns hier! Wow. Unglaublich, aber wahr. Kaum ist der Anker gefallen, kommen die »Wilden« auch schon und entern die LADY.

»Wo kommt ihr denn her, seid ihr schon lange hier?«

»Gestern erst angekommen, von den Osterinseln, Rapa Nui, das war doch unser lang ersehntes Ziel, daher der Name. Nun müssen wir uns ein neues Ziel stecken, deshalb haben wir auch gleich das Schiff umbenannt, von RAPA NUI in OTONG JAVA. Morgen ist Ostersonntag, kommt doch zum Frühstück rüber.«

»Jetzt paddeln. Schnell. Schneller.« Nathalie sitzt auf dem Bug unseres kleinen Dingis und versucht mit einem Stechpaddel die Richtung so zu korrigieren, dass wir unversehrt über die scharfen Spitzen des Korallenriffs getragen werden, ich sitze hinten an der Pinne des kleinen zwei-PS-Yamahas. Hinter uns brechen sich die Wellen der Brandung ein bis zwei Meter hoch.

»Achtung, da kommt eine große Welle, die wird uns über die besonders gefährliche Kante heben.«

Uns fällt das Herz in die Hose, die Welle schwappt von achtern ins Dingi, aber wir kentern nicht. Jetzt schnell raus, bevor die nächste kommt.

Da stehen wir nun bei Hochwasser in unseren Turnschuhen auf dem Riffplateau unerreichbar für die Wellen und schauen verdutzt auf die anrollenden Brecher.

»Hast du was abbekommen? Hast du dich verletzt?«, fragend schaue ich zu Nathalie hinüber. Die LADY wackelt draußen, keine 50 Meter von uns entfernt, der Anker liegt nur lose auf einem kleinen Sand-patch zwischen den unendlichen Korallen. Klar und deutlich konnten wir ihn in zwanzig Meter Tiefe zwischen den Riffhaien liegen sehen. Nur 50 Meter und doch so unerreichbar. Beide denken wir das Gleiche. Nathalie spricht es zuerst aus: »Und wie kommen wir jemals ohne zu kentern zurück durch diese Mordsbrandung?«

»Keine Ahnung.« Ich versuche aufmunternd zu schauen. »Kein Problem. Das haben wir doch schon Hunderte Male gemacht«, lüge ich schamlos und ziehe Nathalie weiter. Klar, wir Abenteuer-Profis haben, schlau wie wir sind, selbstverständlich die Nikonos-Unterwasserkamera mitgenommen. Eine blöde Plastikflasche mit ein oder zwei Litern Wasser und die Signalpistole wären vielleicht sinnvoller gewesen.

Am Vormittag saßen wir noch auf der OTONG JAVA und genossen unser improvisiertes Osterfrühstück. Nathalie hat es irgendwie hinbekommen, einen Hefezopf zu backen, während ich in den Schlaf der Gerechten gefallen bin. Landfall konnte man das nicht so richtig nennen. Henderson ist ungeschützt. Keine Riffe, keine Buchten. Um die ganze fünf Meilen lange Insel brandet der Schwell des Pazifiks ungeschützt auf die felsigen Strände. Dazu kommt die Windsee, vom Wind, der alle paar Stunden seine Richtung ändert. Noch während des Frühstücks wird der westliche Ankerplatz auf 30 Meter Tiefe unhaltbar, und wir müssen mit beiden Booten auf die andere Seite verlegen. Gut, dass wir die Wackelei noch so gewöhnt sind, wir werden durchgeschaukelt wie auf den ungeschützten Ankerplätzen der atlantischen Inseln.

Am Strand angekommen, genießen wir die Unberührtheit des Atolls. Wir wandern Richtung Süd.

»Eigentlich wollten wir ja in unterschiedliche Richtungen gehen. Du nach rechts, ich nach links, nach diesem langen Trip«, doch wir laufen schon wieder Hand in Hand.

»Wie soll das nur mal werden wenn wir in ein paar Jahren beide wieder einer geregelten Arbeit nachgehen, zehn Stunden mit den Arbeitskollegen, acht Stunden schlafend im Bett verbringen und nur die restlichen sechs Stunden eines Tages für unsere Freunde, unsere Familie, Freizeit und den alltäglichen Aufgabenschwall haben?«

Der langgezogene, breite Strand ist wunderschön, doch leider hat er einen Schönheitsmakel: Tausende von verloren gegangenen Plastikbojen, Plastikflipflops, Tampen, Fischernetzen und leeren Whiskyflaschen japanischer Herkunft lassen auf die die Ozeane leerfischenden schwimmenden Fischfabriken schließen, die auch in diesem abgelegenen Teil des Pazifiks ihr Unwesen treiben.

Henderson ist ein sogenanntes »gehobenes Atoll«. Ursprünglich war die Insel ein klassisches Atoll, ein Ring von Koralleninseln, der sich um einen zwischenzeitlich im Meer versunkenen Zentralberg vulkanischen Ursprungs gebildet hatte. Durch weitere vulkanische Aktivitäten wurde jedoch das Henderson-Atoll etwa 30 Meter über die Meeresoberfläche angehoben. Dies führte zur Entstehung des für Henderson charakteristischen tafelbergähnlichen Plateaus. Das Plateau besteht aus porösem Kalkstein und ist stark verkarstet. Der Karst und die scharfkantigen, verwitterten Korallenspitzen machen das Begehen des Inselinneren nahezu unmöglich. Wir besichtigen die Handvoll Wohnhöhlen direkt am Strand, wo auch ein wenig Süßwasser von der Decke tropft.

»Komm lass uns gehen, dieser Platz ist so unwirklich.«

Am Strand gibt es Einsiedlerkrebse, die keine unbewohnten Schneckengehäuse ihrer Größenanforderungen finden und mit leeren Kokosnüssen vorliebnehmen. Eine Begegnung der dritten Art, wie wir so etwas immer wieder nennen. Gute zwanzig Minuten stehen wir anschließend am Rand der Brandung im knietiefen Wasser und versuchen der Brandung irgendeine Regelmäßigkeit abzugewinnen, um den richtigen Zeitpunkt zu bestimmen, mit zweieinhalb PS durchzustarten. Ohne brechende Welle die 30 Meter lange, gefährliche Zone zu meistern ist unmöglich, aber es muss ja nicht gerade eine besonders hohe sein. Angst haben wir nicht so sehr vor dem Kentern, sondern vor den Schnittverletzungen, die in den Tropen wochenlange Entzündungen und Schwimmverbot zur Folge haben. Dann kommt unsere Welle und nichts wie los. Die erste Welle bricht fünf Meter vor uns, der Miniaußenborder summt wie eine völlig überdrehte Nähmaschine, der entscheidende Moment kommt kurz danach. Uns erwischt der nächste Brecher. Die Spitze des Dingis wird immer mehr in Richtung Himmel gehoben.

»Aufstehen und nach vorne beugen! Jetzt!«, schreie ich, stehe selbst auf und verlege mein volles Gewicht nach vorne. »Ja, ja, ja! Wir haben es geschafft!«

Kurz vor dem Überkopfgehen klatscht der Aluminiumboden unseres treuen Fahrtenseglerkleinwagens auf die Wasseroberfläche.

»Da kommt noch eine, aber die kriegt uns nicht mehr.«

»Geschafft!«, ruft Nathalie laut, und ich höre, wie ihr ein dicker Stein vom Herzen fällt.

Was im Kopf geblieben ist, sind die unendlichen Strände, die Einsamkeit.

Die OTONG JAVA segelt am nächsten Morgen weiter, während wir einen unser eindrucksvollsten Tauchgänge der ganzen Reise machen. Wir lassen uns einfach von der Reling fallen und sinken auf 20 Meter Tiefe, Rücken an Rücken. Voreilig werden wir von pfeilartig auf uns zuschießenden Riffhaien als Futter kategorisiert. Doch schnell erkennen sie ihre Fehleinschätzung und suchen das Weite. Wir sind allein, um uns herum nur das Knacken und Knistern des Meeres, unzählige Rifffische und die schönsten und gesündesten Korallen. Selbst in zwanzig Meter Tiefe können wir über 50 Meter weit sehen. Das Wasser ist warm. Die dreidimensionale Freiheit genießend, versuchen wir uns unserer Lage bewusst zu sein. Wir sind Besucher einer anderen Welt, einer gesunden Welt ohne Straßen, Menschen und Autos. Uns bleiben 40 Minuten Besuchszeit, und statt Fotos brennen wir das Gesehene in unsere Erinnerung. Es gilt, diese Welt zu schützen. »Schatz, wir sollten ernsthaft überlegen, ob wir Henderson in unser internes Logbuch verbannen und alle Internetlogbuchberichte aus dieser Zeit entfernen. Ich will nicht, dass wir mit schuld sind, wenn in ein paar Jahren genau die Riffe unter uns von Ankern der Nachzügler zerstört sind«, pruste ich, als wir gemeinsam an der Wasseroberfläche auftauchen.

Die Zeiten auf der sagenumwobenen Insel Pitcairn haben sich mächtig geändert seit dem Landfall der BOUNTY. Hier soll es keinen Alkohol geben, geraucht wird auch nicht, aber dafür gehen alle ständig beten – heißt es jedenfalls. Na ja. Der dicke Junge, der uns am Strand abholt, hat eine Kippe im Mund. Wir werden den Berg zum Bürgermeisterhaus mit einer vierrädrigen Kawasakiziege hochbefördert und sollen erst mal zahlen. Landungsgebühr, Stempelgebühr und was weiß ich nicht noch was sonst alles. Haben sie uns auch schon alles über Funk gesagt, aber wir wollten es ja nicht glauben. Stundenlanges Hin und Her, der Bürgermeister droht Nathalie und mich in die Gefängnisruine einzusperren, weil wir nicht zahlen wollen, können ... Vor der Insel liegen unsere Freunde von der OTONG JAVA mit ihren drei Söhnen und können es sich nach Tausenden von Meilen nicht leisten, Pitcairn zu besuchen, weil die Pitcairner für *alle* das gleiche Entgelt haben wollen. Insgesamt käme die fünfköpfige Familie auf eine Landegebühr von knapp 150 Euro. Das kann doch nicht wahr sein. Zugegeben, dafür darf man zwei Wochen bleiben, doch die Pitcairner wissen genau, dass es schon ein wahnsinniges Glück ist, wenn man *einen* Tag erwischt, an dem man an Land kommen kann.

Nach erhitzten Diskussionen, in denen wir uns immer wieder fragen, wo das so hochgepriesene Verständnis für die Seefahrer bleibt, von dem immer so viel erzählt wurde, kommen ein paar neuseeländische Beamte, schlichten, wir zahlen und Friede kehrt wieder ein auf Pitcairn. Man kann sich weiter über die Kürzungen des Unterstützungsunterhalts aus Großbritannien aufregen, den ganzen Tag vor dem Fernseher sitzen, 24 Stunden kostenlos von jedem Wohnzimmer aus im Internet surfen oder die Tiefkühltruhe plündern – das nächste Kreuzfahrtschiff ist schon angekündigt und wird wieder neue Scheine bringen, Touristen, die die wenigen Schnitzereien, den Stempel im Pass, die Passage zur Insel mit viel Geld bezahlen. Hier sind wir irgendwie falsch. Doch der einheimische Tom, mit dem wir schon seit Wochen Funkkontakt haben, nimmt uns mit in sein Haus, versucht Nathalie zu beruhigen und zeigt uns einen Teil von dem Pitcairn, das wir erwartet hatten. Ein gemütliches Haus, voll mit Büchern und Schnitzereien, Gemüse im Garten, Kokospalmen vor der Tür, alles strahlt ein herzliches Willkommen aus. Tom erzählt über die Insel, über die Probleme, die die Verlockungen der Zivilisation nun auch hierher gebracht haben. Er bringt uns dazu, doch noch einen Spaziergang über die berühmte Insel zu machen. Die wohl bekannteste Amateurfunkstation auf dem Hügel ist leider verfallen. Die Jugendlichen interessieren sich nicht besonders dafür. Schade. Noch eine weitere Familie lernen wir kennen, herzlich und überschwänglich werden wir begrüßt. Sie können kaum glauben, dass wir uns als Segler so wenig willkommen gefühlt haben.

Kaum haben wir mit unserem kleinen Dingi den Weg durch den Schwell zur LADY überlebt, holen wir unseren Anker auf. Gut, dass das immer geht. Sail away, schnell schlafen gehen und wieder neue Träume träumen.

Nach ein paar Hundert Meilen flotten Segelns sehen wir das nächste Ziel am Horizont: Die Inselgruppe der Gambierinseln. Nach den Enttäuschungen auf Pitcairn schauen wir skeptisch auf die Berge am Horizont. Besonders ich, weil dort nur französisch gesprochen wird. Nun ja, was will man von Französisch-Polynesien auch sonst erwarten?

Pampelmuse

Wissenschaftl. Name: *Citrus maxima*
Französisch: Pamplemousse, Chadèque
Englisch: Pummelo, Shaddock
Spanisch: Toronja, Pampelmusa, Cidra
Italienisch: Pompelmo

Die Pampelmuse ist keine Grapefruit, beides sind verschiedene Arten. Oft werden aber Pampelmusen als Grapefruits bezeichnet und umgekehrt. Zur Unterscheidung: Pampelmusen sind größer (10–25 cm im Durchmesser) und schwerer und die Schale ist wesentlich dicker. Sie sind hellgelb, grünlichgelb oder gelborange, im Fruchtfleisch gelblich, rosafarben oder dunkelrot. Sie sind süß-säuerlich, z. T. auch etwas bitter. Den deutschen Markt erreichen wahre Pampelmusen nur selten, es handelt sich meist um Fehlbezeichnungen, die Grapefruits genannt werden müssten. In Bezug auf die Lagerfähigkeit sind Pampelmusen einzigartig. Schon bei Zimmertemperatur sind sie 2–3 Monate haltbar. Sie schrumpeln etwas ein, gewinnen aber an Süße. 100 g einer Pampelmuse enthalten 174 kJ oder 42 kcal. Sie ist reich an Mineralstoffen und an Vitamin C mit bis zu 45 mg.

Die größten Pampelmusen der Welt

Gambierinseln

An der nächsten Tonne müssen wir auf null Grad«, ruft Nathalie von unten. Vor ihr der Cruising Guide und die elektronische Seekarte auf dem Bildschirm des Notebooks.

»Verdammt, ist das flach hier. An beiden Seiten tauchen immer wieder dunkle Flecke direkt unter der Wasseroberfläche auf. Verdammt, die sind schon braun. Gleich sitzen wir auf.«

»Nur ruhig Blut, halte dich genau auf dem Tonnenstrich! Nicht abweichen.«

»Welche Seite der Tonne soll ich nehmen?«

Ordentliche Strömung schiebt uns gradewegs auf ein langgezogenes Riff vor den Gambierinseln. Keine zwei Meilen trennen uns vom Ziel. Die Strömung wird mehr und mehr, der Daimler schiebt nur noch grade so eben mit.

»Ich hab keine Ruderwirkung mehr. Sag schon, welche Seite soll ich nehmen.«

»Moment, ich finde den Absatz nicht mehr, in dem es steht.«

»Noch zehn Meter. Verdammt! Nathalie, sag schon, welche Seite! Zwei Meter Wassertiefe. Ein Meter.«

Ich entscheide mich für steuerbord. Was soll ich auch machen? Dezimeter zeigt unser Fishfinder nicht an, aber Korallenblöcke, und diese Linie geht jetzt steil nach oben. Ich hab eh keine Kontrolle mehr über die LADY. Unweigerlich zieht uns die Strömung aufs Riff.

»Backbord vor der Tonne!« Nathalie schreit es fast, aber wir sind schon drüber und mit Gottes Hilfe hat es geklappt. Die wohl gesprengte Rinne ist grade so breit und tief, dass das Versorgungsboot, das einmal im Monat kommt, hier durchpasst. Hätte auch schiefgehen können. Glück gehabt, wieder mal die fast zehn Zentimeter dicke Stahlplatte unter dem Langkiel der LADY nicht gebraucht und auch nicht zur Begrüßung auf den Gambiers erst mal eine Horde von Einheimischen, die uns mit ihren dicken Außenbordern vom Riff ziehen.

»Hey, Holzklotz, ja du. Deine Edelstahlkette im Dingi gefällt mir. Pass ja auf. Die klaue ich dir für meinen Ausleger als Ankerkette. Die passst genau. Alles klar, Holzklotz? Ich 'abe gewohnt in Deutschland. Heil Hitler.«

Breit grinsend steht der Franzose am Pier, an der Hand ein kleines, blondes Mädchen mit langen Haaren. Mir fehlen die Worte. Soll ich mich jetzt prügeln zur Begrüßung? Unverschämt schaut der Franzose mit den unzähligen Tätowierungen meiner Frau ins Dekolleté. Noch ein falscher Satz und ich klinke aus. Ich klettere die niedrige Betonkaimauer hoch, Yves rückt kein Stück zur Seite, jetzt könnte ich seine Füße küssen. Nathalie schaut Übles ahnend aus dem Dingi. Langsam richte ich mich auf.

»Meine Name ist Yves. Meine Frau ist 'ier die Lehrerin. Das ist meine Tochter. Ich war Legionär. Gestern ich 'abe geworfen dir den Thunfisch in dein dreckiges Cockpit. 'Ast du Munition? Alles Scheiße. Eh Kollege. Keiner bringt mir Munition mit. 'Ast du Kaffee? Können wir tauschen. Ist die Rostmühle da drüben dein Boot?«

Mir fehlen noch immer die Worte, mit offenem Mund stehe ich vor dem durchgeknallten Ex-Legionär.

»Morgen komme ich und 'ole dich ab, dann gehen wir fischen.«

Mit diesen Worten dreht er sich um und geht. Einfach so, weg ist er, und Nathalie fängt an lauthals zu lachen.

Nach einem Monat, fast dreitausend Seemeilen und zwei mehr als rolligen Ankerplätzen ist es soweit, wir haben die Gambierinseln betreten, eine kleine Inselgruppe im Süden von Französisch-Polynesien, breitengradmäßig schon so weit südlich, dass die Einwohner die hurrikanfreie Saison als Winter bezeichnen. Wir kommen gerade vom Äquator und empfinden den Winter, die frische Brise und Temperaturen von nur 28 Grad als sehr angenehm. Durch den breiten Pass fahren wir in die Inselgruppe. Grüne, sanfte Hügel, weiße Strände, kleine Palmenmotus begrüßen uns. Das also ist die Südsee. Der Ankerplatz vor dem Hauptort Rikitea ist nicht der beste, mehr als 15 Meter tief, viele Korallenköpfe und schlechter Grund. Dennoch liegen schon um die zehn Boote hier, viele davon bekannt, und so dauert es nicht lange, bis wir den ersten Besucher mit frischem Baguette als Mitbringsel an Bord haben. Gebacken wird hier im Ort jeden Tag, ein Türke und ein Portugiese, wiederum zwei Ex-Fremdenlegionäre, besitzen mit ihren polynesischen Schönheiten die Bäckerei und backen außer Baguette an Sonntagen alles an französischer Patisserie, was sich der Gaumen so vorstellen kann. Doch nicht nur die Backwaren erinnern an Frankreich, sondern das gesamte kleine Dörfchen mit Hecken, rankenden Blumen, buntbemalten Steinhäusern und der weißblauen Kirche mit dem altmodischen, provenzalischen Pfarrhaus … wir kommen aus dem Staunen kaum heraus. Inmitten all dieses französischen Flairs wachsen Tiare, Frangipani, Kokospalmen und üppiger Hibiskus, vor dem Chinesenladen spendet ein gewaltiger Banyanbaum Schatten. Alles ist sauber, aufgeräumt, gemächlich. Die Menschen hier auf den Gambiers haben Geld, das Zauberwort heißt schwarze Perlen. Die Lagune bietet ein optimales Klima zur Züchtung selbiger, und so ist jede Familie irgendwie im Perlengeschäft, sei es selbstständig oder angestellt. Zudem gibt es viele ehemalige Fremdenlegionäre aus der Zeit der Atomtests von Mururoa, die den damaligen Flughafen und die Wetterstation betrieben haben und nach ihrer Pensionierung hängen geblieben sind. Nicht zu vergessen die Chinesen, die den Einzelhandel, bestehend aus einer Handvoll Krämerläden, fest in den Händen haben. Viel zu kaufen gibt es nicht, aber das zu saftigen Preisen. Butter, Cracker, tiefgefrorene Hühnchen und Reis sind bezahlbar, alles andere Luxus. Das fängt an mit Eiern für ein Euro das Stück und endet bei frisch eingeflogenem Gemüse aus Europa jeden Dienstag, wo man locker zehn Euro für ein Kilo Möhren loswird.

Logbuch

Als Europäer kann man sich kaum vorstellen, ohne Bargeld in den Taschen zu reisen. Wenn man aber aus einem Land kommt, in dem man selbst einen Kaffee mit der Kreditkarte bezahlen kann, sieht das schon anders aus. Dementsprechend reist ein amerikanisches Pärchen mit einem fast 20 Meter langen Schooner und einem Blumenstrauß Kreditkarten in die Südsee. Natürlich will man nicht die überlaufenen Marquesas sehen, sondern fernab der Autobahn über die Gambiers und Tuamotus langsam Richtung Tahiti gehen. Der erste Schreck über die Preise erfolgt hier in Mangareva, ganz normal. Doch der zweite Schreck hat's in sich: Es gibt keine Bank. Die Post tauscht Bargeld, am liebsten Euro, aber Kreditkarten sind hier nichts weiter als ein wertloses Stück Plastik. Nächster Geldautomat: Tahiti. Ein Blick in die Bordkasse fördert 20 Dollar zutage, das reicht zum Einklarieren, 1000 Liter Wasser, 5 Eier und zwei Bier für den Frust. Aus der Traum vom langsamen Bummeln von Motu zu Motu. Das Dorf wundert sich, so ein Riesenkahn, und kein Pfennig Geld! Kopfschüttelnd beobachten die Einheimischen, wie der Schooner nach 4 Tagen ankerauf fährt. Richtung Tahiti. 883 Meilen. So kann es gehen.

Wir sind tatsächlich in der Südsee. Die Frauen tragen lange, schwarze Zöpfe, die ihnen bis zum Po reichen, sonntags wallen die Mähnen über bunt gerüschten Kleidern in der Kirche, und sogar die Männer tragen eine Blume hinter dem Ohr. Hier und dort hört man Ukulelen und aus dem Radio erklingen Valse tahitien und Tamure. Während der Woche wird in der großen Sporthalle abends für das große Tanzfestival anlässlich des 14. Julis in Tahiti geübt. Ungefähr 70 Leute, Tänzer, Sänger und Trommler, studieren die komplizierte Choreografie ein, die alltägliche Handlungen wie Fischen, Weben, Jagen aus der Zeit der Vorväter symbolisieren. Choreograf ist Dani. Dani ist der Rere von Rikitea, ein Junge, der als Mädchen von seiner Familie aufgezogen wurde. Eine Sitte, die es überall in Polynesien gibt. Werden zu viele Jungen geboren, wird einfach einer in Mädchenkleider gesteckt und als solches aufgezogen. Auch der Tausch von männlichen und weiblichen Babys zwischen den Familien ist nicht selten. Für uns schwer nachzuvollziehen, hier ein ganz normaler Vorgang. Dani ist mittlerweile Ende zwanzig und Künstler. Aus Perlmutt und schwarzen Perlen kreiert sie bombastisch-kitschige Schmuckstücke, trägt mit Vorliebe Pailletten und Chiffon und geizt nicht mit Küsschen und dem Gehabe einer Diva. Mit Trillerpfeife im Mund scheucht sie ihre Eleven durch die Turnhalle, bis nach zwei Stunden alle am Rande der Erschöpfung sind. Doch das harte Training lohnt sich, jeden Tag wird die Gruppe besser und der Tanz flüssiger. Die eindringlichen Rhythmen begleiten uns Abend für Abend auf der Anchorage.

Schon auf den Perleninseln in Panama haben uns die Ersten von den polynesischen Pampelmusen vorgeschwärmt. Kindskopfgroße, grüne Früchte mit zartrosa Fruchtfleisch und intensivem Geruch. Wir bekommen diese köstlichen Früchte geschenkt. Fast jeder hat einen Baum im Garten stehen und bietet uns an, so viele zu pflücken, wie wir haben wollen. Gemüse ist schwer zu bekommen, die wenigsten haben Gärten, nur Pampelmusen und Kürbisse wachsen hier, und die werden verschenkt oder eingetauscht, nicht verkauft.

Wir fühlen uns wohl wie lange nicht. Nicht nur die Insel Mangareva und das kleine Dorf haben es uns angetan, auch die anderen Segler, die in der Bucht vor Anker liegen, sind fast durchweg junge, nette Menschen. Viele junge Familien und vor allem sehr international. Kein Land ist mehr als zweimal vertreten, Deutsche, Italiener, Südafrikaner, Kanadier, Amis, Australier, Franzosen, Belgier, Norweger und Holländer. Der Zusammenhalt ist groß.

Alltag in der Südsee: Wir gehen früh ins Bett und stehen noch früher auf. Im Cockpit gibt es Vitamine zum Frühstück, manchmal leisten wir uns eine Dose Pâté oder einen Flasche Hinano-Bier vom Chinesen. Da taucht plötzlich ein neuer Mast am Pass auf.

»Schau mal, da kommt ein neues Boot.«

Schon streiten wir uns freundlich um das Steiner-Glas.

»Komm, ich hab ihn zuerst gesehen, ich darf zuerst.« Nathalie gewinnt immer bei diesen Spielchen, wenn es darum geht, Neuankömmlingen bei der Ankerplatzsuche zuzusehen.

»Jetzt bin ich dran. Komm, reich schon rüber das Glas, dann spüle ich auch gleich.« Aber ich habe verfehlt.

»Aluboot. Franzosen.«

»Jung oder alt?«, fragend kneife ich die Augen zusammen.

»Weiß nicht. Aber der Kahn sieht nett aus. Nur, die Franzosen können ja meist kein Wort Englisch oder sind sich einfach zu fein dazu.« Gelangweilt überlässt Nathalie mir das Fernglas, löffelt weiter an ihrer Pampelmusenhälfte und legt die Füße hoch. Das Aluboot zieht Kreis um Kreis bis zum Ende der Anchorage.

»Das ist ja ein ganz Vorsichtiger.«

Die Auswahl eines Ankerplatzes in einer so engen Anchorage ist immer ein wichtiger Moment. Auf dem Vordeck der Franzosen steht eine junge Frau, blond, attraktiv und recht leicht bekleidet mit einem winzigen Bikini.

»Was guckst du denn so lang?« Nathalies Ton ist nicht grade freundlich.

»Die sind aber ziemlich jung, und junge Leute gibt es ja nun nicht viele, die so unterwegs sind.« Ich lege das Glas besser zur Seite, bevor dieser Tag unter den falschen Vorzeichen beginnt, und winke der netten Seejungfrau freundlich zu, deren Skipper an der hochgestellten Pinne mich keines Blickes würdigt und zweimal in Rufweite um die LADY kreist. Keine 30 Meter von der LADY entfernt rasselt der Anker der DECIBEL ins kristallklare Wasser der Lagune.

»Na super. Dann viel Spaß beim Glotzen. Vergiss nicht, den Bauch einzuziehen. Scheint ja noch ein paar schöne Tage zu geben.« Nathalie stampft rückwärts den Niedergang runter.

»Schatz, ich hab doch gar nichts gemacht!«, verteidige ich mich – umsonst.

»Na, dann fang mal an wieder an, Französischvokabeln zu lernen. Haste auch schon lang nicht mehr gemacht. So einen kleinen Kläffköter haben die auch noch.«

Ich verzichte auf den Vorschlag, die Neuankömmlinge mit dem Dingi besuchen zu fahren und folge brav meiner verstimmten Capitana.

Am nächsten Tag platze ich vor Neugier wegen der Franzosen, deshalb halte ich auf dem Rückweg vom Dorf mit dem Dingi einfach an der DECIBEL, ohne Nathalie großartig zu fragen. Der Skipper, blonder Lockenkopf, lange Kotletten, wieder mal leicht bekleidet und mit braungebranntem, muskulösem Oberkörper, kommt aus dem Niedergang.

»Ciao Bella!«, lächelt er Nathalie an und schon schmilzt sie unter dem folgenden französischen Wortschwall des attraktiven Mannes mit italienischem Akzent dahin.

Na prima, denk ich mir, habe ich ja super hinbekommen. Doch alles wird weitaus angenehmer als wir dachten. Von diesem Tag an sieht man uns nicht mehr alleine. Die beste Freundschaft unserer ganzen Reise zu einem anderen Boot ist besiegelt. Horace und Carlotta heißen die beiden, reden sehr wohl gutes Englisch und sind mindestens genauso verrückt wie wir. Sie träumen die gleichen Träume, segeln den gleichen Weg. Es gibt sehr viel zu erzählen, wir finden immer mehr gemeinschaftliche Interessen, wozu unter anderem die Kunst der italienischen Spaghettizubereitung gehört, in der sich vor allen Dingen die Capitana ja nun schon seit Jahren ständig fortbildet. Klar, dass hierzu die schiffseigenen Weinkeller der DECIBEL und der LADY gnadenlos dezimiert werden. Auf Wanderungen um Mangareva, die grüne fantastische Hauptinsel des Gambier-Atolls, lernen wir uns bei Kürbisblütensuche und Tauschhandel mit Einheimischen näher kennen. Interessiert folgen wir Carlottas derzeitigem Hauptthema: »Micha, die Uhr tickt halt, und wenn nicht hier und jetzt, wann dann?«

Mit Händen und Füßen erklärt uns Carlotta den Wunsch, sich mit ihrem geliebten Horace zu vermehren. Horace sieht das zu diesem Zeitpunkt allerdings ganz anders. Temperament bekommen die Italiener ja nun mal mit in die Wiege gelegt.

»Schau doch nur wie sie sich um ihren Hund, diesen Bastard, kümmert, wie sie ihn abgöttisch liebt, dann weißt du, was mich erwartet in meinem zukünftigen Leben.« Horace' Arme drehen sich wie Windmühlen.

Nach zwei Wochen auf der Hauptinsel Rikitea beschließen wir, weitere Inseln im Archipel zu besuchen. Keine fünf Seemeilen entfernt liegt die Flughafeninsel, ein langgestrecktes Motu mit weißem Sandstrand, Kokospalmendickicht und Zugang zum Außenriff. Südseetage beginnen. Muschelnsuchen am Strand, Schnorcheln im kristallklaren Wasser am Außenriff und in den Pässen zwischen den

Inselchen, Palmenherzen ernten, Trinknüsse pflücken, den Bauch in die Sonne halten und abends abwechselnd auf der LADY oder der DECIBEL die Sundowner und das Abendessen genießen. Ob es nun wahr ist, dass die Gambierinseln wegen der französischen Atombombentests so stark von Ciguatera betroffen sind oder ob es reine Laune unserer Natur ist: Leider kann man hier außer Thunfisch, der auf dem offenen Meer lebt, und dem Bonito keinen einzigen anderen Meeresbewohner verspeisen. Die Krankheit Ciguatera geht von einer Alge aus, die auf den Korallen wächst. Die Fische nehmen mit ihr ein Nervengift auf, das Ciguateratoxin, das sich im Fleisch ablagert. Je größer und älter der Fisch, desto höher auch die Konzentration. Isst ein Mensch einen solchen Fisch, kann es zu schweren neurologischen Ausfällen kommen. Mit Harpunieren ist also nix, auch nicht mit Netzfischen, lediglich die Bonitos kann man mit den üblichen Plastikködern in der Lagune fangen. Doch diese Einschränkung erweist sich schnell als Vorteil: Die Unterwasserwelt ist schlichtweg ein Traum, eine unberührte Welt. Beim Schnorcheln im Pass an dem kleinen Flughafen erleben wir zu viert wie Fische sich verhalten, die nicht gejagt werden. Sie kommen neugierig nah herangeschwommen, sind dick und groß, wie wir sie selten gesehen haben. »Du kannst mich ja doch nicht essen«, haben sie zwischen den Augen stehen. Dieses Paradies alleine zu genießen ist schon wunderschön, aber mit Freunden ist es noch schöner. Abends, bei einer unserer Jamsessions mit Gitarre und Flöte schauen wir in den Himmel und können uns kaum vorstellen, einen schöneren Ort zu finden. Nach ein paar Tagen puren Paradieses geht es zurück nach Rikitea.

Wie immer wird man in einem kleinen Dorf schnell Teil der Gemeinde, gewinnt Freunde und bekommt Einblick in die lokalen Querelen. Da ist zum Beispiel das Gerangel der zwei Ex-Fremdenlegionäre Yves und Fritz. Yves, Franzose, war ein hohes Tier, trinkt nicht, raucht nicht und ist ständig mit seiner kleinen Tochter zu sehen. Er hat jahrelang in Deutschland malocht, und seine rüpelhafte Sprache, die uns zu Beginn sauer aufgestoßen ist, kommt daher, dass er sie auf dem Bau gelernt hat. Mit der nationalsozialistischen Begrüßungsformel geht man im Pazifik generell anders um; was bei uns sofort einen Knoten in der Magengrube hervorruft, lässt die meisten Pazifikeinwohner kalt. Sie kennen den Gruß aus alten Schwarzweißfilmen und bringen ihn freudestrahlend an, wenn sie Deutsche treffen. Yves fährt mit mir zum Fischen raus, tauscht Ziegenbeine gegen Kaffeebohnen und klärt uns über das Leben im

Dorf auf. Sein Feindbild, der deutsche Fritz mit der Vorliebe für Heino und Freddy Quinn, trinkt gerne Hinano-Bier und lädt die Segler zu deutschen Abenden mit Kartoffelsalat ein. Er kann auf Französisch so perfekt fluchen wie Yves auf Deutsch, und doch herrscht zwischen diesen beiden gegensätzlichen Menschen ein unausgesprochenes Wetteifern um die deutschsprachigen Segler. Mittlerweile ist der eine TO-Leiter, der andere hat sich ein Kurzwellenradio zugelegt, um schon in Panama den ersten Kontakt herzustellen, unter anderem, um nach Munition zu fragen, damit er die wilden Ziegen der Insel jagen kann.

Nach einer Woche Rikitea und Bootsarbeiten begeben wir uns wieder zusammen mit der DECIBEL auf die Reise. Vorsichtig navigieren wir zwischen den Perlenfarmen und den zahlreichen Riffen. Einer muss immer im Mast sein, denn viele der Riffe sind nicht in den Karten eingezeichnet, geschweige denn die kaum auszumachenden schwarzen und weißen Bojen der Perlenzüchter.

Irgendwo am Saumriff ist ein weiterer Sandhaufen mit ein paar Palmen. Der Passat bläst stetig, und wir haben unseren neuen Traumplatz gefunden. Langeweile? Keineswegs, von diesen Motus können wir nicht genug bekommen. Muscheln suchen, Palmherzen schlagen, Kokosnüsse sammeln, dem Rauschen des Riffes zuhören oder Schnorcheln gehen. Die Landschaft, die Farben, der Himmel sind so bezaubernd, berauschend. Doch der Wind frischt auf und dreht, und aus dem gemütlichen Ankerplatz wird Rock 'n' Roll zwischen Korallenköpfen, unangenehm und wenn der Anker nicht hält, auch gefährlich.

Also geht es wieder per Augennavigation durch die Lagune zur nächsten Insel, der nächsten Min-Siedlung, der nächsten blitzsauberen Kirche. So schön und idyllisch die weißen Steinkirchen mit den palmgesäumten, schnurgeraden Wegen auch erscheinen, hinter ihnen steckt ein Stück trauriger Geschichte: Ein besessener katholischer Missionar ließ von den Insulanern auf jeder Insel eine Kirche aus Korallenstein errichten. Natürlich ohne moderne Hilfsmittel und Geräte. Viele Tausend Einwohner starben durch die harte Knochenarbeit, zu der sie durch den Priester wie Sklaven gezwungen wurden. Ein Wunder, dass trotzdem über 90 Prozent der Bevölkerung katholisch ist und die Kirche am Sonntag gut besucht wird. Doch irgendwann drängt die Zeit, die Saison im Pazifik ist kurz, fünf Monate haben wir noch für all die Ziele, die zwischen hier und Neuseeland liegen. Unsere italienischen Freunde wollen auf die

Marquesas, wir in die Tuamotus. Vielleicht sehen wir uns in Tahiti wieder, in Papeete, dort, wo alle Fäden zusammenlaufen, das Paris von Französisch-Polynesien. Viel gäbe es noch zu erzählen, von den kleinen Begegnungen mit den Insulanern bei Spaziergängen, von unseren neugewonnenen Freunden Joseph und Nico, die gerne schon morgens mit selbst gemachtem Fruchtwein feiern, gerupfte Hühner zum Abendessen vorbeibringen und Carlotta und Nathalie zum Abschied mit Perlen und uns Jungs mit Muschelketten beschenken. Oder von Jeanne, der Großmutter mit der Vorliebe für Parfüm und mit der Blüte hinter dem Ohr, die uns ihre gesamte Pampelmusenernte zum Geschenk macht, wenn wir denn nur selbst auf den Baum kraxeln. Sie hat nur noch einen Arm und kann nicht mehr helfen, sagt sie mit einem Strahlen im Gesicht. Und von tausend weiteren schönen, nachdenklich machenden, erinnerungswürdigen Geschichten.

So viel ist passiert in diesen fast fünf Wochen, nach denen wir bei scheußlichem Regenwetter gemeinsam mit der DECIBEL in See stechen und unseren Bug in Richtung der Korallenriffe der Tuamotus richten.

Fenua Ora

E fenua ora hoi oe e te maohi
No reira mai oe te poiete raa hia mai
A hio te iri o to oe tino nehenehe
O te repo ia o to oe fenua

Te pii mai rat e metua vahine
i tana mau tamarii tumu
not e paruru ia na
i mua i te mau ino atoa a te mau hotu ee
ei haaviivii nei ia na

Te tao nei ola i tana mau tamarii
a tia ua tae tatou ite taimw
faarora I to oe fenua
a aro noa to oe fenua
a tapea te iho
a tapea ite hiroa
o to oe fenua here

Von der CD »Atire Atire«
von Angelo

Lebendiges Land

Du bist ein lebendiges Land,
oh Land der Maohi
Aus diesem Land wurdest
Du erschaffen
Die Farbe der Haut Deines Körpers,
so schön,
Ist auch die Deines Landes.

Die Mutter Erde
ernährt ihre rechtmäßigen Kinder.
um sie zu schützen
vor dem Sturm der schädlichen
Fremden,
die sie vergiften.

Sie ermahnt ihre Kinder,
sich zu wehren,
die Stunde ist gekommen,
Deine Heimat zu befreien.
Um sie zu kämpfen.
Sei Du selbst
Erhalte das kulturelles Erbe
Deiner Mutter Heimat.

Zackenbarsch und Kokosmilch

Unser Weg durch die Tuamotus

»Schnell, packt die Flossen aus, in einer halben Stunde fahren wir in den Pass zum Fischespeeren. Gerade eben ist die Nachricht gekommen, dass das Versorgungsboot aus Tahiti heute Abend vorbeikommt, Diesel und Sprit sind alle, das ist die Chance, zu neuen Vorräten zu kommen.« Und schon ist Mana wieder von dannen gebraust, um auch Horace auf der DECIBEL *zu animieren.*

Die IRON LADY *liegt in der Anse Amyot, einem falschen Pass auf der Tuamotu-Insel Toau. Am Außenriff der Insel fällt der Grund steil auf 40 Meter und tiefer ab. Die Anse ist ein Pass, der keine Verbindung zur Lagune hat, keine jedenfalls, die tiefer als 50 Zentimeter ist. Eine perfekte Bucht, geschützt vor den Windseen, die sich häufig über die große Breite der Lagune aufbauen. Auf dem kleinen Motu lebt eine Familie, die Taupiris. Schon seit Jahren ist sie Anlaufpunkt der Fahrtensegler, ihre Gastfreundschaft ist geradezu legendär. Im Laufe der Zeit haben sie mit alten Ankerketten der vorbeiziehenden Segler Murings an die Korallenblöcke der Bucht befestigt, um den Seglern noch bessere Bedingungen zu bieten. Außerdem hat Rose, die Mutter, ein kleines Restaurant eröffnet und bessert mit ihren Fischgerichten das spärliche Einkommen der Familie auf. Die Haupteinnahmequelle ist jedoch der Fischfang. Nicht mit Netzen, nicht mit Leinen oder Angeln, nein, hier in den Tuamotus wird gespeert. Schon die Jüngsten können tauchen wie die Weltmeister, üben mit kleinen Harpunen die Jagd auf den Fisch, erst in der Lagune, später am Außenriff. In der Anse Amyot kommt alle paar Wochen der Versorgungsdampfer vorbei, der Diesel, Benzin und Lebensmittel aus Tahiti bringt und den gespeerten Fisch in Zahlung nimmt. Die Taupiris haben keine Kühlmöglichkeiten, und so kann nur der Fisch verkauft werden, der am selben Tag geschossen wurde – ein mühseliges Geschäft.*

»Da seid ihr ja, prima, dann sind wir zu fünft im Wasser, das wird ein guter Fang.«

Wir springen von der LADY *aus an Bord des sechs Meter langen knallgrün gestrichenen Holzbootes, das von Mana gesteuert wird. Mana ist der Älteste der Brüder und ein echter Polynesier: groß, schwer und gewaltig, ein Riese, dem selbst die XXL-T-Shirts noch an den Armen spannen. Mana grinst über das ganze Gesicht.*

»Na, Micha, willste nicht noch eine rauchen? Oder geht dir dann die Puste aus?«

Der Außenborder heult auf, und das kleine Boot nimmt Kurs auf den Pass. Mit im Boot sitzen Vater Taupiri, die Söhne Mana, André und Jean-Paul, Horace von der DECIBEL *und wir. Auf dem Bug steht witternd Tequila, eine polynesische Promenadenmischung. Tequila, the Shark Killer. Tequila wittert Haie, Delfine und Kokosnusskrabben und hat angeblich sogar schon mal einen Hai erlegt. Ob es sich dabei um einen der kleinen Babyhaie handelt, die im seichten Wasser der Lagune ihre ersten Kreise ziehen, oder einen ausgewachsenen Grauhai, sei dahingestellt; wichtig ist, Tequila ist immer dabei.*

Glücklich sitze ich auf dem Bug, lasse mir den Fahrtwind in die Haare pusten und atme tief durch. So hatten wir uns die Tuamotus vorgestellt – warum nur haben wir so lange gebraucht, um uns darauf einzulassen? Vor gut vier Wochen haben wir die Gambiers verlassen, voller Tatendrang und Abenteuerlust.

Logbuch

22:16 Erste Nachtwache. Brrrr, ist das kalt draußen, wird Zeit, dass wir nach Norden in besseres Wetter kommen. Die Seebeine sind auch noch nicht da. Kommen aber langsam. Zwischendurch schrecke ich in der Nachtwache immer hoch und meine, irgendwelche Saumriffe zu hören, ganz schön gruselig. Der Blick auf die Seekarte zeigt massenhaft kleine und große Atolle auf den nächsten Meilen, schließlich fahren wir mitten durch die Tuamotus. Dazu klingen einem die Geschichten im Ohr über falsch vermessene Seegebiete. Nicht gerade beruhigende Gedanken für die erste Nacht. Aber eigentlich kann uns nichts passieren, die nächste Kokosnussidylle liegt noch 60 Meilen entfernt.

Die Tuamotus erstrecken sich über ein fast 550 mal 720 Seemeilen großes Seegebiet, gespickt mit einer Vielzahl von Atollen. Ein Motu ist eine kleine, flache Sandinsel mit ein paar Kokospalmen, und etwas anderes als Motus gibt es nicht. Nicht alle Atolle haben befahrbare Pässe in die Lagune, viele sind für tiefgängige Yachten nicht passierbar, und die meisten sogenannten Ankerplätze an den Außenriffen haben den Namen nicht verdient. Früher, vor dem Zeitalter des GPS, haben die meisten Segler einen großen Bogen um die Inseln gemacht, weil diese erst sehr spät am Horizont sichtbar werden, sodass die ernst zu nehmende Gefahr bestand, aufs Riff zu laufen. Mittlerweile jedoch wird fast jede der Inseln regelmäßig von Yachten auf dem Weg nach Tahiti besucht. Wir nähern uns dem Seegebiet von Süden, von den Gambiers kommend. Immer noch eine ungewöhnliche Route. Bis vor wenigen Jahren war dieses Gebiet wegen der Atombombenversuche in Mururoa komplett gesperrt.

Mit wechselnden Winden und ohne festgesetztes Ziel segeln wir Richtung Norden durch die Tuamotus. Die ersten Atolle, die vernünftige Ankerplätze bieten können, sind Amanu und Hao. Nachts frieren wir im Cockpit und suchen nach den Sternen, die nicht zu finden sind. Über uns liegt eine dichte Wolkendecke, im Pazifik-Island-Netz am Abend sagen die Experten, die schon mehr als eine Saison hier sind, dass es so ein Wetter noch nie gab. Ganz untypisch.

»Seltsam«, murmelt Micha. »Seit wir losgefahren sind, hatten wir noch kein typisches Wetter. Ich glaube, das gibt es gar nicht.«

In der vierten Nacht nähern wir uns den beiden Inseln. Amanu scheint ein verschlafenes Nest zu sein. Während Hao auf der anderen Seite mit Flughafen und Straßenbeleuchtung blinkt und blinzelt, liegt Amanu völlig im Dunkeln. Ungefähr 100 Menschen sollen auf der Insel leben. Ganz anders Hao, der ehemalige Militärstützpunkt. Heute, nach Beendigung der Atomversuche, wird Hao allerdings nicht mehr von Fremdenlegionären bevölkert, sondern von einer anderen Gruppe Menschen, die man sonst überall auf den Inseln vergeblich sucht – Teenager! Ab der siebten Klasse, also ab dem elften Lebensjahr, werden die Kids ins Internat nach Hao geschickt, der einzigen weiterführenden Schule der Gambiers und Tuamotus. Wer es sich leisten kann und sich nicht von seinen Sprösslingen trennen will, zieht für die Zeit nach Tahiti, zumindest für die ersten Jahre. Es ist schon seltsam, wenn eine Altersschicht völlig fehlt auf den Inseln. Keine gackernden Teeniemädchen, die mit ihren ersten Schminkversuchen prahlen und versuchen, die Hüften zu schwingen, keine Jungs, die lässig an Gartenzäunen lehnen und meinen, sie wären schon erwachsen.

»Schau mal, jetzt ist es nicht mehr weit, nur noch 15 Seemeilen bis Amanu, Nathalie.«

»Ja, das habe ich auch gerade festgestellt. Zu dumm, wir sind viel zu früh, oder? Wir können schließlich nicht mitten in der Nacht einlaufen. Aber ich habe gerechnet: Morgen nach Sonnenaufgang haben wir einlaufendes Wasser, dann können wir rein.«

Den Rest der Nacht kreuzen wir, einen Schlag Richtung Dunkel, einen in Richtung der Lichter von Hao. Und doch verkalkulieren wir uns, stehen am Morgen wieder zehn Seemeilen entfernt und müssen mühsam zurückkreuzen. Endlich liegt der Pass vor uns wie ein Nadelöhr.

»Ich hab jetzt die Beschreibung in den Büchern zehnmal gelesen, lass uns endlich reinfahren. Immer in der Mitte halten, und wenn wir durch sind, direkt hart steuerbord, sonst laufen wir auf den dicken Korallenkopf auf, der am Ende des Passes liegt. Geh du in den Mast und sag mir Bescheid, was du siehst.«

Kurz vor der Saling hänge ich in den Maststufen und starre ins tiefblaue Wasser vor mir. Nur keinen Korallenkopf übersehen, nur keine Sandbank, nur nicht auflaufen. Unser erstes Atoll, unser erstes richtiges Südseeatoll.

»Sieht gut aus von hier oben, Micha, ich kann keine Wirbel oder starken Strömungen erkennen, lass uns reinfahren.«

Ich spüre, wie Micha Gas gibt, die LADY nimmt Kurs auf die Einfahrt. Rechts und links des Passes weiße Südseestrände und Palmen, an Steuerbord zwei farbenfroh angestrichene Kirchen. Idylle. Immer schneller ziehen die Palmen an uns vorbei, werden wir vom Strom in die Lagune gezogen. Die Farbe wechselt von tiefblau auf grün, dann türkis.

»Wir sind durch Micha, hart steuerbord!« Micha reißt das Steuer herum, und schon sind wir im tieferen Wasser der Lagune. Geschafft.

Am Ufer tauchen die Häuser des Dorfes auf. Eine Muring zum Festmachen ist vorhanden, die jedoch für den monatlichen Versorgungsdampfer gedacht ist. Eine riesige Blechtonne, mit dem Enterhaken von der LADY aus nicht zu erreichen. Gut. Lassen wir eben den Anker fallen, das Dingi zu Wasser, dann wird es schon gehen. Etwas ungemütlich ist er schon, der Ankerplatz, die Lagune ist groß, und wenn der Wind aus der falschen Richtung weht, liegen wir auf Legerwall. Mit dem Beiboot machen wir die Leinen der LADY an der riesigen Tonne fest.

»Dann hol mal den Anker wieder rauf, Nathalie!«

Routine. Einen Daumen auf den Up-Knopf, die Kette rasselt in den Ankerkasten, dann plötzlich Stillstand. Nichts geht mehr.

»Mist, die Kette hat sich sicher in den Korallen verfangen, die bekommen wir ohne Tauchmanöver nicht mehr hoch.«

Mit mulmigem Gefühl befestigen wir eine Boje am oberen Ende der Kette und lassen sie insgesamt 60 Meter auf den Grund sinken. Die LADY ohne Anker, das ist wie ein Auto ohne Bremse. Dazu fängt es an, wie aus Eimern zu schütten. Willkommen in der Südsee. Wieso nur strahlt in den Reiseprospekten dieses Paradies immer in den leuchtendsten Farben? Wir sehen heute nur grau.

»Komm, wir fahren an Land, bei der Windsee kann man es ja kaum aushalten, das ist ja wie auf hoher See, und davon hatten wir die letzten Tage weiß Gott genug.«

Gesagt, getan, wir fahren ins Dorf. Die Kinder begrüßen uns, Schweine laufen durch das Dorf, Kopra wird zum Versand fertig gemacht. An jeder Ecke werden unsere Hände herzlich gedrückt, ich plaudere auf Französisch, Micha hört zu und nickt hier und dort wissend. Jaqueline, die multimediale Französischlehrerin, kann noch keine wirklichen Sprecherfolge seitens ihres Schülers vorweisen, aber immerhin versteht er, worum es geht. Wir fragen uns durch zum Dorfladen, immer ein guter Treffpunkt, um die Einheimischen kennenzulernen. Ein kühles Bier wäre schön. Negativ. Die Regale erinnern uns an die Kapverdischen Inseln, sie sind gähnend leer. Auf den Wegen promenieren ein paar Schweine, sie haben Namen wie Hunde und werden ebenso dressiert: Sitz, Platz, bei Fuß.

Zurück am kleinen Hafen der Insel bekommen wir vier Zackenbarsche geschenkt. Wir plaudern ein wenig mit den Fischern und berichten von unserem Anfängermissgeschick. Farekura und Roger wollen uns helfen. Es regnet immer noch, alles ist grau.

»Wann sollen wir denn die Aktion starten?«

»Mensch, da draußen könnt ihr nicht liegen bleiben, das ist doch ungemütlich, los, kommt, das machen wir sofort.«

Ein paar Minuten später kommen die beiden mit einem Fischerboot aus Sperrholz, aber mit Powerdrive zur LADY rausgefahren. Apnoetauchend verschwindet Roger in den Tiefen. Micha springt hinterher, da Roger nach anderthalb Minuten noch nicht wieder auftaucht ist. Auf 15 Meter Tiefe, umringt von drei Grauhaien, inspiziert Roger in aller Seelenruhe unseren Anker. Zu müde und gerädert von dem anstrengenden Trip, um noch klare Gedanken fassen zu können, überlassen wir uns der polynesischen Gelassenheit der beiden Fischer und ihren Anweisungen. Wir holen die LADY, ich stehe am Steuer, Micha an der Winde, die Jungs im Wasser. Roger taucht und gibt Zeichen an Farekura, der sie uns weitergibt. Daumen hoch, Daumen rechts, vor oder zurück. Meter für Meter bergen wir unsere Kette, bis schließlich auch der schwere Bügel krachend in seine Führung rauscht. Geschafft. Uns fällt die Zugspitze vom Herzen, doch das Abenteuer geht weiter. Direkt vor dem Dorf, geschützt von einem kleinen Riff, liegt ein fußballfeldgroßes Hafenbecken, in dem die Fischer ihre kleinen Holzboote haben. Roger bedeutet uns mit Zeichen, ihm zu folgen.

»In den Hafen? Das ist doch viel zu flach. Und die Einfahrt, wenn wir hier stecken bleiben, wer zieht uns wieder raus? Nein, danke, eine

Katastrophe reicht für den heutigen Tag.« Der warme Nieselregen rinnt mir in den Ausschnitt. Ich will nur noch schlafen.

»Aita pea pea, kein Problem!«, ruft Roger.

Ungläubig schauen wir hinüber. Das ruhig Wasser dort verlockt, doch beim Gedanken an die Weiterreise wird uns mulmig. Hier müssen wir irgendwann wieder durch, doch den Zeitpunkt bestimmen nicht wir allein. So frei das Leben an Bord scheint, ohne Briefkasten für Rechnungen, ohne einen festen Job, einen Arbeitstag von acht bis fünf, ohne festen Wohnsitz, so eingeschränkt ist es auf der anderen Seite. Immer wieder begegnen uns Situationen, in denen wir nicht unser eigener Herr sind, sondern wo die Natur entscheidet, wie der Weg weitergeht.

»Na gut, was soll's.« In der Einfahrt taucht Roger, wir fahren langsam über das Saumriff hinter ihm her. Roger erweitert schnorchelnd die Einfahrt, räumt Steine und Korallenschutt aus dem Weg, das Lot zeigt einen Meter. Roger winkt und flupp, sind wir im Loch wie die perfekte Billardkugel. Eine ruhige Nacht liegt vor uns, sicher wie in Abrahams Schoß.

Einen Tag später lässt der Wetterbericht endlich durchblicken, dass die Schlechtwetterperiode ein Ende hat. Voller Hoffnung gehen wir am Abend in unsere Koje und werden tatsächlich am nächsten Tag von Sonnenstrahlen geweckt. Was für einen Unterschied die Sonne macht! Das Dorf, das uns gestern trotz seiner Menschen so grau vorkam, liegt heute farbenfroh und bunt vor uns, der Pass glitzert wie tausend Edelsteine.

Der Regen der letzten Tage ist schnell vergessen. Wir spielen Südsee, fahren mit dem Dingi auf die Motus, erkunden das Riff und suchen nach Kokosnüssen. Irgendwo finden wir eine halbwegs schräge und niedrige Palme, denken an all die fitten Weltumsegler, die sich wie Affen in die Baumkrone schwingen und versuchen unser Glück. Wohlweislich liegt unser Trainigsmotu weitab vom Dorf, und das ist gut so. Wie nasse Säcke hängen wir an der Palme, unsere Füße wollen einfach nicht an den Stämmen haften.

»Das sieht doch so leicht aus, wenn die Kids aus dem Dorf das machen. Ich hätte so gerne ein bisschen frisches Kokoswasser. Da oben hängen sie, dick und grün«, mault Micha. Doch wir müssen uns mit den Nüssen begnügen, die vom Baum gefallen sind. Ohne das frische Wasser, dafür mit saftigem Fruchtfleisch.

Die Gutwetterperiode hält weiter an. Auch die anderen Fahrtensegler atmen auf, kriechen aus ihren Löchern, erzählen auf der Funke von Abenteuern anstatt über kaputte Technik zu berichten. Wir kratzen ein bisschen Rost auf dem Deck der LADY, öffnen die kleinen Pickelchen, die sich zu großen Flatschen entwickeln und können trotzdem drüber lachen. Wir flicken unser Dingi zum tausendsten Mal und finden auch das nicht tragisch. Trotz der streckenweise durchbrechenden guten Laune ist die Stimmung auf der IRON LADY gedrückt. Die Einheimischen sind nett und grüßen uns freundlich, und doch schaffen wir es nicht, echte Kontakte aufzubauen. Wir warten auf die Erdofenferkel, tanzende Polynesier und ausschweifende Feste. Abends sitzen wir im Cockpit und trauern unserer Zeit auf den Gambiers nach. Den Menschen aus Mangareva und unseren italienischen Freunden. Wenn wir durch die Straßen des kleinen Ortes gehen, sehen wir nur die vielen Häuser, die leer stehen und heruntergekommen sind, seitdem die Fremdenlegion aus Hao abgezogen ist und mit ihnen der Großteil der Arbeitsplätze und die jungen Leute. Die alte Polynesierin, die im Haus daneben auf einer Bank sitzt und mit Sicherheit spannende Geschichten erzählen könnte, sehen wir nicht.

Wir verschließen weiter die Augen und flüchten – nach Raroia, einem 130 Seemeilen entfernten Atoll. Doch Flucht ist kein gutes Mittel, wenn man mit sich selbst unzufrieden ist. Der Wettergott Poseidon weiß das auch und schickt uns eine Flaute. »Wollt ihr wirklich nach Raroia? Ist das euer Ziel? Ihr wisst doch gar nicht, was ihr wollt!«, scheint er zu sagen.

Logbuch

Bei Nathalie und mir entstehen die ersten Zeichen von Südseeblues. Wir motzen uns mehr an, als es unsere Art ist. Nathalie redet mindestens einmal die Woche darüber, dass sie im Winter nach Deutschland will, und unsere Vorräte gehen insgesamt langsam der Neige zu. Moment denke ich mir. Da ist doch was falsch? Wir haben noch keinen einzigen Tauchgang zusammen gemacht und das in den Tuamotus und plötzlich schreibe ich hier vom Südseeblues. Warum haben wir denn unseren schweren Tauchkompressor um die Welt gesegelt und die fünf Tauchflaschen dazu?

Irgendetwas muss sich ändern, das steht fest. Als wir das Außenriff von Raroia erreichen und dort unseren Anker schmeißen können, ist Tauchen als Therapie angesagt. Und wirklich, kaum haben wir den Grund, den Korallengarten mit seinen Bewohnern an der Riffkante erreicht, geht es uns schlagartig besser. Mit mulmigem Gefühl schweben wir bis zur Riffkante und lassen den Blick ins tiefe Blau schweifen. Nach 20 Metern hört die Sicht auf. Was verbirgt sich wohl hinter diesem dichten Vorhang in der Tiefe? Vielleicht schwimmen keine 50 Meter entfernt ein Delfin, Grauhaie, ein Manta? Und wir sehen es nicht. Die Steilwand fällt jäh ab, Hunderte Meter tief, fast fühlt man sich wie auf einer Brücke oder einem Turm. Die Tiefe macht Angst und zieht gleichzeitig magisch an. Wie wäre es, wenn ich mich nun fallen ließe, einfach immer weiter und weiter und weiter?

Zurück an Bord strahlen wir das erste Mal seit unserer Abfahrt aus den Gambiers über beide Ohren, sind glücklich und wissen wieder zu schätzen, was wir haben. In unserem fahrtenseglerischen Überschwang legen wir ein wunderbares Ankeraufmanöver unter Segeln hin und werden zur Belohnung von vier Delfinen zum Pass begleitet. Der breite Pass in die Lagune ist ein Kinderspiel, wir ankern neben fünf weiteren Fahrtenyachten vor dem kleinen Dorf. Wir geben uns Mühe, versuchen das positive Gefühl beizubehalten, doch der Palmenblues ist hartnäckig. Wir werden nicht recht heimisch, kommen über ein bisschen Small Talk mit Seglern und Einheimischen nicht hinaus, schlendern eher lustlos über die ausgetretenen Pfade. Was ist bloß los mit uns?

Logbuch

Bsssssss. Bssssss. Wie kleine Kampfflugzeuge stürzen die Killermücken auf mein Haupt nieder. Erst liege ich in der Vorderkoje. Dann im Mittschiff. Doch die Mücken lassen mich nicht in Frieden. Es sind keine Einzelangreifer, es sind organisierte Truppen, die einen Dauerangriff für die ganze Nacht planen. Bsssss. Nach zwei Stunden ohne Wind am Ankerplatz wechsle ich zu AUTAN. Ich habe etwas Schwierigkeiten damit, seitdem mir eine Flasche an Deck ausgelaufen ist und den ganzen Lack wie Abbeizer abgehoben hat. Ist doch irgendwie ekelhaft, sich so etwas auf die Haut zu schmieren. Bsssss. Paradies der Killermücken. Ich liege total verschwitzt unter meiner Bettdecke, an Schlaf ist nicht zu denken. Irgendwann nachts kommt ein Regenschauer, schnell kommen auch noch die letzten Mücken ohne zuhause an Bord der iron LADY bevor ich die Luken schließen muss. »Na? Alle drin?«, frage ich gereizt. Meine Nervenbahnen liegen offen, die Capitana schnarcht den Schlaf der Gerechten in der Vorderkoje.

Auch das noch. Tagsüber widmen wir uns weiter den Roststellen und anderen Reparaturen – wenn die Stimmung eh schon im Keller ist, kann man sich auch mit unbeliebten Dingen beschäftigen. Micha kratzt Rost und seine Mückenstiche im Wechsel. Immer noch kein Wind. Die nächste Nacht verbringen wir auf dem Vordeck in der Hängematte und überlassen den Killermücken unsere Kojen.

»Schatz, das hat alles keinen Sinn hier. Lass uns weiterfahren«, verkündet Micha morgens beim Frühstück.

»Ja, aber wir haben doch noch nichts gesehen, wir könnten verlegen, zu einem der Motus fahren. Oder noch mal ins Dorf gehen. Oder ans Außenriff spazieren.«

»Vergiss es, meine Nerven liegen blank, noch eine Nacht in der Hängematte, weil die Mücken mein Bett besetzen, halte ich nicht aus. Das Dorf gefällt mir nicht, die anderen Segler, die hier liegen, sind auch komisch. Nein, nein und nochmals nein, nach dem Frühstück fahren wir.«

Ein handfester Crewstreit bahnt sich an. Wir sind überfordert mit dem Paradies, flüchten erneut. Anker auf und den Bug Richtung? Ja, in welche Richtung soll es nun gehen? Westliche Tuamotus? Makemo, Motutapu, Fakarava? Namen wie Melodien, auch für uns? Ich ärgere mich über mich selbst. Haben wir nicht immer gelästert über die Segler, die auf einsamen Inseln ankommen und dann an allem etwas auszusetzen haben? Wir sind momentan auch nicht besser, das einzig Positive ist, dass wir uns darüber ärgern, uns selbst nicht leiden können.

Schließlich wird es Kurs Nordwest. Schuld ist mal wieder das Pacific-Island-Net. Schelmi am Mikrofon. Der ewig gutgelaunte Schelmi von der IRENA.

»Mann, jetzt hört mal auf, Trübsal zu blasen. Wir sind alle hier, auf Toau. Wir gehen jeden Tag tauchen und Fische speeren und grillen abends mit Mana und Jean-Paul. Hennig von der KUTA ist auch gestern gekommen, mit seiner Tochter. Wir machen ein Mittsommernachtsfest am 23., mit Fisch und Wein und Hexe verbrennen. Das schafft ihr noch!«

»Ach nee, wir sind keine gute Gesellschaft zur Zeit, so viel Trubel ist nichts für uns.«

»Quatsch, reißt das Steuer rum und gebt Gas, wir feiern nicht ohne euch. Die Hosenlosen sind auch hier.«

Eigentlich wäre es ja eher unsere Art, nun erst recht einen anderen Kurs einzuschlagen, nicht umsonst haben wir die typische Route Galapagos–Marquesas–Tuamotus verlassen und Kurs auf die Gambierinseln genommen. Aber man muss flexibel bleiben.

»Wir fahren nach Toau«, bestimme ich. Es ist mir egal, wenn Bobby Schenk schon darüber geschrieben hat, und auch die deutsche Seglergemeinschaft aus der letzten Saison. Wir brauchen Gesellschaft und einen Ort, wo wir uns mitreißen lassen können, sonst dümpeln wir weiter von einem Ort zu nächsten und gehören nachher womöglich zu den Menschen, die sagen: »In den Pazifik kann man auch nicht mehr fahren, früher war alles besser.«

Micha mault, aber lässt sich breitschlagen. Der Wind frischt auf, und als würde die IRON LADY *unsere Entscheidung für gut befinden, legt sie einen Zahn zu und rauscht durch den blauen Pazifik Richtung Toau. Wir ziehen an Makemo vorbei, an vielen anderen großen und kleinen Atollen. Immer einen Blick auf das GPS. Noch immer macht uns die Vorstellung nervös, ein Atoll zu übersehen, das tosende Außenriff zu spät zu entdecken. Zu viele Geschichten hört man über die Gerüchteküche, zu viele Wracks haben wir schon auf den Riffkanten sitzen sehen – auch Segelboote.*

Fakarava zieht an uns vorbei, und dann ist es da, das kleine Atoll Toau.

»Sollen wir nicht doch erst mal in die Lagune fahren und hier im Süden ein paar Tage ankern, bevor wir zu den anderen fahren?«, schlägt Micha vor.

»Nein, Schluss jetzt, ich brauche Menschen!« Über VHF kündigen wir unsere Ankunft an und werden prompt von Schelmi und Mana abgeholt und zu unserer Muring geleitet.

»Hey, gut dass ihr kommt, wir haben schon Fisch gefangen, essen gleich an Land, macht die LADY *klar und kommt auch.«*

Am nächsten Morgen stecke ich den Kopf aus der Koje und sehe als ersten Jean-Paul, wie er mit dem Surfbrett der PETIT PRINCE *über den Ankerplatz saust. Von den Taupiris, der gastfreundlichen Familie in der Anse, sind zur Zeit nur der 20-jährige Mana und der 16-jährige Jean-Paul zu Hause. Die Mutter ist mit den drei Mädchen dauerhaft in Tahiti, da sie dort zur Schule gehen müssen, der Bruder André studiert, und Vater Taupiri ist derzeit ebenfalls für eine Weile in Tahiti.*

Die beiden Jungs haben also sturmfreie Bude und genießen es in vollen Zügen. Die Kopraernte bleibt liegen, gefischt wird so viel, wie man eben zum Leben braucht, und das Inselrestaurant bleibt geschlossen. Stattdessen essen wir jeden Abend alle zusammen. Wer Lust hat, geht mit Mana speeren, die Segler leeren ihre Backskisten und steuern Reis, Nudeln, Getränke bei. In dieser Atmosphäre können wir gar nicht anders, als gute Laune zu bekommen, die beiden Jungs stecken an, schon am frühen Morgen haben sie ein Lächeln auf den Lippen, sind aufgeschlossen für alles, was der Tag bringen mag. Ungewöhnlich sind sie aufgewachsen. Auf der einen Seite führen sie das oftmals harte Leben auf einem kargen Korallenatoll in den Tuamotus: Von ihrem Vater haben sie fischen und tauchen gelernt, wie man Kokoskrabben und Lobster fängt, wie man die Kokosnüsse zu Kopra verarbeitet und Fischreusen baut. Ihre Mutter hat vor allem Mana sämtliche Rezepte der Südsee gelehrt. Auf der anderen Seite sind die Fahrtensegler schon seit Jahren zu Gast in der Anse Amyot, die Gastfreundlichkeit und Lebensfreude der Familie hat sich herumgesprochen. Das bedeutet Party und Spaß und Gemeinsinn. Mana und Jean-Paul sprechen fast perfekt Englisch, eine Seltenheit hier in den Tuamotus. Es ist ein ständiges Geben und Nehmen, ein Austausch.

Am 23. Juni bereiten alle Boote fieberhaft das Mittsommernachtsfest vor. Paradox, ausgerechnet hier in den Tropen mit ihrem immerwährenden Rhythmus von zwölf Stunden Tag und zwölf Stunden Nacht den längsten Tag des Jahres zu feiern. Aber »Tradition, bleibt Tradition«, meint Henning und sucht sich Verstärkung, um Holz für das Lagerfeuer zu sammeln. Auf allen Booten wir fleißig gekocht. Das ist gar nicht mehr so einfach, der letzte Supermarkt war schließlich auf den Galapagos, und auch der nur spärlich bestückt. Die wichtigste Zutat für ein gelungenes Fest ist sowieso »Poisson Cru«, ein Nationalgericht der Südsee. Hierfür speert man mehrere große Papageifische und sammelt ein paar reife Kokosnüsse, beides gibt es auf den Tuamotus im Überfluß. Der Fisch wird filetiert, gewürfelt und kurz in Essig oder Zitronensaft mariniert. Fehlt noch die Kokosmilch. Mit der Machete spaltet man eine Nuss in zwei Hälften und raspelt das Fleisch. Auf Toau wird viel geraspelt, und so hat Mana eine Raspelmaschine gebaut. In der Mitte einer großen Edelstahlschüssel sitzt ein Raspelkopf, der sich elektrisch dreht, man hält die Nuss an den Kopf, das Fleisch wird in der Schüssel aufgefangen. Die Raspel werden dann in ein Handtuch gegeben und ausgedrückt, fertig ist die Kokosmilch. Essig abschütten, Fisch in die Milch, Pfeffer und Salz, fertig ist Poisson Cru, unser Leibgericht. Mittlerweile brennt auch das Lagerfeuer, das Buffet ist aufgebaut, die Drinks gemixt, die letzten Flaschen Wein aus den leeren Bilgen hervorgezaubert. Hinterm Haus basteln die Dänen eifrig an der Hexe, die um Mitternacht auf dem Feuer verbrannt werden soll. Die Gäste treffen ein. 17 Boote sind heute in der Anse Amyot versammelt, Crews aus aller Herren Länder zu Gast bei zwei halbwüchsigen Polynesiern. Das Lagerfeuer lodert unter dem tropischen Sternenhim-

mel, obenauf die Hexe aus Kokosfasern, alten Klamotten, Brüsten aus Kokosnüssen und wirrer Tampenmähne. Es ist die Nacht, in der Geister verscheucht werden, und auch wir schicken unsere persönlichen Geister mit auf den Weg: den Südseeblues, die Lethargie und die Langeweile, die wohl jeden Fahrtensegler irgendwann überfällt, Tausende Meilen entfernt von zu Hause. So wird die Sommersonnenwende auch zu unserer höchst eigenen Wende.

Mit einem Teller Poisson Cru setzen wir uns zu Mana und Jean-Paul. Jean-Paul spielt auf der Ukulele, Mana macht Percussion mit zwei Löffeln in einer Hinano-Flasche und singt. Polynesische Lieder, zum Weinen schön. Es sind Tränen vor lauter Freude an der Tropennacht, am blauen Pazifik und am Leben. Bis spät in die Nacht sitzen wir zusammen und wissen wieder, dass es sich gelohnt hat. Dass es sich gelohnt hat, den Panamakanal zu durchqueren, mit einem Minimum an Geld auszukommen, auf fließendes Wasser und den Laden um die Ecke zu verzichten. Es ist so wunderschön, Menschen kennenzulernen, lieben zu lernen, die ganz anders aufgewachsen sind. Für die ein Regenguss mehr bedeutet als die Unbequemlichkeit, den Schirm aufzuspannen; die abends selbst Musik machen, da sonst der Generator laufen müsste; die am Morgen zum Fischen fahren, weil es sonst abends nichts zu essen gäbe. Menschen, für die das Leben nicht aus Konsum besteht, sondern aus dem, was die Insel ihnen bietet.

Mana hat Zahnschmerzen. Nicht erst seit gestern, sondern seit über einem Jahr, links oben. Ein Blick mit dem Dentistenspiegel sagt alles. Von dem Zahn ist nur noch die Hülle übrig, darin ein gähnend schwarzes Loch. Das polynesische Gesundheitssystem scheint etwas seltsam zu sein, fast alle Leistungen sind umsonst, nur Zahnbehandlungen müssen die Menschen selbst bezahlen. 80 Euro Zahn ziehen, 150 Euro eine Füllung, von Inlays und Kronen ganz zu schweigen. Dazu kommen die Flugkosten nach Tahiti, wo der nächste Zahnarzt sitzt, noch mal über 300 Euro. Das ist viel Geld, und der durchschnittliche Verdienst der Fischer auf den Tuamotus ist bei Weitem nicht hoch genug, um wegen jedem kleinen Löchlein in die Großstadt zu fliegen. Nein, mit dem Zahnarztbesuch wird so lange gewartet, bis Wurzelbehandlung und Kronen fällig wären. Letzter Ausweg des kleinen Geldbeutels ist dann der gezogene Zahn. Kein Wunder also, dass einem hier draußen immer wieder die lächelnden Menschen mit der einen oder anderen Zahnlücke auffallen. Für unsere Verhältnisse unbegreiflich, ist doch die Praxis um die Ecke und nur die Angst vor dem Bohrer ein Hindernis.

Mana hat also Zahnschmerzen und einen fast hohlen Zahn. Mit der Zange in der Hand geht er auf den Booten hausieren und sucht jemanden, der ihn von seinem Übel befreit. Und wie es der Zufall will, befinden sich zur Zeit mehr Ärzte auf dem Ankerplatz, als Einwohner auf der Insel. Ich, Bengt, der dänische Tierarzt, und Robin, die amerikanische Narkoseärztin. International, interdisziplinär stecken wir über Manas weitgeöffneten Mund unsere Köpfe zusammen, begutachten ein letztes Mal die Zahnruine und beschließen, die Klinik unter Palmen zu eröffnen. Mir fällt nur die Rolle der Organisatorin und Helferin zu, während Robin die Spritze und Bengt die Zange ansetzt. Zaungäste sind natürlich reichlich vorhanden, die energisch verscheucht werden müssen. Alles geht gut, irgendwann ist der Zahn komplett und mit Wurzel gezogen und Mana lacht wieder.

»Ich weiß gar nicht, was ihr habt, immerhin habe ich eine Betäubung bekommen«, grinst Mana breit und will sich eine Zigarette in die frische Zahnlücke stecken. Ob der kurze Vortrag über die nötige Verschonung der Wunde von Zigarettenrauch hilft, wage ich zu bezweifeln, aber ein Versuch ist es wert. Am nächsten Abend nimmt Mana mich nach dem gemeinsamen Abendessen zur Seite und drückt mir ein zusammengefaltetes Stück Küchenpapier in die Hand: »Hier, für dich, wegen gestern.«

»Aber ich hab doch gar nichts gemacht.«

»Doch, du hast alles organisiert und mir beigestanden, deshalb möchte ich dir etwas schenken.«

Vorsichtig falte ich das Papier auseinander und finde zwei kleine, fast perfekte schwarze Perlen.

»Du musst Ohrringe draus machen lassen«, grinst Mana und ist schon wieder in der Küche verschwunden.

Ein paar Tage später beschließt Micha, den beiden Jungs das UKW-Gerät zu installieren, das ein netter Segler in der letzten Saison auf der Insel gelassen hat. Eine alte Antenne und ein Stückchen Koaxkabel sind schnell in unserer Bilge gefunden, und nach ein paar Stunden Arbeit sind die beiden on air. Nach der anfänglichen Angst vor dem Funkgerät hören wir Mana und Jean-Paul nun jede Stunde auf Kanal 16 rufen. Sie sind überglücklich, jetzt am Seglerleben in ihrer Anchorage teilnehmen zu können, ohne jedesmal ins Boot steigen zu müssen. »IRON LADY, IRON LADY, Mana, Mana, Mana, Mana.« Es werden Verabredungen zum Tauchen, Fische Speeren und Abendessen gemacht. Und wenn es nichts zu verabreden gibt, fragen sie einfach jede Stunde nach, ob wir sie noch gut empfangen können.

Wir verlieren uns im Paradies, die Tage kommen und gehen, wir haben unseren Platz gefunden, während eine Yacht nach der anderen den falschen Pass verlässt. Immer wieder schweift der Blick über den Übersegler des Pazifiks. Noch so viele Seemeilen bis Neuseeland, und die Segelsaison ist schon zur Hälfte vorbei. Der 14. Juli, der französische Nationalfeiertag, ist das Datum, zu dem fast alle Segler Tahiti erreicht haben, und der 14. Juli ist bald. Doch wir können uns nicht trennen, denn schließlich wird in ein paar Tagen der Rest der Familie Taupiri zu den Sommerferien auf der Insel aufkreuzen, das können wir uns nicht entgehen lassen. Und so lassen wir sie ziehen, Hennig mit seiner Tochter, die zurück nach Dänemark fliegt, Schelmi von der IRENA *und die vielen anderen Segler, bei denen der Wunsch nach einem gefüllten Supermarkt nun doch übermächtig wird. Auf der Funke hören wir die Berichte derer, die schon dort sind. Alles teuer, aber die Betonung liegt auf alles, nicht auf teuer. Alles, was man schon seit Monaten nicht bekommen konnte, frisches Baguette, französische Pâté, Rotwein. Wir widerstehen, und der Blick in die Bordkasse zeigt, dass das auch besser ist.*

Familie Taupiri kommt. Jean-Paul strahlt über das ganze Gesicht, Mama ist wieder da und der große Bruder. Überall liegen Mitbringsel aus der Großstadt, es gibt Baguette und sogar Eiswürfel aus der Kühltruhe. Die drei Schwestern rennen kichernd durch die Gegend und verteilen Küsschen, während Mutter Rose bergeweise Wäsche in der Maschine versenkt. Mana muss arbeiten und setzt eine mürrische Miene auf, denn Mama tätschelt ihrem Kleinen gerne mal den Arm. Dabei war er doch wochenlang Herr im Haus und hatte das Sagen. Die Familie ist genauso nett, wie die beiden Jungs. Schön zu sehen, wie es auf einmal wuselt und brummt, selbst die Hunde sehen glücklicher aus. Rose verlangt nach Musik, Jean-Paul packt die Ukulele aus und wird von seinem Bruder André auf der Gitarre begleitet. Wir sind wirklich froh, noch ein paar Tage hier zu haben. Um das Glück komplett zu machen, laufen auch Horace und Carlotta von der DECIBEL *ein. Wir möchten die Zeit anhalten, ganz und gar eintauchen in den Rhythmus dieser bezaubernden Insel, wo die Tage mit einem Blick über die blaue Lagune beginnen und mit Musik der Familie Taupiri enden.*

Wir sind voll und ganz integriert in das Familienleben, und so finden wir uns im Holzboot der Taupiris auf dem Weg in den Pass wieder, um mitzuhelfen, einen ordentlichen Fang ins Schiff zu bekommen, wenn der Versorgungsfrachter am Nachmittag einlaufen wird. Der Anker, ein alter Tampen, verknotet um ein totes Stück Koralle, fällt im Pass. Die Taupiris, in ihrem schon etwas zerschlissenen Neopren, machen ihre Harpunen fertig. Selbst gebaute Harpunen aus Holz, bis zu drei Meter lang – unsere Sportversionen bringen es gerade mal auf 1,60 Meter.

»Also, hier unten im Pass kommt einmal im Jahr eine bestimmte Art Zackenbarsche zum Laichen hoch. Die braun-grau gefleckten. Normalerweise findet man sie nur ab 40 Meter Tiefe, doch jetzt im Juli, da sind sie hier, im Pass. Gut getarnt sind sie, wahrscheinlich seht ihr am Anfang keinen Einzigen. Aber wenn ihr den Ersten geschossen habt, wenn sich das Auge daran gewöhnt hat, dann seht ihr sie überall. Ihr müsst nur alles andere ausblenden. Keine Papageifische, keine Juwelenbarsche, nur den grau-braun Gefleckten. Alles klar?«

Die Mannschaft nickt, und wie auf ein Kommando lassen sich die Jäger über die Seiten des Bootes ins Wasser fallen. André und ich bleiben zurück. Wir sollen bei Bedarf das Boot verholen, den Fang entgegennehmen und natürlich nach Haien Ausschau halten. Taupiri holt Luft, verschwindet von der Wasseroberfläche. Ich warte, 30 Sekunden, 40 Sekunden, dann, nach fast zwei Minuten, erscheint erst der Speer mit dem zappelnden Fisch, und kurz darauf Taupiri.

»Sie sind da, es kann losgehen!«

Mana ist selber längst abgetaucht, der sanfte, behäbige Riese, der sich unter Wasser so schwerelos und leicht bewegen kann. Kurze Zeit später taucht auch er mit dem ersten Zacki auf. Das Jagdfieber steckt an, Jean-Paul, Horace und Micha setzen ihre Brillen auf, ein gezielter Flossenschlag und schon sind sie unten. Zehn bis 15 Meter tief ist der Pass, nicht ohne, wenn man nicht gerade auf den Tuamotus groß geworden ist. Es dauert eine Weile, bis auch die Segler ihren ersten Fisch anlanden können. Micha holt einen, zwei, dann einen dritten und vierten aus dem Wasser.

»Nathalie, das ist wie Taupiri gesagt hat, erst siehst du nix, aber wenn du den Ersten auf dem Speer hast, sind sie plötzlich überall, der ganze Pass ist voll, Wahnsinn. Zu Hunderten, oder gar Tausenden, warum hab ich die nur noch nie gesehen?« Kopfschüttelnd taucht er ein weiteres Mal ab.

Ich schnappe mir Brille und Flossen und lasse mich ins Wasser plumpsen, um mir die Jagd aus der Nähe anzuschauen. Micha und Horace beginnen langsam zu japsen. Immer wieder auf 15 Meter runter, verharren und wieder rauf, das strengt an. Mana und Taupiri dagegen scheinen gerade erst warm zu werden. Fasziniert beobachte ich, wie sich Mana auf den Grund des Passes sinken lässt. Vor einem Korallenblock hält er inne, erstarrt. Völlig regungslos liegt er auf der Lauer.

Langsam bringt er die Harpune in die richtige Position, das Gummi ist gespannt, der Finger am Abzug. Plötzlich höre ich das eindringende Ping des fliegenden Stahls und zeitgleich schnellt Mana, die Harpune mit dem zappelnden Fisch auf der Spitze hinter sich herziehend nach oben. Perfektion.

Plötzlich sehe ich aus den Augenwinkeln dunkle Schatten aus dem dichten Blau kommen. Haie. Schwarzspitzenriffhaie, nicht die gefährlichsten, aber ein Hai bleibt ein Hai, zumal, wenn gespeert wird. Das Blut und der Todeskrampf der Fische lockt die Räuber des Meeres an. Ruhig ziehen sie ihre Kreise, beobachten ihrerseits die Menschen bei der Jagd. Ein mulmiges Gefühl überkommt mich; werden die Kreise nicht enger, sollte die Jagd nicht abgebrochen werden? Beim nächsten Auftauchen beruhigt mich Taupiri:

»Kein Problem, das sind nur Riffhaie, die sind harmlos. So lange wir in einer großen Gruppe jagen, fürchten sie sich vor uns, sie denken, wir sind stärker, sind selber ein ganzer Schwarm, sie warten nur darauf, dass wir eventuell etwas übrig lassen, einen toten oder verletzten Fisch verlieren. Uns werden sie nicht angreifen. Alleine, das ist etwas anderes.« Und schon ist er wieder verschwunden.

Ganz wohl ist mir trotz der Beteuerung nicht, schließlich umkreisen mittlerweile sechs Haie das Geschehen, alle nicht weniger als zwei Meter lang. Nach drei Stunden ist der Boden des Bootes über und über mit Fischen bedeckt. Taupiri beendet die Jagd.

An der kleinen, holzgezimmerten Pier legen wir an, der zweite Teil der Arbeit beginnt: an die 300 armlange Zackenbarsche müssen ausgenommen werden. Mana gibt seinem Lieblingsmesser, dem Geschenk eines Fahrtenseglers, einen letzten Schliff, und los geht die Akkordarbeit. Die Eingeweide fliegen ins Wasser, die ausgenommenen Barsche werden an den Kiemen aufgefädelt und baumeln bald in langen Ketten vom Überbau der Pier. Zackenbarsche wohin das Auge blickt, es riecht nach Fisch, nach Meer. Vor der Pier tummeln sich die Riffhaie und holen sich endlich ihren Teil der Beute.

Rose kocht unterdessen das Mittagessen, doch unsere Vorfreude auf frischen Fisch wird enttäuscht, heute geht jeder einzelne nach Tahiti, in die vielen Restaurants und Resorts. Bei uns hier auf der Anse Amyot gibt es Spaghetti mit Cornedbeef – ein besonderer Leckerbissen auf den Tuamotus, ein Dankeschön für alle, die mitgeholfen haben.

Schweren Herzens stellen wir fest, dass auch unser Visum sich nicht auf wundersame Weise während unseres Aufenthaltes verlängert hat. Es hilft alles nichts, wir müssen weiter nach Tahiti. Drei Monate haben wir bei unserer Einreise auf den Gambiers bekommen, und davon sind nun schon gut zehn Wochen rum. Egal, ob wir Verlängerung beantragen wollen oder weiterziehen: hierbleiben können wir nicht. Rose lässt es sich nicht nehmen und gibt ein letztes Fest für uns und die Italiener von der DECIBEL. Den ganzen Tag steht sie in der Küche und bereitet ein Festmahl für mindestens 50 Personen vor, dabei sind wir nur zu zwölft. Die Mädchen der Familie, allen voran die pubertierende Tochter Fanari, bringen uns den Tamure bei, den polynesische Nationaltanz, bei dem die Hüften geschwungen und mit den Händen die Geschichten der Südsee erzählt werden. Wir tanzen und lachen, werden ausgelacht, weil unsere europäischen Körper nicht ganz den Rhythmus der alten Lieder finden können. André spielt Gitarre, Jean-Paul die Ukulele, Rose singt und Taupiri und Mana klappern mit den Löffeln.

Am nächsten Morgen sehen wir uns kaum in der Lage, die Muringleine zu lösen. Ob wir wohl jemals wiederkommen werden? In diesem Moment scheint uns kein Ort der Welt so unerreichbar und so schön zu sein wie Toau.

»Die Nacht überfiel mich mit der übergangslosen tropischen Plötzlichkeit, eben noch glich die Lagune einem farbenprächtigen Brokatgewebe, und schon im nächsten Moment schimmerte sie in seidiger Schwärze, umrahmt vom weißen Spitzenschaum der Brandung. Ich war glücklich – es gab nichts, was ich mir hätte wünschen können.«

Aus »Südsee-Trauminsel« von Tom Neale,
Conrad Stein Verlag, Welver, 2001

Im Reich der Vögel

Über Tahiti und die Gesellschaftsinseln nach Suwarrow

Logbuch

07:00 Wie die Anfänger laufen wir gestern Nachmittag aus, um nach Tahiti zu segeln. 220 Meilen, ein kurzer Schlag, der Wetterbericht stimmt. 20 Meilen schönes Blauwassersegeln, dann kommt eine schwarze Regenfront nach der anderen. 40-Knoten-Böen. Segel rein, Segel raus. Uns beiden ist schlecht, vier Wochen an Land, da sind die Seebeine weg. Hm. Und noch nix im Magen. Entweder flach liegen oder in der Plicht verkeilt sitzen, in vollem Ölzeug und dicker Unterwäsche. Scheiße, so hatten wir uns das nicht vorgestellt. Es wird dunkler, der Wind stetig mit heftiger Regenböen nun um 35 Knoten. Muss das sein? Irgendwann zaubert Nathalie Spaghetti und alles wird besser, die grüne Farbe um unsere Nasen verschwindet langsam. Die Nacht bleibt belebt: hohe See von der Seite, Reffen, Fieren, Reffen im Abstand von 40 Minuten. Zwischendurch gar kein Wind und Regen wie aus Eimern. What you see is what you get … Diese Wetterberichte.

Leider wird das Wetter auf dem ganzen Trip nicht besser, bei strömendem Regen laufen wir mit Radar und eingepackt in Ölzeug durch den Pass in die Lagune von Tahiti ein. Ein kurzer Blick an die Waterfront, dem Ort, wo schon so viele Fotos von berühmten Weltumseglern entstanden sind, dann geht es weiter nach Maeva Beach. Hier in der Anchorage, ungefähr 20 Busminuten von der Hauptstadt Papeete entfernt, treffen sich die Fahrtensegler. Die einst beschauliche und romantische Waterfront ist Anlegeplatz für Kreuzfahrtschiffe und Luxusyachten geworden. Doch nicht nur der Preis schreckt viele ab, auch das ständige Kommen und Gehen, die flanierenden Touristen und der Lärm der Stadt. Viele bekannte Schiffe sehen wir hier liegen, die IRENA *und die* KUTA *liegen schon lange da, auch die* PETIT PRINCE *ist vor ein paar Tagen eingelaufen und, welche Überraschung: die* OTONG JAVA *mit der ganzen Familie. Wir drehen unsere Runde, winken den Freunden zu und lassen uns schließlich gleich neben der chaotischen Familie nieder. Ein paar Minuten später kommt Katrin zu uns herübergerudert:*

»Na ihr zwei, ich bin auf dem Weg zu Carrefour, muss noch etwas zum Mittagessen einkaufen, wollt ihr mitkommen, dann zeige ich euch alles!«

Wir kratzen die letzten französisch-polynesischen Francs zusammen, umgerechnet ungefähr 25 Euro, und packen die Gelegenheit beim Schopfe.

»Carrefour, Micha, das ist der Supermarkt, bei dem wir immer die Austern gekauft haben, als ich in der Bretagne gelebt habe, und die Gänserillettes. Und das Baguette war auch erstklassig, ganz zu schweigen vom Wein.«

Wie kleine Kinder kurz vor der Bescherung hibbeln wir dem ersten Supermarktbesuch seit Panamacity, dem ersten Supermarktbesuch seit fast einem halben Jahr entgegen. Die Kreditkarten lassen wir wohlweislich zu Hause.

Carrefour begrüßt uns mit dem altbekannten Logo in blau-rot, Werbejingles, softer Musik und vor allem greller Beleuchtung. Es ist riesig, unfassbar riesig. Hunderte von Menschen schieben ihre Einkaufswagen durch die vollgestopften Regale. Es gibt alles, einfach und absolut alles. Der reinste Konsumtempel. Doch wie Kinder am Heiligen Abend, die so viel geschenkt bekommen, dass sie sich nicht entscheiden können, womit sie spielen sollen, wissen wir nicht, was wir in den Wagen packen sollen. Es ist zu viel, viel zu viel.

Katrin holt uns wieder raus.

»Ich bin fertig, ihr bestimmt auch, oder? Das erste Mal ist immer heftig nach so langer Zeit, das kann man sich gar nicht vorstellen, wenn man es nicht selbst erlebt hat, dass ein einfacher Supermarktbesuch so anstrengend sein kann.«

Wir stehen an der Kasse. In unserem Wagen befinden sich drei Baguettes, vier Lammkottelets, ein halbes Pfund Butter, 100 Gramm Leberpâté, zwei Tomaten, ein kleiner Salat, vier Möhren und vier Bier, macht umgerechnet 25 Euro.

Zurück auf der LADY schmausen wir erst genüsslich und stellen uns dann den harten Tatsachen.

»Nathalie, wenn wir schon für dieses kleine Abendessen ein Vermögen hingelegt haben, wie sollen wir uns hier verproviantieren? Wir können schließlich nicht nur die billigen Cream Cracker kaufen, die von der Regierung subventioniert werden.«

»Da hast du wohl recht, aber was sollen wir tun, die Backskisten sind mehr als leer. Die Zeit in Toau, wo wir so viel mit der Familie an Land geteilt haben, hat uns noch den Rest gegeben, oder genommen. Es reicht gerade noch für Spaghetti mit Tomatensoße, und selbst das nur noch zweimal. Und tanken müssen wir auch.«

»Also, eine Verlängerung in Französisch-Polynesien können wir knicken, das kostet um die 100 Euro pro Person. Wir können nur hoffen, dass ich noch ein paar Segler hier finde, die ein Modem kaufen wollen, oder wenigstens ein Softwareupgrade.«

In den folgenden Tagen stellen wir jedoch fest, dass wir paradoxerweise hier in Französisch-Polynesien, wo alles dreimal so teuer ist wie in Mittelamerika, viel weniger Geld ausgeben. Jeder Franc wird dreimal umgedreht, Essengehen, in Cafés oder Kneipen sitzen, all das sparen wir uns, und auch im Supermarkt sparen wir die Delikatessabteilung, aber leider auch Obst und Gemüse aus. Dafür haben wir den Markt in der Hauptstadt entdeckt. Die meisten Einheimischen bauen ihr Gemüse selbst im Garten an, doch wer in der Stadt lebt, geht hier einkaufen. Wir müssen zwar immer noch tief in die Tasche greifen, aber immerhin können wir es uns leisten.

In den Straßen bereitet man sich derweil auf das große Tanzfestival vor. Jedes Jahr findet zur Feier des 14. Juli, des französischen Nationalfeiertags, ein Wettbewerb statt, bei der Tanzgruppen von allen Inseln ihre Künste zeigen. Fünf Tage lang fahren wir fast täglich in die Stadt und suchen uns gute Plätze auf den Festivalbühnen. Die jungen Mädchen aus Tahiti und Moorea lassen in knappen Baströckchen oder hochgeschlitzten Pareos mit Blumenkränzen auf dem Kopf und Bikinioberteilen aus Kokosnussschalen ihre Hüften schwingen und kreisen. Mit lieblichen Handbewegungen und kokett in den Nacken geworfenem Haar versuchen sie zu locken. Südseeschönheiten wie man sie sich vorstellt. Die meisten von ihnen sind professionelle Tanzgruppen, die in den teuren Hotels und Ferienanlagen den Gästen das »echte« Südseeflair vermitteln. Das sieht man, die Show ist perfekt, aber auch ein wenig gestellt, unnatürlich. Die Männer und Frauen aus Rapa dagegen, dem entlegensten Archipel von Französisch-Polynesien, tanzen wild und ursprünglich. Alt und jung, dick und dünn, alle Charaktere sind vertreten. Wilde Mähnen, bodenlange Umhänge und Röcke aus Pflanzenfasern, Musik und Gesang, die aus der Seele kommen. Ganz still ist es im Publikum, die Sonne geht unter, die Strahler tauchen die Bühne in ein gespenstisches Licht, leuchten die Tanzenden von unten an, lassen heute und gestern verschwimmen. Dann kommen die Chöre, in weiße Tuniken gekleidet, singen sie traditionelle und moderne polynesische Lieder. Kaum eine Sprache der Welt vereint sich besser mit der Musik als das singende Polynesisch mit seinen unzähligen Vokalen. Und endlich, am letzten Abend, treten unsere Freunde von den Gambierinseln auf. Noch bevor die Tänzer die Bühne betreten, beginnt der Rhythmus. Der Rhythmus, den wir aus Tausenden erkennen würden, der Rhythmus, der uns einen Monat lang dreimal die Woche an unserem Ankerplatz in Mangareva begleitet hat.

»Da kommen sie, Micha, schau! Da ist die Frau von Yves, die Lehrerin, und da drüben ist Dani.«

Fast überkommt uns so etwas wie Heimweh, wir können die Augen schließen und sind wieder dort, in Rikitea, in der blauen Lagune und dem Dorf mit den gefegten Straßen und den schmucken Häusern mit Blumen im Garten. Das Tanztheater aus Mangareva erntet einen tosenden Applaus, nicht nur wir sind begeistert von den eindringlichen Szenen einer vergangenen Zeit.

Nach fünf Tagen Tanz streikt Micha.

»Keine Kultur mehr«, brummt er. »Keine Kultur und auch keinen Supermarkt, lass uns weiterziehen, ich hab keine Lust mehr auf Großstadt.«

In ebendiesem Moment prallt Schelmi mit seinem blaugetünchten Optimisten, mit dem zwei-PS-Außenborder fast gegen unsere Bordwand. »Wie, ihr wollt weg? Nee, das müsst ihr mal schön verschieben. Heute Abend gehen wir auf die Rolle. Der Henning kommt mit, die Hosenlosen werfen sich auch gerade in Schale, und ich sag noch ein paar anderen Bescheid. Los, hol ein weißes Hemd raus, Micha, und rasier dir den Fahrtenseglerstoppelbart aus dem Gesicht. Feiern ist angesagt. Heute Abend tanzen wir! Wir kommen zum Aperitif bei euch vorbei.«

Nach dem ausgedehnten Aufwärmen an Bord geht es per Anhalter auf der Ladefläche eines Pick-up Richtung Stadt. Les Roulottes werden angesteuert, Lkws, die zu fahrbaren Restaurants umgebaut sind und alles von chinesisch über Pommes bis Crêpes anbieten. Essen auf Rädern auf polynesisch. Und nun? Die Drinks sind teuer und der erste tote Punkt des Abends erreicht. Wir tingeln ein bisschen durch die Bars, bemühen uns, nicht zu viel Geld auszugeben und verlieren die Ersten der Runde an die Koje. Zurück bleiben wir beide mit Schelmi und Henning, den beiden Einhandseglern. Auch in Tahiti beginnt das richtige Nachtleben nicht vor zwölf. Unsere Köpfe hängen schon fast auf den Tischen, immer wieder müssen wir uns gegenseitig überreden, nicht schlappzumachen.

»Kommt schon, noch einmal da drüben in die Seitengasse, da waren wir vorhin schon, die Bar an der Ecke war doch ganz okay.« Schelmi lässt nicht locker, zu bunt sind die Erzählungen über das Nachtleben der Stadt und die polynesischen Mädchen. Schelmi ist schließlich alleine an Bord. Die Bar an der Ecke heißt »Café de l'amour«, laute Musik dringt nach draußen, drinnen sieht man Plüsch und Leder, dazu die

rote Beleuchtung. An der Theke und auf der Tanzfläche stehen ein paar vereinzelte Polynesier. Keine Weißen, keine Touristen. Misstrauisch werden wir beäugt, etwas unwohl ist uns schon im ersten Moment, doch fest entschlossen bestellen wir an der Theke unser Hinano-Bier. Andere Gäste rücken näher, rücken auf, und die Ersten beginnen, sich mit uns zu unterhalten. Als ihnen klar wird, dass wir keine Franzosen sind, sondern Deutsche und Dänen, ist das Eis gebrochen. Hände werden geschüttelt, Bier wird bestellt, wir sind herzlich willkommen. Die Musik wechselt zwischen Reggae, Zouk, Tamure, Dancefloor und lateinamerikanischen Klängen. Ein buntes Potpourri, das alle erreicht – nach einer Stunde tobt der Laden. Frauen mit glänzenden, schwarzen Haaren und Blumenkränzen auf dem Kopf tanzen auf den Tischen, wir auf der Tanzfläche. Doch niemand tanzt allein, Paartanz, vor allem Foxtrott, ist hoch angesagt! Ganz altmodisch kommt der erste Polynesier daher, um sich bei Micha die Erlaubnis zu holen, mit mir zu tanzen. Warum ich nicht gefragt werde, ist mir ein Rätsel. Es wird anscheinend davon ausgegangen, dass ich will. Es dauert nicht lange, bis wir mittendrin sind im Partygewusel. Micha wirbelt mit verschiedenen Frauen im Arm an mir vorbei, und ich lege mit einem der zahlreichen Transvestiten eine Show aufs Parkett. Hinano-Bier fließt natürlich auch, ständig bekomme ich von meinen wechselnden Kavalieren eine Flasche in die Hand gedrückt. Henning und Schelmi sehe ich ab und an in der Menge, stets umringt von Damen. Oder Transvestiten? Wer weiß das schon, in Papeete ist alles möglich, und das Licht in der Bar mehr als schummerig.

Morgens um fünf sind die Füße wund, breitgelaufen vom Barfußgehen, schreien sie nach vier Stunden Tanzen in High Heels um Hilfe. Ab nach Hause, Schuhe aus und auf die Hauptstraße.

»Hey Nathalie, du hast doch die ganze Zeit nach einer polynesischen Gastlandflagge gesucht, statt der französischen. Hier hängen sie doch überall rum, noch vom Festival. Warte mal.« Und schon klettert Micha ein Stück an der Fassade eines offiziell aussehenden Gebäudes hoch und hat eines der badetuchgroßen Banner in der Hand. »Schnell weg, hoffentlich hat uns keiner gesehen!«

Einen Bus bekommen wir natürlich nicht mehr, Taxis sind unbezahlbar, doch wir haben Glück. Ein junger Polynesier hält an und bringt uns nach Hause. Nur noch über den Zaun zur Marina klettern und beim Absprung aufpassen, dass man die Lichtschranke nicht trifft. Geschafft, die Koje ruft.

Ein paar Tage später liegen wir in der Cooks Bay vor Moorea. Ein Kat-

zensprung von Tahiti, jeden Abend haben wir in den letzten zwei Wochen die Sonne über der wunderschönen Silhouette der Insel untergehen sehen. Nun geht die Sonne wieder unter und eigentlich müssten wir doch mittendrin sitzen, oder? Doch die Sonne ist auch weitergewandert und geht irgendwo dort hinter dem Horizont im Westen unter. Nachdenklich sitzen wir im Cockpit.

»Weißt du, Nathalie, ich glaube, ich bin fertig mit Französisch-Polynesien. Wir hatten die wunderschöne Zeit auf den Gambiers, nach einigem Suchen tolle Erlebnisse auf Toau und aufregende Tage in Tahiti. Ich möchte weiter.«

»Hmm, du weißt ja, ich kann mich nie trennen, möchte immer länger und länger bleiben, weil ich meine, noch nicht alles gesehen und erlebt zu haben. Aber ich denke, du hast recht. Die Inseln, die jetzt noch kommen, Huahine, Fahaa, Raiatea, Bora Bora, könnten wir wohl nur genießen, wenn genug Zeit wäre, um an den entlegeneren Ankerplätzen zu liegen, aber unser Visum ist abgelaufen, bei Kontrollen sind wir ja schon jetzt in Erklärungsnot.«

»Ja eben, es würde uns nichts übrig bleiben, als vor den Hotelanlagen zu liegen, die Privatstrände vom Dingi aus anzuschauen und ein paar Tage später weiterzufahren. Ich kenne uns doch, dieses Kurzsightseeing, das ist nichts für uns. Vor allem für mich, ich bin dann bockig, erst recht, wenn ich für irgendeinen Strand mit Palmen auch noch Geld bezahlen soll. Das hat gar keinen Sinn.«

»Na gut, dann nehmen wir also Kurs auf ein neues Ziel. Die Cookinseln, oder?«

»Genau. Suwarrow, dort im Westen, wo gerade die Sonne untergegangen ist.«

Fast jeder, der sich für Weltumsegelungen, den Pazifik und große Fahrten interessiert, ist schon einmal über die Insel Suwarrow und den Namen Tom Neale gestolpert. In der Zeit von 1952 bis zu seinem Tode 1977 lebte Neale insgesamt 15 Jahre als freiwilliger Robinson auf der Insel. In seinem Buch »Südsee-Trauminsel« beschreibt er seinen verwirklichten Traum, berichtet über den täglichen Kampf, die Mühen und Strapazen, die ein Leben fernab jeglicher Zivilisation mit sich bringt. Auch heute noch haben unbewohnte Inseln die Aura von Abenteuer.

Beim Einlaufen in Suwarrow zetert eine Wolke von Seeschwalben über den kleinen, spärlich bewachsenen Motus auf dem Außenriff. Voraus liegt Anchorage, die Hauptinsel, der Ort, an dem Tom Neale lebte. Das Wasser verändert langsam seine Farbe, das tiefdunkle Blau des

Ozeans wird heller, schließlich grünlich, türkis. Wir können den Grund sehen. Ein bisschen Strömung steht gegen uns im Pass. Ich stehe vorne auf dem Bug und sehe Korallenköpfe, sogar einzelne Fische unter uns durchziehen. Das Wasser ist glasklar. Wir umrunden Anchorage, können schon fast den verfallenen Pier sehen und erspähen Masten, andere Segler, die wie wir von Schatzsuche und Fischfang träumen. Ein bisschen enttäuscht sind wir, denn mit fast 20 anderen Yachten hatten wir nicht gerechnet. Es ist ein bunter internationaler Haufen, viele sympathisch wirkende Boote sind darunter, aber von der Einsamkeit, die wir erwartet hatten, ist das natürlich weit entfernt.

Bald nach unserem Ankerfall erfahren wir, dass es einen neuen Grund gibt, das Atoll anzulaufen, und der heißt Papa John. Papa John ist Ranger des inzwischen eingerichteten Suwarrow-Nationalparks, seine Aufgabe ist es, die Gebühren von 50 US-Dollar einzustreichen, sich um das Gelände zu kümmern, von Dreck und Strandgut zu befreien und darauf zu achten, dass die Segler sich an die Regeln halten. Doch er ist mehr als das, schon der Name, unter dem ihn alle Yachties kennen, verrät es. Wir treffen Papa John das erste Mal an Land. Unter einem Brotfruchtbaum, im Hof direkt neben der alten Hütte von Tom Neale, sitzt ein kleiner, agiler Polynesier um die 70, der an einem Stück Perlausterschale arbeitet. Ein verschmitztes Lächeln, offen und herzlich.

»Willkommen, schön dass ihr da seid, nehmt euch erst mal einen Kaffee.« Papa John arbeitet gerade an traditionellen Fischködern, wunderschöne Köder mit Haken aus geschliffenem Perlmutt, die in der Sonne blinken, mit kleinen Flügelchen aus Kokosnussfasern, die ihm die richtige Schwimmbewegung verleihen. Seine Finger sind schon ganz rau und rissig vom Schleifen der Muscheln mit dem Stein, doch über die Powertools, die ein Neuseeländer an Land gebracht hat, um seine eigenen handwerklichen Versuche zu starten, lacht er nur.

»Du musst Musik in dir hören, ein inneres Lied singen, dann geht die Arbeit in dessen Rhythmus ganz leicht von der Hand und ist eigentlich keine mehr.«

Segler kommen und gehen, trinken Kaffee auf der Veranda, halten einen Schwatz oder waschen ihre Wäsche in der alten Zisterne. Am Strand, dort, wo die Pier ist, hat der Polynesier einen Kinderspielplatz eingerichtet: Schaukeln, Volleyballnetz, alles aus Strandgut zusammengezimmert. Es ist anders hier, als wir uns vorgestellt haben, so viele Boote, so viele Menschen, aber es ist schön. Oft liegt man mittlerweile an Orten, wo man nicht mehr jedes Boot kennenlernt, zu viele Nachbarn, zu wenig Zeit. Doch Papa John bringt hier alle zusammen. Mit viel Herzlichkeit versucht er uns das Leben einer polynesischen Inselgemeinde zu zeigen, nur dass eben wir die Gemeinde sind. Dreimal in der Woche fährt er im Morgengrauen zum Fischen raus, holt mit seiner primitiven Schleppangelausrüstung schwere Yellowfinthunfische und Wahoos vom Außenriff und zaubert abends ein BBQ. Mit seinem Boot organisiert er Touren zu den Vogelinseln, den entfernten Motus und von Zeit zu Zeit eine Kokoskrabbenjagd. Er ist die personifierte polynesische Gastfreundschaft, niemals wird es ihm zu viel, kein Abendessen fällt aus, jedes weitere Boot wird auf dieselbe herzliche Weise begrüßt.

Tom Neale hatte seine LAHME ENTE, *die er ruderte, wir haben unser Schlauchboot mit Außenborder, das uns zu den nördlichen Motus trägt. Schlagartig wird es einsam, kaum noch die Mastspitzen der Boote sind zu sehen, nur wir beide, die brennende Sonne und das breite Riff. Vor der Buschinsel vertäuen wir das Boot, laufen über das teils trockengefallene Riff zur Riffkante. Tosen und Rauschen von brechenden Wellen, über uns Tausende von Seevögeln. Wie ein einziges Lebewesen stehen sie über der Ein-Baum-Insel. Schwarz und bedrohlich schreien sie ihre Warnung heraus, ihnen nicht zu nahe zu rücken. Wir sprechen nicht, bewegen uns nicht, saugen sie nur auf, die Einmaligkeit dieses Ortes. Alle Sinne sind angespannt, der Lärm, der beißende Geruch des Vogeldungs, die Farben, das Prickeln auf der Haut und der salzige Geschmack der Seeluft. Vorsichtig nähern wir uns den Vögeln, doch ein Schritt zu nah, und der gesamte Schwarm fliegt im selben Moment in die Höhe, unheimlich. Später, mit verbrannten Gesichtern, glücklich im Schatten entscheiden wir: davon wollen wir mehr.*

Also gehen wir ankerauf, verlassen Anchorage für eine Weile und begeben uns in den Westen des Atolls zu den Sieben Inseln oder auch Seven Sisters genannt. Zwischen turmartigen Korallenköpfen suchen wir uns ein Fleckchen Sand, auf dem der Anker fällt. Vor uns liegt Motu Varu, dicht bewachsen mit Kokospalmen, an backbord liegen die Sieben Inseln. Wir sind nicht alleine. Wieder begleitet uns das Geschrei der Seevögel. Niemals sind sie still, auch nicht abends oder nachts. Sie scheinen sich abzuwechseln, in Schichten zu leben, die einen ruhen, die anderen bewachen.

Am nächsten Morgen sind wir auf den Inseln: ein paar windschiefe Palmen, ein paar Sträucher. Auf dem kargen Boden verstreut liegen die Eier der Seeschwalben. Wachteleigroße, gesprenkelte Kunstwerke. Um keines zu zertreten, bewegen wir uns extrem langsam und vorsichtig, halten inne, setzen uns auf die Erde und beobachten. Ein Maskentölpelpärchen sitzt eng beisammen und brütet. Wunderschön gezeich-

nete Gesichter, die uns neugierig anschauen, während wir unsere Kameras fertig machen. Es ist ein Vogelparadies. Unter dem nächsten Busch finden wir einen Tropikvogel, dessen lange, leuchtend rote Schwanzfeder man selbst im Flug noch erkennen kann. Je länger wir bleiben, ruhig sitzen und beobachten, desto neugieriger werden die Vögel. Die ersten Seeschwalben posieren zeternd vor der Kamera, kreisen in wilden Flugmanövern um unsere Köpfe. In den Sträuchern sitzen die ersten ausgeschlüpften Tölpel in ihren Nestern, flauschige Zuckerwatte mit greisen Vogelgesichtern.

Immer wieder zieht es uns auf die Insel, wo wir einfach nur sitzen und schauen, teilhaben am Kreislauf des Lebens. Doch nicht nur die Vögel haben es uns angetan. Hier draußen sind wir frei, frei von Verabredungen, Seemannsgarn und Gesellschaft. Niemand stört uns und unsere Zweisamkeit. Der Speiseplan erinnert an jenen von Tom Neale. Morgens fischen, auf dem Motu Kokosnüsse holen, Palmherzen stechen, nachmittags wieder fischen. Es gibt Jackfische, Barsche und Snapper, gebraten in frischer Kokosmilch, dazu Reis und Palmherzensalat. Jeden Tag, und doch wird es nicht langweilig. »Komm, heute testen wir mal das Lobsterfanggeheimnis von Papa John!«

»Ich bezweifle ja, dass das funktioniert. In allen Büchern liest man immer von den riesigen Langustenpopulationen und dass man sie mit der bloßen Hand einfach nur in den Pools auf den Riffs einfangen muss. Und? Wir haben in den letzten drei Jahren alles versucht, Hochwasser, Niedrigwasser, Vollmond, Neumond, genau drei Tage nach Neumond, nachts, frühmorgens und tagsüber. In der Karibik haben wir sie sogar mal ganz unsportlich beim Flaschentauchen gesucht. Und? Die wenigen, die wir bisher gesehen haben, hätten noch nicht einmal für ein Lobstersandwich gereicht.«

»Nun sei mal nicht so pessimistisch. Ich gehe auf jeden Fall«, poltert Micha und wuselt mit fieberhaftem Jungeneifer durch das Boot, um die Utensilien zusammenzusuchen. Die Vorfreude steckt an, und schon sind wir am späten Nachmittag auf dem Außenriff.

»So, zuerst brauchen wir ein paar Seeigel, nicht die kleinen, sondern die großen mit den dicken lila Stacheln.« Direkt an der Riffkante werden wir fündig. Micha hat dicke Arbeitshandschuhe eingepackt, um sich nicht zu verletzten. Zwei der Igel nehmen wir mit zum seichteren Teil des Riffs. Mit der Machete spaltete Micha die Seeigel in vier Teile, die nun als Köder in einem flachen Pool des Riffes ausgelegt werden.

»Jetzt müssen wir nur noch den Pool irgendwie mit Stöcken markieren, damit wir ihn heute Nacht wiederfinden«, stellt Micha zufrieden fest.

Wir ziehen uns zurück aufs Boot. Das Jagdfieber wird langsam größer. Nach dem Abendessen beginnt Teil B des Plans. Mal wieder versuchen wir unsere Petroleumdrucklampe in Gang zu bekommen, um im Stockdusteren unsere Fallen zu finden und vor allem nicht in eines der vielen Löcher zu treten und selbst zu fallen. Wie immer ist das Anzünden mit dem Verbrauch vieler Glühstrümpfe, viel Fluchen und Brennspiritus verbunden, aber letztendlich von Erfolg gekrönt.

»Ich hab die Taschenlampen auch noch eingesteckt, die Handschuhe für uns beide, Netz und Eimer für die Lobster, falls überhaupt welche in den Fallen sind.«

»Natürlich sind dort welche, wart's nur ab.«

Vorsichtig tasten wir uns durch das Riff, leuchten mit der Lampe nach rechts und links, bis die Fahne auftaucht.

»Jetzt wird's spannend. Also noch mal: Die Lobster sind von dem gespaltenen Seeigel angelockt worden und nun in der Dunkelheit aus ihren Löchern gekrabbelt. Sie sitzen dort und schmausen das köstliche Mahl. Jetzt kommen wir. Wenn du einen siehst, halten wir die Lampe drauf, durch das Licht sind sie wie gelähmt, dann mit dem Fuß auf den Schwanz treten und einsammeln. Alles klar?«

»Alles klar.«

Aufgeregt leuchten wir mit der Laterne unsere Fahnenstange an.

»Micha, ich glaub's nicht. Siehst du das? Das sitzen ja wirklich welche. Fünf, sechs, sieben, nein acht Lobster. Schnell, gib mir die Lampe, tritt drauf, halte sie fest.«

Eine chaotische Jagd beginnt, wir schrecken die Langusten mit der Lampe und versuchen sie mit dem Fuß zu erhaschen, doch natürlich vergessen wir im ersten Moment, dass sie sich ja rückwärts fortbewegen. Es kitzelt unter unseren Füßen.

»Ich hab einen, da guck, ich habe einen!«, schreit Micha, »schnell, da hauen sie ab, tritt drauf.«

»Hab ich, der hier ist fest, schnell rein ins Netz, unglaublich.«

Im Rausch des Lobsterfanges johlen wir wie die Kinder, und nach zehn Minuten sind alle Lobster entweder in unserem Netz oder fluchtartig übers Riff verschwunden.

»Lass gucken. Mann, sind die groß, davon müssen wir keinen wieder aussetzen, die sind alle richtig ausgewachsen.« Die nächsten zwei Tage gibt es Lobster zum Frühstück, Mittag- und Abendessen in allen Varianten. Und mit dem letzten ausgezuselten Beinchen ist unser Bedarf für die nächsten Wochen gesättigt.

»Ich hab genug«, sagt Micha und lehnt sich wohlig im Cockpit zurück.

»Was meinst du? Heute Abend mal Fisch zur Abwechslung?« Ich nehme mir die Handrolle, die immer griffbereit im Cockpit liegt, spieße ein kleines Stückchen Lobster auf den Haken und werfe die Leine über die Reling aus. »Das gibt es ja nicht, da hat schon einer gebissen, ich glaub, der ist groß!«

Der Fisch am Haken zappelt und kämpft, doch nach kurzer Zeit haben wir einen wunderbaren Red Snapper im Eimer. »So einfach geht das also, es ist wirklich wie im Paradies.« Beim Ausnehmen des Fisches zeigt sich uns auf ganz deutliche Weise der Kreislauf des Lebens. Die Lobster hatten in ihren Eingeweiden eine Paste aus lila Seeigelstacheln, der Magen des Fisches ist gefüllt mit Lobsterschalen, die er wohl unter unserem Boot gefunden hat, und wir? Ja, auch unsere Mägen sind gefüllt mit Köstlichkeiten des Meeres.

So geht es nach ein paar Tagen zurück in den sicheren Schoß von Anchorage und zu Papa John. Der ruft mal wieder zu einer Expedition auf. Der Wind hat sich etwas gelegt, in der Lagune steht kein schwerer Seegang – kurz: perfektes Wetter, um zu den Sieben Inseln zu fahren und Kokoskrabben zu jagen. Quer über die Lagune geht es und ordentlich Gischt kommt über, bis wir schließlich das Motu erreichen. Wer Papa John folgen will, muss schnell sein, immer im Laufschritt hinterher. Das Unterholz schließt sich hinter uns, und schon nach fünf Minuten habe ich keinen Plan mehr, wie weit wir schon in das Innere der Insel vorgedrungen sind. Papa John indes bewegt sich, als wäre er hier groß geworden. Mit einem Stock in der Hand stochert er zwischen Wurzeln nach verborgenen Höhlen, teilt mit den Händen ein Dickicht aus verrotteten und keimenden Kokospalmen oder prüft hüpfend die Konsistenz des Waldbodens. Nicht einmal dreht er sich nach uns um, fast verbissen folgt er seinem Ziel, und niemand, der ihm in diesem Moment eine Frage stellt, erhält eine Antwort. Dranbleiben heißt es, und nach zehn Minuten ist die erste Krabbe in ihrer Höhle gefunden. Jeder darf einen Blick auf dieses seltsame Tier werfen, doch Papa John entscheidet, zu klein, zu jung. Weibchen fängt er nie, ebenso wenig junge Krabben, nur die alten, ausgewachsenen finden sein Interesse. Keine fünf Minuten später hat er die nächste erwischt. Sie sind gigantisch, riesig, größer als jeder Lobster, den ich bisher gegessen habe. Sie schimmern blau und lila und wirken trotz ihrer riesigen Zangen mit ihrem weichen Hinterteil schutzlos. Im Grunde sehen sie aus wie große Einsiedlerkrebse, die ihr Haus verloren haben. Noch fast zwei Stunden scheucht uns Papa John durch das Dickicht, bis wir drei ausgewachsene Kokoskrabben gefangen haben. Das muss reichen. Satt werden sollen wir nicht davon, nur mal kosten.

Es geht zurück zum Ausgangspunkt. Auf dem Weg wird Korallenschutt für das Feuer gesammelt. Obwohl wir doch alle seit langer Zeit in den Tropen auf Booten leben und vieles gelernt haben, kommen wir uns angesichts Papa Johns Fähigkeiten wie die größten Großstadttrottel vor. Keiner ist schnell genug, ihm beim Anzünden des Feuers zu helfen, beim Aufschichten des Korallenschutts über die heiße Glut. Und schon ist er wieder verschwunden, zieht große Palmwedel hinter sich her, aus denen in Sekundenschnelle Teller und kleine Körbe entstehen. Ich versuche seine Technik zu erlernen, das kreuzweise Flechten und die eleganten Knoten am Ende nachzuahmen, aber es dauert lange, bis mir die Blätter nicht mehr unter den Händen zerbrechen, und meine Kunstwerke endlich einem Korb und nicht mehr einem Sieb gleichen. Papa John indes ist schon wieder unterwegs, hat flugs eine Palme erklommen und wirft behände eine Trinknuss nach der nächsten vom Baum. Das Essen ist fertig, die Schale der Krabben ist durch das Grillen ganz spröde geworden. Mit den Fingern lassen sich die Scheren und Beine aufbrechen, das Fleisch herauspulen. Köstlich, es schmeckt nach Meer, nach Rauch und Abenteuer, dazu gibt es den Saft der grünen Kokosnüsse. Papa John reserviert das weiche Hinterteil, das fette Bürzel der Krabben für sich. Cremig gelb die Konsistenz, intensiv, leicht ranzig der Geruch. Nein, das ist definitiv nichts für uns.

Papa John lädt ein, wie jeden Montag, Mittwoch und Freitag. Zwei große Thunfische hat er heute Morgen erbeutet, seit Stunden sind er und sein Neffe Baker mit den Vorbereitungen beschäftigt. Im Steinofen brutzelt der Fisch, Baker steht am Gasherd und frittiert Unmengen von Kokospfannkuchen, seine Spezialität. Die Segler bringen Beilagen und Getränke. Die Fische werden nach dem Grillen kunstvoll in ein Palmwedelblatt eingeflochten. Jedes Essen ist ein Fest. Papa John bestimmt, wer eine kleine Rede oder ein Gebet spricht; eine junge Frau darf die geflochtenen Fischpakete öffnen, die sich nach dem Zerteilen wie durch Zauberhand in eine große Schüssel verwandeln. Es ist befremdlich, dass Papa John und sein Neffe Baker nicht mit uns essen, aber sie sind die Gastgeber, wir die Gäste. Eine polynesische Sitte besagt, dass wir zuerst satt werden sollen. Irgendwann holt Papa John seine Gitarre und singt mit seinem Neffen Lieder von den Cookinseln, aus Fidschi, Samoa und Französisch-Polynesien. Es ist einer dieser langen Abende, an dem niemand nach Hause will, die Boote liegen verlassen und ruhig in der Bucht. Dennoch spüren wir: Für uns ist es Zeit, weiterzuziehen. Die wenigen Vorräte aus Tahiti sind fast aufgebraucht, wir müssen dringend bunkern, und das ist auf den Cookinseln nicht möglich.

Papa John sitzt wieder unter dem schattenspendenden Brotfrucht-

baum, diesmal raspelt er Kokosnüsse für ein Fest am Abend. So behände er auf Palmen klettert und das Unterholz durchstreift, manchmal sieht man ihm seine 70 Jahre an. Die Augen leicht trübe, schaut er uns an, während ich wieder einmal mit Abschiedsschmerz zu kämpfen habe. »Thank you for coming«, sagt er. Am liebsten möchten wir versprechen, wiederzukommen. Doch Papa John lächelt und meint: »Don't worry, we will see us again. If not here, it will be in heaven …«

Der Papalagi (...) liebt vor allem auch das, was sich nicht greifen lässt und doch da ist – die Zeit. Er macht viel Wesens und alberne Rederei darum. Obwohl nie mehr davon vorhanden ist, als zwischen Sonnenauf- und -untergang hineingeht, ist es ihm doch nie genug.
Der Papalagi ist immer unzufrieden mit seiner Zeit, und er klagt den großen Geist dafür an, dass er nicht mehr gegeben hat. Ja, er lästert Gott und seine große Weisheit, indem er jeden neuen Tag nach einem gewissen Plane teilt und zerteilt. Er zerschneidet sie geradeso, als führe man kreuzweise mit einem Buschmesser durch eine weiche Kokosnuss. Alle Teile haben ihren Namen: Sekunde, Minute, Stunde.

Aus: Der Papalagi.
Die Reden des Südseehäuptlings Tuiavii aus Tiavea, Samoa
von Erich Scheurmann

Die Rastlosen

Im Eiltempo durch Samoa und Fidschi

»Nathalie! Vite vite. Schnell, schnell. Komm hoch. Das musst du sehen. Unglaublich. Unfassbar.«

Ich bin aufgedreht wie ein junger Hund. Dass ich nicht anfange mit dem Schwanz zu wedeln, ist alles. Der Passat lässt uns die letzten 35 Meilen nur so abreiten. Auf Vorwindkurs geht es die hohen Wellen runter, die uns immer wieder von hinten einholen. Dicke Kräne brauchen die Menschen, um ihre schweren Segelboote wie die LADY an Land zu stellen. Hier heben uns die Wellen mit spielerischer Leichtigkeit alle 60 Sekunden hoch in den Himmel.

»Wir sind nicht die Einzigen, die den Surf genießen. Schau nur da. Ja da. Siehst du ihn?« Ein kleiner Zwergwal, vielleicht sieben Meter lang, schwimmt schon eine halbe Stunde neben uns, zeigt mal seinen weißen Bauch, mal seinen Rücken.

»Schau nur, jetzt hebt er eine Seitenflosse aus dem Wasser.«

»Er winkt uns zu.«

»Das kann doch gar nicht sein. Du spinnst.«

Mit nassen Augen vor Entzückung hängen wir wie Opa und Oma mit aufgestützten Ellenbogen an der Reling und schauen dem zum Greifen nahen Wal beim Surfen zu.

Suwarrow liegt seit ein paar Tagen achteraus, unser Ziel heißt Western Samoa. Wäre da nicht eine kleine Insel namens Rose Island, Naturschutzgebiet unter amerikanischer Aufsicht, die wie die verbotene Frucht auf unserem Weg liegt. Vielleicht vier Meilen im Durchmesser, ein kleines Atoll, viele Vögel mit Familie und nachts ein paar Schildkröten, die ihre Eier vergraben. Zufällig hatten Schelmi von der IRENA und Henning von der KUTA ein kleines Motorenproblem, als die Insel in Sichtweite kam, und mussten durch den Pass in die Lagune einlaufen. Zufällig entdecken auch wir plötzlich einen Riss in unserem Segel, der dringend der Reparatur in einer ruhigen Lagune bedarf. Der Zufall wurde geplant auf 14.135 Mhz, der Frequenz, auf der man morgens und abends Positionen austauscht und ein wenig plaudert. Hoffentlich haben die Amerikaner zur Zeit Besseres zu tun, als ihr kleines Naturschutzgebiet zu kontrollieren. Vögel stören oder Schildkröteneier essen wollen wir schließlich nicht, nur ein paar Tage Ruhe vor dem nächsten Schlag.

»Mhmm. Die See steht auf den Pass von Rose Island. Alles unter Wasser. Knapp unter Wasser.«

Nathalie nickt: »Aber es soll gar nicht so schlimm sein dort reinzufahren, meint Schelmi.«

»Schelmi meint. Na denn.«

Ungläubig schaue ich auf die immer näher kommenden Palmen. »Schau nur, da. Da ist ein kleines blaues Dingi mitten im Meer, und darin sitzt der Schelmi und winkt mit seinen gelben Taucherflossen.«

»Der verrückte Kerl, der will uns reinlotsen in den Pass. Und das mit seinem Kippeldingi mit dem Zwei-PS-Yamaha, der immer klingt, als bräuchte er Hustensaft.«

Wir folgen den Zeichen von Schelmis Flossen wie ein Jumbojet auf dem Flugplatz. Kaum angekommen, gehen wir längsseits und retten Schelmi aus dem riesigen Ozean, der sogleich über die Reling an Bord klettert.

»Die Hinanomädchen mit den langen Haaren in Papeete haben uns unsere letzten Dollars gekostet. Wir mussten fahren. Auch die ersten Familienstreitigkeiten und große Brüder gab es, das war zu heikel. Gut, dass ihr auch nach Rose Island gekommen seid. Es ist unglaublich schön hier.«

Ach ja, die Einhandsegler. Die KUTA mit Henning, dem Dänen, dessen Traum es schon immer war, alleine den Pazifik zu überqueren, und Schelmi mit seiner IRENA, der den Yachten, die ihn überholen oder wenn er selbst ab und an mal eine überholt, den nackten Hintern auf dem Vordeck zeigt. Ja, es ist gar nicht so einfach am Ende der Welt alleine auf einem Sandfleck mit ein paar Palmen zu sitzen, drumherum kristallklares Wasser, und niemanden zu haben, dem man erzählen kann wie schön es grade ist. Deshalb hat Schelmi momentan Brad an Bord, einen bildhübschen, kleinen Kalifornier, unterwegs auf der Suche nach Irgendwas. Und deshalb segeln die KUTA und die IRENA seit Wochen zusammen, weil man sich den Heimweg von der Kneipe mit den Mädels im Arm besser teilen kann. Ein bisschen neidisch schaue ich schon zu den Seehalunken, ich, der immer seine Braut dabeihat, der immer jemanden hat, mit dem er die Schönheit der einsamen Buchten teilen kann. Alles hat seine Vor- und Nachteile.

Mit Brad, Schelmi und Henning gehen wir speeren und schnorcheln durch das wunderschöne unberührte Riff, essen, trinken, lachen herzhaft und viel. Das Meer brandet wie wild gegen das Außenriff, aber wir liegen geschützt wie in Mutters Schoß in unserem kleinen Heim. Rose Island ist ein kleines Atoll. Die dazugehörige Erhebung, bewachsen mit Sträuchern und bewohnt von Tausenden Seevögeln, ist vielleicht 100 Meter lang und 20 Meter breit. Am Morgen finden wir die Spuren der Schildkröten am feinen Sandstrand, die sich des Nachts hochquälen und so immer und immer wieder den Weg üben, den sie zurückzulegen haben, wenn sie eines Tages ihre Eier ablegen. Wie die Spuren eines Bulldozers, zwei parallele Linien im Sand.

Trotz der Idylle bleiben wir nicht lange auf dem verbotenen Terrain, nach drei Tagen stechen wir alle gemeinsam in See, weiter nach Samoa. Die Backskisten sind nach Suwarrow komplett leer, die Wassertanks ebenso, Sprit jeglicher Art sowieso – auf Samoa lockt Duty Free. Die Überfahrt verläuft friedlich, und schon stehen wir vorm nächsten Inselchen. Ofu heißt es und ist schon wieder verboten. Wegen der Amerikaner, ist doch klar, weswegen auch sonst? Es gibt das unabhängige Westsamoa und Amerikanisch-Samoa. Die Insel Ofu gehört zu Amerikanisch-Samoa. Wer da hin will, muss eigentlich erst nach Pago Pago auf American-Samoa einklarieren, danach darf er dann gegen 20 Knoten Tradewind 70 Meilen zurücksegeln. Na, so ein Blödsinn. Also haben wir einen weiteren Notfall, unser Motor bockt. Gemeinsam mit Henning von der KUTA, dem Motorspezialisten, laufen wir friedlich in Amerika ein, ohne Visum. Das stinkt so sehr nach Ärger gegen den Wind, dass wir, gerade angekommen, beschließen in die Kirche zu gehen. Die Glocken läuten schon zum Gebet. Hier sind alle hochgläubig, und schon haben wir ganz Ofu hinter uns.

Es ist Sonntag und wir liegen an der Pier. Alles ist prima, wir halten ein Auto auf der steinigen Straße an und prompt zeigen uns die Einheimischen ihre ganze Insel. Zurück gibt es keinen Wagen, deshalb laufen wir Stunde für Stunde. Vorbei an den wunderschönen Stränden und netten Dörfern. Immer wieder bleiben wir am Straßenrand stehen und werden in Gespräche verwickelt, denn nur selten verirren sich Touristen auf die Insel. Nathalie wird eine Muschelkette um den Hals gehängt, und ich bekomme ein riesiges Schneckengehäuse in die Hand gedrückt. Das Leben spielt sich in den Fales ab, offenen Häusern mit Lehm- oder Kachelboden, die Schutz vor Sonne und Regen bieten und dennoch den Passat durchlassen. Zwei alte Damen laden uns auf der Hälfte des Weges ein, in ihrem Fale Platz zu nehmen und auszuruhen. Auf dem Boden liegen bunte Pandanusmatten, die Großmütter tragen farbenfrohe Pareos und Muschelschmuck. Neben dem Fale liegt Opa unter der

Erde. Die Verwandten werden meist im Vorgarten unter Kacheln begraben, obendrauf kann man herrlich sitzen oder Wäsche trocknen. Die Damen kichern wie zwei junge Mädchen, fragen mit Händen und Füßen nach unseren Namen, woher wir kommen und natürlich, wie immer, ob wir Kinder haben. Spät am Abend kommen wir endlich wieder an unseren Booten an. Ein wunderschöner, unvergesslicher Tag.

Montagmorgen, wie im »richtigen« Leben, bekommt der Hafenmeister aus Pago Pago mit, dass wir friedlich in Ofu liegen und nicht unseren Motor reparieren, sondern die Einheimischen zum Bier einladen. Das ist natürlich nicht duldbar für die Herren Beamten in der 70 Seemeilen entfernten Hauptstadt. Ich habe mich sofort telefonisch bei ihm zu melden. Eine cholerische Stimme am anderen Ende der Leitung gibt mir zu verstehen, dass wir gegen das amerikanische Recht verstoßen haben und Amerikanisch-Samoa gesetzeswidrig betreten haben. Wir haben sofort Pago Pago anzusteuern und uns den Gesetzeshütern zu stellen. Sollten wir nicht am nächsten Morgen einlaufen, würde Herr Hafenmeister sein Tugboat zur Bergung der IRON LADY nach Ofu senden. Auf unsere Kosten selbstverständlich.

Tapfer schlucke ich jegliche Bemerkung, dass die Amerikaner das doch ständig in anderen Ländern machen, hinunter und lege einfach auf. Das habe ich mit cholerischen Telefonpartnern schon immer so gemacht. Innerhalb einer Stunde haben wir den doch eigentlich so freundlichen Ort verlassen und segeln außerhalb der Zwölf-Meilen-Zone um Amerikanisch-Samoa herum zum unabhängigen Westsamoa. Der Hafenmeister kann mich mal. Via Bodenstation und Fax teilen wir ihm mit, dass wir Amerika wieder verlassen haben und auch wegen widriger Wetterverhältnisse nicht anlaufen können, was sogar der Wahrheit entspricht. Nathalie ist wie immer in solchen Situationen schrecklich nervös und wird wohl erst wieder ruhig schlafen können, wenn wir in zwei Monaten problemlos in Neuseeland eingelaufen sind.

Westsamoa stimmt unsere aufgewühlten Gemüter wieder gnädig. Nette Beamte, die an Bord kommen, die Preise sind nach Papeete wieder bezahlbar. Apia, so heißt die Hauptstadt, ist sauber und ordentlich. Schließlich war Samoa von 1899 bis 1914 eine deutsche Kolonie, diesem Teil der Landesgeschichte begegnet man immer wieder. Der Markt ist ein wahres Paradies für Obst und Gemüse, nicht zu vergessen die Trinknüsse, die hier eisgekühlt aus großen

Boxen mit Eiswürfeln verkauft werden. Die Alten trinken Kava zum Frühstück, und jeden Morgen um acht wird nach alter preußischer Sitte mit Pickelhaube über die Hauptstraße exerziert und die Nationalflagge gehisst. Im Rock natürlich. Oder Lava Lava, wie der Pareo auf Samoa heißt. Der Lava Lava ist das vorherrschende Kleidungsstück der Männer, nicht nur die Alten, selbst die Jungendlichen tragen ihn noch. Es gibt ihn in der farbenfrohen Freizeitvariante, militärisch in Marineblau, aber auch aus feinstem Zwirn mit passendem Sakko für den Geschäftsmann.

Es gefällt uns hier, in Unamerikanisch-Samoa, und ein Grund zu bleiben ist mal wieder die PETIT PRINCE mit unseren Freunden Siggi und Jürgen. Für die Hosenlosen ist Samoa ein echtes Paradies, es dauert nicht lange, und schon trägt Jürgen seinen ersten Lava Lava aus dunkelblauer Baumwolle. Perfekt gekleidet ohne dem Spitznamen untreu zu werden. Lange, feuchte Canastanächte halten uns im Hafen fest, und das erste Mal probieren wir gemeinsam ein Päckchen Kava, denn Siggi und Jürgen haben sich auf dem Markt eine Schale gekauft.

»Das Kava wird in ein Tuch gegeben, geknotet und dann durch das Wasser in der Schale gezogen«, erklärt Siggi. »So, seht ihr, so haben die das gemacht auf dem Markt. Und immer wieder ausdrücken.«

»Ich weiß nicht, sieht irgendwie fies aus, wie Spülwasser, was du da fabrizierst.«

»Das muss so sein.«

Zögernd nehmen wir jeder eine Kokosschale voll von der trüben Brühe, es schmeckt dreckig, erdig, staubig, eindeutig nicht lecker. Wir wissen nicht recht, was nun passieren soll. Und viel passiert auch nicht. Nach zwei Schalen und ein wenig tauben Lippen geben wir es auf und greifen zurück auf das Inselbier. Erst am nächsten Morgen scheint bei uns die Wirkung der bekannten Südseedroge anzukommen. Wir sitzen wir in der Sonne und lächeln alles und jeden an.

»Komm mal her, Nathalie, das musst du lesen.«

Ich sitze wie immer am Morgen am Navigationstisch und empfange unsere E-Mails über Kurzwelle. Neugierig beugt sich Nathalie über meine Schulter und liest am Bildschirm mit.

»Nein! Carlotta ist schwanger? Das ist ja toll. Das gibt's ja gar nicht. Die haben doch noch gesagt, sie wüssten nicht recht, wann und ob überhaupt, und ...«

»Da hat sich Carlotta wohl doch durchgesetzt, was«, falle ich ihr ins Wort.

»Wann war das denn, wann denn, wievielte Woche? Mensch, das muss doch dann irgendwann in den Gesellschaftsinseln gewesen sein. Als wir uns auf Huahine noch mal kurz getroffen haben. Was sie wohl jetzt machen werden?«

» Na ja, Carlotta hatte ja eh nur ein Jahr vom Job freibekommen, in zwei bis drei Monaten fahren sie zurück nach Italien, da stellt sich nicht das Problem, wo sie das Kind bekommen werden.«

Beim Frühstück herrscht nachdenkliches Schweigen.

»Wir könnten ja auch mal wieder drüber nachdenken, oder?«, beginne ich zögerlich.

»Ja, das stimmt, unser letztes Argument war, dass ich schwanger nicht tauchen kann im Pazifik. Das haben wir nun getan, dann steht dem eigentlich nichts mehr im Wege.«

»Hm, eigentlich nicht. Gibst du mir noch mal die Erdnussbutter rüber?«

Bröttbröttbrött. *Spiegelglatte See. Kein Lüftchen geht. Wir jagen einen Liter Diesel nach dem nächsten in diese wunderschöne Welt und warum? Der Malte kommt. Mal wieder sind wir zu lange hängen geblieben. Es hilft nichts, da müssen wir durch. Wir freuen uns auf ihn und natürlich auf alles, was der Arme aus Deutschland mitbringen muss. Fast 48 Stunden Flaute und plötzlich, mit dem einsetzenden, langersehnten Südost, schreibt unser kommender Gast: »Sorry Nathalie, sorry Michael. Missverständnis, Zeitverschiebung nicht beachtet, komme zwei Tage später.«*

Wir knirschen mit den Zähnen und reiben uns die kopfschmerzgeplagten Schläfen. zwei Tage Dieselabgase in der Nase, das geht nicht spurlos an uns vorbei. Doch man wird ja für vieles belohnt im Leben. Unsere Belohnung besteht in diesem Fall aus stetigem Wind und fast stündlichem Fischfang. Nach ungefähr drei Tunas und zwei Doraden konfisziere ich die Angeln und spreche Micha ein Fischverbot bis zur Ankunft aus.

»Bis zur Ankunft? So lange Angelverbot?«

Ankunft im Regen in Suva, der Hauptstadt von Fidschi. Nach Papeete eine der größten und quirligsten Städte des Pazifiks. Hier gibt es die University of the South Pacific und eine kosmopolitische Bevölkerung. Neben den Fidschianern leben auf Viti Levu, der Hauptinsel, viele Inder, dazu kommen Chinesen, Europäer und all die anderen Pazifikvölker, die wegen Studiums oder Arbeit hier sind.

Bula Fidschi! Bula heißt von Guten Tag bis abgefahren, cool oder anderen Zuständen so ziemlich alles. Liegt man nie verkehrt mit. Wir ankern vor dem Royal Yacht Club und werden außer von kühlem Bier auch gleich von der ewig lächelnden Queen in Kronjuwelen begrüßt. In Bildform über der Theke natürlich. Fidschi ist eine ehemalige englische Kolonie, das sieht man an der Flagge, dem Linksverkehr, den Indern, der Queen und den Uniformen der Kellner im Club. Dieses Clubgehabe war uns schon immer etwas suspekt. Epauletten auf den Schultern und all diese seltsamen Regeln, die es zu beachten gilt. Micha erwischt es fast mit dem Bezahlen einer Lokalrunde, da er vergessen hat, die Mütze abzunehmen. War Gott sei Dank noch früh und außer dem Senior Barman keiner da. Da sind wir also, in Suva, schaffen es über die spiegelverkehrte Straße in ein Taxi und ins Zentrum. Laut. Laut und bunt und viel. Es ist November, und bald steht Divali vor der Tür. Das ist das Lichterfest der Hindus, das mit genauso viel Pomp und Deko gefeiert wird wie unser Weihnachten. Also gibt es auch hier, mitten im Pazifik, kurz vor Weihnachten Lichterketten ohne Ende – und Sonderangebote. Vor allem natürlich Saris und bunte indische Seidenstoffe. Zwischen all der Farbenpracht ein Elektronikgeschäft neben dem anderen, Billigimporte aus Taiwan, Hongkong und so weiter. Uhren, Schmuck und Gold. Hier gibt es alles, und alles günstig. Bis es kaputtgeht wahrscheinlich, aber das hält uns nicht davon ab, einen MP3-Player zu kaufen für all die tolle Musik, die Malte in ein paar Tagen mitbringen wird. Nach ein paar Stunden Lauferei sind unsere Augen und Ohren erschöpft. Zu dem reichhaltigen Angebot kommen die ständige Beschallung mit indischem Pop und die Straßenhändler, die versuchen ihre Souvenirs, die wir nicht brauchen, an den Mann zu bringen. Nein, wir brauchen keine Menschenfressergabel oder Gehirnpicker oder Bambusspeere, auch nicht mit eingeschnitztem Namen drauf. Man freut sich fast wieder auf den distinguierten Yachtclub, bis man feststellt, dass Rugby läuft, England gegen Australien oder so. Also Schluss mit den guten Manieren. So sieht es aus. Auch nicht anders als ein Fußballspiel, nur dass auf dem Bildschirm noch mehr gekloppt wird, gehört ja schließlich zum Spiel. Wir Sportbanausen ziehen uns auf die LADY zurück. Es regnet übrigens. Nicht ständig, aber stetig, immer wieder. Der Himmel ist grau, jeden Tag essen wir unsere Teller leer und hoffen das Beste für Malte, der in ein paar Tagen eingeflogen wird.

Die FINALLY kommt rein, letztes Mal haben wir den aufgedrehten Franzosen mit seiner hübschen niederländischen Frau und dem kleinen Sohn auf Toau gesehen. Der Tag beginnt wieder mal verregnet, und wir treffen Jean Marie und Frau ziemlich fertig an der Dingipier. Die FINALLY ist aufs Riff gelaufen.

»Das ist unser aller Albtraum und wenn es passiert …«

Nathalie ergänzt meinen Satz: »Schauen wir weg, um nicht auf den Gedanken zu kommen, dass es uns ja hätte genauso passieren können. Glattes Wasser nach einem anstrengenden Törn. Der Hafen naht, die Lichter sind klar. Man segelt langsam, um beim ersten Licht an der Tonne zu sein, um in den Hafen zu kommen und …«

Ich übernehme: »… man schläft ein.«

»Vom Rauschen wird man wach, aber da hebt die See einen schon inklusive Boot aufs Riff, die nächste noch ein paar Meter weiter und die scharfen Korallen reißen den dünnen Rumpf auf.«

Keiner ist ertrunken, nichts ist passiert und so hoch ist der Schwell auch nicht. Beim nächsten Hochwasser zieht ein Schlepper die teure 45'-GFK-Yacht vom Riff und ab in die Werft. Kein Totalverlust, nur ein Verlust der Illusion, dass das einem selbst ja nicht passieren kann.

Die Zeit bis zu Maltes Ankunft vertreiben wir uns in den quirligen Straßen von Suva. Es gibt nichts besseres, als sich durch die lokale Küche der Städte zu testen. Und so landen wir in einem kleinen indischen Restaurant, das vom Stil her eher einem Fast-Food-Laden ähnelt. Einfache, funktionale Resopaltische und Plastikstühle. Kacheln an den Wänden, Fliesen auf dem Boden. Ein Ventilator dreht müde seine Runde unter der Decke, die Fliegen summen in Erwartung der Köstlichkeiten, die gleich auf dem Tisch landen werden. Wir werden nach unserer Bestellung gefragt und ordern das Tagesgericht. Hühnchencurry mit Basmatireis und scharfer Kokossambal.

»Das sieht ja abenteuerlich aus«, stelle ich fest, als die beiden silbernen Tabletts mit dem Essen kommen. »Wenn's nicht aus Stahl wäre, würde ich sagen, Mensatablett. Lustig, aber praktisch. Hölle, ist das scharf. Ich dachte die weiße Soße ist zum Abmildern.« Ich huste und huste, wobei mein Blick aus dem Fenster fällt. »Mmmmm, aber lecker, toll. Hier gehen wir öfters hin. Hast du übrigens gesehen, da gleich gegenüber, das Schild, erste Etage, am Fenster?«

Nathalie lässt ihren Blick aus dem Fenster schweifen, Klinik für Gynäkologie und Geburtshilfe. »Ja, und?«

»Na, da könntest du dir doch nach dem Essen die Spirale ziehen lassen, oder? Vielleicht haben die gerade Zeit.« Ich sehe, wie ihr vor Schreck ein Bissen Hühnchen im Halse stecken bleibt. Lautes Husten ertönt.

»Ganz schön scharf das Essen. Ja, ähm, ich weiß nicht. Jetzt sofort? Wir haben doch noch gar nicht darüber gesprochen. Und wer weiß, was das für eine Klinik ist.«

»Noch nicht drüber gesprochen? Wir sprechen seit drei Jahren oder länger immer mal wieder darüber, irgendwann müssen wir uns einfach entscheiden, also, sollen wir?«

»Ich weiß nicht, ich glaube, ich warte lieber bis Neuseeland. Was ist, wenn es sofort klappt, und dann muss ich eine der schwierigsten Passagen dieser Reise schwanger segeln. Keine gute Idee, oder?«, murmelt sie kleinlaut.

In zähen Verhandlungen mieten wir einen uralten Pick-up, der in Deutschland wahrscheinlich sogar Probleme hätte, durch den TÜV zu kommen, doch wir sind nicht wählerisch. Der Wagen ist günstig, Malte kommt mitten in der Nacht an, und so können wir schon am Tag davor einmal quer über die Insel nach Nadi fahren. Typisch Micha und Nathalie, natürlich die kleinen Seitenwege, wofür hat man denn sonst einen Allradantrieb. Doch wir sind etwas enttäuscht, die Berge sind braun und vertrocknet, die Dörfer ärmlich und dreckig und Brandrodung hat überall ihre Spuren hinterlassen. Ein Einheimischer, den wir ein Stück mitnehmen, erzählt zudem, dass große Stücke des Waldes schlichtweg abgebrannt werden, um die Wildschweine aus dem Wald zu treiben und zu jagen.

Um Nadi herum befindet sich das Zentrum des Fidschitourismus. Hier liegt der internationale Flughafen und von hier gehen Fähren, Speedboats und kleine Flieger auf die Trauminseln, die Mamanucugroup. Inselressorts mit den typischen Stelzhäusern im Meer und üppigen tropischen Buffets. Ein Hotel reiht sich ans nächste, in einem kitschig, puffig beleuchteten können wir ein Zimmer für ein paar Stunden mieten, die halbe Nacht zum Sonderpreis. Irgendwo über uns knarrt ein altes Bett rhythmisch gegen die Wand, Neonlicht aus dem Hof scheint schräg ins kleine Zimmer, die Klimaanlage grunzt und rasselt, der Regen prasselt auf ein Vordach aus billigem Plastik.

»Ich liebe dich.«

Wer hat da was gesagt?

»Ich dich auch.«

Noch mitten in der Nacht geht es zum Flughafen. Malte ist weiß, ebenfalls übernächtigt, wundert sich, wo das Meer ist und dass es bis zur LADY noch fast vier Stunden Pick-up-Fahrt sind. Die Küste im Süden von Viti Levu reißt unseren Gast nicht gerade vom Hocker, aber das Abenteuer kommt sicher noch früh genug. Es regnet immer noch. Und es regnet weiter. Die ersten vier Tage haben wir Schwierigkeiten, unserem Gast das Leben in Fidschi schmackhaft zu machen, die laute Exotik vom quirligen Suva hat sich schnell erschöpft, auch das Museum, das sehr anschaulich Fidschis Kannibalenvergangenheit inklusive Esswerkzeugen und Rezeptvorschlägen zeigt, ist in ein paar Stunden durchlaufen. Dann reicht's uns. Ortswechsel, auf zur 16 Seemeilen entfernten Insel Bequa, einem Tauchparadies. Die Fahrt ist rau und ruppig, Malte wird kotzübel, ist wohl doch ein bisschen viel, hoch am Wind bei 20 Knoten für 'ne Landratte. Tapfer leidet er in der Seekoje, bereit, alles zu tun, um der Großstadtfalle Suva zu entkommen und das Paradies zur erreichen.

Bequa – das bedeutet eine tief eingeschnittene, fjordartige Bucht, ein kleines Dorf am Ufer, gut geschützt vor den kräftigen Südostwinden, der nach wie vor Wolken und Regen über die Inseln bringt. Nächtliche Fallwinde, die sich gewaschen haben, lassen die LADY *unseren Besuch begrüßen. Doch Maltes Stimmung bessert sich, die Berge rundherum sind wunderbar grün, es riecht tropisch, die Hängematte wird aufgehängt und das erste Urlaubsentspannungsgefühl stellt sich ein. Wolkenverhangen ist auch der nächste Tag, doch wir beschließen einstimmig, das Wetter zu ignorieren und verlegen zum Saumriff. Ein klitzekleines Kokospalmenstrandinselchen lockt, der Ankerplatz ist rollig, aber was macht das schon. Tauchen ist angesagt. Malte, mit seinem frisch im Gasometer Oberhausen erworbenen Open Water Diver hat noch nie in seinem Leben einen Fisch gesehen – außer in der Bratpfanne oder dem Zoogeschäft. Das soll sich ändern.*

Die Jungs bibbern im Regen, während sie sich ins Neopren quetschen, die LADY *ruckelt bei fast einem Meter Welle am Ankerplatz. Platsch ins Wasser, und eine halbe Stunde später sitzt ein tauchbreiter Malte rundum glücklich im Cockpit. Nachmittags wiederhole ich das Spielchen mit Malte. Unter Wasser ist es so wunderbar ruhig und friedlich, ganz anders als an Deck der* LADY. *Wir werden belohnt, die Sonne lässt sich blicken, und wie von Zauberhand sitzen wir auf einmal im Paradies. Das Grau in Grau weicht einem glitzernden Farbenmeer, Malte ist nicht zu halten und innerhalb weniger Minuten ist er an Land auf seiner ersten einsamen Insel mit Palmen. Seltsame Juchzlaute dringen aus der Ferne an unser Ohr. Wir haben Glück, das schöne Wetter beginnt. Nun heißt es Tauchplätze suchen.*

Mindestens zweimal am Tag tauchen wir ab, mit Guide, ohne, zum Wrack, zu den Tieren. Sehen jede Menge Haie, Jackfische und Barra-

24

5

26

24 Mit imaginärem Maschinenschaden laufen wir einen Außenposten der USA an, die Insel Ofu.

25 Auf den Vogelinseln des Suwarrow-Atolls brüten die Maskentölpel. Scheu vor den Menschen haben sie keine.

26 Unter Wasser leuchten die Lippen der Mördermuscheln in allen Farben.

27 Papa John hat einen jungen Tölpel gefunden, der seine Eltern verloren hat. Am liebsten frisst er rohen Thunfisch aus der Hand.

28 Kokoskrabben gelten im Pazifik als Delikatesse.

30

27

28

29

31

32

33

Wilde Gesichter statt lieblicher Pareos, eine Gruppe aus Rapa sorgt auf dem Festival in Papeete für Gänsehaut.

Volle Kraft voraus, Neuseeland ist unser nächstes Ziel.

Vater und Sohn heißen internationale Segler in Neuseeland auf maori willkommen.

32 Die Rock Oysters genießt man am besten mit der Zitrone in der Hand direkt vor Ort.

33 Vom Cape Reinga, dem nördlichsten Punkt Neuseelands, kehren die Seelen der Verstorbenen nach Hawaiki, der ursprünglichen Heimat, zurück.

34 Langsam wird es nach Sonnenuntergang kalt in der Bay of Islands. Zeit, in die Tropen zurückzukehren.

35 Mit der DESTINY nehmen wir am Tall Ship Race in der Bay of Islands teil, allerdings außer Konkurrenz.

36 Ankerplatz in Indonesien.

37 An der Strandpromenade von Port Moresby zeigen die jungen Mädchen Samstagsmorgens ihr tänzerisches Talent.

38 Die weißen Streifen auf der schwarzen Haut der Tänzer in der Vureas Bay symbolisieren die Gestalt der Seeschlange.

34

35

36

37

38

39

40

39 Mit der »Air Franz« sehen wir das erste Mal die Riffe aus der Vogelperspektive.

40 Die Segel der balinesischen Fischerboote sind aus Plastikplanen zusammengeflickt.

41 Der Skipper scheitert bei dem Versuch, die LADY einhand zur falschen Jahreszeit nach Singapur zu segeln.

42 Wer Bali entdecken will, sollte die Marinas verlassen und ins Landesinnere fahren.

41

43 Die Idylle täuscht, einen Tag später erleben wir hier unser erstes Seebeben.

44 Auch Tempel sind nicht an der Küste, sonder weiter landeinwärts zu finden.

45 Zwischen Mangos und Reissäcken lassen sich die Chinesen in Malaysia auf dem Markt die Zukunft vorhersagen.

43

44

45

kudas und vor allem immer wieder bunte Weichkorallen, Nacktschnecken und Anemonen. Alles Getier, was wir bisher im Pazifik noch nicht zu sehen bekommen haben. Kein Wunder, dass diese Insel zu einem beliebten Ziel für Makrofotografen geworden ist!

Bei all den Wasseraktivitäten finden wir kaum Zeit, das Dorf zu besuchen, doch das gehört mit zu Fidschi dazu, Sevusevu machen. Man bringt ein Bündel Kavawurzeln als Geschenk für den Chief mit und bittet mit diesem Geschenk um die Erlaubnis, in dessen Gewässern ankern, fischen und tauchen zu dürfen. Meist wird man daraufhin eingeladen an einer Kavazeremonie teilzunehmen. Das muss sein, Malte! Wir kennen das Gebräu und seinen doch recht eigenwilligen Geschmack ja schon, also nehmen wir die Einladung an und marschieren am nächsten Nachmittag wieder ins Dorf zum Haus des Chief. Auf Bastmatten nehmen wir im Kreis auf dem Boden Platz. Die halbe Familie, groß, klein, alt und jung, ist anwesend, als der Chief die Brühe vorbereitet. Serviert wird in halben Kokosschalen. Der Gastgeber bietet die Schale mit beiden Händen an, man klatscht dreimal in die Hände und trinkt auf ex. Zum Abschluss noch dreimal klatschen. Alle freuen sich. Die Konzentration bei der Zeremonie ist vor allem für uns wichtig: sie hilft, den erdig-seifigen Geschmack zu vergessen. Hier in Fidschi trinken alle Kava, auch die Frauen und Jugendlichen, selbst Oma setzt sich mit in den Kreis und genehmigt sich ein Schlückchen. Gearbeitet wird nach dem Genuss von Kava nicht mehr, auch nicht mehr viel geredet. Die Sonne tut ihr Übriges, am besten, man sucht sich ein schattiges Plätzchen auf dem Dorfrasen.

Malte ist nicht begeistert vom Pazifikrausch. »Schlimmster Hangover meines Lebens, ohne vorher die geringste Wirkung gespürt zu haben«, stellt er am nächsten Morgen fest. Okay, nächstes Mal laden wir die Fidschianer zum Bier auf die LADY *ein. Eine Woche vergeht zwischen Tauchen und Dorfbesuchen, dann juckt es uns unter dem Kiel. Die Inselgruppe Kandavu im Süden wollen wir Malte nicht zumuten, fast 100 Meilen hoch am Wind, das muss nicht sein. Also nehmen wir Kurs auf die Mamanucu-Group, die gut erschlossenen Paradiesinseln im Westen der Hauptinsel. Viele Ressorts gibt es hier, doch das eine oder andere unbewohnte Schätzchen gibt es wohl auch noch. An der Innenseite eines Außenriffs fällt der Anker, alle paar Meilen wieder. Langsam tuckern, Brille auf, ins Wasser, Korallen begutachten, Anker schmeißen, tauchen gehen. So sehen unsere Tage aus. Malte wird jeden Tag tauchbreiter und erfahrener, aus dem anfänglichen Zappeln und Jojohüpfen wird langsam ein ruhiges Dahingleiten. An Land will er gar nicht mehr. Inseln? Grün? Strand? Nee, lieber Flaschenatmen. Doch nach ein paar Tagen greifen wir durch, wollen unserem Gast noch ein bisschen mehr zeigen als die Welt unter Wasser.*

Ein paar Inseln weiter liegt eine unbewohnte Insel, sagt der Cruising Guide, die man nicht verpassen sollte. Normalerweise ist so eine Aussage ein sicheres Anzeichen für einen überfüllten Ankerplatz, aber irgendwie haben wir ein gutes Gefühl und werden auch prompt belohnt. Die Bucht ist frei, nur zwei lokale Fischerboote und ein kleines Zelt an einem der Strände. Der Ort bietet alles, was zu einer perfekten Südseeinsel gehört: Hügel, schroffe Felsen, dazwischen ein weißer Sandstrand, der sanft ins Wasser übergeht. Kokospalmen wiegen sich im Passatwind – das ist es. Das wollten wir Malte zeigen. Wir quatschen mit den Fischern am Strand und erstehen frisch gespeerten Fisch für ein Lagerfeuer-BBQ am Abend. Stockbrot, eine Flasche Wein und marinierter Fisch in Alufolie. Maltes letzte Tage brechen an, wir hätten keinen besseren Ort finden können. Ab und an tauchen andere Boote für eine Nacht in der Bucht auf, doch meist sind wir alleine. Ein letzter Tauchgang, ein letztes BBQ, und auf geht es nach Nadi. Der Flieger wartet nicht, und auch für uns ist es Zeit, das Schiff auf die Fahrt nach Neuseeland vorzubereiten.

Wir liegen vor Anker in einem kleinen, dreckigen Fährhafen und hören Wetterberichte. Malte ist weg, bestimmt schon wieder teilweise vom Alltag zu Hause verschluckt. Bisher konnten wir ganz gut verdrängen, dass uns einer der schwierigsten Trips der Reise bevorsteht, doch nun müssen wir uns damit auseinandersetzen. Uns erwarten 1000 Meilen am Wind, um nach Neuseeland zu kommen. Irgendwie müssen wir ein Fenster zwischen der bald beginnenden Hurrikansaison im Pazifik und den Frühjahrsstürmen in Neuseeland finden. »Wetterfenster«, ein Unwort. Und man hört nichts anderes auf den zahlreichen Netzen auf der Funke. Jeder weiß was, jeder weiß was besser und hat es im Endeffekt ja gleich gesagt. Gut, dass wir noch einiges zu tun haben, bevor wir loskönnen. Wie immer liegen ein paar kleine Reparaturen an, Motor und Rigg müssen geprüft und diverse Verproviantierungskäufe getätigt werden. Neben uns liegen die ersten Neuseeländer, Kiwis, wie sie sich selber nennen, die wir kennenlernen. Tracey und Chris mit Tochter Aisha. Kleines, buntes Stahlboot. Sie kommen mit einem Bildband vorbei und machen uns Lust auf das neue Ziel.

»Lasst euch nicht verrückt machen, so schlimm ist der Weg auch nicht«, sagen sie. »Ihr seid doch auch schon auf der Nordsee gesegelt.«

Stimmt. Ein paar Tage später klarieren wir aus und verlegen nach Muscet Cove, Malolo Lailai. Ins Zentrum der Yachten auf Absprung.

Abends versammelt man sich an der Bar und diskutiert. Es ist wie auf den Kapverden. Oder wie in Panama. Immer das Gleiche, immer wieder neu. Einer nach dem anderen fährt, wir warten. Haben Schiss vor dem Trip und sind unsicher. Das viele Gerede macht noch unsicherer. Schließlich sind sie alle weg, der ganze große Trupp. Stattdessen tauchen ein spanisches, ein italienisches und ein türkisches Boot auf. Sie alle bleiben in Fidschi für die Saison, graben ihre Boote in Erdlöcher zum Schutz vor Hurrikans ein und fliegen nach Hause. Wir entspannen uns, die Wetterfenster hören wir nur noch auf der Funke am Morgen und den Rest des Tages machen wir Urlaub. Swimmingpool, Liegestuhl, Kräftesammeln für die Fahrt. Fenster öffnen und schließen sich, und schließlich ist es soweit. Wir sind bereit und fahren. Zum Abschied werden wir beschenkt, mit türkischen Augen aus blauem Glas für eine gute Fahrt und spanischer Musik für die Nachtwachen.

Die Südsee liegt hinter uns, vor uns liegen 1000 Meilen Wasser und das Land der Schafe.

Der mündlichen Überlieferung der Maori zufolge war Kupe der erste Entdecker Neuseelands. Er und sein Gefährte Ngahue führten zwei Kanus an, MATAHORUA und TAWIRI-RANGI, und segelten von Hawiki aus nach Süden, um zu sehen, was sich hinter dem Horizont verbarg.

Das erste Anzeichen, das auf eine größere Landmasse hindeutete, war eine weiße Wolke in der Ferne. Als sie diese erblickte, rief Kupes Frau: »He ao he ao! He aotea! He aotearoa.« (»Eine Wolke! Eine Wolke! Eine weiße Wolke! Eine lange weiße Wolke!«). Und so nannten sie das Land Aotearoa, das Land der langen weißen Wolke.

Auf die Nase

Neuseelands Werften rufen

»Nee, ich kann gerade wirklich nicht aufstehen Nathalie. Mir ist kotzübel. Nicht, dass ich kotzen müsste, aber mir ist richtig schwindelig.«

Achtundvierzig Stunden ist es her, seit wir unseren gemütlichen Ankerplatz in Fidschi verlassen haben. Kurs Süd, Kurs Neuseeland. Uns bläst der Wind auf die Nase wie noch nie zuvor. Gereffte Fock, dreifach gerefftes Groß. Trotzdem legt sich die LADY immer wieder auf die Seite, reitet einen Brecher hoch und fällt krachend auf der anderen Seite wieder hinunter. Nicht dass wir langsam sind, nein, es ist einfach nur ein hundsgemeiner Kurs gegenan, grünes Wasser über dem Deck der LADY, irgendwas zwischen 25 und 35 Knoten Wind. Und wir? Wir haben einfach noch keine Seebeine, um dagegen anzukommen. Das dauert bestimmt noch mal 24 Stunden, bis ich wieder stehen kann. Nathalie geht es besser. Typisch, sie kann einfach besser gegen die See an. Mir graut vor der Nacht, wenn man die Wellen nicht mehr sehen kann, nur noch der Windfahne, dem Boot vertraut und sich irgendwie bis zum nächsten Morgengrauen abwechselnd durchschlägt.

»Müssen wir eigentlich unbedingt nach Neuseeland?«

»Ja klar, die Hurrikansaison im Südpazifik hat bereits angefangen, und Fidschi ist eine verdammt gefährliche Ecke. Das weißt du doch selber!«

»Gut, na gut, dann nix wie schnellstmöglich unter 25 Grad Süd.«

Ich hole die Fockschot mit der Winsch symbolisch noch zehn Zentimeter dichter. Die Schot knirscht laut unter dem Zug. *Bumms*, der Bug der LADY schlägt wieder in den nächsten Wellenkamm. Eine von uns Dreien hat den Weg nach Neuseeland schon mal hinter sich gebracht, die IRON LADY. Damals hat es auch gepustet, das scheint wohl normal zu sein. Wir haben keine Ahnung, was uns in Neuseeland erwartet. Klar, jeder hat so seine Vorstellungen. Vor allen Dingen Schafe. Viele Schafe, denken wir uns. Dann Berge, grüne Natur und wenig Menschen. Microsoft Encarta gibt da nicht viel her. Die Erzählungen anderer Segler lassen einen immer stark kreativ werden. Vor allem an der Temperatur merken wir, dass wir jede Stunde ein paar Meilen weiter südlich kommen. Jeden Tag suchen wir uns ein neues Kleidungsstück aus dem Schrank. Die Arme werden bedeckt, nachts muss eine Decke her, und die Sprayhood bleibt immer schön da, wo sie hingehört.

»Herzlichen Glückwunsch zum Geburtstag, Nathalie«, eingeklemmt unter der Sprayhood, mit dem Füßen gegen Lee abgestützt, recht grün um die Nase, schaue ich Nathalie gegen den erwachenden Tag an, richte mich mit der nächsten Welle auf, um sie in den Arm zu nehmen und fange an fürchterlich zu weinen.

»Das ist ja ein tolles Geburtstagsgeschenk«, kommt von meiner holden Geliebten. »Statt Blumen und Geschenken, einem Geburtstagsfrühstück und frischen Kaffee gibt es einen seekranken Skipper, der sich die Seele aus dem Leib heult. Der Kerosinherd funktioniert nicht, weil es das Kerosin bei der ständigen Schräglage der LADY im Tank nicht mehr zum Ausgangsstutzen schafft. Die Wellenberge werden größer statt kleiner und mir ist auch schon ganz schlecht.« Nathalie nimmt mich in den Arm, bis kein Wasser mehr zum Heulen da ist. »So ein Mist, im Heck des Cockpits kann man überhaupt nicht mehr sitzen, die Brecher kommen nach hinten geschossen wie wild. Überall Wasser.«

Wir haben undichte Luken, der Ankerkasten ist auch nicht dicht, und auf dem Vordeck rumzutanzen um Rigg, stehendes und laufendes Gut zu kontrollieren, ist keine Freude mehr, nicht mal im Ansatz. Am nächsten Morgen wird es uns zu bunt. Wenigstens ruhig frühstücken wollen wir, und der große Kerosintank ist immer noch leer.

»Beidrehen!«

»Das haben wir noch nie ernsthaft gemacht.«

»Egal.«

Die Fock steht back, das Groß mittig, und plötzlich ist es einigermaßen ruhig, der Tank zum Kochen wird nachgefüllt, und es gibt ein ordentliches Frühstück. Genau, so ist es prima. Das geht. Zwei geplagte Seelen atmen wieder auf. Luft schöpfen, Kraft holen.

»Verrückt, das ist ja wie anhalten.«

»Kein Wunder, gegenan ist einfach der anstrengendste Kurs, den es gibt.«

Die Seekrankheit verfliegt, und alles in allem wird es doch noch ein schöner Trip. Nach fünf Tagen Starkwind aus Südost bekommen wir einen Tag Flaute, leichte Winde, wir motoren. Normalerweise sitzen wir so ein Wetter aus, aber nicht in diesem Seerevier, hier heißt es ankommen, man weiß nie, wann die nächste Front durchläuft und unten am Cap Reinga das Meer zum Brodeln bringt. Der Wind dreht auf Südwest, frischt auf, wieder hoch am Wind, doch jetzt haben wir unsere Seebeine wieder. Die Stimmung auf der LADY steigt mit jeder Meile, die wir dem Schafeland näher kommen.

Logbuch

Tjaja. Schräge Tage auf der LADY. Ich glaube, so viele Meilen sind wir noch nie hoch am Wind gelaufen. Also: schräg. Alles hier ist schräg. Der Stuhl, auf dem ich sitze, mein Rücken, der Bildschirm und der Tisch. Irgendwo klemme ich immer eins meiner Gliedmaßen rein, damit ich nicht so wie vieles andere durch das Boot fliege. Schräg. Die Bewegung ist schräg und dazu kommt das Schlagen nach vorne. Welle rauf und dann: Bumm! Wieder runter. Das sieht richtig toll aus, wenn die Gischt so rechts und links hochspritzt. Aber wie soll man das jemandem erklären, der noch nie in einer Stahlschüssel über den Ozean gewackelt ist. Das Schlagen in die Welle, nun ja, das ist schon mal toll, sportlich für ein paar Stunden, doch wenn man sich vorstellt, dass unser ganzes Haus, Hab und Gut sich im Bauch der LADY befindet, so ist das nach zehn Tagen doch endlich genug! Wozu gibt es Flugzeuge? Aber wenn wir dann vor Anker liegen und uns erstes Steak zwischen die Zähne schieben, dann sind wir wieder alle tolle Seefrauen und Männer, die es geschafft haben. Neuseeland ist eine Reise wert. Hoffen wir.

Erst in der Abdeckung, 50 Meilen östlich von Neuseeland, fangen wir endlich unseren ersten Fisch. Einen ordentlichen Yellowfin Thuna holen wir aus dem Kielwasser.

»Hey, das passt doch. Dann blas mal die vierzig Kerzen aus, die hier auf dich warten, mein Schatz. Herzlichen Glückwunsch zum Geburtstag.«

Ich könnte schon wieder losheulen.

»Heulsuse, Heulsuse. Du hast ja schon wieder Pipi in den Augen.«

»Der Skipper ist eben ein Weichei, da machste nix«, sinniere ich so vor mich hin. »Du hast noch nicht mal ’nen Kaffee bekommen, ich war ganz grün um die Nase und elend und jetzt kommst du mit Socken als Geschenk und einem riesigen Geburtstagskuchen. Ist doch kein Wunder, dass ich da schon wieder ’ne Träne wegstecken muss.«

Nathalie lacht, und weil es so gar nicht passt, gibt es danach noch kiloweise Sushi mit Sojasößchen und viel Wasabi.

»Ach, was geht es uns wieder gut.« Ich dreh den Schlüssel bei drei Knoten Fahrt und lass Johann mitlaufen, damit wir endlich ankommen. So am Schluss eines Trips, die letzten hundert Meilen, verliere ich immer endgültig die Geduld, um Leichtwindsegeln zu praktizieren. Auch Nathalie will ankommen und die LADY sowieso.

Willkommen im Schafeland! Endlich sind wir in der berühmten Bay of Islands, es ist Wochenende, alles segelt, nur wir röhren schnellstmöglichst zum Quarantänesteg. Den dürfen wir erst Richtung Yachtclub, Richtung Steak, kaltes Bier und frischen Salat verlassen, wenn die Behörden da waren. Zoll, Immigration und das Wichtigste auf der Insel, die Quarantäne, lassen sich Zeit. Der nette Herr in Grau mit dem deutlichen neuseeländischen Akzent von der Gesundheitsbehörde streift sich die Einmalhandschuhe an und beginnt die Durchsuchung.

»Irgendwelche Souvenirs aus Leder, Holz oder Tierfellen an Bord? Keimfähiges Saatgut? Haustiere? Nüsse?« Schapp um Schapp müssen wir öffnen, doch es ist nichts zu finden, was nicht auf die Insel gehört. Keine Drogen, keine Unmengen von Alkohol, keine Tierknochen und auch kein Saatgut. Verzweifelt nehmen sie uns drei Fischköder ab, da sind irgendwelche Tierfedern dran, die eine Federviehseuche einschleppen könnten. Luis, der Segler aus Panama, der mir die selbstgemachten Dinger für vier Dollar angedreht hat, meinte, dass man damit super Haie angeln könnte, von Behörden hat er nichts gesagt. Im Yachtclub gibt es große Gläser mit Bier. Das soll so sein und in dieser Nacht schlafen wir gut. So gut. So gut.

Neuseeland ist fest in deutscher Seglerhand. Am Rande hatten wir diese Gruppe Segler immer mal wieder erlebt, aber nicht so extrem, geballt an einem Ort. Eine fest eingeschworene Truppe trifft sich an den immer gleichen Orten und Kneipen. Erst freut man sich, dann wird es langweilig, so wie im Kleingartenverein.

Vor dem kleinen Ort Russel in der Bay of Islands verlieren wir den Anschluss an die deutsche Segelgemeinde, stattdessen lernen wir die Südamerikanerin Fabiola und ihren angeheirateten Kiwi Justin kennen. Das Boot DESTINY ist unglaublich, die Story, wie Justin darangekommen ist, ebenso. Justin ist Spezialist im Heben von Bootswracks. Die DESTINY war auch so ein Fall. Wie viele Kiwis wollte Justin lieber auf dem Wasser leben als an Land Miete zu zahlen.

Den Einzylinder der DESTINY betrieb Justin bis vor Kurzem noch mit altem Fett aus den allgegenwärtigen Fish 'n'Chips-Buden. Die Renovierung zieht sich schon Jahre hin. Hier und da bekommt er

Farben von anderen Seglern geschenkt. So ist das Boot kunterbunt angemalt in den verfügbaren Farben diverser Vorstreichlacke. Derzeit. Aber das macht nichts, die DESTINY ist eher ein Haus- als ein Segelboot.

Auch Frans und Sylvia von der MOET bringen Aufregung in unser Leben. Gerade verspeisen wir die obligatorischen Dienstagsburger im Club von Opua, als der holländische Frans sich zu uns gesellt.

»Hey, ich bin der Frans, bin gerade eingelaufen aus Tonga, was für ein Trip!«

»Herzlich willkommen, hol dir doch ein Glas und setz dich, der Bierkrug ist noch voll. Bist du alleine?«, laden wir ihn an unseren Tisch ein.

»Nicht ganz, bin zwar alleine runtergesegelt, aber übermorgen, da kommt die Sylvia nach. Meine Freundin. Ist geflogen, von Tonga, weil sie im vierten Monat schwanger ist, das wollte ich ihr nicht zumuten, den Trip.«

Nathalie und ich wechseln verstohlen Blicke. Da ist es wieder, das Thema.

»Wir sind ja so aufgeregt, müssen die MOET ein bisschen umbauen, Kinderkoje, Netz an die Reling. Gibt viel zu tun hier. Wir sehen uns sicher noch, ich hau mich mal in die Koje, bis bald!«

Keine zwei Tage später ist der Termin bei der Frauenärztin in Whangarei gemacht und die Spirale draußen. Jetzt wird es ernst.

Für ein paar Tage erkunden wir die Bay of Islands. Bis in den Kerikeri Fluss geht es hoch, wo wir die LADY zwischen zwei Pfählen liegen lassen und endlich für ein paar Tage ein Auto mieten und in den Norden der Nordinsel fahren, uns treiben lassen, die Insel anschauen, mehr erfahren vielleicht. Weihnachten fällt hier bekanntlich in den Hochsommer, es ist die wärmste Zeit des Jahres. Ich habe noch einen alten Traum zu verwirklichen und eine Flasche Whiskey mit meiner Nathalie irgendwo in den Dünen zu trinken. Das machen wir auch. Es ist einer der wirklich schönsten Strände der Welt, den wir betrachten, während wir wie die jungen Hunde das Gras der Dünen platttollen. Unvergesslich ist leider auch die Nacht in dem kleinen Zelt, das wir schon jahrelang für solche Gelegenheiten mit uns rumschleppen. Morgens um vier muss ich raus aus dem kalten Zelt, weil ich der Meinung bin, meine Brieftasche in den Dünen verloren zu haben. Wild Turkey? Das ist der Name des Whiskeys. Ich bewege mich falsch und klemme mir wieder mal einen Nerv im Rücken ein.

»Muss das unbedingt jetzt sein, wo wir endlich Urlaub machen?« Nathalie ist nicht gerade zurückhaltend genervt. Das Leben geht trotzdem weiter, auch mit Rückenbehinderung. Gut, dass wir ein Auto haben. Auf Steinpisten holpern wir zum Kap Reinga, dem nördlichsten Punkt von Neuseeland. Ein magischer Ort. Hier am Kap erheben sich die Geister der Verstorbenen und treten ein ins Paradies, glauben die Maori. Lässt man den Leuchtturm auf der Landzunge hinter sich und schaut über die Landzunge hinaus auf das Meer, wo sich der Pazifik und die Tasmansee vereinen, meint man sie fast zu spüren, die Kraft einer spirituellen Macht, die niemand erklären kann. Die Westküste der Nordspitze heißt 90 Miles Beach. Wie viele Meilen es wirklich sind, wissen wir nicht, aber der Strand erscheint endlos. Natürlich ist es mit dem Mietwagen nicht erlaubt, sogar extra schriftlich im Vertrag ausgeschlossen, auf dem Strand zu fahren, weil danach eine Motorwäsche fällig ist. Aber es macht irren Spaß, an dem verlassenen Beach direkt auf dem harten Sand wie blöd Gas zu geben. Dass die Verleiher so einen Spaß ausschließen, kann nur ein Irrtum sein. Wir bleiben nicht stecken, weder in einer der vielen Sandverwehungen noch in einem der Wassereinläufe. Nathalie schwitzt natürlich wieder Blut und Wasser und bekommt erst dann Spaß, als sie selbst am Steuer unseres Wagens durch die Leere brettert.

Zurück in Opua steht das Tall Ship Race an. Jedes Jahr in der ersten Januarwoche findet in Russell die berühmte Regatta statt. Ein Treffpunkt für alle großen und schönen Segler, viele klassische Segler und alles, was sonst noch Segel hat oder gerne hätte. Justin beschließt in letzter Minute, mit seinem Piratenschiff dabeizusein, wenn wir die Crew besorgen können. Nichts leichter als das, schnell sind all unsere Freunde informiert. Morgens um elf entert die ganze Meute die stählerne DESTINY. Die Bay kann man kaum noch sehen vor lauter Booten, Gaffelriggs, Dschunkenriggs, Rahsegel ziehen an uns vorbei, während wir uns an alte IJsselmeerzeiten erinnern und versuchen mit Justins Gaffeln klarzukommen. Doch mit so viel geballter Seemannschaft läuft alles wie am Schnürchen – bis auf den Wind. Die leichte Brise reicht für die 30 Tonnen Stahl einfach nicht aus. Egal. Justin holt seine selbst gebaute Kanone raus. Schwarzpulver rein, dann Papiermüll, Reis und Papier, ordentlich stopfen und auf die Gegner richten. Ein Hammerschlag auf das Zündhütchen gibt den entsprechenden Spaß. Die Regatta ist sowieso mehr Witz als Ernst. Es geht mehr ums Sehen und Gesehenwerden, denn um ernsthaftes Rennen und Gewinnen. Auf vielen Booten sind die Leute mit Wasserbomben bewaffnet, und zwischen all den Seglern rasen die kleinen Motorbötchen. Da wir nicht für die Regatta angemeldet sind, beenden wir jegliche Anstrengungen, das Schiff mittels Windkraft in Bewegung zu setzen und liegen bekalmt vor den Inseln, um die es rund gehen soll, um auf den Anschluss zu warten. Es herrscht schönstes Sommerwetter, Chris hat seine Anlage mitgebracht und macht Musik, Lunch gibt es auch – wir kommen uns vor wie in der Beckswerbung. Abends macht sich die Mannschaft auf den Weg zum Hangi, dem polynesischen Erdofen. Schon seit Stunden schmoren in einer tief ausgehobenen Grube Muscheln, Fisch, Schweinefleisch und Gemüse. Kurze Zeit später wird die bedeckende Erdschicht entfernt, und ein köstlicher Geruch liegt in der Bucht von Russell. Getanzt und gefeiert wird bis in die frühen Morgenstunden – das können sie gut, die Kiwis.

Ich treffe Schelmi von der IRENA in Whangarei, bei Reva, dem Dienstagabend-Seglertreff.

»Na, altes Haus. Is die Alte jetzt weg und jetzt guckste dir die deutschen Muttis an?« Ein großes Grinsen mit Gesicht drum, so taucht Schelmi in meinem Gesichtsumfeld auf.

»Jo, ich bin gerade zurück aus Auckland, habe sie weggebracht.«

Sprücheklopfer. Ich verziehe das Gesicht zu einem Grinsen und bin mir völlig klar darüber, dass ich nicht ganz glücklich aussehe.

»Kommste morgen bei mir aufn Kahn. Bier hab ich da.«

»Klar, Schelmi. Mach ich.«

Weiberheld. Aber was soll es, viel Auswahl an Gleichaltrigen habe ich nicht. 90 Prozent der männlichen Segler hier sind deutsch und über 60. »Tschööö Schelmi.« Ich schlage meinem Freund auf die Schulter. »Bis morgen. Wieder mit besserer Laune.«

Ein neues Kapitel hat begonnen. Drei Monate auf dem Hardstand in der Werft Dockland 5. Schäden an der IRON LADY, die bis dahin verborgen geblieben waren, haben wir gefunden. Nathalie war schon fast auf dem Weg in den Heimaturlaub, da haben wir mal eben den gesamten Anstrich Wasserkante bis Süllkante abgeschliffen, spezialgeprimert und mit Zweikomponentenlack neu gerollt, das Unterwasserschiff von bestimmt 2000 kleinen Blasen befreit, geprimert und neues Antifouling draufgestrichen. Ob die Blasen jetzt weg sind für immer, wagen wir zu bezweifeln.

»Sieht ja ganz danach aus, als wenn du bald wieder ins Wasser zurückkommst«, meint die Capitana, packt ihre Sachen und startet für vier Wochen Richtung Heimaturlaub. Plan und Realität liegen ja bekanntlich weit auseinander. Von außen ist die LADY wieder ganz nett, glänzend, und ein neuer Schriftzug inklusive Fisch schmückt ihren Body. Aber im Cockpit sieht es übel aus. Überall Rostfahnen! Einen ganzen Tag lang räume ich aus. Ein Schweißnahtriss am Bugkorb hat dafür gesorgt, dass das umlaufende Edelstahlabschlussrohr auf der Süllkante voll Wasser steht. Mit Bögen ist es auf dem Deck festgeschweißt, darunter ist es durchgerostet. Das rostige Wasser ist dann ins Innere und über die Ersatzsegel gelaufen. Tolle Wurst! Jeden Tag fluche ich mehr, räume das gesamte Heck aus. Die Stahlplatten unter den Winschen sind auch durchgerostet, Löcher überall. Nach ein paar Tagen ist vom Cockpit nichts mehr zu erkennen. Den Steuerstand habe ich entfernt. Motorsteuerung, Bilgenpumpe, alles bekommt einen neuen Sitz aus Edelstahl, auch unter den Winschen wird alles Edelstahl. Gut, das mein Freund Mikel von der NIN auftaucht. Fortan schneide ich alles schön mit der Flex aus und millimetergerechte Stücke aus V4A zurecht, Mikel schweißt alles wieder ein. Dockland 5 ist genau der richtige Platz für solche und andere Arbeiten. Charly, der junge Manager, hat für alles eine Lösung, auch für den schmalen Geldbeutel. Er versteht die Low-Budget-Segler, die nicht mal eben die Firmen auf dem Werftgelände beauftragen können. Die Küche im Büro steht sowieso allen zur Verfügung. Hier wird nichts für die Leiter berechnet, und auch der Strom und das Wasser haben keine Zähler. Hier darf man flexen, schneiden, schweißen – nur fürs Sandstrahlen muss man auf das Nachbargelände rüber. Im Notfall mit dem ganzen Kahn.

In meiner Zeit bei Dockland 5 habe ich verdammt viel gelernt über Farben, Metallverarbeitung, einfach alles. Auf dem Gelände laufen jede Menge Facharbeiter rum, die auf alles eine Antwort haben. Ob Dichtung, Petroleum oder Alkohol, eine Werkstatt für Hydraulik und eine Dreherei, die Kiwis sind einfach klasse. Nicht billig, aber bezahlbar.

»Früher lag ich nachts im Bug meiner IRENA unter der offenen Luke mit einer netten Frau im Arm. Mein 1946 gebauter 30-Fuß-Holzkutter war die reinste Baustelle und stand neben einer Halle meines Freundes am Niederrhein. Totalrenovierung. Dann habe ich Geschichten erzählt, die ich aus Büchern hatte, von fernen Küsten und Häfen und hab selbst von der Weltumsegelung geträumt, die ich bald, ja bald, beginnen würde.«

Mein Freund Schelmi schaut mich mit traurigen Augen an. »Ach, waren das noch schöne Zeiten. Gut, dass wir Menschen immer alles Schöne im Kopf und in der Erinnerung behalten, all den unsinnigen Müll einfach streichen und auf nimmer Wiedersehen vergessen.

Heute liege ich hier in Whangarei, Neuseeland, auf dem Trockenen. Das Geld ist mir ausgegangen, und ich arbeite auf dem Katamaran eines Freundes. Die IRENA ist wieder eine große Baustelle. Dieses Jahr werden wir wohl nicht mehr ins Wasser zurückkommen. Aber nächstes Jahr. Nächstes Jahr bestimmt. Eigentlich habe ich gar keine Lust mehr zu segeln, von einem Hafen, einer Freundin zur nächsten. Die Richtige, die den wenigen Platz auf der IRENA mit mir teilen will, die hab ich noch nicht gefunden. Tja.«

»Ach, Schelmi«, falle ich ihm ins Wort, »so richtig wolltest du es doch noch nie. Du bist doch am liebsten alleine auf deiner alten IRENA und segelst von einer Hafenbar zur nächsten.«

»Ach ja, hast ja Recht. Komm trink noch einen mit.«

Schelmi und ich, wir schauen gemeinsam auf den Kanal, der auf das offene Meer führt. Nur ein paar Meilen sind es bis zur Freiheit. Die Frau ist auf Heimaturlaub, und ich bin gerade ein bisschen rührselig.

Als Nathalie nach vier Wochen wiederkommt, ist wenigstens schon alles geschweißt und vorgestrichen, dennoch sieht die LADY natürlich aus wie eine Werkstatt. Damit wir auch alle finanziellen Reserven brav in Whangarei lassen, werden die Tauchflaschen ebenfalls gestrahlt und lackiert, sogar Sattel dafür auf dem Deckhaus angefertigt. Die Fenster des Deckhauses werden ausgewechselt und neue mit Silikon verklebt. Ein neuer Kühlschrank wird mit dem alten Kompressor gebaut, eine Pinne statt Steuerstand angefertigt und viele andere Kleinigkeiten erledigt, die wir schon vergessen haben. Das Ende vom Lied: »Nathalie, wir sind pleite.«

Dennoch: Die LADY schwimmt wieder. Zumindest im Hafenbecken von Whangarei. Es ist spät geworden. Abends holen wir die Petroleumheizung raus. Wir erinnern uns an Deutschland. »Verdammt, wo sind denn nur unsere ganzen Socken geblieben?« Wenn das Thema Reise im Camper über die Südinsel zur Sprache kommt, ducke ich mich immer ganz schnell, damit ich keinen Zaunpfahl der Capitana abbekomme.

Dann die Entscheidung: Statt Neuseelands Südinsel abzufahren, ausgefallen wegen akuter Finanznot, segeln wir nur einige wenige Meilen Richtung Süden zu den Great Barrier Islands vor Auckland. Die Saison neigt sich dem Ende zu, außer uns besucht kaum noch jemand die nebligen Inseln vor der Küste. Landschaftlich sind sie ein absoluter Traum, wie die Kulisse für einen Fantasyfilm. Wir baden in heißen Schwefelbecken bis wir gar sind und machen lange Spaziergänge durch Wälder und Moor. In einer verträumten Bucht hat ein Unbekannter ein Räucherhaus gebaut, für den üppigen Fischfang, den man hier erwarten kann, und damit man sich die Wartezeit ein wenig vertreiben kann, wenn der Ofen einmal an ist, wurde eine alte Badewanne in den Boden des Räucherhauses eingelassen. Ein heißes Bad in einem Holzschuppen im Altweibersommer. Die letzten Benutzer haben Kerzen, Teelichter und Streichhölzer dagelassen. Wir lassen es uns gut gehen. Zum Abschluss lernen wir Green Lipp Mussles zu suchen. Mit Riffschuhen waten wir durch das flache Wasser durch die Algen und sehen – nichts. Doch plötzlich, da, die Erste. Vorsicht pflücken wir sie aus dem Algennest. Nun wissen wir, wie sie aussehen und wo man sie findet. Ein kleiner Eimer ist schnell gefüllt. Zwischendurch essen wir einfach, mit einer halben Zitrone bewaffnet, an trockengefallenen Riffen frische Austern. Geht nur dort, weil man die Viecher eh nicht aus dem Stein ausbrechen kann. Also, guten Appetit!

Es wird immer kälter in Neuseeland. Zeit für uns, abermals in die Bay of Island zu segeln. Auf dem Weg liegen die Armen Ritter. Nathalie wagt sich sogar trotz der Jahreszeit an einem der besten Tauchplätze Neuseelands alleine ins Wasser. Aber beruhigt stelle ich fest: nicht lange. Keine fünf Minuten nach dem ersten Kälteschock ist sie wieder auf der LADY.

»Tolle Unterwasserlandschaft. Super viele Fische und diese Kelpwälder. So etwas habe ich noch nie gesehen. Das ist unter Wasser genauso geheimnisvoll wie über Wasser in Neuseeland. Schade, dass ich keinen dickeren Neopren habe.«

Ich halte meinen Schnabel, *ich* muss da jetzt nicht reinspringen. Meinen Tauchschein habe ich noch in einem deutschen Baggerloch gemacht, doch nach dem ersten Besuch am Roten Meer habe ich mir geschworen, nirgendwo mehr die Flaschen anzulegen, wo man nicht in Badehose tauchen könnte. Ums Cape Brett geht es zurück in die Arme der deutschen Seglergemeinde. Das leidige Thema Bordkasse schaffen wir wieder mal mit der Installation von ein paar PACTOR-Modems und ein paar zu reparierenden Funkgeräten aus der Welt. Über Funk verbreitet sich immer wieder auf magische Weise, dass sich der Pactorman in der Region herumtreibt. Die Kunden treffen wir bei Revas, der Seglerstammkneipe, oder sie kommen einfach in ihren Dingis angepaddelt und klopfen am Nachmittag an die Bordwand. Nathalie erkennt sie jetzt schon am Ruderschlag: »Pass auf. Da kommt wieder einer, der deine Hilfe braucht. Zieh dir ein ordentliches Hemd an, damit er sich nicht vor deiner Fahrtenseglererscheinung erschreckt«, witzelt sie und stößt mir liebevoll den Ellenbogen in die Rippen, während sie im Salon sitzt und an einem neuen Artikel für die »Blauwasser« schreibt, in Gedanken noch mit den Seehunden auf den Galapagos heult oder sich durch die unzähligen Fotos auf der Festplatte des Bordrechners klickt, um die notwendige Erinnerung wieder wachzurufen.

Unsere Einkünfte reichen mal wieder so gerade eben, um vollzutanken und die Backskisten mit Nahrungsmitteln für den Weg nach Norden zu füllen. Eine neue Ladung Modems kommt per Post aus Deutschland und verschwindet ebenfalls im Bauch der LADY.

»Hey Schelmi!« Ich sitze etwas gelangweilt in der Nähe der starken Gasheizung im Wintergarten des Opua-Yachtclubs. Da sehe ich meinen alten Freund von der IRENA. »Hol dir 'n Bier an der Theke und komm zu mir. Wie geht es dir?«

Schelmi schaut gar nicht so glücklich.

»Mensch Alter, die IRENA liegt immer noch auf dem Trockenen. Ich arbeite am Innenausbau für ein anderes Boot, dieses Jahr werde ich wohl noch hierbleiben.«

»Was machen die Frauen?«

Grinsend warte ich auf die neusten Stories. Schelmi wird sich nie ändern. Alles, was zwei Beine hat und nicht schnell genug weglaufen kann, wird angequatscht.

»Ja, ich hab da 'ne neue Flamme. 'Ne Köchin.« Gut vorbereitet zückt Schelmi seine Digikamera und zeigt mir seine neueste Flamme am Herd der IRENA auf Kurzvideo.

»Und die IRENA?«

»Wenn es wieder wärmer wird, geh ich da dran. Dann geht es in der nächsten Saison nach Tonga.«

Er also auch. Einer von vielen, die im magischen Dreieck zwischen Tonga–Neuseeland–Fidschi kleben geblieben sind. Mein Freund Schelmi.

»Dann werden wir uns wohl lange nicht mehr sehen, Schelmi. Bei uns geht es morgen los.«

»Bei dem Wetter? Ihr seid verrückt.«

»Eben! Wir mailen. Okay?«

Noch ein paar Biere, ein paar neue Gesichter, viele Geschichten über das Wetter von morgen. Und tschüss!

Se se se
come by the river, come by the river
majo hea ,majo hea
papa and the momma and ha ha ha
papa and the momma and ha ha ha
biscuit, basket, kilo kilo tired foot
Come from new guinea, come from New Guinea
How is your master? How is your master?
ding dong, ding dong, I gut?
ding dong, ding dong, Basta!

Wer bist Du?
Komm zum Fluss, komm zum Fluss
Wir sind hier
Papa und die Mama und ich, ich, ich
Keks, Korb, Kilo, Kilo, müder Fuß
Komme aus Neu Guinea
Wie geht es Deinem Herrn?
Ding Dong Ding Dong, Gut?
Ding Dong Ding Dong, Schlecht!

Klatschspiel aus Vanuatu,
Vureas Bay

Tanz auf dem Vulkan

Die verzauberte Inselwelt Vanuatus

Logbuch

Gegen den Nordwind quälen wir uns langsam, aber nicht erfolglos nach NW. Das sieht lustig aus auf der geplotteten Karte. Ich habe mal mit einer Diskussion über eine Wende angefangen. Ist aber auf starke Ablehnung getroffen. So ist das beim Langstreckensegeln. Manöver sind schriftlich einen Tag vorher neben dem Niedergang anzukündigen. Gleich gibt es neues Wetter. Da ist noch eine Front, dann soll der Wind auf Süd drehen und wir bekommen Düsentrieb. Das ist, was wir wollen.

LADY schaufelt Wasser, Bug hoch – runter, krawumm. Raus mit der Nase, Luft anhalten, abwärts, bumm, zisch. Geräuschkulisse ist ohrenbetäubend. Wie schräg segeln wir denn? Keine Ahnung, LADY besitzt keinen Schrägometer mit Gradanzeige, wie ihn viele Yachten haben.

Zu schräg zum Leben, zu schräg zum Schlafen. Krawumm, wieder 'ne Welle, LADY taucht Nase ein, stoppt, schlingert mit dem Hintern und legt sich wieder auf die Seite. Immer wieder und wieder. Nach der Wende laufen wir jetzt Kurs Tonga, auch nicht viel besser, aber was will man machen. Überhaupt, bisher lief es ja wirklich prima, 24 Stunden hoch am Wind sollten wir schon abkönnen, in die umgekehrte Richtung hatten wir das elf Tage durchgehend. Augen zu und durch. Krawummm.

Seit fünf Tagen sind wir unterwegs, unterwegs von Süd nach Nord, in die Wärme. In Neuseeland wird es jeden Tag kälter und ungemütlicher, selbst die Zugvögel haben sich inzwischen einer nach dem anderen auf den Weg in die Tropen gemacht. 30 Grad Süd heißt die magische Zahl. Bei 30 Grad Süd kann man den Südostpassat finden, tropische Wassertemperaturen, weiße Wölkchen am Himmel und Sonnenschein. Doch Theorie und Praxis waren schon immer zwei Paar Schuhe. Nach anfänglichem Starkwind und folgender Flaute mit Dieselgebrumm kreuzen wir nun schon zwei Tage gegen einen hartnäckigen Nordwind. Mittlerweile sind wir auf 28 Grad südlicher Breite und noch immer nicht die kleinste Passatwolke am Himmel. Sechs Stunden Kurs Australien, sechs Stunden Kurs Tonga. Dabei wollen wir weder da- noch dorthin. Australien kann man besser in der Hurrikansaison besuchen, und in Tonga haben die Buchten Nummern. Seitdem eine große Segelcharterfirma einen Führer für seine Kunden herausgegeben hat, in dem jeder Ankerplatz mit einer Nummer bezeichnet ist, damit man sich nicht die Zunge an den polynesischen Wörtern mit ihren unzähligen Vokalen zerbricht, sind die Zahlen auch bei den Fahrtenseglern ins Seglerlatein eingegangen.

»Hey, Ulli, kommst du heute abend auch in die 14? Der Jupp hat Geburtstag?« – »Nee, wir bleiben hier in zwölf, da kann man so nett seinen Sundowner im Beach Resort trinken.«

Nein, danke. So schön Tonga eigentlich sein soll, wir wollen nicht in die Nummer 14, auch nicht in die Nummer 28. Wir wollen nach Vanuatu. Vanuatu. Das klingt nach Abenteuer, nach Vulkanen, Medizinmännern und Geheimnissen.

Doch der Weg ins Abenteuer ist eben keine Spazierfahrt. Um das zu bekräftigen, werden wir von der nächsten Front ordentlich durchgeschüttelt und begossen. Dann ist er endlich da: der Passat. Thermounterwäsche und Segeljacken verschwinden in den Schapps, die Badehosen werden ausgepackt, und statt warmer Suppen kommt Sushi auf den Tisch. Denn an Fisch fehlt es uns auf dem Trip wahrhaftig nicht, Albacore, Doraden und Gelbflossenthun holen wir aus dem Meer auf unsere Teller. Die Segel der LADY blähen sich im Passat, wir bekommen sogar Lust, selbst ein bisschen Ruder zu gehen. Schließlich muss die neue Pinne auf allen Kursen ausprobiert werden. Eine Veränderung, mit der wir sehr zufrieden sind. Die Pinne liegt gut in der Hand, und auch bei dem relativ hohen Seegang und den achterlichen Winden lässt sich die LADY noch prima steuern.

»Ich glaub es nicht. Nathalie, guck mal da, das Unterwant, an steuerbord, das hängt ja nur noch an drei Kardeelen!«

»Sieht aus wie ein aufgegangener Haarzopf, was? Und nun?«

Mit drei Froschklemmen, die Micha irgendwann in Portugal mit den Worten »man weiß nie, wofür man so was nicht mal brauchen kann« in einer kleinen Ferreteria mitgenommen hat, und einem Stück Stahlseil überbrücken wir das verschlissene Stück.

»Das muss reichen bis Vanuatu. Vor Anker können wir dann aus einem Stück Kette und Norsemanterminal ein neues Want machen, aber nicht hier auf See«, stellt Micha trocken fest. Aber Sorgen machen wir uns doch, weniger wegen des kaputten, als wegen der noch nicht kaputten Wanten.

Am neunten Tag auf See kommt gegen Nachmittag die Ile Matthews in Sicht. Eine winzige Südseeinsel vulkanischen Ursprungs, unbewohnt, die natürlich schon wieder Entdeckergedanken bei uns hervorruft. Sogar einen aktiven Vulkan gibt es auf dem Eiland, dessen Rauch man an manchen Tagen sehen können soll. Wem gehören die Inseln? Historisch gesehen haben wohl die Einwohner von Anatom, der südlichsten Vanuatuinsel, Anspruch darauf, denn Mathew und die Nachbarinsel Hunter tauchen unter anderem Namen in deren Legenden auf. Mittlerweile gehören sie aber offiziell zu Neukaledonien und damit zu Frankreich. Irgendwann in den letzten Jahrzehnten gab es ein wildes Hin und Her. Die Neukaledonier kamen und setzten ihre Flagge, dann die Ni-Vanuatu, die die Flagge herunterrissen und die eigene setzten, dann die Franzosen mit der Trikolore. Die machten gleich Nägel mit Köpfen und bewachten ihr Banner. Verrückte Geschichte. Aber eigentlich geht es natürlich nicht um das Eiland, sondern um die Hoheitsrechte des Wasserraumes drum herum. Alles sehr verzwickt.

»Riechst du das? Diesen Geruch nach faulen Eiern? Was ist das denn? Ist ja widerlich. Ich guck mal schnell in dem Schapp mit den Eiern, vielleicht ist eins kaputt gegangen.«

Mit angehaltenem Atem verschwinde ich in den Niedergang, um nach der Ursache des Gestankes zu suchen.

»Nee, die Eier sind es wirklich nicht, ich hab es überprüft. Und überhaupt, irgendwie scheint der Geruch hier draußen auch stärker zu sein. Riechst du das nicht? – Ich glaub es nicht. Micha, das ist die Insel! Jetzt wird mir klar, warum hier keiner wohnt. Das ist ja nicht auszuhalten.«

Noch Stunden begleitet uns der Geruch, jeglicher Landungsversuch wird von uns kategorisch abgelehnt.

Der Passat steht. Mit fast sechs Knoten brettern wir weiter vorbei an der Insel Anatom nach Tanna, denn hier kann man in der kleinen Inselhauptstadt Lennakel einklarieren. Ich sitze am Bordrechner um mir die möglichen Ankerplätze anzuschauen, als ein ohrenbetäubender Schrei aus dem Cockpit dringt.

»Nathalie!« Halb sehe ich Micha schon über der Reling hängen, im Kielwasser schwimmen oder Schlimmeres. Doch den Skipper finde ich laut fluchend im Cockpit, seinen Fuß haltend, eine leere Tasse auf dem Boden.

»Diese blöde Welle. Der Tee ist umgekippt, frisch eingegossen aus der Thermoskanne, der war kochend heiß.«

Schnell hole ich eine Pütz mit Salzwasser an Bord. Kühlen, Kühlen, Kühlen. Fuß ins Wasser, dann im Wind trocknen lassen, immer wieder und wieder. Erste Hilfe auf See. Doch Erste Hilfe reicht in diesem

Fall nicht. Michas Fußrücken ist mit riesigen Brandblasen bedeckt, sicher sieben mal sieben Zentimeter groß. Die Blasen müssen geöffnet, die tote Haut abgetragen und die Wunde mit Sulfadiazinsalbe verbunden werden. Das alles auf hoher See auf schaukelndem Vorwindkurs.

»Das war's dann wohl mit Tauchen und Schnorcheln in den nächsten Wochen«, muss ich meinem Patienten mitteilen. Micha ist noch zu sehr mit seinen Schmerzen beschäftigt, der Ärger und die Wut kommen sicher später.

Am zehnten Tag kommt Tanna in Sicht. Gleich im Süden der Insel liegt die Bucht von Port Resolution, ein gut geschützer Naturhafen, wo unser Anker nach dem ereignisreichen Trip auf 15 Meter Tiefe fällt. Ein paar andere Schiffe liegen mit uns in der Bucht, schwarze Menschen mit wildem Haar und primitiven Kanus umkreisen neugierig die LADY, und nach kurzer Zeit werden wir von einem der Chiefs des Dorfes besucht und über die erforderlichen Formalitäten aufgeklärt. Gleich am nächsten Morgen geht ein Pick-up auf die andere Seite der Insel, wo die Offiziellen sitzen. Der arme Micha muss leider auf der LADY bleiben und den verbrannten Fuß hochlegen.

Wie viele Menschen passen in einen Pick-up? 22 Menschen, die Hälfte Segler, die Hälfte Locals, quetschen sich auf die Ladefläche des kleinen Transporters, um die fast zwei Stunden Fahrt nach Lenakel zu überstehen. Off-road hoch zehn. Bei jedem kleinen Hügel hält der Fahrer an – die Hälfte der Passagiere muss aussteigen und neben dem Pick-up herlaufen. Nur Frauen und Kinder dürfen sitzen bleiben. Der Wind pfeift uns um die Ohren, die Jungs qualmen irgendein seltsames Kraut, und die Sitzbank ist in etwa so breit wie meine Handfläche. Dennoch ist die Fahrt atemberaubend. Durch ausgetrocknete Flussbetten, durch tiefsten Urwald, über Aschefelder am Fuße des aktiv rumpelnden Vulkans Yasur führt sie, bis plötzlich die Westküste mit ihrem kleinen Hafen vor uns liegt. Verschlafener als Lenakel kann ein Ort kaum sein. »Da drüben ist die Bank«, bedeutet uns der Fahrer und zeigt auf einen schlichten Bungalow mit altersschwacher Holztür und Fensterläden.

»Da könnt ihr Geld umtauschen, um auf dem Markt einzukaufen.«

Im Bankgebäude sieht es nicht anders aus: Zwei Schreibtische, auf denen ein Quittungsblock, ein Stift und eine Zigarrenkiste mit Vatus, der hiesigen Währung, liegen. VISA-Karte, Amex, Barclays? Fehlanzeige. Ohne Cash in Dollar oder Euro kommt man hier nicht zu Geld. Mit ein bisschen Bargeld in der Tasche geht es weiter zum Markt. Unter schattenspendenden Bäumen sitzen die Frauen auf Pandanusmatten und bieten Yams, Taro, Tabak, Mandarinen, Papaya, Karotten und allerlei fremde Kohl- und Blattsorten zum Verkauf. Alles ist künstlerisch gebündelt, aufgefädelt, in geflochtene Körbe aus Kokoswedeln verpackt. Keine Plastiktüten. Nicht eine! Die Baströckchen der Frauen jedoch, die es teils auf den Inseln in den Dörfern noch gibt, gehören hier der Vergangenheit an. Getragen werden stattdessen bunt geblümte Zelte mit Unmengen von Rüschen. Eng am Hals, trapezförmig weiter werdend Richtung Boden. Diese alles verdeckenden züchtigen Stoffmassen stammen natürlich nicht aus der »Vogue«, sondern von den Designkünsten der Missionare, denen die Baströckchen zu freizügig waren. Ob sie dafür verspeist wurden, ist wohl unklar. Sicher ist: Der Inselstaat Vanuatu blickt auf eine sehr ereignisreiche kannibalistische Vergangenheit zurück. Außer Obst und Gemüse wird auch heute noch natürlich Fleisch auf dem Markt angeboten: die Hühner und Hähne vorzugsweise lebend – um ihren Fuß tragen sie ein kleines Bändsel, daran das Preisschild –, die Rinder hängen in Hälften im Schatten am Haken: bei Bedarf säbelt der Metzger ein Stückchen aus der Seite.

Zurück auf der LADY erwartet mich ein trübsinniger Micha. Eingesperrt auf dem Schiff nach zehn Tagen auf See und noch nicht einmal kurz zum Baden ins Wasser springen zu dürfen, das ist bitter. Am nächsten Tag hebe ich die Quarantäne auf und frisch bandagiert machen wir uns auf den Weg ins Dorf. Auch wenn die Männer hier Shorts und Shirts tragen, an der Lebensweise im Dorf hat sich in den letzten Jahrzehnten kaum etwas geändert. Die Menschen leben in sauberen kleinen Hütten, die in Handarbeit aus Pandanus, Kokos und Bambus hergestellt werden. Die junge Sarah aus dem Ort, die gut französisch spricht, führt uns durch das Dorf und erzählt von ihrer Familie. Auf der Hüfte sitzt ihre jüngste Tochter. Drei Monate ist sie alt und geboren während eines Hurrikans, der Teile der Inselnwelt schwer verwüstet hat. Dieses Kind wollte wohl unbedingt im Zentrum des Wirbelsturms zur Welt kommen und trägt auch gleich seinen Namen: Ivy. Sarah nimmt uns mit in den Urwald, der gleich hinter den Hütten des Dorfes beginnt. Ihre Familie besitzt dort einen Garten. Angestrengt halten wir nach Beeten oder nach kultiviertem Boden Ausschau.

»Wie weit ist es denn noch?«, frage ich.

»Wieso, wir stehen doch mittendrin! Siehst du nicht dort die Tomaten und die Frühlingszwiebeln stehen?«

Nein, wir haben nichts gesehen. Zwischen Palmen und Urwaldgestrüpp wachsen Tomaten, ein bisschen Kohl, Auberginen, dazwischen ein Pampelmusenbaum. Keine Monokultur, keine Brandrodung. Hier wird, was zum Leben benötigt wird, in Einklang mit der bestehenden Vegetation angebaut. Dazu kommt die Zucht von Schweinen, Rindern und natürlich die obligatorischen Hühner. Die Rinder stehen glücklich auf grünen Wiesen, und das schmeckt man. Selbst in Südamerika haben wir nicht so gutes Rindfleisch gegessen wie hier auf Vanuatu. Mit Sarah tauschen wir Gemüse gegen Kinderkleidung, eine der besten Währungen weltweit.

Nach ein paar Tagen im Dorf dreht der Wind auf Nord, eine gute Gelegenheit, die südliche Insel Anatom anzusteuern, die nur selten von Seglern besucht wird. Einen geruhsamen Trip durch die Nacht planen wir. Kurz bevor wir den Anker heben, bekommen wir noch einen Passagier in Form eines 14-jährigen Jungens, der zurück zu seiner Familie möchte, an Bord. Prompt kommt es, wie es kommen muss: Uns erwischt eine fiese Front mit 35 Knoten Wind auf die Nase, dazu quersetzende Strömung zwischen den Inseln. Da hilft nur beidrehen und Regengüsse ertragen. Unser armer Gast liegt in der Seekoje und hofft, dass sein letztes Stündlein nicht geschlagen hat, während wir im strömenden Regen versuchen, nicht am Ziel vorbeizuschießen und zurück nach Neuseeland zu segeln.

Im Morgengrauen ist die Front durchgezogen, wir können den Kurs wieder anliegen, finden die Riffeinfahrt im Süden von Anatom und lassen den Anker vor dem kleinen Dorf fallen.

Das Leben in Anatom ist so beschaulich wie in Port Resolution. Über Tauschgeschäfte gewinnen wir unsere ersten Freunde, und am Sonntag lernen wir in der Kirche das gesamte Dorf kennen und schnappen immer mehr von dem lustigen Pidginenglish, dem Bislama, auf. Die Buk blong singsing blong jesus, die Gesangbücher, haben die Frauen in Umschläge aus Pandanus eingeflochten, und bei der Predigt gehört wie überall viel toktok hinzu. Wer mit offenen Ohren lauscht und ein wenig Fantasie hat, kann einiges verstehen, was die Dorfbewohner untereinander erzählen. Über 100 Sprachen gibt es im Inselstaat Vanuatu, damit gilt Vanuatu als der Staat mit der relativ größten Sprachenvielfalt. Selbst auf derselben Insel verstehen sich oft die Menschen im Norden und Süden nicht, gäbe es nicht Bislama, die Kunstsprache, die sich aus Englisch, Französisch, ein paar lokalen Vokabeln und einer minimalen Grammatik zusammengesetzt hat. Ursprünglich Kommunikationsmittel zwischen Missionaren und Farmbesitzern während der Kolonialzeit und den Ureinwohnern, ist das Pidginenglish nun zur offiziellen Landessprache geworden, in der auch Zeitungen und Literatur veröffentlicht werden.

Einziger Wermutstropfen in unserem kleinen Paradies ist Michas Fuß. Tauchen, schnorcheln, schwimmen, all das ist tabu. Zu der Wunde am Fuß haben sich ein paar fiese Furunkel gesellt, die auch unter Anti-

biose einfach nicht abheilen wollen. Der Vorrat an Verbandsmaterial geht zur Neige, es ist an der Zeit, wieder in die Zivilisation zurückzukehren. Also geht es weiter nach Port Vila, der Hauptstadt der Insel. Stadt ist wohl zu viel gesagt, Port Vila besteht im Wesentlichen aus einer langen Straße mit Läden, Supermarkt und Restaurants und jeder Menge Duty-free-Geschäfte für die Kreuzfahrer und das war's! Dennoch kommen wir uns hier vor wie in einer Metropole.

Ein Segler nach dem anderen taucht in der Anchorage auf, für Micha gibt es jede Menge Jobs. Denn gerade hier in Vanuatu, wo es nicht mehr an jeder Ecke ein Internetcafé gibt, entscheiden sich die Segler plötzlich doch für E-Mail an Bord. Wir stecken mal wieder fest. Bordkasse füllen, statt Dschungelabenteuer erleben heißt die Devise! Michas Fuß kommt es zugute, der heilt, und auch die Furunkel werden immer weniger.

Am Kai von Port Vila liegt seit Jahren die BIG ISLAND *des Österreichers Franz; Hals-Nasen-Ohren-Arzt, Hotelbesitzer, Weltumsegler, Burgenbewohner und mittlerweile Pilot bei der Air Vanuatu. Es gibt nichts, was er nicht schon ausprobiert hat. Schon seit Anfang unserer Reise träumen Micha und ich davon, einmal in einer kleinen Maschine über die Inseln der Südsee zu fliegen und das Farbspiel der Riffe aus der Vogelperspektive zu sehen. Da trifft es sich gut, dass meine Schwester Stephanie mit ihrer Freundin Karolin gerade zu Besuch ist, und sie die Anmietung eines Privatflugzeugs finanztechnisch unterstützen können. Die beiden sind schnell überzeugt. Wir haben einen Privatpiloten, den Franz, und keinen Tag später sitzen wir startklar in der kleinen Cessna. Schon nach den ersten paar Minuten schallen die Aaaahs und Ohhhs durch die Kabine, es rappelt und klappert, wir fühlen uns wie in einem 30 Jahre alten James-Bond-Streifen, es ist einfach gigantisch. Franz fliegt einen großen Bogen um Efate und nimmt Kurs auf die Insel Ambrym mit ihren Aschefeldern und den drei aktiven Vulkanen. Doch schon auf dem Weg genießen wir genau das, was wir immer sehen wollten: Das Tiefblau des Meeres, die Farbschattierungen der Riffe, jeden Pass, jeden Steilhang, alles sieht man von hier oben, nur die Wellen sehen viel kleiner und harmloser aus, als sie wahrscheinlich gerade in Wirklichkeit sind!*

Dann erreichen wir Ambrym. Ambrym ist eine Vulkaninsel, in ihrem Inneren liegen drei aktive Krater mit immensen Aschefeldern. Nicht immer hat man Glück und kann sich dem Krater nähern, denn der Vulkan macht sein eigenes Wetter, und einen mutigen Piloten braucht man wohl auch. Wir haben beides, Glück und Franz, und fliegen mitten in den brodelnden Krater. Zumindest kommt es uns so vor, der kleine Flieger legt sich steil in die Kurve, segelt am Rand des Kraters, halb in den Wolken, alle Köpfe nach links, da ist er, der rotglühende Mittelpunkt der Erde, Franz zieht das Steuer hoch, fliegt einen weiten Kreis und startet einen erneuten Anlauf. Bilde ich mir das ein oder klingt auch seine Stimme aufgeregt? Unsere Herzen klopfen zumindest deutlich hörbar, und als Franz nach der zweiten Runde abbricht und über die Aschefelder den Rückzug antritt, wird mir richtig schlecht. Luftkrank. Doch nach der Landung strahlen wir.

Jede der vielen Inseln Vanuatus hat ihren ganz eigenen Charme und Charakter, einer der verwunschensten ist für uns die Vulkaninsel Ambrym. Alle Sandstrände sind schwarz, pechschwarz, das Wasser erscheint tief dunkelblau, fast wie mitten auf dem Ozean, kein heller Stein, keine Koralle reflektieren das Licht, alles wird vom Schwarz geschluckt. Eine gruselige Atmosphäre. Direkt hinter dem Strand beginnt undurchdringlicher Urwald. Wenn man sich der Küste nähert, vermeint man schon die Buschtrommeln längst vergangener Zeiten zu hören. Vergangen? So ganz sicher sind wir uns nie.

Wir nehmen Kurs auf eine Bucht, die von See her kaum zu finden ist, so versteckt liegt der Eingang zwischen den Felsen. Totenstill ist es, die Wellen plätschern leise am Strand.

»Ein bisschen unheimlich hier, findest du nicht, Micha? Diese Ruhe, die schwarzen Felsen. Gehst du nach vorne und beobachtest die Wassertiefe?«

»Bin unterwegs. Mann, ist das schwer zu beurteilen durch den schwarzen Sand, was sagt denn das Echolot?«

»Zehn Meter, ich laufe mal langsam Richtung Strand. Duster hier, meinst du, hier gibt es Gespenster?«

»Wenn du welche sehen möchtest sicher«, lacht Micha und starrt weiter ins pechschwarze Wasser, während ich die LADY vorsichtig Meter um Meter in die Bucht manövriere.

Ssssss. Eine Fliege setzt sich auf meine Wange. Noch eine. »Mist, Fliegen gibt es hier auch noch, lästige Viecher.« Ärgerlich scheuche ich sie weg und hefte meinen Blick wieder auf das Echolot. Ssssss. »Das gibt es ja gar nicht, wo kommen denn die alle her? Das sind ja Hunderte, eine ganze Armee!«

Auf dem Vordeck sehe ich Micha plötzlich wild um sich schlagen: »Schnell, dreh um, weg hier, das werden immer mehr, die kommen irgendwo aus dem Busch hier. Vielleicht hast du recht und es spukt hier wirklich. Oder am Ufer liegt der Kadaver eines gestrandeten Wals. Was auch immer, hier bleibe ich keine Minute länger.«

Ich reiße die Pinne rum und nehme Kurs aufs Meer. Micha stürmt den Niedergang nach unten. »Wo haben wir denn … Nathalie, weißt du, wo ich letztes Mal das …, ach, hier ist es.« Mit der Insektenspray in der Hand taucht der Skipper wieder im Cockpit auf, doch die Fliegen sind weg. So schnell sie gekommen sind, sind sie wieder verschwunden. Ratlos schauen wir uns an.

»Was auch immer das war, Schatz, hier sind wir unerwünscht. Komm, lass uns weiter runter die Küste ins nächste Dorf, nach Ran Vetlam fahren.«

Ran Vetlam, der nächste Ort, zwanzig Basthütten im Urwald versteckt, taucht auf und ach, die Küste wird von einem Moment zum anderen schöner. Steil fallen die Felsen ins Wasser, noch kurz davor sind es Hunderte von Metern Wassertiefe. Die LADY *wiegt sich im Wind, langsam segeln wir mit den leichten Winden auf unseren Ankerplatz. An Land treffen wir auf einige Einheimische mit Macheten in der Hand. »Immer die Hauptstraße entlang«, bedeuten sie mit ihren langen Messern. Sie meinen den plattgetretenen Ziegenpfad unter Palmen und schwarzen Lavabrocken. Vorbei geht es an fantastischen Buchten und Banyanbäumen, magische Bäume mit einem unglaublichen Wurzelwerk. Es wird weiter gekraxelt, die Felsen hinauf unter unfassbaren Riesenspinnennetzen, bis uns die ersten Hütten begrüßen. In Vanuatu bezeichnet man die traditionellen Dörfer, in denen die Frauen noch Baströckchen und die Männer Nambas, einen Penisköcher, tragen, als Kastomdörfer. Kastom, das ist Bislama für Tradition, für das Leben im Sinne der Urahnen. Doch tatsächlich werden oft die traditionellen Riten nur noch für Touristen ausgegraben. Gegen harte Währung werden die traditionellen Tänze aufgeführt, die amerikanischen Yachten zahlen gerne. Fotos kosten extra, Video noch ein bisschen mehr. Euro und Dollar haben sich längst durchgesetzt.*

Ran Vetlam begrüßt auch uns direkt professionell, und zielstrebig werden wir zu Joseph geführt. Joseph ist Künstler, er war schon in London, Hamburg, in Paris und vielen anderen Städten. Irgendjemand hat ihn entdeckt, und so ist er von einer europäischen Galerie zur anderen gezogen. Ich frage ihn, ob er jetzt ein reicher Mann ist. »Nein«, grinst er verschmitzt, aber er hat etwas von der Welt gesehen. Doch was er uns zeigt, ist wirklich atemberaubend. Ambrym ist die Wiege der Tam Tams. Meterhohe Schlitztrommeln, gekrönt von maskenartigen Köpfen, die sich nach oben verjüngen. Es gibt strikte Reglementierung, wie die Künstler ihre Trommeln schnitzen dürfen. Mit ein oder zwei Köpfen darf jeder seine Werke krönen, dann wird es teuer. Jeder weitere Kopf muss bezahlt werden, mit Schweinen, dessen Hauer zu perfekten

Kreisen gewachsen sind, oder mit harter Währung. Die Eber, deren Hauer so wertvoll sind, werden getrennt von den anderen gehalten, mit Brei gefüttert, vom Wühlen abgehalten, damit die Hauer wachsen, wachsen und wachsen. Die Hauer sind allgegenwärtig, ob nun im symbolischen Kreis in der Nationalflagge oder im Namen des Bieres, Tusker, das englische Wort für Hauer. Die kostbaren Schweine sind die wichtigste Währung auf Vanuatu, mit ihr erwirbt man Land, Frauen oder das Recht auf die Köpfe der Tam Tams. Nur ein Mann auf Ambrym ist so wohlhabend, dass er fünf Köpfe schnitzen darf. Die dabei entstehenden Trommeln sind übermannshoch und erinnern an Totempfähle. Joseph darf nur zwei Köpfe schnitzen, doch eigentlich hat er sich nun auf Statuen verlegt. Statuen aus Hartholz, dessen natürliche Ringe aus dem äußeren hellen und dem inneren dunklen Holz er nutzt, um den Figuren ihren besonderen Ausdruck zu verleihen. Kunstwerke, die in den Galerien der Welt ausgestellt wurden, und die er hier, zurück in seinem Heimatdorf, gegen bunte T-Shirts, Taucherflossen, Baseballcaps oder Euros eintauscht.

»Schaut hier, dieses Symbol auf der Stirn der Figur, das ist meines. Das habe ich gekauft. Mit dem Geld der Ausstellungen habe ich das Recht erworben, meine Werke damit zu zeichnen. Wirklich, nur ich, Joseph, darf dieses Zeichen schnitzen.«

Stolz fährt er mit dem Finger über die beiden Linien, die sich zu einem nach unten offenen V mit gelocktem Ende zusammenfügen. Im nächsten Moment greift er sich wieder seinen Hammer und das Stecheisen und lässt neue Gesichter aus einem Stück Holz entstehen.

Am nächsten Tag herrscht perfektes Tauchwetter. Doch kaum haben wir uns ins Neopren gezwängt, sehen wir einen Mann mit rotem T-Shirt am Strand, der heftig winkt. Joseph. Micha schwingt sich ins Dingi und holt den aufgeregten Künstler an Bord.

»Ihr habt doch gesagt, ihr wollt tauschen, für die Figur. Flossen oder T-Shirts. Ich bin lieber selbst gekommen. Wenn ihr die Sachen ins Dorf mitbringt, dann sehen das alle. Die werden neidisch und wollen auch ihren Anteil haben. Wir machen das besser hier, nicht wahr?«

»Kein Problem Joseph, warte, ich schau mal, was wir dir anbieten können.«

Aus den Backskisten holen wir bunte T-Shirts, Baseballcaps, Taschenlampe, Taschenmesser und ein paar gute Flossen von Micha hervor. Ein harter Handel beginnt.

»Das Grüne vielleicht, ja das gefällt mir, und die blaue Kappe. Habt ihr einen Spiegel?« Wir drücken ihm die Spiegelscherbe des Skippers in die Hand, die er morgens immer zum Rasieren benutzt. Joseph dreht

und wendet sich, probiert mal dieses, mal jenes. »Ja, hmm, alles schön, aber …«, traurig guckt er Micha an.

»Gefällt dir nichts, sollen wir noch mal gucken gehen?«

»Nein, nein, es ist nur … Deine Hose, die du gestern anhattest, mit den vielen Taschen und Reißverschlüssen, kann ich die haben? So etwas hat hier keiner, die kriegt man nicht in Vanuatu, noch nicht einmal in Port Vila!«

Jetzt ist guter Rat teuer. Wir geben gerne, aber es hat auch seine Grenzen.

»Oh Mann, das tut mir echt leid, Joseph, aber das geht wirklich nicht. Das ist meine letzte vernünftige Hose, gerade neu, hat Nathalies Schwester aus Deutschland mitgebracht. Ich finde hier doch nix in meiner Größe, und als nächstes fahren wir nach Indonesien, da ist keiner größer als einen Meter siebzig, da bekomme ich keine neuen Klamotten. Schau, irgendwas muss ich doch auch anziehen, ich kann ja nicht immer nur in Badeshorts rumlaufen.«

»… oder in Neopren«, ergänze ich leise, während mir der Schweiß den Rücken herunterläuft. »Bitte, Joseph, entscheide dich«, bete ich innerlich. Mittlerweile habe ich einen Salzsee im Anzug. Zum Glück hat Joseph letztendlich ein Einsehen und trägt ein gelbes T-Shirt und eine grüne Baseballkappe nach Hause, als Trostpflaster für die Trekkinghose legen wir noch eine stattliche Summe Vatus in seine Hände und fahren ihn zurück an Land.

»Das war ja 'ne Nummer«, seufzt Micha, »komm, jetzt gehen wir endlich tauchen.«

Unser anvisierter Tauchplatz liegt direkt vor dem Dorf, ein senkrecht in die Tiefe führender Steilhang. Nach fast einer Stunde stecken wir den Kopf wieder aus dem Wasser der Bucht und werden von lautem Gejohle begrüßt. Fast das gesamte Dorf, vor allem die Kinder, sind auf den schwarzen Felsen und Klippen versammelt und warten darauf, dass wir wieder auftauchen. Wir kommen uns vor wie Clowns in der Manege, als wir uns erschöpft und stöhnend wieder ins Dingi hieven. Lautes Gelächter und Gekicher. Am frühen Abend, die Tauchklamotten hängen zum Trocknen auf der Leine, besuchen wir Joseph, erstehen stolz unsere Holzfigur und feiern das Ereignis mit ein paar Schalen Kava und der halben Familie. Jede gut situierte Familie auf Vanuatu besitzt einen Nakamal, eine meist besonders sorgfältig geflochtene Hütte mit hartem Lehmboden, in der Kava getrunken wird. Sozusagen die gute Stube. Nur dass Frauen dort eigentlich nicht erwünscht sind, denn Kavatrinken ist Männersache. Bei Touristen werden Ausnahmen gemacht. Kava in Vanuatu sei stärker als in Fidschi, sagen alle.

Schon der Geschmack ist anders, erdiger, dichter. Nicht wirklich lecker, doch hat man sich einmal dran gewöhnt, ist es halb so wild. Der Mund wird taub, die ganze Kehle, alles ein wenig staubig. Man fühlt sich relaxed, irgendwo zwischen müde und wach, definitiv glücklich. Kein Knall, keine plötzlichen Visionen, ganz langsam stellt sich tiefe Zufriedenheit ein. Vanuatu. Josephs Mutter lädt uns zum Abendessen ein, Sitzmatten werden ausgebreitet, wir sitzen auf dem Boden und essen Reis mit Schwein und Huhn. Mittlerweile ist es dunkel geworden, irgendwo spielt jemand Gitarre, zwischendurch erzählen wir von einem Leben auf See, das hier niemand nachvollziehen kann. Wir genießen es, einfach abends in diesem Dorf zu sitzen, den Geist von Vanuatu zu spüren und später im Stockdunklen unseren Weg zurück zur LADY *zu finden.*

Über das Funknetz am Morgen werden die neuesten Nachrichten ausgetauscht: Auf Vanua Lava in der Vureas Bay findet in der nächsten Woche ein fünftägiges Festival statt. Custom Dance, Kavazeremonien, Gesang, Wassermusik. Ein Festival, das seit mehreren Jahren von den Einheimischen gefeiert wird und zu dem traditionsgemäß die Segler eingeladen werden. Über Funk werden Einkaufslisten durchgegeben. Die Inselfrachter verkehren sehr unregelmäßig und selten, auf der Insel fehlt es an allem. Auch wir machen uns auf den Weg nach Luganville auf Espirito Santo, um unseren Bestellzettel abzuarbeiten. Während andere in der Stadt Reissäcke, Zucker, Batterien und Tabak einkaufen sollen, haben wir den Auftrag, Ersatzteile für eine Kettensäge zu besorgen. Luganville ist schnell erkundet, eine Hauptstraße, ein Markt, das Örtchen endet mit der Schule. Touristisch gesehen ist hier nicht annähernd so viel los wie in Port Vila. Es gibt ein kleines Café, Treffpunkt der Segler und ein paar Gästehäuser. Die Hauptattraktion der Insel findet sich jedoch unter Wasser: Das Wrack der SS PRESIDENT COOLIDGE, *das größte betauchbare Wrack der Erde. Die* COOLIDGE *lief als einer der letzten großen Luxusliner 1931 in Amerika vom Stapel. Auf dem über 300 Meter langen Schiff konnten sich die betuchten Gäste in Salzwasserpools mit künstlichen Stränden, Spielcasinos, Teegärten oder der Raucherlounge mit einem Kamin aus Marmor verlustieren. Doch während des Zweiten Weltkrieges wurde der Dampfer vom Militär konfisziert, 5000 Militärs samt Ausrüstung, Waffen und Munition fanden auf ihr Platz, ihr Einsatzgebiet war der Pazifik. Dass man heute ihre Überreste im Segond Channel vor Espiritu Santo erforschen kann, liegt an einem Missverständnis: Man versäumte dem Kapitän die nötigen nautischen Informationen zu geben, um den Riffen des Kanals und vor allem den dort liegenden Minen aus dem Weg zu gehen. Das Lotsenboot kam zu spät, und noch ehe eine letzte Warnung über Funk rausgehen konnte, war die COOLIDGE schon auf eine Mine gelaufen. Die Besatzung konnte sich zum größten Teil retten, doch das Schiff war verloren und sank am Rande des Kanals auf den Grund. Michas Furunkel und der Preis von 50 US-Dollar pro geführtem Tauchgang und Person halten uns vom Erforschen ab. Zudem verursacht mir die Vorstellung, auf 50 Meter Tiefe in ein Wrack zu tauchen, schon gehörige Magenschmerzen.*

Stattdessen suchen wir nach einer Kettensäge, die wir nicht finden, dafür aber den besten Metzger der ganzen Welt. Kein argentinisches Haziendarind kommt an die glücklichen Bullen von Espirito Santo ran. Die gute Qualität hat sich mittlerweile so weit herumgesprochen, dass sogar nach Europa exportiert wird. Wir kaufen fleißig ein und probieren ein neues Rezept: Bündnerfleisch. Die dicken Stücke werden mit Zucker, Salz und Pfeffer eingerieben, 48 Stunden im Kühlschrank mariniert und dann zum Trocknen aufgehängt. Eine Delikatesse. Es dauert nur zwei Funktage, schon sieht man auf den Wäscheleinen der anderen Yachties keine T-Shirts mehr hängen, sondern Frischfleisch. Wir sind schon ein seltsames Völkchen.

Endlich reißt der Himmel wieder auf. Das Festival rückt näher. Der Wind hat aufgefrischt und der Ankerplatz wird ungemütlicher, als er ohnehin schon war. Die LADY wackelt von rechts nach links, knallt in die Wellen, die sich über den Segond Channel hinweg aufgebaut haben. Wir gehen ankerauf und verlegen auf die andere Seite des Kanals. Direkt vor einem Beach Resort werden Murings gegen stolze Preise vermietet, wir ziehen noch ein paar Seemeilen weiter und legen uns vor einen traumhaft weißen Strand direkt neben ein Fischerboot. Die Jungs von dem Boot springen ins Wasser, schwimmen zum Strand, albern und lachen und lassen sich im Sand nieder, rollen die Hosen zu einem Päckchen, stecken es unter den Kopf und halten Mittagsschlaf. Eine gute Idee, wir haben wegen der Rollerei nur wenig geschlafen.

»Wir haben die neue Achterkoje noch gar nicht eingeweiht, was meinst du, Micha, ein kleiner Mittagsschlaf?«

»Klar, warum nicht«, grunzt er wohlig, »ein Wetter zum Heldenzeugen.«

In der Vureas Bay im Südwesten der Insel liegen schon an die 20 Fahrtensegler vor Anker. Das Festival ist in vollem Gange, als wir uns nach unserem Schäferstündchen zurückmelden; in Windeseile mache wir unser Dingi fertig und fahren an Land. Der Schwell am sanft auslaufenden schwarzen Sandstrand ist nicht ohne, doch an Land stehen schon mehrere junge Männer bereit, die, kaum dass wir aus dem Dingi gesprungen sind, unser Beiboot nehmen und den Strand hinauftragen. Trommelklänge und das jämmerliche Quieken eines Schweines sind zu vernehmen. Das Quieken ist nichts für zarte Ohren. Denn das Festival in Vureas ist echt. Hier wird nicht für ein paar Dollars getanzt. Anlass dieses fünf Tage dauernden Festes ist Chief Godfrey, der im Rahmen der Zeremonien einen höheren Rang verliehen bekommt. Zur Zeremonie gehört unter anderem auch das Opfern eines Schweines. Stille, ein letztes Quieken, dann setzen die Trommeln wieder ein. Ich bin froh, dass wir zu spät gekommen sind.

Das ganze Dorf, die Gäste aus den anderen Regionen der Insel und die Segler finden wir auf dem Festplatz direkt am Strand. Seit Wochen sind die Männer irgendwo im Busch und fertigen Kostüme für die Tänze und vor allem aufwändigen Kopfschmuck an. Niemand darf diese Kostüme vor dem Tag des Tanzes sehen, und hinterher, nach den Tänzen, werden sie sofort zerstört, da eine starke Magie auf diesen Masken und Kopfputzen liegt. Trommeln, rasselnde Fußbänder, wehende Baströcke und fremder Gesang – vergisst man die vielen Menschen in westlicher Kleidung um einen herum, wähnt man sich mitten in der Vergangenheit. Rechts und links von uns sitzen kleine Kinder und schauen mit gebannten Augen zu. Kommen die Tänzer staubaufwirbelnd zu nahe, verstecken sie sich hinter unseren Rücken. Für wenig Geld kann man zwischendurch Trinknüsse, gegrillte Süßwassershrimps und andere Schweinereien kaufen, ab dem späten Nachtmittag natürlich auch Kava. Tauschgeschäfte finden zwischendurch statt, Kleidung oder Konserven gegen Kunsthandwerk oder Gemüse. Ein wildes Durcheinander. Der letzte Tanz namens Elegetete ist das Highlight des Tages.

Ein tiefes Loch wird in den Lavasand gegraben, ein Holzbrett darüber, fertig ist die Basstrommel. Vier Männer schlagen mit Stöcken den Takt, kleine Jungs spielen unglaubliche Wirbel auf Bambusrohren. Die Tänzer mit der Körperbemalung und dem Kopfputz aus Ästen, Lianen, Federn und Blumen bewegen sich gegen den Uhrzeigersinn um die Gruppe der Trommler und Sänger, schneller und schneller und schneller. Immer mehr Locals stehen auf und treten dem Kreis bei, die ersten Segler werden auf die Beine gezogen und schließlich tanzen fast hundert Menschen, weiß, schwarz, Kinder und Alte im Takt der Musik. Der Schweiß läuft mir die Stirn herunter, ein Mädchen an der linken Hand, eine junge Frau an der rechten. In wenigen Minuten bin ich bedeckt vom aufwirbelnden schwarzen Sand und genauso dunkel wie meine Mittänzer. Selbst Micha, der Tanzmuffel, wird von einer Greisin hinter einer Kokospalme hervorgeholt und gibt sich dem stampfenden Rhyth-

mus hin. Abends geht es weiter, die Stringband spielt zum Tanz auf. Fünf Jungs stehen mit ihren selbstgemachten Saiten- und Zupfinstrumenten in einem Kreis, blicken ganz versunken ins Zentrum und spielen eine Mischung aus Dixieland, karibischer Musik, Südseefilmsoundtrack und 1950er-Jahre-Musik. Die Menge tobt und wir mit ihnen.

Drei Tage feiern alle Segler eisern mit, bis ich am Morgen des vierten Tages alleine an Land fahre, Micha hat sich eine Auszeit erbeten. Wie seltsam, überall an Land zeigt sich ein ähnliches Bild, die Frauen sind eindeutig in der Überzahl, haben ihre Kapitäne an Bord gelassen. Auf dem Programm steht die Demonstration der Zubereitung von Custom Food, traditionellem Essen. Zehn einheimische Frauen, wie immer oben ohne, zeigen, wie Oma Taro, Maniok, Inselkohl und Kokosnüsse verarbeitet werden. Im Grunde genommen wird alles an den scharfen Fasern einer bestimmten Pflanze kleingerieben. Weitere spezielle Blätter dienen als Kochtopf, Wasser wird in Bambushölzern geholt, Nüsse im offenen Feuer geröstet. Cary und ich mischen uns unter die Locals und lassen uns verschiedene Dinge zeigen. Das Nachmachen endet in lautem Gelächter, wir reißen die Blätter, die doch eigentlich zu Tellern werden sollen, in Fetzen, und unsere geriebenen Stücke sind eher Klumpen als ein feiner Teig. Die Männer indes machen Feuer: Ein Span Hartholz wird so lange in einer Mulde auf Weichholz gerieben, bis es anfängt zu glimmen, ein paar Kokosfasern, und schon flammt es auf, der Erdofen für Maniok, Taro und Konsorten kann vorbereitet werden. Viele Stunden dauert die Vorbereitung dieses traditionellen Essens und wird in der Ausgiebigkeit nur noch bei speziellen Gelegenheiten angewandt – Reis hat seinen Weg bis hierher gefunden und ist schneller zuzubereiten. Maniok wird erst gerieben, dann im Erdofen gegart und schließlich mit einem Stampfer zu einem zähen Brei verarbeitet. Je nachdem werden nun geriebene Nüsse oder Kokosnuss unter den Teig verarbeitet, das Ganze flach ausgewalzt und in Stücke geschnitten. Fertig ist das Laplap, ein Nationalgericht Vanuatus. Der Geschmack ist nicht schlecht, aber die zähe, gummiartige Konsistenz sehr gewöhnungsbedürftig. Tapfer koste ich jedes einzelne Laplapgericht. Zwischen uns wuseln die Kinder, sie haben alle Scheu verloren, und die kecksten von ihnen fangen an, uns ihre Klatschspiele und Lieder beizubringen, um im Gegenzug unsere zu erlernen.

Am letzten Tag steht der Höhepunkt, der Snake Dance auf dem Programm. Am Strand stehen wir und warten, hören das Schlagen der Trommeln, als sich aus dem Busch langsam etwa 20 Gestalten lösen und den schwarzen Strand entlang auf uns zu tanzen. Kein Ausdruck regt sich in ihren Gesichtern. Ihre Kostüme sind der geringelten See-

schlange nachempfunden, deren Gift das tödlichste im gesamten Tierreich ist. Weiße gemalte Streifen auf der schwarzen Haut, Kopfschmuck mit geringelten Seeschlangen, die kleinen Jungen ganz in weiß geschminkt, ohne eine Faser auf der Haut. Langsam und majestätisch bewegt sich der Zug Richtung Festivalgelände, wo der Tanz in einem wilden Reigen sein Ende findet.

Zum Ende des Festivals sind wir Segler dran. Mit Bob, Cary und Thekla haben wir gestern Abend auf der LADY *die musikalische Begleitung mit Gitarre, Querflöte und Knopfakkordeon geübt, heute ist Aufführung. 50 Segler aus aller Welt stehen hinter uns und singen das Lied zu der Melodie von Jamaika Farewell, dass wir für diesen Anlass getextet haben. Wieder wird gejohlt, geklatscht und geschrien. Doch nicht genug. Nach den offiziellen Reden werden wir gebeten, die Darbietung zu wiederholen und uns danach in einer Reihe aufzustellen. Jeder Einzelne bekommt einen Blätterkranz umgehangen, und alle Dorfbewohner schütteln uns die Hand, umarmen und küssen uns und wünschen uns alles Gute. Die Tränen fließen, so viele Freunde haben wir in der Zeit gemacht, so viele Menschen kennen wir mit Namen. Hunderte von Händen haben wir heute geschüttelt … schnell schütteln wir auch die aufkommende Wehmut ab und stürzen uns in den letzten Stringbandabend des Festivals.*

Es ist Anfang September – Zeit, den Pazifik zu verlassen, Zeit, das nächste Ziel anzusteuern: Papua-Neuguinea, kurz PNG.

Es läuft gut. Der Passat steht, der Kühlschrank ist voll. Zugegeben, vor zwei Tagen hat es bei einer Patenthalse wegen zu viel Welle und zu wenig Wind unser Großsegel in der Mitte zerrissen, aber was will man auch erwarten. Nach eineinhalb Weltumsegelungen steht dem Tuch auch ein wenig Materialermüdung zu. Tolles Wort, damit lässt sich fast jeglicher Bruch an einem Segelboot erklären. Ersatz liegt ganz unten in der Backskiste, aber da der Wind eh von hinten kommt, verzichten wir zunächst dankend darauf, kopfüber in der Kiste zu verschwinden. Und außerdem liegt auf unserem Weg wieder mal so ein Parkplatz, den man nur in den alten Pilot Books findet und den alle anderen weiträumig umschiffen: die Indispensable Reefs. Drei Stück gibt es davon, Nord, Mittel und Süd, und politisch oder fischgrundtechnisch gehören sie zu den Solomoninseln. Atolle, die sich aus vielen Tausend Metern Wassertiefe an die Oberfläche gearbeitet haben, doch Land gibt es keines. Nicht die kleinste Kokospalme. Die Saumriffe sind bei Niedrigwasser kniehoch überspült, nur der eine oder andere Felsbrocken ragt aus dem Wasser. Ganz ungefährlich sind solche Orte nicht, schlecht kartogra-

fiert sollte man wirklich nur bei handigem Wetter und richtigem Sonnenstand eine Annäherung wagen. Wir wollen unbedingt dorthin, der letzte Tauchgang im Pazifik, das dürfen wir uns nicht entgehen lassen. Der Passat frischt noch ein bisschen mehr auf, und die LADY *beginnt zu fliegen.*

Am frühen Morgen erreichen wir das südliche Ende des Riffs und tasten uns vorsichtig in respektvollem Abstand um das Atoll herum.

»Micha, siehst du da vorne? Ich glaube, da ist das Ende von dem Ausläufer, dann können wir rum und sehen, ob das Wasser ruhig genug ist zum Ankern.«

»Alles klar, Daumen drücken!«

Je weiter wir nach Norden kommen, desto mehr beruhigt sich die See, an steuerbord liegt das Außenriff, dann kommt das Ende, vorsichtig wechseln wir den Kurs und steuern auf das innengelegene Riff zu. Ich hänge auf Salinghöhe im Mast, ausschauhaltend nach Korallenköpfen.

»Nathalie, das sieht doch gut aus, ruhig genug ist es. Schau mal da drüben, ist das ein Fleckchen Sand? Es sieht nach einem perfekten Ankerplatz aus.«

»Ja, lass es uns versuchen, ich tippe auf zehn Meter Tiefe, das geht.« Schnell klettere ich den Mast wieder herunter und bediene die Ankerwinsch. 40 Meter Kette rasseln in die Tiefe. Der Anker hält. Wir haben angehalten. Um uns herum nichts als Wasser.

»Wow, das ist ja unglaublich. 300 Meilen bis Vanuatu, 700 Meilen bis Papua-Neuguinea, nichts als Wasser. So einen Ankerplatz hatten wir noch nie, dagegen war selbst Henderson ein Kontinent.«

Gruselige Faszination. Aber was tut man an so einem Fleckchen Erde, oder Wasser? Es gibt noch nicht einmal Seevögel, da es keinen Boden zum Brüten gibt. Nun, man steckt den Kopf nicht in den Sand, sondern unter Wasser. Weit weg trauen wir uns noch nicht, so ganz alleine auf dem offenen Meer, und so lassen wir uns vorsichtig an der Ankerkette der LADY *ins Wasser. Nur 16 Meter unter uns wartet das Paradies. Gigantische Korallentürme ragen hoch auf vom Grund, bilden Schluchten und bizarre Formationen, vor denen sich die Fischschwärme tummeln. Alles ist bewachsen mit Weichkorallen, Anemonen, Algen, an jeder Ecke gibt es etwas zu entdecken. Keine 30 Meter weiter beginnt der Abgrund, eine Steilwand. Auf 30 Meter finden wir Fächer- und Tischkorallen, die Sicht scheint unendlich. Aus dem Augenwinkel bemerke ich, dass Micha mir Zeichen gibt. »Vorsicht, da drüben, ein Hai!« Ich drehe mich um, doch der drei Meter lange Grauhai, dessen Neugier wir geweckt haben, hat mit Sicherheit noch nie in seinem Leben einen Taucher gesehen und nimmt schneller Reißaus, als wir gucken können. Nicht so die Zackenbarsche, armlang und dick schwimmen sie uns direkt vor die Brille und starren uns verwundert an.*

»War das geil!«, schnaubt Micha, als er sich die Brille wieder vom Kopf zieht.

»Der pure Wahnsinn. Hast du das gesehen? Hast du diese riesigen Muscheln gesehen und den Schwarm Jackfische? Das ist mit das Schönste, was ich je in meinem Leben gesehen habe«, pruste auch ich an der Wasseroberfläche.

»Schau mal schnell auf den Computer, wir waren tief, oder? Wann können wir wieder tauchen?«

Und somit ist der Tagesablauf bestimmt. Morgens und nachmittags tauchen wir ab, entdecken einen Traumplatz nach dem nächsten, mittags fischen wir, schaffen es an einem Tag das Großsegel auszutauschen und abends fallen wir todmüde ins Bett. Ganz alleine, mitten auf dem Ozean.

Kurs Port Moresby. 700 miles to go. Der Passat schiebt und schiebt. Der Weg von Vanuatu nach Papua-Neuguinea oder PNG, wie wir abkürzend sagen, ist der schnellste des ganzen Pazifiks, wir machen Etmale zwischen 135 und 140 Seemeilen, jeden Tag. Irgendeine Strömung muss da ihre Finger mit im Spiel haben. Der Wind kommt genau von hinten, die LADY fährt entweder wie auf Schienen oder wackelt von links nach rechts, immer abwechselnd. Das Konzert beginnt. Bei jedem Wanken klappern Töpfe und Pfannen, Flaschen und Büchsen, Werkzeug und Tassen. So viele Handtücher, wie wir bräuchten, um alle Klapperräume auszustopfen, haben wir nicht. Dafür sind wir schnell, sehr schnell.

»Micha, meinst du, Kava kann den Zyklus verändern?«

»Was meinst du? Bist du überfällig?«

»Ja, drei Tage jetzt, ich will ja nichts beschwören, aber irgendwie. Meinst du, wir sollen einen Test machen oder bis Port Moresby warten?«

»Quatsch, wenn, dann jetzt. Einen besseren Ort kann man sich doch für so eine Nachricht nicht vorstellen.«

»Und?« Ein paar Minuten später guckt Micha mich gespannt mit großen Augen an.

Ich nicke: »Ja, wir bekommen ein neues Crewmitglied, ich bin schwanger!«

So gut es auf dem tanzenden, wilden Schiff geht, fallen wir uns in die Arme, atmen tief durch und lassen die Nachricht sacken. Ein Baby aus Vanuatu, wir rechnen zurück. Ganz klar, es kann nur der kurze Zwischenstopp auf Espirito Santo gewesen sein, kurz vor dem Festival. Welche Zauber der wilden Tänze da wohl gewirkt haben? Viel Zeit bleibt nicht für unsere Gedanken, schon geht es wieder an Deck, bei sieben Knoten Geschwindigkeit braucht die LADY unsere Aufmerksamkeit.

Logbuch

Ich ziehe das Ersatzgroß aus der Mastschiene und versuche, die Bewegungen der LADY zu stabilisieren. Nix mehr zu machen, der Riss auch in diesem Segel ist deutlich. Altersschwäche, genau wie das Rigg. Mehr Ersatz haben wir nicht. Da hilft nur in Ruhe überlegen, wie es weitergeht. Klar, wir sind mal wieder abgebrannt und können weder mal eben das stehende Gut ersetzen noch einen Satz Segel bezahlen. Papa meint, ich soll den Kahn verkaufen und wieder ein normales Leben anfangen. Ein Grinsen macht sich in meinem Gesicht breit und gemütlich. Nee. 'Ne dynamische Lebensversicherung, die brauche ich nun wirklich nicht. Zwei kaputte Segel machen ein gutes. In Port Moresby gibt es einen prima Segelmacher, meint Jürgen von den Prinzen, nur Material hat er nicht. Er nicht, aber wir!

Die frohe Nachricht scheint die LADY noch mal anzuspornen, und aus dem sportlich schnellen Segeln wird die reinste Raserei. Jetzt, an der Südküste von Papua-Neuguinea, baut sich zudem eine fiese Welle auf, sämtliche Knochen und Muskeln schmerzen vom Festhalten, ich habe überall blaue Flecken von den unkontrollierbaren Bewegungen.

»Da hilft alles nichts, mein Schatz. Da müssen wir jetzt durch. Reffen bringt gar nichts, da wackelt die LADY nur noch mehr, so kommen wir wenigstens schnell an.«

Und wieder surfen wir mit zehn Knoten eine Welle hinunter. Die restlichen 40 Meilen rast die IRON LADY mit Rückenwind und 7,5 Knoten Durchschnittsgeschwindigkeit. Ungeheure Wasserberge laufen unter dem Schiff durch, aber sie läuft. Wenn eines dieser Wassermonster direkt unter der LADY bricht, das türkise Bubbelwasser das Ruder für Momente in Sinnlosigkeit verwandelt, dann legen wir uns auf die Seite, schlagen Back, eine Welle kommt über die Seite, der Autopilot beschwert sich laut piepend und der Skipper sowieso. Aber dann rich-

tet sich alles wieder auf und rast weiter in die voreingestellte Richtung. Egal, wir wollen nur noch eines: ankommen!

»Hey, da seid ihr ja! Schön dass ihr es endlich geschafft habt. Mensch, wie lange haben wir uns nicht gesehen!« Siggi und Jürgen von der PETIT PRINCE *liegen in der Marina und kommen mit eiskaltem Bier und Zigaretten zu unserem Ankerplatz innerhalb des Breakwaters gepaddelt. Während wir in Neuseeland und Vanuatu waren, haben sie die Zeit in Kiribati auf dem Äquator verbracht, hauptsächlich wegen Julie, denn die Neuseeländer lassen keine Hunde ohne langwierige Quarantäne ins Land.*

»Kommt an Bord, schnell, wir haben Neuigkeiten, wir bekommen nämlich Zuwachs!«

»Wie, habt ihr euch auch einen Hund zugelegt?«

»Nein, wir bekommen ein Baby!«

»Dann feiern wir heute Abend doppelt, eure Ankunft und die neue Crew, kommt mit in den Yacht Club!«

Der Papua Royal Yacht Club wirbt damit, eine der besten und angenehmsten Marinas im ganzen Pazifik zu sein, was auch irgendwie stimmt. An der Anmeldung wird man sehr freundlich von einer ganzen Armee Sekretärinnen in Empfang genommen, während die Queen milde von der Wand auf einen herablächelt. Die Kellner in der Bar tragen weiße Hemden mit Epauletten, und Dutzende von Reinigungskräften wuseln Tag und Nacht durch das Gelände. Die Preise sind bezahlbar und dennoch … Es ist seltsam, sich hier aufzuhalten. Man bekommt den Hintern hinterhergetragen, doch man ist unter sich. Unter Weißen. Keine Ferienanlage, sondern ein Zufluchtsort für sämtliche Expats, die in Port Moresby leben. Entwicklungshelfer, Diplomaten, Geschäftsleute samt Familien finden sich hier abends zum Joggen auf der Mole ein. Dem einzigen sicheren Platz in ganz Port Moresby, wie es heißt. Wachmänner vor dem Parkplatz, Wachmänner an der Eingangstür, Flutlichtbeleuchtung bei Nacht, hier kann nichts passieren. Aber wir fühlen uns eingesperrt. Ich kann meinen Tomatensaft auf der Terrasse des Clubs nicht genießen, während neben mir ein Australier den einheimischen Kellner behandelt, als wäre er ein Mensch zweiter Klasse.

80 Prozent Arbeitslosigkeit, Bandenkriege, Überfälle, Diebstahl. Port Moresby ist ein gefährliches Pflaster, doch ob man sich dermaßen abschotten muss? Wir wissen es nicht. Auf den großen Gemüsemarkt sollte man nicht gehen als Weißer, dabei ist selbiger eingezäunt und mit Wachpersonal versorgt. Geklaut wird dort. Was denn? Die Uhr, der Schmuck, das Geld, die Handtasche, bekommen wir zu hören. Und wenn wir all das nicht dabeihaben? Dann klauen sie dir die Hose. Hmmm. Fritz war dort, auf dem Markt, hat säckeweise Melonen, Bananen und Gemüse geholt, einen Local als Aufpasser immer dicht auf den Fersen. Es ist wie immer schwierig, an solchen Orten zu beurteilen, wie weit man sich vorwagen darf, wo die wirkliche Gefahr beginnt. Wir versuchen ohne Vorurteile in ein Land zu kommen, doch Offenheit kann auch schnell in Naivität oder Blauäugigkeit umschlagen, die Grenze zu entdecken ist eine Kunst. Wir bemühen uns wie immer einen Zwischenweg zu finden. Legen die meisten Wege mit dem Taxi zurück, kaufen auf dem Großmarkt, aber nicht in den kleinen Gassen im Zentrum ein. Wir nehmen auch ein Taxi zum Segelmacher, der versucht aus unseren beiden kaputten Großsegeln ein einziges heiles zu machen. Fast täglich tauchen wir im Atelier auf, um schließlich ein mehr schlecht als recht geflicktes Stück Tuch wieder mitzunehmen.

»Das hätte ich ja mit der Hand besser hinbekommen«, grummele ich, während Micha sich schon in beinharte Preisverhandlungen verstrickt.

»In Indonesien brauchen wir eh kein Segel, da gibt es keinen Wind«, stellt er zum Abschluss trocken fest. Wie gut, denn vor Thailand ist mit professioneller Hilfe nicht zu rechnen.

»Tja, dann fahrt ihr wohl morgen.« Wir sitzen bei Siggi und Jürgen im Cockpit und nehmen einen Abschiedsdrink. »Dann sehen wir uns wohl erst wieder irgendwann in Deutschland, wir gehen ja gleich durch bis ins Rote Meer.«

»Ach Quatsch, Jürgen, ihr haltet bestimmt auch noch mal in Timor.«

»Nee, auf gar keinen Fall, nur einen kurzen Stopp in Bali, und bis ihr zwei da ankommt, sind wir längst auf dem Weg durch den Indik.«

»Ist doch schon so spät in der Saison, ich glaube nicht, dass ihr noch wegkommt, ihr bleibt doch auch immer hängen, wie wir!«

»Aber du weißt doch, Micha, ich will nach Hause, an die Eider, die PETIT PRINCE *ins Trockendock und Gemüse auf dem Hochbeet ziehen.«*

Am nächsten Morgen stechen wir in See.

»Wir sehen euch in Timor!«, rufen wir den Prinzen zu und winken, bis sie hinter der Hafenmole verschwunden sind.

»Waktu Mata Hari«, Sulawesi

Di waktu mata hari terbenam
Lautan serta langit mendjema
berwana laksan atam berubah indah permai
Dengar bisikan ombak ber pe tjah
Di karang pasir putih kutjinta
bunji deru deras terke nang kampungku halaman lenang

Während Sonnenuntergang,
die See und der Himmel,
wechselt die Natur und wird sehr schön.
Höre, wie die Wellen an den Fels schlagen
Und in den weißen Sand.
Diesen Klang liebe ich.
Er ist meine Heimat.

Volkslied aus Indonesien

Inselwelten

Motorsegeln über Timor, Alor, Bali und Borneo nach Singapur

Logbuch

22:15 Noch etwa 28 Meilen, dann biegen wir in die Hauptverkehrsstraße Torres Strait ein. Vorbei ist es mit dem Dösen im Cockpit. Kanal 16 ist angemacht und Licht im Top, aus dem Lautsprecher kommen manchmal asiatische Mickymäuse. Der Grund unter der LADY erhebt sich von 1700 Metern auf 100 Meter und eine ganz andere Welle entsteht. Der Wind kommt plötzlich von achtern, das Groß kommt rein und die LADY fängt an zu wanken, als wenn sie sich freut.

Die Torres Strait ist wieder eine dieser Ecken auf der Welt, an denen man nervös wird. Wir haben mittlerweile zwei Ozeane überquert, etliche Pässe in den Tuamotus gemeistert und auch die Schleusung durch den Panamakanal überstanden, und trotzdem haben wir beim Blick auf die Karte wieder Muffensausen. Wir fühlen uns wie vor vielen Jahren auf der Nordsee. Mit Papier und Stift in der Hand versuche ich auszurechnen, wann der günstigste Zeitpunkt ist, in die Straße einzulaufen. Das Seegebiet ist gespickt mit Riffen, teilweise schlecht betonnt, starke Strömungen wechseln mit der Tide, Ankerplätze gibt es nur wenige, und dazu kommt, dass sämtlicher Schiffsverkehr, der vom Pazifik in den Indik oder zurück will, durch dieses Nadelöhr muss. Je nachdem, welches Handbuch ich befrage, bekomme ich unterschiedliche Empfehlungen – sehr hilfreich, das Ganze. Und außerdem, wirklichen Einfluss darauf, wann wir nun ankommen, haben wir ja eh nicht, sind wir doch nicht der dicke Autofrachter aus Japan für Neuseeland, sondern die dicke IRON LADY mit zehnmal geflickten Segeln.

Wider Erwarten klappt alles wie am Schnürchen, bei Tagesanbruch biegen wir ein ins Nadelöhr, etliche Schiffe in Sichtweise, und hangeln uns über Tag von einer Tonne zur nächsten. Tuesday, Wednesday und Thursday Island, die anlaufbaren Ankerplätze lassen wir alle links liegen. Es läuft grad so gut. Und was erwartet uns schon am Ankerplatz? An Land darf man nicht, da es sich um australisches Territorium handelt, und wenn, warten dort schon die Krokodile, die seit Wochen nichts zu fressen bekommen haben. Behaupten zumindest die Gerüchte. Und wir segeln doch gerade so schön. Die Nacht kommt, die Torres Strait wird zum Weihnachtsbaum. Überall rote, grüne, weiße und gelbe Lichter. Tonne oder Frachter? Bei so viel Lichtergewimmel wird uns ganz schwindelig, und der Wachhabende ruft ein ums andere Mal den anderen aus der Koje, damit wir zu zweit entscheiden, in welche Richtung sich ein gewisses Fahrzeug bewegt. In der Theorie ist alles so klar, aber nachts, dort draußen, kann man ordentlich ins Schwitzen kommen.

Logbuch

Das kniffeligste Stück, der Prince of Wales Channel, mit gemeinen Strömungsverhältnissen kam heute Morgen dran. Mit auflaufender Tide raste die LADY mit 9,5 Knoten Durchschnittsgeschwindigkeit durch die letzten 20 Meilen. Zwei Stunden und wir waren durch. Toll.

Ein paar Stunden von der strapaziösen Nacht ausruhen, dann wird ausgebaumt, denn es geht ab jetzt geradewegs nach Westen, über tausend Meilen, da lohnt sich die Arbeit doch sogar!

Keine 36 Stunden haben wir gebraucht für diesen Meilenstein unserer Reise.

»Leb wohl, Pazifischer Ozean!«

»Wenn wir unbedingt wieder hinwollen, können wir es unseren Freunden nachmachen und einfach ein Boot in Neuseeland kaufen, dann sind wir doch direkt vor Ort«, murmelt Micha und versucht seine eigenen Tränchen vor mir zu verstecken.

»Genau, ja sicher. Hmm, LADY verkaufen und ein Plastikboot kaufen, oder?«

Unser Lieblingsthema in solchen Momenten. In diese Überlegungen hinein gibt es auf einmal einen Riesenknall. Peng. Groß kaputt. Na prima. Genau die Naht, die wir in PNG gerade haben reparieren lassen. Aber es war eh nur eine Frage der Zeit, bis der morsche Stoff unter dem neuen Faden wieder durchreißt. Nachdem sich erst das Segel verabschiedet hat, verschwindet zwei Tage später der Wind. Wir stehen 100 Seemeilen vor Darwin und viele Hundert vor Timor. Vielleicht 50 Meilen hinter uns stehen die Prinzen. Jürgen hat mal wieder die Schnauze voll vom Segeln und will nach Hause. Und doch sind sie eisern. Wo wir mindestens einmal am Tag die Nerven verlieren, den Motor reinhauen um wenigstens ein Etmal über 20 Seemeilen zu machen, pusten die beiden noch ein wenig ins Groß, kraulen Julie hinter dem Ohr und zünden sich eine Zigarette an.

Wenigstens bekommen wir Besuch. Die australische Küstenwache ist per Flugzeug unterwegs. Beim ersten Anflug schrecken sie uns aus dem Niedergang und säbeln uns fast das Toplicht vom Mast. Ich renne zum Funkgerät und schimpfe wie ein Rohrspatz, aber natürlich nicht am Mikrofon. Woher, wohin, warum und wer sind die üblichen Fragen, um zu kontrollieren, wer hier an der australischen Küste entlangsegelt. Natürlich haben wir mit dem Gedanken gespielt, dort einen Zwischenstopp einzulegen, aber die Quarantänebestimmungen sind schlimmer als in Neuseeland, all unsere Erinnerungsstücke aus der Südsee würden wir wohl abgeben müssen, ganz zu schweigen von bestimmten Lebensmitteln wie Bohnen und Samen zum Sprossenmachen.

Fast vier Tage hängen wir ohne Wind vor Darwin, bis uns eine leichte Brise weiterbläst. Dann kommen die ersten indonesischen Fischer, die nachts natürlich ohne Licht fahren und uns nervös werden lassen. Nach 14 Tagen auf See fällt der Anker endlich vor der kleinen Stadt Kupang auf Timor. 500 Liter Diesel haben wir verpulvert – mit dieser Menge sind wir im Pazifik ein halbes Jahr ausgekommen.

Wir sind in Asien. Daran besteht kein Zweifel. In unglaublicher Lautstärke dröhnen noch abends um sieben die Lautsprecher der Geschäfte, schrille Musik, eine Mischung aus Pop, Oldies und indonesischen Gesängen. Mit der Musik vermischt sich der Lärm der Mopeds, das Geräusch der Schiffsdiesel, die ohne Auspuff an uns vorbeiknattern und natürlich der Muezzin, der in regelmäßigen Abständen aus den Lautsprechern der Moscheen klingt. Unsere SEEKUH fügt sich hervorragend in die Geräuschkulisse ein. An Land riecht es nach scharfen Gewürzen, aber auch nach Motoren und fehlenden Abwasseranlagen. Wir sind überwältigt von den Menschen auf den Straßen. Die Mopeds werden benutzt wie in Europa Autos, zwei Menschen sitzen mindestens darauf, meist mehr, häufig ganze Familien, Eltern mit zwei Kindern und noch ein drittes im Tuch auf der Hüfte, oder gleich stillend an der Brust. Mit Mopeds kann man auch Hühner an einer Stange, Kopf nach unten, Ziegelsteine, Salzfässer und Getränkekisten transportieren. Wer kein Moped oder Freund mit Moped hat, nimmt den Bemo. Bemos sind Kleinbusse, asiatische Kleinbusse mit einer Sitzhöhe für Menschen bis 1,65 m Größe. Wir beide sind definitiv nicht für Bemos gebaut, haben aber auch kein Moped. Also kriechen wir in die

Liliputbusse, ziehen den Kopf ein und werden auf der Suche nach der Immigration kreuz und quer durch die Stadt gefahren. Alle sind sehr hilfsbereit, und wirklich benötigen wir auch jede Form von Hilfe. Wir klarieren nämlich ohne Agenten ein. »Das ist ein Abenteuer«, sagen die einen, »das ist unmöglich«, sagen die anderen. »Es ist der perfekte Weg, Land und Leute kennenzulernen«, sagen wir. In der Tasche haben wir alle Papiere, die man so braucht. Immigratie, fragen wir. Unter heftigem Kopfnicken werden wir in Bemo No. 10 geschoben, eingeklemmt, mit Musik beschallt und nach 20 Minuten wieder auf die Straße gesetzt. Bitte schön. Danke.

Wir finden uns vor einem großen, offiziell aussehenden Gebäude wieder, das so gar nicht den Anschein einer normalen Behörde macht. Viel zu viel Security am Eingang, viel zu teure Teppiche an den Wänden und viel zu goldene Pokale in Vitrinen. Die Menschen, denen wir versuchen, unser Anliegen klarzumachen, gucken reichlich ratlos und schicken uns schließlich ins Büro des höchsten Chefs. Vor dessen Türe warten wir ein Weilchen, als sich plötzlich die Welt aus den Angeln hebt. Die Goldpokale in den Vitrinen klirren und wackeln, wir fühlen uns plötzlich wie auf See, ansonsten herrscht Stille. Kein Aufruhr, keine Panik. Erdbeben scheinen hier wohl häufiger an der Tagesordnung zu sein. Mit etwas wackligen Beinen sprechen wir schließlich beim Chef vor. Selbiger spricht ein paar Brocken Deutsch und stellt sich als höchster Beamter der Justiz- und Immigrationsbehörde vor. Er nimmt unseren Irrtum gelassen, greift sich das Telefon und beordert einen uniformierten, schmucken Indonesier dazu ab, uns im Dienstwagen zur richtigen Behörde zu bringen. Ein Anruf dort bereitet auf unser Kommen vor, und schon ist die Sache geritzt. Wer braucht einen Agenten? Bei der eigentlichen Behörde verbringen wir dann den Rest des Tages. Einklarieren ist nichts für Eilige, schon gar nicht in Indonesien.

Nach der Passkontrolle geht es weiter zum Hafenmeister. Der ist gar nicht glücklich, dass wir ohne Agenten kommen, denn der kassiert normalerweise immer schon eine kleine Zuwendung, die ohne Quittung direkt in die Tasche der Uniform wandert. Unmissverständlich wird uns gezeigt, wie der Hase läuft. Wir einigen uns darauf, dass die Hafenmeisterei uns bei der Besorgung von Diesel »helfen« darf – gegen eine kleine Vermittlungsgebühr, selbstverständlich. Ob wir nun alle Formalitäten erledigt haben, wissen wir nicht, aber es ist uns auch egal.

Am nächsten Tag steht unser Lieblingsabenteuer auf dem Programm, der Wochenmarkt. Natürlich wieder mit dem Bemo, und da wir zum Zentralmarkt unterwegs sind, teilen wir uns heute Sitze, eingeklemmte Gliedmaßen und taube Ohren noch mit ein paar Hennen und einem Korb alter Fische.

»Hallo Mister. Hallo Missis. Apa kabar? How are you?« Frauen in bunten, handgewebten Sarongs bieten Tomaten und Wassermelonen an, an der nächsten Ecke wiegt ein junger Indonesier Tabak ab, und gegenüber kämpft ein alter Mann mit betelnussgefärbten Zähnen gegen die Fliegen auf den frisch geschlachteten Hühnern. Nur selten verirren sich Orang Putihs, weiße Menschen, hierher. Wir sind eine Attraktion. Begeisterung, Lächeln und viel Freundlichkeit strömen uns entgegen. Und Neugier. Mit großen Augen nehmen wir das bunte Treiben in uns auf, lesen in den Gesichtern, entdecken unbekannte Früchte und Gewürze. Curryblätter, Bananenblüten, Rambutan und Durian. Die eine oder andere Hand streift im Gewühl unsere weiße ungewohnte Haut, ein paar mutige alte Frauen kneifen Micha erst in den Arm, dann in den Hintern. Hier in Indonesien hat die allgegenwärtige Plastiktüte die traditionellen Verpackungen noch nicht ganz verdrängt. Palmsaft wird in wunderschönen Behältern aus Palmblättern aufbewahrt und ausgeschenkt, aus Bambus, Pandanus und anderen Pflanzen entstehen Körbe, Gefäße und Tragen. Reis, Bohnen, Kaffee und Gewürze werden lose aus groben Jutesäcken verkauft. Gängige Einheit ist eine leere, rostige Dose, die einst gezuckerte Kondensmilch enthielt. Gemüse wird gewogen, wobei satu onz nicht einer Unze entspricht, sondern 100 Gramm. Und ist die Federwaage gerade nicht in Benutzung, hängen die Marktfrauen ihre schlafenden Säuglinge in einem Sarong zum Wiegen an den Haken.

Wir decken uns reichlich ein mit Gemüse und frischem Obst, nur bei den Hühnern, die seit einigen Stunden in der Sonne reifen, halten wir uns zurück. Bezahlt wird mit Spielzeuggeld, so scheint es uns. Für unseren 100-Euro-Schein haben wir eine Million in kleinen Scheinen bekommen. Frischgedruckt aus der Presse, denn Münzgeld gibt es kaum, und die dünnen Scheine wandern durch die Hände von Fischverkäufern in die Taschen von Metzgern und die Körbe von Gewürzhändlern. Nach wenigen Wochen haben sie ein Leben hinter sich, von dem ein Fünf-Euro-Schein nur träumen kann, und so sehen sie auch aus.

»Micha, wir müssen zum Gynäkologen, ins Krankenhaus, eine Klinik, irgendwas, ich blute!« Nur scheinbar ruhig komme ich mit zitternden Knien ins Cockpit. Durch meinen Kopf schießen all die Gedanken, die man in so einem Moment haben kann. »Hoffentlich geht es dem Baby

gut, wäre ich doch zu Hause in Deutschland oder wenigstens in Neuseeland. Warum mussten wir nach Indonesien, und ausgerechnet nach Timor.«

Micha hat mittlerweile das Dingi klar gemacht, in aller Eile fahren wir an Land. Mit Wörterbuch und Händen und Füßen machen wir dem Taxifahrer und klar, wo wir hinmüssen. Die Inhaberin des Friseursalons hilft, schreibt eine Adresse auf einen Zettel und meint: »Das ist die beste Klinik für Schwangere. Privatklinik. Sehr teuer.«

Nichts wie los. Die Klinik ist ein altes indonesisches Haus mit Innenhof, dort veratmen ein paar Indonesierinnen in Sarongs und Kopftüchern ihre Wehen. An einem einfachen Holztisch sitzt ein Indonesier mit Goldbrille und raucht. »Sit down, sit down!« Er lächelt mich an und enthüllt von Betelnuss rot gefärbte Zähne und Zahnfleisch. Mir dreht sich der Magen um. Die Verständigung ist nicht einfach, ich versuche es mit ein wenig Englisch und dem Wörterbuch. Nett und freundlich ist er, der Doktor, trotz seiner roten Zähne, und schnell werde ich in einen Untersuchungsraum geführt. Die Fliegen summen um meinen Kopf, und das Laken auf der Liege hat die besten Jahre schon hinter sich. Trotzdem atme ich erleichtert auf, denn es gibt ein Ultraschallgerät. Zwar hat es mindestens 20 Jahre auf dem Buckel, aber es funktioniert. Mit leisem Summen springt der Monitor an, und der kleine Indonesier hält den Schallkopf auf den Bauch.

»Wait. Ahhhh, here. Baby is fine. Good. Baby is fine. No more worries.«

Auf dem Monitor sehen wir das erste Mal das Herzchen unseres Babys schlagen, und mir laufen vor Erleichterung ein paar Tränen über die Wange.

Nach einer Woche in Kupang haben wir genug von der quirligen Großstadt und heben den Anker. Das Wichtigste haben wir besorgt: Diesel, denn obwohl es schon spät in der Saison ist und wir bald mit widrigen Winden und Strömungen zu rechnen haben, verlassen wir die direkte Route Timor – Bali und richten den Bug der LADY nach Osten. Alor heißt das Ziel. Ein Geheimtipp, der vielleicht in ein paar Jahren keiner mehr sein wird. Noch unerschlossen von der Tourismusbranche, 100 Meilen abgelegen von der direkten Route der Yachties.

Das Segeln ist mühsam, drehende Schwachwinde. Viel zu oft muss der Motor mitlaufen, um überhaupt von der Stelle zu kommen. In der Straße zwischen Alor und Pulau Pantar geht schließlich nichts mehr, drei Knoten tidenabhängiger Strom gegenan, wir stehen fast auf der Stelle. Der Anker fällt auf einem kleinen Sandpatch vor unbewohnter

Küste. Verschwitzt und müde lassen wir uns ins Wasser fallen und kommen aus dem Staunen nicht mehr heraus. Auf nur fünf Metern Wassertiefe erwartet uns ein Korallenparadies, wie wir es selten gesehen haben. Ein Garten unter Wasser, blühendes Wachstum, in dem sich unzählige tropische Fische tummeln. Aus dem Nothalt werden mehrere Tage. Fischer versorgen uns auf dem Weg in ihre Dörfer mit frischer Dorade und Mangos. Wir verbringen die Tage mit der Kamera im Wasser, die Nächte an unserem privaten Traumstrand mit gegrilltem Fisch.

Ein paar Meilen entfernt leuchten schon die nächsten Inseln, kleine Dörfer mit Kirche oder Moschee, je nach Glaubensrichtung, in der Mitte des Ortes. Die christlichen brennen Palmenschnaps, der leicht nach Mandeln schmeckt, die muslimischen vielleicht auch. Ankerplätze zu finden ist schwer, die Steilwände, die aus 40 Metern Tiefe emporsteigen, liegen direkt am Ufer. Wir tasten uns von einer Bucht zur nächsten, von einem Dorf zum nächsten. Überall werden wir laut rufend willkommen geheißen und gebeten zu bleiben, doch kein Ankerplatz erweist sich als sicher genug. Enttäuscht und traurig, das Paradies vor Augen, beschließen wir einen letzten Versuch. Vor einem muslimischen Dorf auf der Insel Ternate finden wir eine freie Fischermuring und ihren Besitzer. Wir dürfen festmachen, bleiben, an Land gehen. Am Strand erwartet uns bereits eine Menschenmenge, vorneweg die Kinder, wie immer die Mutigsten. Woher, wohin, wie lange unterwegs. Hände, Füße und das Indonesischwörterbuch kommen zum Einsatz. »Dürfen wir das Dorf besuchen?« – Ja, wir dürfen, die halbe Bevölkerung kommt mit, inklusive Hühner und Ziegen, zum Kepala Desa, zum Bürgermeister.

Die Dörfer hier sind in die Hügel gebaut, festgetretene Pfade, in den Fels gehauene Treppen und zementierte Wege schlängeln sich zwischen den Steinhäusern den Berg hinauf. Neugierige Gesichter grüßen freundlich, vor der Moschee fegt ein alter Mann den Boden, in der Moschee spielen Hunde. Vor dem Haus des Bürgermeisters kommt unser Zug zum Stehen, wir werden vorgeschoben, vom Kepala Desa ins Haus gebeten.

Die Indonesier führen ihre Hand nach dem Händeschütteln mit einer leichten Verneigung ans Herz, eine schöne Geste, respektvoll. In niedrigen Sesseln sitzen wir im Wohnraum der Familie, die Ehefrau bringt heißen, zuckersüßen Tee und frittierte Leckereien aus Reismehl. Der Bürgermeister trägt ein Maßband um den Hals. Eigentlich ist er Schneider, aber schon seit Jahren hat er zusätzlich das Amt des Dorfoberhauptes inne. Die Unterhaltung ist schleppend, aber ernst-

haft, Wörter müssen nachgeschlagen werden, aber unser Gastgeber und seine weiteren Besucher nehmen sich Zeit, warten geduldig, bis wir wieder einen Satz aus dem Buch zusammengebastelt haben. Selten kommen Weiße hierher, meist sind es Wissenschaftler oder internationale Hilfsorganisationen, die hierherkommen, keine Reisenden, und Boote schon gar nicht.
Nach dem offiziellen Besuch wartet das halbe Dorf immer noch vor der Tür, um uns bei unseren Rundgängen zu begleiten. Die Insel, und speziell dieses kleine Dorf, ist bekannt für ihre Ikatwebereien. Überall in Indonesien werden diese Stoffe gefertigt, jede Insel hat über die Jahre ihren eigenen Stil entwickelt. Baumwolle wird zu Faden versponnen, Farben aus Naturstoffen angemischt, die Muster eingefärbt und schließlich das Tuch gewebt. Mittlerweile werden natürlich viele Sarongs aus gekauftem, farbigem Garn hergestellt, denn die Fertigung eines traditionellen Sarongs dauert fast ein halbes Jahr. Schließlich müssen die Frauen zwischendurch noch Kinder, Männer und Hühner versorgen. Gewebt werden immer Sarongs, schlauchartige Wickelröcke, das Kleidungsstück der Indonesier. Vor allem die Männer tragen mit Stolz die schönsten Stücke der schweren Stoffe, suchen gar ihre Ehefrauen nach ihren Webfertigkeiten aus.

»Micha, was ist denn das? Spürst du das?«

Es ist sechs Uhr morgens, die LADY bewegt sich seltsam, ganz seltsam. Kein sanftes Schaukeln oder Schwanken vom Schwell, mehr eine Rüttelbewegung – ein Erdbeben. In Sekundenschnelle sind wir angezogen und an Deck. Von der Felswand, vor der wir ankern, fallen große Steinbrocken ins Wasser, im Dorf hört man die aufgeregten Menschen rufen und schreien. Nach einigen Minuten ist der Spuk vorbei, doch die Menschen im Dorf ziehen sich in die Berge zurück. Eine lange Reihe bunter Flecken schlängelt sich den schmalen Pfad hinauf.

»Nathalie, schau mal dort, das Wasser. Das Wasser geht weg.«

Plötzlich brodelt und gluckert es im Wasser. Fassungslos schauen wir ans Ufer, Ebbe im Zeitraffer, das Wasser wird buchstäblich weggesogen. Nach einer erstarrten Schrecksekunde kommen wir beide in Bewegung, keiner weiß nachher mehr, wer den Motor angemacht hat, wer die Leinen losgeworfen hat. Doch als wir das nächste Mal aufs Riff schauen, ist es dort, wo wir eben noch geankert haben, trockengefallen. Und wir sind im tiefen Wasser, im Kanal zwischen den Inseln. Fast unmerklich steigt der Wasserspiegel ein paar Minuten später wieder. Dreimal wiederholt sich das Schauspiel, dann ist Ruhe. Herzrasen, zitternde Hände.

»Das war ein Seebeben, oder?«

»Natürlich war das ein Seebeben, und das Wasser? Eine Tsunami, oder kommt die Welle noch?«

»Ich weiß nicht, schau die Menschen, die sind alle auf den Berg raufgeklettert. Das sieht nicht so aus, als wollten sie wieder runter. Was machen wir jetzt? Weiter nach Flores? Das können wir nicht tun, vielleicht brauchen sie an Land Hilfe? Unser Funkgerät, um Kontakt mit der Außenwelt aufzunehmen.«

Einen Monat vor der unfassbaren Erdbeben- und Flutkatastrophe im Indischen Ozean erleben wir selbst die gewaltigen Kräfte der Natur. Unser Dorf hat Glück gehabt, es gibt keine Verletzten, alle haben sich rechtzeitig aus den Häusern geflüchtet. Und dennoch, viele Dächer sind eingestürzt, Wege verschüttet. Drei Tage bleiben die Bewohner von Ternate in provisorisch errichteten Camps auf den Hügeln, aus Angst vor Nachbeben und Flutwellen. Ein Radio oder gar Funkgerät gibt es nicht im Dorf, deshalb fahren wir einmal am Tag an Land und berichten dem Bürgermeister, was wir über E-Mail und Radio an Bord erfahren haben. Mehrere Tote und Verletzte in der nahen Hauptstadt von Alor, Kalabahi. Familienangehörige mit Booten aus der Stadt treffen nach und nach mit weiteren Berichten zu Hause ein, die Nachbeben verstummen und die Bevölkerung kommt aus den Bergen zurück. Erst die Männer mit ihren erwachsenen Söhnen, schließlich auch Frauen und Kinder.

Wenige Tage später liegt die kleine Insel Ternate achteraus, wieder ist keine Brise, kein Windhauch zu spüren. Der Diesel tuckert. Auch die einheimischen Frachtsegler lassen die Maschine laufen oder dümpeln mit ihren blauweißgestreiften Segeln auf der Stelle, die Angel im Wasser. Wer weiß, vielleicht beißt das Mittagessen an. Wunderschön sind sie anzusehen, die buntbemalten Holzschiffe mit dem hohen Bug. Oft wird auf den Booten mit offenem Feuer im überhängenden Heck gekocht und gebrutzelt, mitten auf See zieht uns der Duft von gegrilltem Fisch in die Nase.

Unser nächstes Ziel auf dem Weg nach Bali ist Flores, ein Name, der Blumen und bunte Farben verspricht. Das beindruckendste Farbphänomen auf der Insel sind allerdings nicht Pflanzen, sondern Wasser. Oben in den Bergen gibt es die drei Kraterseen von Keli Mutu, zwei davon nur durch eine hauchdünne Felswand voneinander getrennt. Durch chemische und thermische Veränderung in Wasser und Gestein haben die drei Seen unterschiedliche Farben. Geradezu mystisch ist dieser Ort, denn über Nacht können sich die Farben der Seen ohne

Vorwarnung plötzlich verändern. Kein Wunder, dass sich Legenden und Sagen um diesen Ort ranken. Die Seelen der Toten von Flores finden hernach ihre ewige Ruhe im Wasser der Seen, die der Kinder im türkisfarbenen, die der Alten im braunen und die der Bösewichter im pechschwarzen.

Auf dem Rückweg fahren wir durch typisch indonesische Landschaft, Büffel ziehen Pflüge durch die Reisfelder, in denen bunte Tupfen schon von Weitem leuchten. Reisbauern in farbenprächtigen Sarongs, die mit viel Sorgfalt die zarten Triebe umstecken. Entlang der Straßen findet der indonesische Alltag statt. Hülsenfrüchte, Gewürze und Kakao werden zum Trocknen ausgelegt, im Schatten der Häuser wird Wäsche gewaschen, gekocht oder Reis gesiebt. Was nach ländlicher Idylle aussieht, ist harte Arbeit. Trotzdem bekommen wir überall ein Lächeln geschenkt, dürfen zusehen, fotografieren und einen Augenblick verweilen.

In der Straße zwischen Lombok und Bali pfeift der Wind zwischen den beiden gebirgigen Inseln. Eine neue Insel erwartet uns, ein neues Gesicht. Bali, die Insel der Tempel, eine hinduistische Insel im islamischen Indonesien. Das Straßenbild wird bestimmt von Opfern und Geistern. Überall stolpert man über die kleinen Körbchen mit Blüten, Räucherstäbchen, ein wenig Reis, einem Keks oder einem kleinen Geldschein. Selbst vor der Fastfoodkette mit dem goldenen M sprenkelt eine Balinesin mit anmutigen Handbewegungen heiliges Wasser über die Opfergaben, einen Sarong um die Uniform gewickelt, das Wasser in einem Pappbecher auf dem Tablett.

Um Bali wirklich zu entdecken, lassen wir die LADY *vor Anker und reisen ins Inselinnere. Man muss den Touristenort Kuta, die Sandstrände, fliegenden Händler, die Kneipen hinter sich lassen und mit offenen Augen über die Landstraßen fahren.*

In jedem Dorf gibt es wieder neue Manufakturen zu entdecken, kleine Familienbetriebe, die sich auf Schnitzkunst, Steinmetzerei, Batik oder das Bemalen von Gänse- und Straußeneiern mit hinduistischen Motiven spezialisiert haben. Die engen Straßen schlängeln sich zwischen sattgrünen Reisfeldern hoch in die Berge, zu Kraterseen, Vulkanen und verzauberten Tempelanlagen. Abends essen wir in den Garküchen, die nach Einbruch der Dunkelheit an den Busstationen ihre Gaswoks entzünden: scharfes Nasi Goreng und Sate-Spieße. In einem Tempel findet eine hinduistische Zeremonie statt: ein Gamelanorchester spielt, festlich gekleidete Frauen in bunten Sarongs und Spitzenblusen tragen bis zu einem Meter hohe Opfergaben aus Obst

46 Der Nestbautrieb setzt ein, schnell überpinseln wir noch das düstere Mahagoni der Vorpiek mit babyfreundlichem Weiß und Gelb.

47 In den Tropen braucht man weder Wiege noch Strampler; Papas Bauch und eine Mullwindel reichen für das Wohlbefinden.

48 Festgeschnallt im Autositz, trainiert Maya mit ein paar Wochen ihre Seebeine.

46

47

48

49 In Phuket müssen viele Kinder mit für das Familieneinkommen sorgen, zum Beispiel mit dem Verkauf von Ballons.

50 Bunte Blumengirlanden schmücken jedes thailändische Fischerboot, ein Schutz vor bösen Geistern.

51 Wir genießen die Monsunzeit in Thailand und haben die schönsten Ankerplätze ganz für uns alleine.

52 Hong nennen die Thailänder die versteckten Grotten und Lagunen in den Kalksteinfelsen der Phang Na Bay.

49

50

51

53 Bei hohem Seegang versucht sich eine Welle auf raumem Kurs Zutritt zu unserem Cockpit zu verschaffen.

54 Bei zwei Knoten Fahrt verheddert sich unser bislang größter Fang in der Angelleine: ein Sailfisch.

53

54

55

55 Am Strand von Nosy Komba hat Maya einen neuen Freund gefunden.

56 In der badewannenwarmen Lagune von Chagos kann man prima laufen üben.

57 Abseits vom Trubel der anderen Segler haben wir uns auf eine einsame Insel zurückgezogen.

56

58 Unsere letzte Bucht in Madagaskar vor dem Absprung in die Straße von Mosambik wird von gewaltigen Baobabs bewacht.

59 Eine ausgelassene Hochzeitsgesellschaft wird singend durch die Straßen gekarrt.

60 Außenborder gibt es nicht auf Nosy Be, die Auslegerkanus werden gesegelt oder gepaddelt.

61 Mit unserem alten Mercedes fahren wir fast jeden Nachmittag zum schönsten Strand der Welt: Brenton on Sea.

58

59

60

61

62

62 Bei 30 Grad und Sonnenschein rollt Maya ihre ersten Weihnachtsplätzchen aus.

63 An ruhigen Tagen ist die Einfahrt durch die zumeist gefürchteten Heads ein Kinderspiel.

64 Die Waterfront von Knysna wird uns am Ende unserer Reise zur zweiten Heimat.

63

64

und Brathuhn auf ihren Köpfen zur Segnung in den Dorftempel. Die Ästhetik spielt eine große Rolle auf Bali, wohin man sieht, wird dekoriert, geschmückt, verziert. Die guten und bösen Geister sind allgegenwärtig, sie wollen besänftigt, verwöhnt und beschenkt werden.

Es wird Dezember. Fast alle Boote haben es mittlerweile bis hoch nach Singapur geschafft oder machen Pause in Bali. Fliegen nach Hause, werkeln am Schiff bis die Regenzeit vorbei ist und der Südostwind im April wieder einsetzt.

Wir hängen etwas in den Seilen. Unser Baby soll Ende Mai auf die Welt kommen, doch wo? Sollen wir so lange in Bali bleiben? Die gesamte Regenzeit? Die Marina in Bali gehört zu den schrecklichsten, die wir je gesehen haben, die Stege sind morsch und kaputt, es wimmelt von Ratten, und um die Idylle perfekt zu machen, liegt auch noch die Einflugschneise des Flughafens genau über den Liegeplätzen. Die Alternative ist Singapur oder Malaysia, oder noch weiter? Aber wann und wie kommen wir dann weiter? Wieder zurück nach Bali und dann im August über den Indik, mit einem zwei Monate alten Baby? Wie soll das alles gehen?

Schließlich machen wir es wie immer, einen Schritt nach dem anderen. Der Weg nach Norden, jetzt zum Ende der Saison, wird steinig werden. Also darf ich das Weihnachtsfest zu Hause in Düsseldorf verbringen und meinen Bauch streicheln, während Micha die LADY nach Singapur bringt.

So zumindest lautet der Plan. Doch das Wetter ist anderer Meinung. Am Silvesterabend läuft Michael Kumai, ein kleines Dorf flussaufwärts im Süden von Kalimantan an, um seine Wunden zu lecken. Eine starke Gegenströmung und unberechenbares Wetter mit heftigen Squalls haben ihre Spuren an Boot und Skipper hinterlassen.

Seine E-Mails klingen nicht eben euphorischer: Johann, der alte Diesel, macht seltsame Geräusche, kreischt und heult bei jeder Welle, durch die die LADY sich kämpfen muss. Lagerschaden, vermutet der Skipper. Noch 400 Seemeilen gegen Wind und Welle, das schafft er nicht. Im Nu ist die Schnauze der LADY um 180 Grad gedreht, Ruhe kommt ins Schiff und keine zwölf Stunden später liegt die LADY wieder vor Anker.

Die E-Mail-Leitungen nach Deutschland laufen heiß, nur noch wenige Tage bis zu meinem Abflug. Dass Micha noch bis Singapur kommt, ist ausgeschlossen. Johann braucht Ersatzteile und die bekomme nur ich hier in Deutschland. Also organisiere ich ein Wellenlager für Johann, telefoniere kreuz und quer durch Deutschland, bis mir jemand weiterhelfen kann. Gleichzeitig muss der Weiterflug von Bali nach Kumai organisiert werden. Direkt? Denkste. Zwei Tage Aufenthalt in Bali, dann weiter nach Java, eine Nacht Aufenthalt und schließlich mit einer Propellermaschine über die Straße von Karimata nach Pankalanbun, 50 Kilometer nördlich von Kumai.

Das Ersatzteil trifft zwei Stunden vor Abflug ein, und schon sitze ich mit massig Gepäck im Flieger. Fünf Monate schwanger. Großartig. Angekommen in Bali, habe ich literweise Wasser in den Beinen, schlafe 20 Stunden am Stück und verliere jegliches Zeitgefühl. Der Wechsel vom kalten Winterdeutschland ins tropische Bali macht mir schwer zu schaffen. Am übernächsten Tag übernachte ich in Java, in einem kleinem Hotel am Flughafen. Mutterseelenalleine sitze ich im riesigen Speisesaal und frage mich, ob dieses Hotel jemals Gäste hat. Noch ein Flug, es rumpelt und wackelt über den Wolken, und endlich, nach fünf Tagen Reise, stehe ich auf der überhitzten Rollbahn und sehe Micha auf mich zukommen. Geschafft, doch nun? Folgt die Reise nach Singapur, auf der LADY, genau das sollte ich mir doch eigentlich ersparen.

Doch erst mal wird das Wellenlager eingebaut, ebenso diverse andere Kleinteile, die sich in meinen Koffern finden. Jeden Abend schwirren uns die Mücken um die Ohren und erinnern uns daran, dass wir mitten in der Regenzeit sind. Das einzig Positive sind die Rambutans, litschiähnliche Früchte, die aussehen wie dunkelrote haarige Monster und hervorragend schmecken. Doch bis zum nächsten Wetterfenster werden sicher ein paar Tage vergehen. Warum also nicht doch noch die Menschenaffen besuchen.

Der chinesische Dieselmotor tuckert langsam immer tiefer in den Dschungel hinein. Das brackige Flusswasser wird klarer, nimmt einen rötlichen Ton an. Am Flussufer turnen Affenfamilien in den Bäumen, hangeln sich von Ast zu Ast oder essen sich an den haarigen Rambutans satt. Es ist Regenzeit, Obstzeit. Die Bäume im Dschungel tragen reichlich Früchte. Nicht die beste Zeit, um die Orang Utans im Nationalpark zu sehen. Einmal täglich wird ihnen Futter angeboten, Bananen und Milch. Doch nur, wenn der Wald nicht genügend Nahrung bietet oder sie an einer Krankheit leiden, kommen sie zur Fütterung.

Mit einem Führer der Station geht es tief in den Regenwald hinein. Schon vor Erreichen des Futterplatzes rufen die Indonesier seltsame Laute in den Wald, um die Tiere anzulocken. Wir haben Glück, außer einem Schwarm Moskitos lassen sich tatsächlich vier Orangs blicken, eine Mutter mit Kind und zwei Jungtiere. Bis auf weniges Meter dürfen wir herantreten und die Tiere beobachten. Wir sie – und sie uns.

Ein Sonnenstrahl fällt durch die dichten Baumkronen, das Fell der Affenmutter leuchtet in warmem Braunorange. Trotzdem hat der Name der Spezies nichts mit der Farbe zu tun. Orang ist indonesisch und heißt Person, ein Orang Utan ist eine Person des Waldes, treffender kann man diese Tiere mit den menschlichen Zügen kaum beschreiben. Die Nacht verbringen wir auf unserem Langboot, geschützt unter Moskitonetzen, eingerieben mit Autan, mitten im Dschungel. Glühwürmchen leuchten, die ganze Nacht ist erfüllt von den Geräuschen des Waldes: Insekten, Vögel, Affen. Die Natur schläft nicht. Der Morgen wird von einem leichten Nebel verschleiert, noch vor Sonnenaufgang werden wir wach und staunen über den tiefen Frieden, der hier, fernab der Zivilisation, herrscht. Fühlen uns in eine andere Zeit versetzt, als wir mit einer Tasse Kaffee in der Hand auf dem Deck langsam die Heimreise antreten.

Zurück in Kumai warten wir wieder. Der Wetterbericht verspricht mal dieses, mal jenes. In einem Anfall von Hoffung verlegen wir in die Flussmündung, kehren Kumai den Rücken. Müssen wir auch, denn mittlerweile sind LADY und Skipper seit einem Monat ausklariert, ich habe noch ein paar Tage. Einen Ausreisestempel werde ich auch nicht bekommen, da mein Ausreisefahrzeug ja offiziell gar nicht mehr im Lande ist. Wird schon gutgehen.

Logbuch

Es ist zum Heulen. Tatsächlich. Diese Situation ist nervend genug, um den stärksten Seemann zu erschüttern, wenn aber selbige noch mit einem hormonellen Supergau zusammentrifft, kann das nur noch in heulendem Elend enden.
So passiert. Beim Übersprungsputzen der entlegendsten Ecken der LADY war es dann so weit. Bootskoller. Schleusen auf. Ich will nicht mehr. Alles nervt, das Wetter, das Boot, die drückende Hitze, das Segeln. Plötzlich nerven einen Kleinigkeiten, die man sonst überhaupt nicht wahrnimmt. Man will 'ne Steckdose, 'ne Badewanne und dass alles auf einmal ganz einfach ist. Eigentlich ist mir vollkommen klar, dass alles halb so wild ist und in spätestens zwei Stunden die Welt wieder in Ordnung, aber nun ist erst mal Essig. Da helfen nur noch meterweise Toilettenpapier und raus lassen.
Jetzt ist es wieder gut. Geändert hat sich nichts, wir warten immer noch, aber der Koller ist weg. Bootskoller gehö-

ren zum Bootsleben dazu, und wer mir erzählt, er hätte noch nie einen gehabt, der lügt wie gedruckt. Wir haben mit Leuten in der Flaute auf dem Pazifik gesprochen, die in so einem Kollermoment ohne Schulterzucken ihr Boot im Stich gelassen hätten, wäre ein Hubschrauber mit Rettungsstrickleiter vorbeigekommen.

Doch endlich ist es so weit, und wir können los.

Die Selat Karimata, die Karimatastraße, ist nicht so schlimm, wie wir befürchtet hatten, aber schlimm genug. Ab und an finden wir eine Strömung, die uns für ein paar Stunden schiebt, dann ist es wieder vorbei. Hoch, höher am Wind gegen zehn bis 15 Knoten. Johann muss mitschieben, sonst werden wir zu weit abgetrieben Richtung Osten. Die LADY kracht mal wieder in die Wellen, eine Höllenspektakel, das einem den letzten Nerv raubt. Krawumm. Krawumm. Immer noch lässt uns ein seltsames Schleifen im Motorraum nervös werden. Kupplungsschaden? Hat das denn nie ein Ende? Dann reißt der Keilriemen der Wasserpumpe. Reparatur auf hoher See, bei Zwei-Meter-Wellen. Die LADY treibt unterdessen fröhlich mit zwei Knoten rückwärts. Doch wir schaffen es, nach 50 Stunden fällt der Anker vor der kleinen Insel Karimata. Von hier aus ist es nur noch ein Katzensprung nach Singapur.

Drei Tage verbringen wir auf der winzigen Insel, verabschieden uns von Indonesien. Herzlich werden wir aufgenommen, erstehen Diesel für die letzten 200 Seemeilen und quellfrisches Wasser. Eine Insel wie in der Südsee mit malerischen Stränden, kleinen Buchten und Stelzenhäusern bis ans Wasser. Ein Ort zum Auftanken, auch für die Seele.

Am Strand stehen die Kinder des Dorfes und winken, einige mit ihren neuen Schwimmflossen, die wir dortgelassen haben. Die Stimmung an Bord ist gut. Schwachwinde, kaum Welle, wie im Fluge erreichen wir den Kanal südlich von Singapur, eine der befahrensten Schifffahrtstraßen der Welt. Und wir müssen da durch, einmal quer durch. Das ist, als würde eine vierspurige Autobahn von einer Schnecke überquert werden. Unser Haus auf dem Rücken. Links, rechts, links und drüber. Es ist dunstig und neblig so früh am Morgen. Man kann kaum eine Meile weit gucken. Aus dem dichten Grau tauchen urplötzlich die Frachter auf. Wir passen eine Lücke ab und geben Vollgas voraus. Da, schon kommt die nächste schwimmende Autogarage, beidrehen und abwarten. Das Spielchen wiederholt sich wieder und wieder, dann sind wir auf dem Grünstreifen, kurze Verschnaufpause, bevor der Verkehr aus der Gegenrichtung beginnt.

Schließlich haben wir es geschafft. Die Skyline von Singapur, diesem quirligen Stadtstaat im Herzen von Südostasien, leuchtet uns entgegen. Wir lassen die Metropole links liegen und biegen in einen kleinen Fluss, um in einer schicken Marina auf dem malaysischen Festland festzumachen. Hier sind die Einklarierungsformalitäten unkompliziert und die Marina unsagbar günstig. Eine Marina, wie wir sie sonst nur aus dem Mittelmeer kennen: brandneue Steganlage direkt vor einem Luxushotel, dessen Pool und sonstige Einrichtungen wir mitbenutzen dürfen. Ein Shuttle fährt zweimal die Woche ins nächste Dorf, die Fähre dreimal täglich nach Singapur. Ansonsten herrscht hier Ruhe an den Ufern des Flusses, wo nachts die Glühwürmchen leuchten. Für uns ist es der perfekte Ort, um Abstecher nach Singapur zu machen und der LADY *ein paar fällige Reparaturen gönnen zu können. Strom liegt am Steg und sogar W-Lan steht zur Verfügung – willkommen in Malaysia.*

»Schatz, mir geht es heute nicht gut, ich glaube, ich bekomme eine Grippe.« Micha sieht nicht gut aus, rotes Gesicht, Schüttelfrost. Grippe in den Tropen, das ist besonders unangenehm. Wir verschreiben uns einen Tag mit Paracetamol, einer Runde schwimmen im Luxuspool und viel Ruhe. In der Nacht wird es besser, doch am nächsten Tag ist es wieder da, das Fieber. Bei 35 Grad im Schatten klappert Micha mit den Zähnen und murmelt wirres Zeug. Dann ist es wieder vorbei. Unser erster Verdacht: Denguefieber. Am Wochenende waren wir in Singapur, dort treten gerade wieder vermehrt Fälle auf.

Mit dem Shuttle der Marina fahren wir ins Dorf, lassen Blut abnehmen und werden mit Verdacht auf Dengue und dem Ratschlag viel zu trinken wieder entlassen. Ergebnisse kann ich telefonisch erfragen. Doch die Ergebnisse lassen auf sich warten. Singapur ist zwar nur eine Stunde mit der Fähre entfernt, doch wir sind hier in Malaysia. Im Umkreis von 200 Kilometern gibt es kein größeres Krankenhaus, kein modernes Labor. Der Fahrer sammelt zunächst Blutproben aus einem ganzen Landesteil ein, bevor er sie in Baru abgibt. Wir warten und werden immer nervöser. Endlich, 30 Stunden später, bekomme ich ein Ergebnis.

»Das Blutbild sieht nach Dengue aus, Malaria negativ. Aber Ihr Mann muss schnell ins Krankenhaus, die Blutplättchen sind zu niedrig, das muss überwacht werden«, teilt mir die Ärztin am Telefon mit.

Doch wie? Wie bekomme ich Micha ins Krankenhaus? Es gibt keinen Bus, die Taxifahrer haben schon Feierabend, und jemanden mit Auto kennen wir nicht. An der Rezeption des Hotels versuchen sie einen Transport zu organisieren. Das dauert. Es ist unglaublich. Nie-

mand hat Lust, jetzt am Abend, noch 200 Kilometer bis JB zu fahren. Derweil klappert Micha unter seiner Wolldecke in der Empfangshalle mit den Zähnen. Irgendjemand erbarmt sich schließlich, uns für den horrenden Preis von 200 Euro zu fahren. Im Auto wird es immer schlimmer, Michael fantasiert, halluziniert. Immer wieder müssen wir anhalten, Pause machen. Endlich das Krankenhaus, hübsche indische Krankenschwestern, die Infusionen legen, Fieber messen, Blut abnehmen, ein indischer Arzt, der beruhigt, beobachtet und Micha gleich dabehält. Ich bekomme ein ausklappbares Sofa neben das Bett und kann endlich meinen mittlerweile recht ansehnlichen Bauch ausstrecken.

Auch hier lautet die Diagnose Dengue. Es passt alles. Das Fieber wird behandelt, mehr kann man nicht tun. Doch es wird nicht besser. Die Blutplättchen, die für die Gerinnung zuständig sind, fallen und fallen. Schon wird über Transfusion gesprochen, denn wenn der Wert zu weit sinkt, besteht das Risiko von Blutungen. Sehr ungern will Dr. Singaravelo transfundieren, die Sicherheitsregeln der Blutbanken entsprechen noch lange nicht denen in Europa, das Risiko, sich mit HIV oder Hepatitis zu infizieren, sollte nicht vernachlässigt werden. Noch ein Fieberschub. Michael halluziniert, zittert, Alpträume im wachen Zustand. Dazwischen klare Phasen.

»Nathalie, ich kann nicht mehr. Ich hab Angst vor dem nächsten Fieberschub. Vor dem nächsten Alptraum. Ich hab Angst, dass ich den nächsten nicht überlebe. Ich will nicht sterben.«

Unsere Gespräche sind ernst, wir sind auf alles gefasst. Ich spiele mit dem Gedanken, Micha nach Deutschland oder Singapur verlegen zu lassen. Der nächste Fieberschub, ich alarmiere die Schwestern und ordne an, dass jetzt sofort, im Schub Blut abgenommen wird, um noch einmal auf Malariaerreger zu testen, denn das Fieber wird durch die Ausschüttung der Parasiten hervorgerufen. Und tatsächlich: kein Dengue, sondern Malaria. Gott sei Dank ist es nur eine Malaria tertiana, die milde Form. Wenn das milde ist, möchte ich keine Malaria tropica erleben! Sofort gibt es einen bunten Tablettencocktail, und keine zwölf Stunden später ist der Spuk vorbei. Micha ist immer noch sehr wacklig auf den Beinen, hat sicher fünf Kilo abgenommen und ist von den starken Medikamenten etwas verwirrt, aber die Fieberschübe sind weg.

Es ist geschafft. Eine Woche waren wir im Johor Specialist Hospital, nun sehen wir die Sonne wieder. Schauen nach vorne, in drei Monaten wird unser Kind zur Welt kommen und die neue Zeitschrift »Segel-

journal« hat uns zwei dicke Aufträge für Artikel gegeben. Nach vorne schauen. Die Hälfte der Bezahlung des ersten Artikels stecken wir endlich in unsere Traumkamera, eine digitale Spiegelreflex von Nikon. Ein Bauch, der wächst, ein neuer Lebensabschnitt, das muss dokumentiert werden.

Auf in die Straße von Malakka, auf nach Penang!

Maya

Die indische Göttin Maya (Sanskrit für Illusion, Zauberei) enthält mehrere Ideen. Sie ist eine kreative Energie (Prakriti), ein Status der geistigen Verblendung und eine personifizierte Gottheit. Die Göttin wird auch Mahamaya genannt (»große Maya«). Als Göttin ist sie die Weltenmutter, Schöpferin des Universums, das Universum selbst und Göttin der Illusion, die dieses Universum gemäß dem Hinduismus darstellt.
Sie tritt auf als Weltenweberin, die sich selbst erschafft, denn alles was manifestiert ist, ist Maya. Es gibt im Hinduismus verschiedene Mythen um das Entstehen der Maya. Eine Version besagt, sie sei dem auf der Weltenschlange ruhenden Vishnu entsprungen und das Glühen von Shivas und Vishnus Gesichtern habe einen Glanz hervorgebracht, der die Welten erfüllt habe und aus diesem sei Maya entstanden. Alle Gottheiten und die Gestirne hätten zu ihrem Entstehen und ihrer prächtigen Erscheinung beigetragen, sie sei mit Schmuck und Waffen ausgestattet worden und habe einen Löwen als Reittier erhalten und in dieser Form habe sie den Stierdämon Mahisha, der die Herrschaft an sich reißen wollte, besiegt. Die Symbole Mayas sind die sieben Farben des Regenbogens, der Schleier und das Spinnennetz. Im Hinduismus gilt Maya auch als die Versucherin und Verblenderin, die den Geist der Menschen mit ihren Illusionen verlockt, betört und bezaubert.

Länder des Lächelns

Monsunzeiten in Malaysia und Thailand

»Da drüben, Nathalie, das muss es sein, kurz vor der Brücke, siehst du die Masten?« Ich deute auf ein paar vereinzelte Masten vor dem blauen Dunst der Stadt Georgetown auf der Insel Penang im Norden Malaysias.

»Oh Mann, das ist ja direkt an der Brücke, noch ganz weit von der Stadt entfernt. Hier sollen wir die nächsten zwei Monate bleiben, bis unser Baby zur Welt kommt?«

»Nun lass uns mal reinfahren und einen Blick drauf werfen, viel mehr Möglichkeiten haben wir eh nicht.«

Die Marina Batu Uban besteht aus zwei Schwimmstegen, zusammen vielleicht 50 Plätze. Idyllisch schiebt sich Tag und Nacht der Verkehr vom Festland zur Insel und umgekehrt, und nachts, wenn die Brücke mit Tausenden kleiner Lämpchen beleuchtet ist, hat man mit ein wenig Fantasie den Eindruck, man sehe die Golden Gate Bridge. Die Marina gehört dem Staat Malaysia, die Küstenwache, deren neues Zentrum mit Tower gleich nebenan gebaut wird, verwaltet sie. Es gibt keine Duschen, nur Wasserschläuche am Steg, keine Waschmaschinen, keinen Club, keinen Shop, und die nächste Bushaltestelle ist 20 Laufminuten entfernt. Kein Ort für verwöhnte Segler. Doch dafür gibt es Malaysia pur. Wir bezahlen 50 Euro im Monat, errechnet wird der Liegepreis nach der Wasserlinienlänge. Interessant.

»Unsere Wasserlinie ist 6,50 Meter lang, Sharif«, untertreibe ich.

Sharif zieht die linke Augenbraue hoch. »Nie im Leben, so ein langes Schiff, niemals. Warte, ich gehe ein Maßband holen.«

Sharif, der kleine, schmächtige Malaysier mit dem Schnauzbart, hat das Sagen in der Marina oder zumindest den Überblick. Seine rechte Hand ist Annuar, ein gemütlicher Typ, der gerne zum Quatschen an Bord kommt und immer einen Schlupfwinkel im Cockpit der Segler findet, wenn es darum geht, sich vor den Aufgaben in der Coast Guard zu drücken. »7,50 Meter«, stellt Sharif zufrieden fest.

Ich grinse. Das sind immer noch gut zwei Meter weniger, als in den Papieren steht. »Ich hab das Gefühl, der wollte sich vermessen«, flüstere ich Nathalie zu, »das liegt sicher an deinem unübersehbar dicken Bauch.«

Papiere werden unterschrieben, Formulare ausgefüllt. Da sind wir also, etwas verloren schauen wir uns unsere neue Heimat an, die neuen Nachbarn an den Stegen rechts und links. Da taucht Annuar wieder auf.

»Wir wollen, dass ihr hier rundum zufrieden seid, wir können uns um alles kümmern. Braucht ihr ein Moped? Ich kann eins billig besorgen. Braucht ihr ein Auto? Hier auf dem Gelände steht mein alter Toyota. Den vermiete ich. Pass auf, hier ist der Schlüssel, fahrt ihr mal, und am Ende der Woche gebt ihr mir dann so viel Geld, wie ihr meint, dass ihr gefahren seid. Nur Sonntagsmorgen, da muss der Wagen stehen bleiben. Der Bill fährt dann in die Kirche und zum Wocheneinkauf mit seiner Familie. Ach ja, und hier ist meine Handynummer, und die von Sharif, und das ist die vom meinem Bruder, der hat ein Taxi. Wenn das Baby kommt. Ich hab schon Bescheid gesagt, da könnt ihr jederzeit anrufen.«

Nach diesem Wortschwall schüttelt er uns eifrig die Hände und trottet wieder von dannen. »Brücke hin oder her, Nathalie. Ich glaube, dieser Ort ist perfekt für uns.«

Die Hitze in Penang ist mörderisch, so mörderisch, dass der zivilisierte Malaie das klimatisierte Haus nur verlässt, umso schnell wie möglich im klimatisierten Auto ins nächste klimatisierte Einkaufszentrum zu fahren. Die Insel und vor allem die Stadt ist fest in chinesischer Hand. Um die 60 Prozent malaische Chinesen leben hier, dazu ein lebendiges indisches Viertel, der Rest sind muslimische Malaien. Im Zentrum von Georgetown herrschen krasse Gegensätze. Rikschas werden von knochigen, alten Chinesen durch die überfüllten Straßen gefahren, an den Straßenecken sieht man Schuhverkäufer und andere Händler, und über dem Busbahnhof thront der Comtar, ein turmartiges Hochhaus, früher das modernste Shoppingcenter der Stadt und Sitz unzähliger Büros, das mittlerweile von mehreren Malls im amerikanischen Stil abgelöst wurde. Doch kaum lässt man den Comtar hinter sich, ist man mitten in China Town. Wan-Tan-Suppen, Chicken rice, Peking Ente, Dim Sum. Die alten Häuser der Kolonialzeit – unten Laden, oben Wohnhaus – der chinesischen Kaufleute sind größtenteils liebevoll restauriert, und wir entdecken ein skurriles Geschäft nach dem nächsten. Es gibt die Straße der Rattanflechter, in der wir einen Korb als Babybett erstehen, es gibt die Straße der Mechaniker, in der man Ersatzteile für Außenborder bekommt. Mr. Poison ist gleich um die Ecke. Ein uralter Chinese, der buchstäblich auf einem Pulverfass sitzt. Es gibt kaum eine Chemikalie, die er nicht verkauft. Schon von Weitem riecht man seinen Laden, und wann immer ich dort hingehe, um Material zu besorgen, komme ich mit seltsam glasigen Blick wieder nach Hause. Nathalie schiebt ihren wachsenden Bauch durch die feuchte Tropenhitze, und je größer der Umfang, desto häufiger nehmen wir Annuars Angebot an, den klapprigen Toyota zu nutzen. Für vier Euro lassen wir die Klimaanlage reparieren und fühlen uns wie im Himmel.

Es ist alles geregelt, Krankenhaus gebucht, Auto steht vor der Tür, wir werden nicht mehr segeln gehen, nun müssen wir nur noch eines, nämlich aufs Kind warten, und das kann noch ein paar Wochen dauern.

Der Nestbautrieb setzt ein. Wer weiß, wann wir je wieder so viel Zeit haben werden, uns um unser Schiff zu kümmern? Wie gut, dass wir in unserer Stadtmarina auf einer Insel, die außer ein paar chinesischen Tempeln und ein paar Stränden mit trüben Malakkastraßenwasser nicht viel zu bieten hat, sowieso nichts Besseres zu tun haben. Zumindest nicht für mehrere Wochen. Wir streichen die Vorpiek weiß, auf der Nähmaschine entstehen Babyzubehör und Schutzhauben für allerhand Kleinkram an Bord, Rost wird bekämpft und die Achterkabine weiter ausgebaut. Ein Leesegel für die Sitzgruppe im Salon muss her. Mit heruntergelassenem Tisch und einer Matraze ist es die ideale Familienkuschelecke. Mit gemischten Gefühlen und fast etwas peinlich berührt kaufen wir unser erste Paket Windeln und einen Autositz für das Baby, der im Cockpit festgeschnallt als Segelsitz umfunktioniert werden soll.

Eines Morgens kommen drei Chinesen auf die LADY zu Besuch. Vor einigen Monaten, als ich alleine ein paar Wochen in Kumai, im Süden von Borneo verbrachte, um auf meine schwangere Nathalie zu warten, ist der Erfinder in mir erwacht. Zugegebenermaßen war auch mal wieder der akute Tiefststand in der Bordkasse Auslöser. Elektrischer Strom auf Fahrtenyachten ist immer knapp, war der Grundgedanke und so baute ich aus einer Handvoll Hochleistungs-LEDs, einem leerem Tablettenröhrchen, ein paar Widerständen und einem Strom- und Spannungsregler die erste LunaLed 9. Das kleine Wunderwerk ist ein Ersatz für das Ankerlicht. Nach ein paar Modifikationen brennt mein Lichtlein zuverlässig. Den Bajonette-Sockel der alten Glühlampe benutze ich für die neue Konstruktion, die, vergossen mit Epoxiharz und Microballoons, einfach die originale Glühbirne ersetzen. Statt satter zwei Ampere bei zwölf Volt braucht meine Konstruktion nur zehn Prozent des Stroms, schont die Batterie und spart enorm viel Energie, um nachts anzuzeigen, dass die LADY entweder am Ankerplatz liegt oder sich über das Meer bewegt.

Die Idee ist gut, befinden Nathalie, die anderen Ankerlieger, denen ich meine Erfindung vorführe, und vor allen Dingen ich selbst.

»Irgendwas muss mir ja einfallen, um unseren Nachwuchs zu ernähren«, erkläre ich Nathalie, als ich zwei Monate später weitere Modelle der LunaLed anfertige und anfange, diese an Segler zu verkaufen. Vollkommen überzeugt davon, jetzt die Marktlücke gefunden zu haben, die ich schon die ganze Zeit gesucht habe, schreibe ich per E-Mail an einen der größten LED-Hersteller, der, welch ein Zufall, in Penang sitzt, kündige einen enormen Bedarf an LEDs an und werde prompt ernst genommen und direkt von den drei chinesischen Managern aus Penang zwecks Terminvereinbarung angerufen.

Nathalie stellt den Ventilator eine Stufe höher und kratzt sich den prallen Bauch. »Na, hoffentlich bekommen die keinen Schreck, wenn sie an Bord kommen.«

Kaum sind die drei Penangchinesen am Steg der Marina angekommen, begrüße ich sie. »Herzlich willkommen auf der IRON LADY. Darf ich Sie bitten, Ihre Schuhe auszuziehen, bevor Sie an Bord kommen?«

Es ist elf Uhr vormittags, die malaysische Sonne brennt unbarmherzig vom Zenit des Himmels und ein großer elektrischer Ventilator auf dem Niedergang soll unseren Gästen den notwendigen Wind zufächeln, um einen klaren Kopf zu behalten. Während der anschließenden zweistündigen Präsentation fallen die Krawatten, werden ordentlich zusammengelegt und die Knöpfe der Hemden Stück für Stück geöffnet. Asiaten sind ein sehr nettes und zuvorkommendes Volk. Die Präsentation endet damit, dass Mr. Lee, einer der drei Manager, beauftragt wird, in den nächsten Tagen mit mir die Serienproduktion meiner Erfindung in Malaysia zu besprechen. Typisch asiatisch wird nicht über das Geld gesprochen, was zu investieren ist, nicht über den Vertrieb und das Marketing. Das wird sich schon noch finden. Man verneigt sich voreinander, zieht wieder Krawatten und Schuhe an, und das Thema der nächsten Tage wird der deutsche Segler sein, der mitten in Penang auf einem Segelboot ohne Klimaanlage wohnt, dessen Frau hochschwanger ist und der euphorisch eine seltsame LED-Lampe für Segelboote aus aller Welt in Malaysia produzieren will. Und nicht nur er will. Mr. Lee, der sich eigentlich auf Beleuchtungslösungen für Mikroskoptechnik spezialisiert hat, findet Gefallen an der außergewöhnlichen Idee und vor allem auf den seltsamen Kontakt mit den verrückten Deutschen auf dem Segelboot. Und so wächst nicht nur das Kind, sondern auch die deutsch-chinesische Freundschaft.

»Komm raus. Komm jetzt endlich raus da. Hast lange genug gewartet!«, wecke ich Nathalies Bauchbewohner jeden Morgen. Wir sind unruhig, nicht nur wegen der bevorstehende Geburt, sondern weil wir seit zwei Monaten an einem Ort liegen. Über zwei Monate Großstadt, über zwei Monate Batu Uban, festgemacht vor der Skyline von Penang Bridge. Es reicht. Wir wollen endlich wieder von Bord ins Wasser springen, an der Ankerkette schwojen und keine Nachbarn mehr haben. Das Auto wieder abgeben, den Wasserschlauch auch, auch die Stromleitung, aber der Zwerg will nicht. Wir befolgen Hebammentipps aus Deutschland, indische Weisheiten und chinesische Überlieferungen. Es hilft nichts. Immerhin haben wir so Zeit uns weiter Gedanken über den Namen zu machen.

»Ein Mädchen. Ein Mädchen. Es ist ein Mädchen!« Am Freitag, dem dritten Juni, um 19:22 Uhr, tanze ich endlich total aus dem Häuschen durch den Kreißsaal, in meinem Arm das lila verfärbte neue Crewmitglied, in eine warme Decke gewickelt. Bis zur Geburt haben wir uns die Frage nach dem Geschlecht unseres Kindes nicht verraten lassen. Jetzt ist sie da, unsere Tochter Maya, nach ein paar Anfangswehen am Morgen einer Kontrolluntersuchung und einem scharfen indischen Curry geboren.

»Ein Mädchen an einem Freitag, das bringt Glück«, sagt die Inderin.

»Sie ist im Jahr des Hahns geboren«, sagt die Chinesin, und der Gynäkologe strahlt, klopft mir auf die Schulter und überlässt die junge Familie ihrem neuen Glück.

Ein tropischer Wolkenbruch ergießt sich über die Insel Penang, als wir ein paar Tage später unsere neue, zarte Crew an Bord bringen. Aus dem Nichts erscheint ein Marinamitarbeiter mit einem riesigen Regenschirm, um uns trocken bis zur LADY zu geleiten. Alle haben mitgewartet, mitgefiebert, doch heute, an unserem ersten Tag zu Hause, klopft niemand an. Wir sind alleine. Maya liegt schlafend in ihrem Bastkörbchen in der Familienecke, und wir können es kaum begreifen, dass dieses kleine Wesen nun tagtäglich unser Leben auf dem Boot begleiten soll.

»Sollen wir wirklich mit so einem kleinen Wurm auf Reisen gehen? Ist dir nicht auch manchmal unheimlich dabei?«, fragt Nathalie.

»Ja, sicher, mehr als ich erwartet habe. Aber ganz ehrlich: Was können wir denn zur Zeit am besten? Leben und Reisen auf der dicken LADY. Wir müssen einfach nur weitermachen wie bisher und Maya macht das schon. Schau wie ruhig sie schläft, das liegt sicher an den Schiffsbewegungen.«

Ganze drei Wochen halten wir es nach der Geburt von Maya noch in Penang aus. Letzte Besorgungen werden gemacht, letzte Verhandlungen mit Mr. Lee geführt und die letzten Arztbesuche für Mutter und Kind absolviert. Dann kappen wir die Leinen und legen uns keine halbe Seemeile weiter vor Anker in den Kanal direkt vor das Bürogebäude von Mr. Lee. Auf meinem Handy wähle ich eine Nummer: »Hey Lee, guck mal aus dem Fenster, siehst du die Luna-Led 27? – Ja, direkt aus dem Fenster schauen, Richtung Jerejak. Wir liegen vor Anker, wir haben es tatsächlich geschafft. Ja, mach du es auch gut, wir kommen wieder, ganz sicher.«

Den Absprung für den Indischen Ozean haben wir für diese Saison verpasst. Im Juli bläst der Südwestmonsun mit voller Stärke und macht viele der beliebten Ankerplätze in der Andamansee unzugänglich. Der größte Teil der Fahrtensegler hat sich in die Marinas um Phuket und Langkawi zurückgezogen. Eine fast geisterhafte Stimmung herrscht in den Yacht Clubs, viele Segler sind auf Heimaturlaub, die Boote verlassen. Die wenigen, die die Regenzeit hier verbringen, lassen die Klimaanlage laufen, kämpfen mit modernen Mitteln gegen die tropische Hitze der Regenzeit. Und wieder zieht ein Squall über die Anchorage in Langkawi, der Himmel verdunkelt sich, Wind zerrt und reißt an der Sonnenpersenning, und nur wenige Minuten später öffnen sich die Wolken, um kübelweise Wasser über uns zu schütten. Sumatras heißen diese kurzen, sehr heftigen Gewitter, die aus dem Süden über die Inseln ziehen. Schon viele Schiffe sind hier in der Anchorage auf Drift gegangen, sogar gestrandet. Was machen wir? Bleiben? Die nächsten fünf Monate am Steg zwischen zwei unbewohnten Booten? Schon wieder Marinaleben? Nicht mit uns. Ein Blick auf die Seekarten Thailands zeigt, dass es genügend Buchten gibt, die auch in der Regenzeit Schutz und Schönheit bieten können. Ein wenig bewegt vielleicht durch den beständig heranrollenden Schwell aus dem Indik, aber gut genug. Nur wenige Tage später sind wir unterwegs nach Thailand, ins Land des Lächelns.

An schönen Tagen kann man vom Gipfel des höchsten Berges Langkawis die Grenze zwischen Thailand und Malaysia erkennen, nicht anhand von Schlagbäumen oder Zäunen, sondern an der Farbe des Wassers. Keine zehn Seemeilen nördlich der letzten malaiischen Inseln haben wir endlich den Schutz der Insel Sumatra hinter uns gelassen, die Straße von Malakka verlassen und das klare Wasser erreicht. Eine Schule Delfine begrüßt uns, begleitet die IRON LADY ein Stück ihres Weges nach Ko Lipe. Die Insel leuchtet. Der Strand ist weißer, das Wasser blauer, die Palmen grüner, als man es ertragen kann. Oder ist es nur unsere Wahrnehmung? Die Überraschung, dass es solche Orte tatsächlich gibt nach einem halben Jahr im trüben Wasser der Straße von Malakka? »Hey, Nathalie, ich kann den Anker auf dem Grund liegen sehen«, keine Sekunde später hört sie das Aufplatschen von mir, dem Überbordgesprungenen. Maya liegt in ihrem Autositz und zuckt zusammen.

Neues Land, neues Glück. Im kleinen Fischerdorf der Insel versammelt sich am späten Nachmittag die Jugend. Volleyballturnier. Jeden Abend. Es wird gezockt. Mitspielen, zugucken, auf den Gewinner wetten, alles kostet, und die 100-Baht-Scheine, ein kleines Vermögen, wandern von Hand zu Hand. Das ganze Dorf scheint dem Spielwahn verfallen, denn beim Spaziergang zwischen den Hütten entdecken wir die Damen auf den Veranden, die Sarongs eng um den Leib geknotet und zwischen den Beinen gerafft, mit Karten in der Hand. Ganz und gar nicht ladylike werden die Karten auf den Boden geschmettert, wird geflucht und gezetert, wenn wieder ein Bündel Scheine den Besitzer wechselt. Um Gewinn und Verlust besser zu ertragen, steht neben der Gastgeberin ein großer Emailletopf mit Deckel gegen die Fliegen, und ein Glas. Die Mischung Cola-Thaiwhiskey ist mörderisch, und reihum wird das Glas gerecht verteilt angeboten. Im Schatten der Häuser spielen die Kinder mit Murmeln, wer weiß, welcher Einsatz dort gilt.

Die 100-Baht-Scheine scheinen durch Tourismus verdient zu werden. Entlang der Pfade über die Insel finden wir überall Wegweiser: Enjoy cold beer at Pooh Bar, best massage, painless tattoo, sweet pancakes und was der Reisende noch alles in seinem Thailandurlaub erleben will und muss. Wir folgen dem Wegweiser, der das kühlste Bier verspricht und landen am Südstrand. Der Indik rollt unaufhörlich in gewaltigen Brechern an die Beach, die Bungalows, Strand Bars und Restaurants sind verlassen. An Baden ist nicht zu denken, an Bier ebenso wenig, aber schön ist es: die tosende Brandung, der meilenlange Strand ohne eine Menschenseele. Auf dem Rückweg finden wir die Pooh Bar, als einzige geöffnet. Hier bekommen wir Khao Pad, gebratenen Reis, Singha Bier und ein paar Informationen über die Insel. Die Einwohner des Dorfes sind keine Thai, sondern Chao Ley, ein Seezigeunervolk, das eher mit den Polynesiern verwandt ist, als mit den Thailändern. Daher ihre Neigung zu Körperfülle und das dichte, leicht gelockte Haar. Keine Wunder also, dass wir uns bei unserem ersten Rundgang durch das Dorf an die Inseln des Pazifiks erinnert fühlten. Sie leben vom Fang, von Fischen und Touristen. Zur Zeit ist die Saison der Fische: Gegen Abend ist die Luft erfüllt vom Knattern der Longtailboote. Außenborder sind zu teuer, stattdessen werden Automotoren ans Heck montiert, als Schraube dient ein Quirl, der an einer langen Stange achteraus ragt. Abenteuerlich und vor allem laut. Nicht selten fallen wir morgens um vier aus den Kojen, wenn die Chao Ley sich auf den Weg machen, um Thunfische und Makrelen aus dem Wasser zu holen.

In kürzester Zeit kennt jeder Maya und zwangsläufig auch uns. Hätte der Wind nicht gedreht und aus unserem Ankerplatz einen Whirlpool gemacht, wir wären wohl immer noch dort. Stattdessen segelt uns die LADY nach Phuket, direkt in die Chalong Bay.

Logbuch

Und dann kam der Wind. Eine dicke schwarz Wand kündigt schon an was passieren wird, und es bleibt eigentlich immer genug Zeit, die LADY vorzubereiten. Also Segel klein, noch mal alles festbinden. Hmm. Was machen wir mit Maya? Ehrlich, wir sind schlecht vorbereitet. Der Autositz hat keine Halterung für schlechtes Wetter. Eine Entscheidung ist nötig, also kommt Maya mit dem Tragetuch auf Mamis Bauch, die hat dann wenigstens die Hände frei um sich festzuhalten. Da ist er schon, der Squall, Regentropfen pfeifen um uns herum wie Gewehrkugeln, Sicht null. Eigentlich nix Besonderes für uns, für die kleine Maya schon. Große Augen verfolgen das Geschehen, als es ihr zu bunt wird, schläft sie einfach ein. Nach der Regenwand gibt es ordentlich Wind. Immer auf die Nase, ist doch klar. Johann schiebt, das Großsegel zieht, und ein Fetzen Genua flattert auch noch herum. »Kawumm.« Die LADY setzt in den nächsten Brecher ein, zwei große blaue Augen zwischen Nathalies Brüsten schauen aus dem Tragetuch verwirrt auf die grünblauen Wellenungetüme. Nicht ängstlich, nur neu. Es hat sich also nicht nur etwas verändert in unserem Alltag vor Anker, sondern vor allen Dingen auf See. Ich segle einhand, Nathalie fällt sozusagen aus, kümmert sich um Maya vor ihrem Bauch und um sich selbst.

Hochsportlich kämpft sich die LADY Meile um Meile nach Puket, viel grünes Wasser über dem Bugspriet. Dann ist plötzlich alles vorbei, die Segel schlagen im Wind (ich

hasse nichts mehr!). der Wind ist weg und die Welle weiter da (doch, das hasse ich noch mehr!) Der Mast der LADY tanzt von einer Seite zur anderen, in der LADY rutscht alles, was nicht gesichert ist, von links nach rechts, von rechts nach links. Am Nachmittag kommt Ao Chalong in Sicht.
»Hast du im Naviprogramm geguckt, ob hier irgendwelche Untiefen sind, Nathalie?«
»Ja, gestern, warte, ich schau noch mal, ich meine irgendwo war was.« Doch bevor sie den Niedergang mit Maya im Tuch nach unten geklettert ist, sitzen wir schon auf. Die einzige Sandbank in der riesigen Bucht. Wir haben sie getroffen. Wie die Anfänger. Ein Blick auf den Rechner zeigt uns auch dort mitten auf der Untiefe, was unser Missgeschick bestätigt, aber auch nicht hilft. Ich gebe Vollgas zurück, Schlamm und Schlick werden aufgewühlt, Johann röhrt, die LADY ruckelt und kommt frei. Plötzlich schlägt das Ruder herum. Klong. Anschlag. Die Pinne ist weiter mittschiffs in meiner Hand. »Houston, wir haben da ein Problem.« Nathalie und ich schauen uns an: »Gut, dass das nicht vor vier Stunden passiert ist.«

Im Laufe unserer Reise um den Globus haben wir schon viele Behörden kennengelernt, viele Formulare ausgefüllt, doch die Papierflut, die wir hier in Thailand bewältigen müssen, übertrifft alles. Dutzende Formulare, Crew- und Passagierlisten, Bootsdetails, alles einzutragen in verwirrende Listen. Ein formloser Antrag an den König von Thailand, das Land zu betreten, stellt den wahrhaft krönenden Abschluss dar. Doch all dies geschieht mit einem Lächeln. Willkommen in Thailand.

Im täglichen Leben werden wir zu Analphabeten. Straßenschilder, Preisschilder im Supermarkt, Speisekarten, alles in Thai, einer dem Sanskrit abgeleiteten Schrift. Der allen bekannte Coca-Cola-Schriftzug prangt von Häuserwänden – in Thai. Und nicht nur Analphabeten sind wir, auch Zeitreisende: Der Joghurt verfällt im Jahre 48. Wie denn das? Buddhistische Zeitrechnung. Wir schreiben das Jahr 2548. Die Zukunft hatten wir uns anders vorgestellt. Wir entdecken die Nachtmärkte, hier brutzeln Hühnerbeine oder auch -füße in heißem Palmöl, hier werden Zitronengras, Thaibasilikum, Ingwer und höllenscharfe Currypasten verkauft. Nonstop laufen die Kokosraspelmaschinen, um die sämige Milch herzustellen. Am Nachbarstand unken lebendige Kröten in einem Eimer, während die geschlachteten Kollegen schon auf Eis liegen. Märkte waren für uns schon immer die beste Art, ein neues Land kennenzulernen, und bis auf die Kröten probieren wir tapfer, was die thailändische Küche zu bieten hat.

Essen spielt eine große Rolle im Leben der Thais, neben dem König und natürlich dem tief verwurzelten buddhistischen Glauben. In jedem noch so kleinen Ort findet man einen Wat, einen buddhistischen Tempel, in dem Räucherstäbchen, Kerzen, Obst oder andere Opfer dargebracht werden. Auch Glücksbringer sind allgegenwärtig, kein Longtailboot, das nicht mit bunten Stofffahnen, Blütenkränzen und Girlanden geschmückt ist, die vorher zum Segnen in den Tempel gebracht wurden. In den frühen Morgenstunden ziehen die Mönche in ihren leuchtenden Gewändern los, um Almosen zu empfangen. Das Almosen ist keine Geste des Mitleids, im Gegenteil, jeder Thai ist froh, wenn er auf diese Weise die Gelegenheit bekommt, etwas Gutes zu tun. Dankbar ist der Gebende, nicht der Nehmende. Im täglichen Leben allerdings merkt man davon nichts, feilschen steht auf der Tagesordnung und die beinharten Verhandlungen mit Phukets Tuk-Tuk-Fahrern dauern of länger, als die Fahrt an sich.

So viel Exotik und dennoch zählt für uns mal wieder nur eines: Wir brauchen eine Werft. Nicht nur Antifouling ist fällig, nun kommt noch der Ruderbruch dazu. Eine genaue Diagnose steht noch aus, aber wir ahnen nichts Gutes. Wie immer suchen wir uns die Werft aus, in der auch die Fischer ihre Kähne reparieren lassen. Ratanachai, mitten in Phuket gelegen, dreckig, mückenverseucht, aber mit allem, was man so braucht, um ein Stahlschiff wieder auf Vordermann zu bringen. Nach harten Verhandlungen mit der Managerin Rat einigen wir uns auf einen guten Komplettpreis für das Slippen, Sandstrahlen bis zur Wasserlinie und den kompletten Farbaufbau. Nathalie bucht einen Flug für Maya und sich nach Deutschland. Was sollen die beiden zwischen Epoxidämpfen und Sandstrahlen auf der LADY machen, oder alleine in einem Beachhotel. Am Morgen vor der Fahrt in die Werft inspizieren und diagnostizieren wir den Ruderbruch. Das heißt die Backskisten ausräumen, unter denen zwei stabile Hebel die Kraft des Pinnenschafts auf den Ruderblock übertragen. Ich kann das Problem nicht nachvollziehen, den Fehler nicht finden, also blockiere ich die Hydraulik und packe die Pinne mal fest an Richtung steuerbord. *Kracks, bumm*, Pinne ab. Der Vierkant, eigentlich verschweißt im Rohr, ist ausgebrochen, die Schweißnaht hat uns das mit der zweiten Weltumsegelung wohl übel genommen.

»Guck dir das an, Nathalie. Das ist geradezu gruselig. Wenn uns das auf See passiert wäre, womöglich noch vor irgendeiner Insel in

Legerwall. Da müssen die thailändischen Geister schon mit uns gewesen sein.«

Zwei Tage später fliegt Thai Airways mit den Damen an Bord nach Deutschland, und ich kümmere mich um die vernachlässigte LADY, bevor auch ich zu einem längst fälligen Deutschlandbesuch aufbreche.

Zurück auf der LADY ist es September geworden. Immer noch Regenzeit, weiterhin Südwestwinde. Frühestens im November können wir mit der ersten Brise aus Nordost und dem Sonnenscheinwetter der Trockenzeit rechnen. Wir haben alle Zeit der Welt, die LADY ist gesandstrahlt, das Unterwasserschiff glatt wie ein Babypopo, und seit gestern haben wir einen Satz neue Segel auf dem Schiff. Phuket Sails gehört zu den größten Segelmanufakturen der Welt. An die 200 thailändische Frauen sitzen in der großen Loft aus dem Boden und schneiden, kleben, nähen nach Maß. Qualitätsarbeit zu vernünftigen Preisen, vor allem, wenn man vor Ort ist und schachern kann. Endlich verschwinden unsere beiden traurigen Großsegel im Müll, ebenso die eine Genua, altersschwach und ausgelaugt. Und nach den Erfahrungen der letzten windlosen 2000 Meilen seit der Torres Strait haben wir uns gleich einen Blister mitgegönnt. Ein Leichtwindsegel für die LADY. Ob ihr das gefallen wird?

Phuket lassen wir nach ein paar Tagen hinter uns und segeln in die Phang Nga Bay. Zwischen der Insel Phuket und dem Festland liegen Dutzende Inseln und Inselchen verstreut. Kalksteinfelsen mit unzähligen Höhlen, Grotten und Lagunen. Die Inseln sehen aus, als hätte ein Künstler mit Stein gearbeitet. Mal tropfen riesige Steinmassen wie Wachs an Steilwänden herab, mal lehnt sich ein grauer Brocken in unheimlichem Winkel an eine Insel, dort ist ein Stück aus dem Felsen gebrochen, dass man meint, er müsse gleich zusammenbrechen. Wir paddeln in verträumte Lagunen, die nur durch schmale Einfahrten zugänglich sind, und genießen die Stille in den kathedralenartigen Orten. Hong – Raum, nennen die Thais dieses Phänomen sehr treffend. Maya thront im Autositz vorne im Bug des Dingis oder lässt sich von mir die Füße ins warme Wasser halten. Wir sind glücklich, selbst die Regenzeit meint es gut mit uns und schenkt uns weiße Schäfchenwolken auf blauem Grund.

Dann nehmen wir Kurs auf die Inselgruppe Phi Phi und den wohl bekanntesten Strand Thailands: Maya Beach. Am Horizont taucht die Silhouette Phi Phi Le's auf, wie man sie aus dem Film »The Beach« kennt, der den Strand berühmt gemacht hat. Eine Festung, uneinnehmbar, schroffer Fels, Ödland. Und irgendwo versteckt der perfekte Strand, Heimat einer kleinen Kommune Backpacker, die fernab von Lonely Planet und Schlafsälen ihr persönliches Paradies finden wollte. So sagt es das Kino, und in jedem Restaurant auf der Partyinsel Phi Phi Don läuft mindestens einmal täglich besagter Spielfilm. Dass bei so viel Mythos nicht viel von der Einsamkeit des Strandes bleibt, ist klar. Spätestens um zehn Uhr morgens rasen die PS-überladenen Speedboote aus Phuket in die Bucht, drehen überladene Ausflugschiffe ihre Fotorunde, knattern die ersten Longtails aus Phi Phi Don herbei. Der Strand ist überfüllt mit Hunderten von Menschen. Wir kommen erst am Nachmittag, sehen das Heck des letzten Tauchbootes und tasten uns vorsichtig in die Lagune. Da liegt er vor uns, der Strand. Doch der wirkliche Zauber entfaltet sich erst an Land, wenn sich Schritt um Schritt die Felswände weiter zu schließen scheinen und das Meer verschwindet. Nur die Lagune bleibt, türkises Wasser, weißer Strand, beides eingeschlossen in grauem Stein. Wunderschön. Der Strand ist unser, zumindest für eine Nacht, bis die Ausflugsboote wiederkommen.

Weiter ziehen wir durch Thailands Inselwelt, und immer dort, wo kein Ankerzeichen im Cruisingguide steht, finden wir kleine Buchten, in denen auch die Fischer für eine Nacht oder einen Tag vor Anker gehen, bevor sie wieder aufs Meer hinausfahren.

Und wieder landen wir in Ko Lipe. Die Saison hat begonnen. Der Südstrand, vor kurzem noch rau und verlassen, entpuppt sich als pulverfeines Paradies. Die Fähre, die während der Sommermonate stillgelegt war, fährt wieder täglich, und die kleinen Restaurants, Bars und Massageläden haben ihre Türen geöffnet. Aber die Chao Ley haben dennoch ihren eigenen Kalender. Zweimal im Jahr, wenn sich Nordost- und Südwestmonsun die Hand geben, verfolgen die Bewohner der Insel einen alten Seenomadenbrauch. In der Vollmondnacht wird ein Schiff gebaut, ein filigranes Miniaturkunstwerk aus Bambus und Palmwedeln. Mit Kerzen beleuchtet steht es auf dem Dorfplatz, und jeder legt unter Gebeten und guten Wünschen eine abgeschnittene Locke oder einen Fingernagel in das schwimmende Gefährt. Im Morgengrauen wird es dem Meer übergeben und jeder hofft, dass es am Horizont verschwindet, denn sollte es zurückkommen, muss die Gemeinde sich aufmachen, wieder zu Nomaden werden und eine neue Insel zum Leben suchen. Doch auch die Chao Ley leben im 21. Jahrhundert, und so wird das Boot von einem Longtail ein paar Meilen aufs Meer gezogen, während die Jugend auf der provisorisch zusammengezimmerten Tanzfläche zu thailändischem

Pop die Beine schwingt. Drei Tage und drei Nächte dauert das rauschende Fest. Bei den chinesischen Händlern liegt Bier in riesigen Fischereicontainern auf Eis, und auch der Mekong-Whiskey macht die Runde. Noch einige Male, nicht zuletzt wegen der abgelaufenen Aufenthaltsgenehmigung, kreuzen wir zwischen Langkawi und Phuket durch die Andamansee, und immer steht Ko Lipe auf dem Plan. Wir können nicht anders. Hier gibt es das beste Green Curry, den schönsten Strand, das malerischste Dorf und die lustigsten Menschen. Hier können wir Tag für Tag über die Insel wandern, ohne dass Langeweile aufkommt. Für Maya gibt es die süßesten Bananen und für uns die besten Kokosnüsse. Am Nachmittag auf der Veranda des Gemischtwarenladens am Dorfplatz sitzen und das erwachende Leben nach der Mittagsruhe erleben, dafür kommen wir wieder, ein ums andere Mal.

»Ist dir manchmal mulmig, wenn du an den Indik denkst, Micha?«

»Na klar, sind schon 'ne Menge Meilen mit Baby. Mein Blick fällt auf die Achterkoje in der sich Hunderte von Windeln und Gläschen mit Babynahrung türmen. »Maya wird ja nicht mehr verhungern, aber der Platz für Weinflaschen scheint ja arg dezimiert worden zu sein.«

»Tja, mein Schatz, so ändert sich eben das Leben als segelnder Vater, aber ich hab Rosinen, Reis und Zucker eingekauft, der Reisweinproduktion in Chagos steht also nichts im Wege.«

Die Ankerplätze füllen sich langsam wieder. Die Segelsaison hat begonnen, und wie die Zugvögel kommen nun jeden Tag neue Yachten in Phuket an, die auf dem Weg ins Rote Meer oder nach Südafrika sind. Der Nordost bläst stetig, und mit ihm erschließen sich uns neue Buchten und Inseln. Tatendrang macht sich breit auf der LADY, Reisefieber. Wir segeln von einer Insel zur nächsten, üben Manöver mit Maya, testen den neuen Blister und machen die Familie seefest.

In Ao Chalong kreisen die Gespräche um Abfahrtstermine, Visa für die Andamanen, Verproviantierungseinkäufe. Wie immer tauchen Yachten auf, denen ich PACTOR-Modems einbauen soll, und es wird doch wieder stressig und terminbeladen, fast so wie im fernen Deutschland, von dem wir so weit weg sind. Auch haben wir eine lange Liste zu erledigender Dinge und fangen an, Abschied zu nehmen.

»Oder sollen wir doch hierbleiben? Ich muss gestehen, ich fang an, mich richtig in dieses Revier zu verlieben. Wir könnten einen Katamaran kaufen, in der Saison segeln gehen und in der Regenzeit gemütlich in Penang liegen und an neuen LED-Beleuchtungen arbeiten. Vielleicht kannst du ja im Adventistenkrankenhaus anfangen zu arbeiten. Das wäre doch was«, schneide ich vorsichtig ein heißes Thema an, während wir in unserem Lieblingsladen thailändische Nudelsuppe schlürfen.

»Einen Katamaran?« Nathalie schaut mich entsetzt an. »Das ist doch nicht wirklich dein Ernst. Das willst du doch gar nicht. Unsere dicke LADY verkaufen oder gar gegen einen Haufen Plastik eintauschen.«

»Na, ich dachte auch mehr an einen der schönen Wharramkats, die der eine Typ aus dem Chalong Yacht Club in Phuket baut, so 52 Fuß vielleicht.«

»Na, da müßt ihr aber noch 'ne Menge LEDs für löten. Lass uns erst mal nach Chagos fahren. Das ist auch gut für die Bordkasse, da können wir nämlich kein Geld ausgeben«, schmettert Nathalie meine Träume ab.

Ich könnte hierbleiben, ganz ehrlich, in Südostasien. Aber Nathalie ist die Kultur zu fremd. Zum Reisen, jederzeit, zum Leben, nein.

»Und außerdem möchte ich irgendwann mal wieder echte Jahreszeiten haben, Frühling, Sommer, Herbst und Winter und nicht ewig in den Tropen leben«, beendet sie das Gespräch.

Unsere letzten Tage in Phuket. Jetzt ist es amtlich, wir sind ausklariert, haben ein Visum für einen Besuch der Andamanen, danach soll es direkt nach Chagos gehen. Der nächste Supermarkt ist auf den Seychellen, eine Zeitspanne von sechs Monaten entfernt, mindestens, und so mieten wir einen Wagen und kaufen ein: Petroleum, Diesel, Medikamente, sündhaft teures Vollkornmehl aus einer deutschen Bäckerei, Kokosmilch und Fischsauce, Currypaste und Jasminreis, nicht kilo-, sondern säckeweise. Der letzte Stopp gilt dem Nightmarket. Obst und Gemüse aus der Kühlkette ist ja bekanntlicherweise nicht besonders haltbar ohne Frischhaltetheke auf der LADY. Also muss alles auf dem lokalen Markt gekauft werden. Resultat: Nathalie rennt über den Markt, Maya wie immer im Tragetuch vor dem Bauch und kauft und kauft. Die Marktfrauen verfolgen die große, weiße Frau mit dem Baby im Tragetuch vor dem Bauch mit neugierigen Blicken.

»Can you please give me all your potatoes?«

Ungläubig packen die Damen ihren Bestand in Plastiktüten, ich schleppe die Tüten zum Auto. Ich meine ein bisschen Mitleid in ihren Augen zu sehen. Oder lachen sie mich aus, den Ehemann, der unter dem Pantoffel der Frau den Packesel spielen muss? Wenn die wüssten, dass ich auch unseren Wassertank alle sechs Wochen mit Kanistern füllen muss. Viermal vollbepackt mit Kartoffeln, Zwiebeln, Schalotten, Kräutern, Gurken, Karotten und, und, und, enden wir am Kürbisstand. Die Thais verstehen unser Anliegen nicht. Wir wollen vier Kürbisse. Die Kürbisse sind groß, medizinballgroß und ebenso schwer. Sie fangen an, uns vier Kilo Kürbis abzupacken.

»No, four pieces!«

Fragende Gesichter. Gut zehn Minuten brauchen wir, um ihnen die vier Kürbisse aus den Rippen zu leiern, Mayas Vitamine für den Indischen Ozean.

»Warte, Micha, halt bitte noch mal da vorne an der Ecke an.«

»Nee, ich will nach Hause, wir haben doch alles.«

»Nein, nein, das ist wichtig.«

Seufzend ergebe ich mich dem Kaufrausch meiner Frau und sehe sie in einem Laden für buddhistisches Zubehör verschwinden.

»Was hast du denn da?«

»Sei nicht so neugierig, wirst du schon sehen.«

Am nächsten Morgen, während Johann warmläuft und ich ein letztes Mal das Rigg inspiziere, sehe ich Nathalie am Bug hantieren. Sie wedelt mit einer bunten Plastikblumenkette.

»Ein Glücksbringer. Alle Fischerboote haben die hier. Chinakracher habe ich auch mitgebracht. Wer in See sticht, muss die Feuerwerkskörper anzünden, um die bösen Geister zu vertreiben, das hören wir doch jeden Tag um uns herum, wenn die Ausflugsboote aufbrechen. Zündest du sie gleich an, wenn wir ankerauf gehen?«

»Dann kann ja nichts mehr schiefgehen! Gute Reise IRON LADY!«, wünsche ich uns, ziehe die Ankerkette aus dem Schlick und zünde die Lunte der 200 Chinakracher.

»Indien ist nicht nur ein Land, sondern auch ein Abenteuer, bei dem alle Wege offen stehen und alles möglich ist. Eine der wenigen Verallgemeinerungen, die sich über Indien sagen lassen, ist die, dass man in diesem Land nichts für selbstverständlich halten darf.«

Shashi Tharoor,
indischer UNO-Mitarbeiter und Schriftsteller.

Indien für Anfänger

Zwischenstopp auf dem Indik: die Andamanen

Wir sind auf See. Die letzte Bucht lassen wir hinter uns liegen, sie wird immer kleiner und kleiner, und verschwindet schließlich ganz am Horizont. Maya guckt völlig unbeeindruckt, wir hingegen haben ein bisschen Muffensausen. Schließlich ist dies der erste längere Törn mit Baby, und was uns erwartet, ist keine blitzsaubere Metropole, sondern der kleine indische Außenposten im Golf von Bengalen, die Andamanen.

»Guck dir das an, Nathalie, da hinten regnet es. Siehst du diese schwarze Wand, wie gruselig. Haben uns ja schon viele von erzählt, von diesen plötzlich auftauchenden Squalls, wie gut, dass wir in eine andere Richtung fahren.«

»Ich weiß nicht, Schatz, ich hab das Gefühl, das kommt näher.«

»Papperlapapp.«

Keine halbe Stunde später trete ich mit Maya im Arm den Rückzug in den Salon an, die Regenjacke kommt zu spät, Micha steht wie ein begossener Pudel im Cockpit, refft ein und aus, während das letzte thailändische Gewitter über uns hinwegzieht. Ein paar Stunden und eine heiße Thermoskanne Tee später sitzen wir wieder im Cockpit und versuchen hinter all den Meilen, die vor uns am Horizont liegen, schon das Ziel zu entdecken. Aussichtslos, wie immer. Natürlich, wir sind nervös, schauen immer wieder zu unserem kleinen Mädchen, das mit Bauklötzen in der Cockpitwanne spielt und lacht, wenn sie mal wieder von einer Welle umgeworfen wird, der neue knallrote Sicherheitsgurt wird neugierig untersucht und dann hingenommen. Wir entspannen uns, Stunde um Stunde mehr. Anders ist das Segeln, natürlich. Früher hatten wir unseren festgelegten Wachrhythmus, nachts jeweils drei Stunden, tagsüber hat man dann Schlaf nachgeholt, wenn einem danach war. Nun ist uns immer noch nach Schlafnachholen, doch Maya ist wach tagsüber, und das Schiff will auch gesegelt werden. Das ist schwierig. Unsere Lösung lautet, dass die Nacht nur noch drei Wachen hat, jeweils vier Stunden, Micha muss die erste und die letzte übernehmen, ich die mittlere. Dafür darf er tagsüber kurze Schläfchen im Cockpit einlegen, während ich mich mehr um Maya kümmere.

Logbuch

Morgen- oder Mittagsgeschirr ist eigentlich die Festlegung des Standortes. Da das ja nun wesentlich vereinfacht wurde in den letzten Jahren, dank GPS, darf der Skipper jetzt jeden Morgen das GPS ablesen und dann das Geschirr der letzten 24 Stunden in einem schicken kapverdianischen schwarzen Eimer in der Plicht mit Salzwasser abwaschen. Natürlich mithilfe der frischen Crew Maya. So ändern sich die Zeiten in der modernen Familienschifffahrt!

Das Wetter bleibt wechselhaft, einen Tag preschen wir hoch am Wind Richtung Andamanen, den nächsten Tag lassen wir unseren neuen Blister in den Himmel steigen.

»Dieser Wind hier vor den Andamanen macht mich wahnsinnig, ständig dreht er, wenn man das überhaupt Wind nennen kann. Komm, wir holen den Blister rein, der Kurs liegt zu hoch am Wind.«

»Klar, machen wir, zu zweit geht es besser, Maya schläft ja gerade friedlich in der Babyschale.«

Zu zweit hangeln wir uns aufs Vordeck um die 100 m² Tuch wieder in den Schlauch und zurück in den Sack zu bekommen. Ich bediene das Fall, Micha den Socken, alles klemmt, alles hakelt. Grade ist das gesamte Tuch im Socken, da wacht Maya auf. Ohrenbetäubendes Geschrei. Die panische Mutter stürzt nach hinten.

»Schatz, ich guck nur schnell nach Maya. Vorsicht, du musst noch das Fall belegen.«

Doch im selben Moment hat sich die Mechanik gelöst und das gesamte Segel rauscht mit einer eleganten Bewegung ins Wasser. Verdattert gucken wir uns an.

»Großartig. Na dann mal wieder hoch mit dem Ding zum Trocknen. So kommen wir heute Abend sicher nicht mehr an. Geht eben doch nicht alles besser zu zweit, oder, zu zweit schon, aber nicht zu dritt.«

»Hey, schau mal da hinten, Delfine!«

Vergessen ist der Blister, der zum Trocknen im Mast baumelt. Wir haben Besuch. Eine riesige Schule Delfine, sicher an die 50 Tiere, und eine kleine Herde Pilotwale nehmen Kurs auf die IRON LADY. *Auch Maya vergisst das Schreien und beobachtet mit großen Augen das Geschehen im Wasser. Mit den Delfinen dreht der Wind. Der Blister darf stehen bleiben, und die letzten Seemeilen nach Port Blair segeln wir wie auf Schienen. Kaum Welle, raumer Kurs, fünf Knoten – auf nach Indien!*

»Port Blair Port Radio, Port Blair Port Radio, this is Sailing Vessel IRON LADY. *« Seit den Mittagsstunden versuche ich mit den indischen*

Behörden Kontakt aufzunehmen. Mit den Behörden in Indien ist nicht zu spaßen. Micha knurrt schon wieder im Cockpit:

»Nun mach doch nicht so einen Zirkus, wir fahren da einfach rein in den Hafen und gut ist, die können selber rauskommen, die sehen uns doch. Ich mach dieses ganze Meldetheater nicht mit.«

»Na toll, mit der Einstellung sind wir wahrscheinlich wieder auf See, bevor wir das erste Tandoorihuhn gegessen haben. Können wir uns nicht einmal an die Regeln halten? Wir haben immerhin einen Haufen Geld für diese Visa bezahlt, ich hab keine Lust, das in den Sand zu setzen.«

»Meinetwegen, dann ruf du weiter, aber ich werde mit niemandem sprechen. Ich nicht«, brummt der Skipper und nimmt Kurs auf die Einfahrt zum Hafen. Endlich kommen indische Stimmen mit rollenden Rs aus dem Äther.

»Sailing Vessel IRON LADY, Sailing Vessel IRON LADY. How copy?«

Natürlich dürfen wir nicht in den Hafen einlaufen, sondern müssen vor Ross Island ankern, das etwa eine halbe Meile vor der Hauptstadt der Andamanen liegt. Zoll, Immigration, Quarantäne, Coast Guard, Navy und andere Uniformierte wollen uns zunächst besuchen, aber sicher nicht mehr heute Abend. Anker bitte exakt auf Position xy fallen lassen und Gute Nacht.

Wir lassen die Kette rasseln, schalten die Funke aus und lassen den neuen Ankerplatz auf uns wirken. Auf Ross Island blühte zu britischen Kolonialzeiten das Leben, während die politischen Gefangenen auf der Hauptinsel in ihren Zellen saßen. Mittlerweile sind die alten Häuser, die Alleen und weiten Straßen verfallen, der tropische Wald hat Besitz von den Ruinen genommen, und nach Einbruch der Dämmerung wird die historische Stätte eindrucksvoll beleuchtet, während exotische Vögel in den Bäumen kreischen.

Am nächsten Tag warten wir auf die Behörden. Zunächst sind wir ganz froh, noch unsere Ruhe zu haben, um das Schiff aufzuklaren, doch schon bald stellt sich Ungeduld ein.

»Kannst du nicht noch mal rufen, Nathalie? Mittlerweile ist es 13 Uhr und noch immer keiner da. Wenn das so weitergeht, haben die bald Feierabend, und wir müssen noch eine Nacht hier draußen verbringen.«

Im selben Moment brettert ein Schnellboot der Navy auf die LADY zu. Die Küstenwache kommt in schneeweißen gebügelten Uniformen. Schmucke junge Männer mit akkuraten Haarschnitten und ebensolchen Manieren. Kurz danach treffen Kautabak schmatzende Einwanderungsbehördler, korrekte Zöllner und nicht zu vergessen, die

Gesundheitsbehörde ein. Bergeweise Formulare werden ausgefüllt, genaue Törnplanung wird verlangt, täglicher Report per Funk … es nimmt kein Ende. Man ist höflich und hilfsbereit, aber Ordnung muss sein. Gestempelt und signiert halten wir schließlich ein paar Blätter in der Hand, die uns berechtigen, das Territorium der Andamanen zu betreten. Das indische Militär ist auf den Nikobaren stationiert, Grund genug, den Yachten einen Abstecher schwierig bis unmöglich zu machen. Der zweite, offizielle Grund ist die indigene Bevölkerung der Inseln.

Erst am Ende des 18. Jahrhunderts, als die Inseln von den Briten in Besitz genommen wurden, und hauptsächlich als Strafkolonie für politische Gefangene genutzt wurde, kamen die ursprünglichen Bewohner, die seit Jahrtausenden als Jäger und Sammler leben, mit der Zivilisation in Kontakt. Die an die zehn verschiedenen Stämme, die zur Gruppe der asiatischen Pygmäen gehören, erlitten durch Krankheit und den eingeschränkten Lebensraum dasselbe Schicksal wie viele andere indigenen Bevölkerungen. Doch noch heute hat sich ein kleiner Teil seine Authentizität bewahrt, wenn auch nicht ohne Schwierigkeiten. Auf der Insel North Sentinel leben zum Beispiel vielleicht 30 Menschen, die mit primitiven Waffen ihre Lebensweise verteidigen. Wir werden ausdrücklich gewarnt, uns der Insel unter keinen Umständen zu nähern. Erst kürzlich sei ein Fischerboot von den Sentinelesen angegriffen worden. Im Völkerkundemuseum gibt es nur verschwommene Teleaufnahmen aus der sicheren Kabine eines Flugzeuges. In jüngster Zeit sollen allerdings wieder Versuche einer friedlichen Kontaktaufnahme seitens indischer Wissenschaftler gestartet worden sein.

»Also seht euch vor und kommt nicht auf dumme Gedanken«, mahnt der geschniegelte Navykapitän ein letztes Mal, zückt sein Handy, macht ein Foto von Maya und springt zurück an Bord seines Schnellbootes. Zurück bleiben die beiden Herren von der Einwanderungsbehörde, dort reicht das Geld anscheinend weder für eine fesche Uniform noch für ein Transportmittel.

»Normalerweise nimmt uns ja der Agent mit, aber ihr habt ja ohne Agenten einklariert. Wie kommen wir nun wieder an Land?«

Zwischen dem Ankerplatz vor Ross Island und dem nächsten Anlandepunkt der Stadt Port Blair liegt gut eine Seemeile. Wir lassen das Dingi zu Wasser, starten die SEEKUH, nehmen Maya ins Tragetuch und laden die beiden Beamten ein, sich mit uns in das 2,50 Meter lange, knallrote Dingi zu begeben. Skeptische Blicke, der Jüngere der beiden schiebt sich zum Mutmachen einen weiteren Klumpen Kautabak zwischen die Zähne, dann tuckern wir los.

Die Sonne geht gerade unter, am großen Fähranleger herrscht reges Treiben, Frauen in bunten Saris entdecken unser seltsames Gefährt und winken uns fröhlich einen Willkommensgruß zu. Die Immigrationsmenschen zeigen uns, offensichtlich dankbar darüber, heil wieder an Land zu sein, den Geldautomat und den Weg zum besten Restaurant der Stadt. Da stehen wir nun vor einer dieser Wundermaschinen unserer Welt. Diese hier ist blau und spuckt Rupien aus.

»Micha, wie viel Rupien bekommt man denn für einen Euro?«

»Keine Ahnung, darum kümmerst du dich doch immer.«

»Hmm, ich dachte, wir würden erst mal tauschen, aber jetzt haben die Banken zu, ich find auch keine Wechseltabelle. Wieviel holen wir denn?«

»Nimm mal die Höchstsumme, die Automaten hier geben sicher nicht mehr als 100 Euro auf einmal aus.«

»5000 ist die Höchstsumme, das klingt so viel.«

»Ach Quatsch, wird schon hinhauen, komm, zieh Geld, Diesel tanken müssen wir ja auf jeden Fall.«

Ich drücke die Tastenkombination, die Maschine rattert, wir halten ein paar fremde Scheine in der Hand und stürzen uns ins abendliche Gewühl.

Ankunft in Indien, das bedeutet Ankunft in explosiver Lautstärke. Alte, englische Taxis mit Plüsch und runden Kurven an der Karosse jagen ebenso wie motorisierte Rikschas mit lautem Hupen die Fußgänger aus dem Weg. Dazwischen trotten stattliche Rinder über die Straße, dröhnt aus den unzähligen Läden indische Musik, Sitarklänge unterlegt mit elektronischen Bässen und Keyboard. Egal wo man hinblickt, ertrinkt man in Farben; die Saris der Frauen, spitzenbesetzt, bestickt, leuchten in Rot, Türkis, Pink, und überall gibt es Stände, an denen schwer duftende Blumenketten für den Besuch im Tempel verkauft werden. In den Schaufenstern kämpfen Plastikspielzeug aus China und kitschige Darstellungen hinduistischer Götter um Aufmerksamkeit. Jedes noch so kleine Stückchen Platz ist vollgestopft, genutzt, bewohnt, bebaut. Ladenlokale sind oft kleiner als deutsche Gästetoiletten. Welcher Videoverleih braucht schon mehr Platz als zwei Quadratmeter? Ein Stuhl für den Ladeninhaber, rechts und links Regale bis zur Decke, das reicht. Selbst auf dem Bürgersteig, keinen Meter breit, sind Stände aufgebaut, auf denen sich die Waren stapeln.

Nach ein paar Stunden dieser Reizüberflutung flüchten wir in ein Restaurant. Eine Karte gibt es nicht, alle scheinen zu wissen, was es gibt, bestellen mit uns unverständlichen Gesten und bekommen prompt silberne Teller mit Curries, Gemüse und Fladenbroten geliefert. Für uns lässt sich eine Karte auffinden, natürlich nur mit den indischen Namen der Gerichte, und so tippen wir eher ziellos auf irgendein Menü. Die indische Küche hier in der Provinz ist nichts für Zartbesaitete, nicht wegen der Schärfe, sondern wegen der Zubereitung. Die Schürze des Kochs hat seit Jahren kein Waschmittel mehr gesehen, und dass sich jemand mit einem Farbeimer der Wände angenommen hat, ist auch schon Jahrzehnte her. Die Petroleumherde zischeln, auf den Regalen stehen riesige Schalen mit Gewürzen, aus denen der Maître reichlich in die Pfanne haut, während der Gehilfe schon mal die Bohrkäfer aus dem Reis siebt. Ghee, die geklärte indische Butter, ist in der Hitze längst in ihrer Zwei-Liter-Dose geschmolzen. Wir treten lieber den Rückzug aus dieser Hexenküche an. Das Curry auf unseren Plätzen hat eine warme rote Farbe und duftet trotz allem verführerisch. Bei so viel Chili dürfte es doch eigentlich keine einzige Bakterie überlebt haben.

Am nächsten Morgen dürfen wir endlich in das Hafenbecken verlegen, gönnen uns einen weiteren ausgiebigen Stadtrundgang bei Tageslicht und schmieden Pläne für die Weiterfahrt. Port Blair müssen wir auf dem Rückweg sowieso wieder anlaufen, da bleibt noch genug Zeit für das Stadtleben. 24 Stunden später heben wir den Anker und richten den Bug nach Norden. Auf Kanal 16 melde ich brav unser Vorhaben. Ein Fehler.

»Sie haben noch keinen Flight Plan eingereicht, SV IRON LADY. Kehren Sie sofort um, und lassen Ihre Route vom Hafenmeister genehmigen, sonst dürfen Sie keine weiteren Ankerplätze der Andamanen anlaufen.«

»Das hast du jetzt von deinem Funkwahn«, motzt Micha. »Wir hätten einfach rausfahren sollen, so ein Quatsch, Route festlegen, das geht die überhaupt nichts an.«

»Bleib du bloß hier, mit deiner Laune kommen wir bestimmt nicht mehr heute an die fehlende Unterschrift.«

In Windeseile kritzele ich unsere ungefähre Route auf ein Papier und lasse mich vom wutschnaubenden Micha übersetzen, nehme mir ein Rikschataxi in die Stadt und warte vor dem Büro des Hafenmeisters. Maya im Tuch, natürlich. Jeden, der vorbeikommt, frage ich nach dem Hafenmeister und wann ich endlich meinen Plan abgeben kann, das Baby hat Hunger und muss Mittagsschlaf halten. Nach einer Stunde nörgeln kann ich mit einem Permit und der Freigabe des Hafenmeisters das Büro wieder verlassen. Die Wogen auf der LADY sind geglättet, und unser Schiffchen segelt munter aus der Stadt hinaus.

»Wären wir mal gleich zum Hafenmeister gegangen, wie die ande-

ren es gesagt haben, dann hätten wir uns die Aktion sparen können«, schieße ich eine kleine Spitze Richtung Skipper ab.

»Quatsch! Funke aus, das ist die einzig richtige Methode.«

Viel Wind finden wir nicht zwischen den Inseln, dafür sind die Strecken kurz und die Insel Havelock am frühen Abend erreicht. Hier wird gezählt, Buchten und Orte haben keine Namen, sondern Nummern. No. 7 soll der schönste Strand der Insel sein, und natürlich fällt dort auch unser Anker. Warum wohl die Zahlen? Für die Touristen oder doch eher für die Locals, die mit ihnen das Geld verdienen und die abenteuerlichen Ausspracheversuche der Ausländer nicht verstehen können? No. 7 also. Kilometerlanger feingelber Sandstrand, 20 Meter hohe Laubbäume, die bis kurz vor der Wasserlinie den Strand säumen, dahinter Wald, ein kleines Camp für Backpacker. Am Abend führt ein Einheimischer zwei Elefanten am Wasser entlang nach Hause. Arbeitstiere. Früher bestand die Last sicher aus Holz oder anderen Waren, heute sind es Backpacker in Bikinis und ausgeblichenen Batikhosen. Doch die Backpacker machen hier nur einen kleinen Teil des Touristen aus. Seit Port Blair regelmäßige Flugverbindungen hat, sind die Andamanen als Ferienziel für die Inder sehr interessant geworden. Es gibt unzählige kleine Hotels und Pensionen, in denen hauptsächlich Einheimische residieren. Großfamilien sind unterwegs, Flitterwöchner, vollbepackte Busse fallen tagsüber in No. 7 ein, zücken ihre Digital- und Videokameras und ziehen wieder von dannen. Meist nicht, ohne noch ein kurzes Bad im Meer genommen zu haben. Doch alles ganz schicklich, die Herren in langen Badehosen, die Damen im Sari. An den beliebtesten Badeorten gibt es Umkleideräume wie an der Nordsee vor hundert Jahren, wohl Überbleibsel der kolonialen Architektur der Briten.

Statt des meist überfüllten Busses, der über das Dorf No. 3 zum Hafen No. 1 fährt, kann man auch eine der motorradbetriebenen Rikschas nehmen, die über die Insel tuckern. Seit vielen Jahrzehnten werden diese dreirädrigen Motorradtaxis in der Nähe von Bombay hergestellt und befördern Menschen durch Indiens Straßen. Seit den 1950er-Jahren haben sich weder Design noch Technik geändert. Sehr nostalgisch, etwas klapperig und äußerst spaßig. Der Fahrtwind weht uns um die Ohren, während der Fahrer sein Moped über die Landstraßen jagt und geschickt den Schlaglöchern ausweicht. Rechts und links ziehen Reisfelder, strohgedeckte Hütten, grasende Rinder und kleine Farmen vorbei. Nur Menschen sieht man keine. Kein Wunder, denn es ist zwölf Uhr mittags. Im Dorf No. 3 lassen wir uns absetzen und kehren ein. Die Küche, diesmal irgendwo im Hinterhof ohne Einsicht für kritische Gäste, serviert Fischcurry mit Reis.

Eine Woche lang klappern wir die Buchten der Insel Havelock ab, dann starten wir einen Versuch, noch weiter in den Norden zu kommen. Doch die Winde sind ungünstig, immer wieder müssen wir gegenan, oder motoren, wir erwischen Ankerplätze, an denen es von Mücken nur so wimmelt und hören abends auf der Funke die ersten Freunde vom Leben auf Chagos schwärmen.

»Komm, Nathalie. Ich hab keine Lust, hier zwischen den Inseln weiter Diesel zu verpulvern, um schöne Strände und Riffe zu suchen. Ich möchte lieber noch ein paar Tage Indien pur in der Stadt erleben und dann lossegeln. Besser werden die Winde nicht mehr. Wenn ich mir die Wetterkarten so anschaue, ist jetzt schon kaum noch eine Brise auf dem Indik. Nur gut, dass wir den Blister haben.«

Zurück in Port Blair begeben wir uns unter die Fittiche von Rawi, dem Taxifahrer, der nicht nur weiß, wo es den billigsten Diesel und die frischesten Eier gibt, sondern der auch gerne Fremdenführer spielt.

Ein paar Tage später sind die wichtigsten Erledigungen geschafft, Squidköder, Diesel, Obst und Gemüse, Süßkartoffeln, frische Eier und indische Gewürze an Bord. Es ist Samstagnachmittag, vier Uhr, und nach dem Mittagsschlaf kommen die Menschen aus allen Löchern gekrochen, sämtliche Läden haben geöffnet. Rikschafahrer, Fahrräder, Taxis, Jeeps und heilige Kühe liefern sich die alltägliche Straßenschlacht. Hupen, bremsen, Musik aus Lautsprechern, der übliche Lärmpegel. Wir sind auf Souvenirjagd. Was kauft man in Indien? Ganz klar: Saris, Gold und Silber. Der Juwelier steht als Erster auf dem Programm. Rosarot beherrscht das Interieur der Schmuckläden, auf rotem Samt wird Gold in allen Formen dargeboten, Ketten, Armbänder, Ringe, Ohrringe, einfach alles. Bezahlt wird nach Gewicht. Angeschlagen steht der Preis für zehn Gramm Gold oder Silber. Je schwerer, je besser. In jedem Laden sitzt meist schon ein Reihe gut betuchter Frauen, die fachmännisch Ketten in ihren Händen wiegen, begutachten, reden und über und über mit Gold behängt sind. Wir wollen nur Silber, ein Fußkettchen, die gibt es aber nur im Zweierpack. Das macht nichts, eins für die Mutter, eins für die Tochter.

Draußen lärmt weiterhin der Abendverkehr. Über den Markt kämpfen wir uns bis zum Clocktower, verschwinden in einer Seitenstraße und betreten ein Sarigeschäft. »Sit madame, sit sir.«

Energisch werden wir auf eine Bank gedrückt und sitzen vor einer riesigen Regalwand, in der Hunderte von Saris verschiedener Qualität liegen. Davor eine Matraze, auf der die Verkäufer sitzen und hinter sich einen Sari nach dem anderen aus dem Regal reißen. In Sekun-

denschnelle verwandelt sich der Platz vor uns in ein Chaos. Nein, röter, nein, weniger Blumen, vielleicht doch besser blau. Hmm, ich weiß nicht. Maya findet es klasse. Sitzt vor dem Regal und reißt ein Tuch nach dem anderen mit der schön knisternden Verpackung aus dem Regal. Keiner, der was sagt oder verbietet. Wir haben uns entschieden, jetzt kommt der schwierige Teil – nein, nicht das Feilschen, sondern der Saribindekurs. Der ganze Laden guckt und lacht, während mich eine Verkäuferin in die Stoffbahn einwickelt. Ich komme mir vor wie bei einem Kindergeburtstag beim Mumienspiel, eine Rolle Klopapier nach der nächsten. Geschafft, Technik begriffen. Jetzt bin ich dran, schlinge mir mein Tragetuch um Taille, Schulter und Hüften und setze Maya hinein. Da staunen alle. »Ja, wir können das auch, German sari.« Alle lachen.

Auf dem Rückweg zur LADY hören wir Musik, Gesang und Tanz im ersten Stock. Nur mal eben schauen und die Nase reinstecken, finden wir uns in einem der Göttin Lakshmi gewidmeten Tempel mitten in einer Puja wieder. An die 30 Frauen und eine Handvoll Männer sind versammelt, die Frauen singen, spielen Tablas und rasseln mit ihren Glöckchen, während die dicksten und ältesten vor dem Altar tanzen. Gottesdienst auf indisch. Keine zwei Minuten schauen wir zu, da werde ich schon nach vorne gezogen und muss mittanzen, womit wir das Recht erworben haben zu bleiben.

»Aber das Kind muss ins Bett«, versuche ich einzuwenden. Zwecklos, die Damen nehmen uns in ihre Mitte, in ihre Tänze auf, und lassen uns erst gehen, nachdem wir in einer Zeremonie den Segen der Göttin für Wohlstand und Glück in Form von Wassersprenkeln und Kalkpulver auf der Stirn erhalten haben.

»Wohlstand brauchen wir wohl weniger in den nächsten Monaten auf Chagos, aber ein bisschen Glück mit dem Wetter könnten wir schon gebrauchen, oder? Wie sieht es aus? Stechen wir morgen in See? Einen schöneren Abschied kann es doch kaum geben.«

Thunfisch

Der japanische Autor Takeaki Hori taufte den Thunfisch »Diamant des Ozeans«. Es ist der Trophäenfisch einer Sushi Bar. Jeden Morgen wird auf dem Tsukiji Fisch Markt in Tokio Thunfisch im Wert von 5 Millionen Dollar versteigert, und man weiß von hitzigen Auktionskriegen, die in den Häfen dieser Welt zwischen den Brokern ausgebrochen sind, die nur ein Ziel im Sinn haben: ihre japanische Kundschaft zu befriedigen. Es gibt drei Hauptarten des Thunfisches für den Sushimarkt, in absteigender Wertigkeit: Blauflossen-(bluefin), Großaugen-(bigeye) und Gelbflossenthunfisch (yellowfin).

Auszeit auf Chagos

Ein Vierteljahr im Herzen des Indischen Ozeans

»Schatz, der Indik ist genauso blau wie der Pazifik, meinst du nicht auch?«

»Hmmm, kann hinkommen. Mindestens so blau wie unser Blister. Was bin ich froh, dass wir den haben. Ohne dieses Segel kämen wir gar nicht vom Fleck.«

Wir befinden uns irgendwo auf der Linie Andamanen–Chagos. Eine leichte Brise schiebt uns seit ein paar Tagen über die glatte See, in guten Stunden machen wir über zwei Knoten. Sorgen haben wir uns gemacht, über rauhe See, seekrankes Baby, Gewitterstürme, und nun führen wir ein Leben wie am Ankerplatz, nur, dass wir nicht aussteigen können.

Logbuch

Also, wenn wir alle drei Tage 200 Meilen schaffen, brauchen wir ungefähr 24 Tage, wenn wir einen Durchschnitt von 3,5 Knoten fahren, sind wir in 3 Wochen da, wenn wir ... So kann man sich auch die Zeit vertreiben. Doch wie oft und lange man hin und her rechnet, es bleiben immer noch gut 1500 Meilen übrig, und das ist einfach eine verdammt lange Strecke. Trotzdem bleibt die Stimmung auf der LADY bestens, ebenso wie der leichte Wind, wir gleiten über die glatte See und schlemmen baskischen Fischeintopf mit Thuna, selbst gebackenes Brot und andere Köstlichkeiten. Von wegen Baked Beans und Corned Beef, wir reisen zwar langsam, aber luxuriös! Sonst passiert nichts Aufregendes hier, das Wasser ist sehr, sehr blau, der Himmel auch und Maya hat den Mond entdeckt. Da, Fingerchen zeigt in den Himmel, Da! Da! Da!

Wir treiben mehr, als dass wir segeln, unsere Lieblingszeit sind die späten Stunden des Nachmittags, wenn die Sonne tiefer steht, nicht mehr auf unsere Köpfe brennt und wir mit Maya zusammen auf dem Vordeck sitzen. Maya übt krabbeln und stehen, mitten auf dem Indik. Im Cockpit steht ein Eimer Wasser, das liebste Spielzeug. In diesen Stunden wünschen wir uns nicht einen Knoten mehr Wind.

Lieber 18 Tage diesen Rhythmus, als 14 Tage mit sechs Knoten brettern und mit dem Kind unter Deck bleiben. Oder? Wenn wir unsere Position einmal am Tag in die Karte eintragen und die zurückgelegten Strecken kaum zu erkennen sind, stellt sich trotzdem für ein paar Stunden Frust ein.

»Siehst du, wie schlapp wir die Leine hinter uns herziehen? Da beißt nie im Leben einer. Schon gar kein Thunfisch.«

Nein, es beißt auch keiner. Doch es gibt neugierige Zeitgenossen unter den Bewohnern des Meeres, und so verfängt sich eines Morgens bei zwei Knoten Fahrt ein riesiger Sailfish mit seinem Schwert erst in der Leine, dann im Haken. Er springt aus dem Wasser, dreht Pirouetten und doppelte Rittberger, aber frei kommt er nicht. Wie immer, wenn wir einen solch riesigen Fisch an der Angel haben, sehe ich in Nathalies Augen die Hoffnung, er möge sich doch noch befreien. In mir aber erwacht das Jagdfieber. Einen Sailfish, den haben wir noch nicht gefangen. Was für eine Trophäe, das Schwert, die Schwanzflosse. Wir holen die Leine ein und belegen sie auf der mittleren Klampe. Lebendig können wir das Tier nicht an Bord holen, Mit der Harpune versetze ich ihm einen gezielten Schuss. Wir befestigen ein Fall an der Schwanzflosse und winschen das majestätische Tier langsam auf dem Wasser. 2,38 Meter lang und 20 Kilogramm schwer.

»Schnell, Nathalie, hol die Kamera, das müssen wir festhalten, das glaubt uns kein Mensch. Irre. Ein Sailfish, ein richtiger Sailfish, guck dir nur dieses Rückensegel an, wie wunderschön.«

»Hoffentlich schmeckt er auch.«

»Na sicher, wir machen gleich den Herd an und hauen die ersten Filets in die Pfanne.«

»Auf Wind dürfen wir jetzt erst mal nicht hoffen, wir brauchen mindestens zwei Tage, bis der Fisch eingekocht, getrocknet, mariniert und der Rest gegessen ist.«

Sailfish ist keine Delikatesse wie Dorade, stellen wir fest, aber ein durchaus guter Speisefisch. Nur wenn man 20 Kilogramm davon hat, ist es ein wenig zu viel.

Nach elf Tagen liegt Sri Lanka querab, nach elf Tagen Einsamkeit auf See befinden wir uns plötzlich auf der Autobahn. Der Schiffsverkehr aus der Straße von Malakka Richtung Rotes Meer und umgekehrt kreuzt unseren Weg, oder kreuzen wir seinen? Auch die Fischer aus Sri Lanka fahren mit ihren Kuttern teilweise bis an 100 Meilen vor der Küste raus. Einer der buntbemalten Kutter hält plötzlich auf uns zu. Er kommt näher, doch ein Adrenalinschub, innere Anzeige für Ärger, bleibt aus. Keine Piraten. Das Gefühl trügt nicht, die Jungs winken mit Fisch und Kokosnüssen. Tauschhandel. Ja, aber womit? Bier und Zigaretten haben wir keine an Bord, bleibt Coca Cola. Wollen sie nicht, haben sie selber, fröhliches Winken und Auf Wiedersehen. Der Wind nimmt zu, ebenso die Welle, aus dem Leichtwindtreiben der letzten Tage ist sportliches Segeln geworden. Wir rasen mit sechs bis sieben Knoten die Wellen rauf und runter, meilenfressen. Da taucht schon der nächste Fischer am Horizont auf. Immer näher und näher, Kurs auf die LADY und bis auf eine Bootslänge an uns heran.

»Nathalie, die spinnen doch, bei dem Seegang. Der reinste Wahnsinn. Mach den Motor an, schnell, wir müssen manövrierfähig sein, wenn die auf dumme Gedanken kommen.«

Drüben wird fröhlich gewunken und ein trauriger Bonito hin und her geschwenkt. Nein danke, wir wollen keinen Fisch, wir angeln selber. Zwei Stunden später kommen die nächsten. Wir sind genervt, hochgradig genervt. Der Kutter nähert sich von der Luvseite, ein Brecher nach dem anderen rollt unter der LADY weg, bringt das Schiff zum Wanken und das Rigg der LADY gefährlich nah an die Aufbauten des Kutters. Wir versuchen es mit freundlichem Abwinken, wir haben keine Zigaretten an Bord, nicht eine, und wollen auch keinen Fisch. Nur unsere Ruhe. Doch mitterlweile scheint den Jungs das Spiel mit der kleinen Yacht zu gefallen. Wir greifen zur Kamera und fangen an, den Kutter abzulichten. Demonstrativ halten wir das Objektiv auf die Schiffsnummer am Bug gerichtet. Da drehen sie ab. Wir richten den Bug der LADY ein paar Grad mehr nach Süden, nichts wie weg hier. Runter von der Autobahn und zurück auf die Schleichwege des Indiks.

Das Traumziel Chagos rückt näher. Oder Mythos Chagos? Schon im Pazifik trifft man die ersten Segler, die dort waren, oder die jemanden kennen, der dort war. Die einen lieben es, die anderen fanden es schrecklich. Wer die ersten Geschichten über das unbewohnte Atoll hört, fühlt sich sicher an den Film »The Beach« erinnert. Es gibt Geschichten über seltsame Käuze, die mit abgesägtem Schrotgewehr »ihren« Strand verteidigt haben, über Todkranke, die sich diesen paradiesischen Ort fernab der Zivilisation zum Sterben ausgesucht haben, über Schiffbrüchige, die Jahre auf Chagos verbrachten, bevor ihr Boot wieder klar war um die nächsten 1000 Seemeilen bis auf die Seychellen in Angriff zu nehmen. Kurz unterhalb des Äquators, 300 Seemeilen südlich der Malediveninsel Addu beginnt das Chagos Archipel, das unter der Jurisdiktion des BIOT, British

Indian Ocean Territory, liegt. Die Atolle Perros Banhos, Egmont und Solomon dürfen von Seglern angelaufen werden. Das größte Atoll jedoch, Diego Garcia, ist gesperrt. Denn die Amerikaner haben diesen strategisch günstigen Ort im Indik von den Briten gepachtet und dort eine Militärstation errichtet. Früher durfte man im Notfällen dort anhalten, bekam ärztliche Hilfe, eventuell sogar Wasser und Diesel, doch heute muss wirklich ein lebensbedrohlicher Notfall vorliegen, bevor man seine Yacht durch den Pass steuern darf. Meile um Meile rückt Chagos näher. Uns beschleichen durchaus gemischte Gefühle. Wird uns die Einsamkeit nach all dem bunten Leben in Südostasien gefallen? Dann kommt die Nachricht über Funk. Chagos ist geschlossen. Geschlossen? Schranke im Pass und Stacheldraht am Strand? Warum? Der erste Schrecken verfliegt schnell.

Früher haben auf Chagos Menschen gelebt. Kopraplantagen gab es dort, Dörfer, Menschen, die die Inseln ihr Zuhause nannten. Doch die mussten gehen, erst Diego Garcia verlassen, damit die Militärbasis errichtet werden konnte, dann wurden auch die Bewohner der anderen Inseln zwangsumgesiedelt, Militärgeheimnisse hatten Vorrang. Die Chagosianer leben nun in Mauritius, auf den Seychellen, in Madagaskar, in England. Seit Jahren laufen Gerichtsverhandlungen. Die Einwohner klagen, sie wollen ihre Inseln wiederhaben. Alle zwei bis drei Jahre organisiert das BIOT eine Fahrt nach Chagos, die den Menschen die Möglichkeit gibt, ihre alte Heimat zu sehen und die Gräber ihrer Lieben zu besuchen. Yachten sind bei diesen Besuchen nicht erwünscht und müssen entweder auf See beigedreht warten oder eine Stippvisite nach Addu machen. Chagos ist nicht bewohnbar für den Menschen, lautet die offizielle Verlautbarung des BIOT. 30 Yachten, die genug Süßwasser, Fisch und Kokosnüsse finden, um mehrere Monate dort zu leben, strafen diese Aussage Lügen.

Wir laufen Addu an, das Letzte der maledivischen Atolle. Frühmorgens segeln wir entlang des Passes, Maya steht aufgeregt an der Reling, kommentiert jedes einzelne Motu mit Freudenjuchzen. Ob sie weiß, dass wir bald wieder an Land gehen können? Versteht ein neun Monate altes Baby, was Landfall bedeutet? Die Insel Gan, vor der wir ankern, ist ein ehemaliger britischer Militärstützpunkt. Im Schatten von riesigen Bäumen wandert man durch kasernenartige Anlagen: Wohnbaracken, Tennisplätze, ordentliche Straßen, ein riesiger Flughafen. Mit uns hängen zwölf andere Yachten in der Warteschleife.

Anfang April stehen wir endlich in den Startlöchern, Gemüse und Bananenstauden sind bestellt und hektoliterweise frisches Regenwasser werden an Bord geschleppt – mehr gibt es eigentlich nicht zu tun. Nur warten auf das Wetter. In drei Tagen wird Chagos wieder geöffnet, und mit ein bisschen Nordwest werden wir die letzten 300 Seemeilen in Angriff nehmen. Doch der Nordwest lässt auf sich warten. Radio Male bringt jeden Tag um sechs Uhr das Wetter. Ein paarmal haben wir eingeschaltet, doch es klingt, als hätten sie dort nur ein Band laufen, das jeden Tag dasselbe verkündet. Nordwest. Nun gut, die Maledivenkette ist lang, und wenn der Flughafen Male Nordwest verkündet, dort oben oberhalb des Äquators, heißt das noch lange nicht, dass wir auch auf der Südhalbkugel etwas davon abkriegen. So warten wir.

Endlich ist es so weit, wir stechen in See. Nach einem sowieso schon lausigen Trip 300 Seemeilen gegenan erwischt uns schließlich auch noch ein paar Meilen vor der Speakers Bank, einem zehn mal 20 Meilen großen Unterwasserberg, der bis ein paar Meter unter der Wasseroberfläche emporsteigt, eine dicke Gewitterfront. Bei gutem Wetter und flacher See ist das ein hervorragendes Gebiet zum Fischen, doch jetzt, mitten in einer Gewitterfront mit wilden Seen aus südlichen Richtungen, wollen wir keinesfalls darüber – und fischen schon gar nicht. Micha verbringt den Nachmittag und die Nacht bis zum Morgengrauen im Cockpit, während es buchstäblich wie aus Eimern regnet. Es pfeift aus Süden, Südwest und Südost, wir rollen von Steuerbord nach Backbord, Wende auf Wende wird gefahren – ein richtiges Mistwetter. Gegenan geht es, immer hoch am Wind, stets gegen brechende Seen, als ob uns jemand zeigen will, dass der Weg ins Paradies steinig sein kann. Ein Knoten Gegenströmung macht aus dem Kreuzen ein Zickzack auf der Stelle, ohne bemerkenswert Höhe zu laufen. Dem Skipper reißt die Hutschnur, er versucht gegenan zu motoren, doch die LADY beißt sich nur in die Wellen fest. Ich kann nicht helfen, liege eingeklemmt zwischen Kissen in der Familienecke und passe auf, dass Maya nicht aus dem Bett fällt. Hoffentlich ist das Gewitter bald durch.

»Eine himmelverdammte Kacke ist das«, tönt es von oben, und wieder geht Micha auf den anderen Bug, flucht, dass sich die Balken biegen. Bei Sonnenaufgang beruhigt sich die Situation, der Skipper ist in der Ecke unter der Sprayhood erschöpft eingeschlafen, und die LADY segelt mit Unterstützung des Daimlers ein paar Meilen parallel zur Speakers Bank Richtung Chagos.

Anfang April sehen wir die typische gezackte Linie der Atolle vor uns, ein paar Stunden später sind wir im Pass der Salomon Islands. Es ist ein tropischer Traum: Das Wasser im Pass schillert in allen erdenklichen Farben, über dem Riff kreischen die Seeschwalben, und kaum in der Lagune, werden wir endlich von Delfinen begrüßt. Wir durchqueren die Lagune und lassen unseren Anker zunächst vor der Hauptinsel Boddam fallen. Es ist Vollmond und schon werden wir einbezogen in das soziale Leben auf Chagos: Party am Strand. Pot Luck – Topfglück. Man bringt Häppchen für die Allgemeinheit mit, für Getränke ist jeder selbst verantwortlich. Wir staunen nicht schlecht, als wir am späten Nachmittag kurz vor Sonnenuntergang mit Salatschüssel, Weinflasche und zwei Plastikbechern am Strand auftauchen. Campingstühle, Kühltaschen mit kompletter Hausbar, Gläser. Hier sind echte Profis am Werk. Wir fühlen uns trotzdem auf einem Baumstamm am Strand tausendmal wohler und schütteln uns dafür gerne später die Sandkörner aus der Hose. Auf Boddam selbst stand früher das Dorf, hier wurde Kopra getrocknet und gelagert, es finden sich Überreste von Eisenbahnschienen für die Transportzüge, Ruinen der Häuser, sogar ein Brunnen und die Grundmauern einer kleinen Kirche. Die Segler haben den Hauptplatz des Dorfes sauber gefegt und die Strände von Müll befreit. Es gibt einen Volleyballplatz, einen Tisch zum Fischesäubern, einen Räucherofen aus alten Dieselfässern und Bänke mit Tischen aus Treibholz. Die ersten Besucher in der Saison schlagen mit Macheten die ausgetretenen Buschpfade über die Insel neu, markieren Wege mit Zeichen aus angeschwemmten Bojen und alten Flipflops und errichten große Feuer am Strand, um den Müll der letzten Monate zu verbrennen, der an den Strand getrieben wurde. Perfekt organisiertes Leben.

Ein bisschen seltsam mutet es schon an, diese Organisation. Unausgesprochen scheint es Segler zu geben, die gewisse Regeln festlegen. Wo man den Müll verbrennt, wo die Fischabfälle entsorgt werden, wann die Partys stattfinden, um wie viel Uhr man sich zum abendlichen Volleyball einfindet. Es gibt Boote, die sich zum zehnten Mal hier auf Chagos einfinden, Segler, die mit dem ersten Nordostmonsun aus Thailand eintreffen und mit dem Südwestmonsun im September wieder nach Südostasien zurückkehren. Wie in jeder Gesellschaft entstehen natürlich im Laufe der Zeit Spannungen. Yacht Y legt sich eine Muring um einen Korallenblock, den vor zwei Jahren noch Boot X benutzt hat, der eine nutzt den Backofen am Montag, obwohl montags doch immer Yacht Z bäckt. Auch hier am Ende der Welt ist man also vor den kleinen Differenzen nicht gefeit, die sich zwischen Menschen entwickeln können.

»Zieh! Rob! Verdammt, zieh!«, wir stehen in Robs Dingi. »Lass ihn nicht entkommen. Gib ihm keine Chance.« Die Nylonleine seiner kurzen Hochseeangel ist kurz vorm Zerreißen, weit mehr gespannt, als ich das je zuvor an einer Hochseeangel gesehen haben. Der kurze Fiberglasangelstock biegt sich mit der Spitze zur Wasseroberfläche.

»Ich kann nicht mehr«, seufzt Rob, und im gleichen Moment zieht der vermutliche Yellowfin Thuna einen Schlag nach links, dann runter in die Tiefe. *Rrrrrrrrr* surrt die Rolle. »Verdammt, ich muss ihm noch mal Leine geben. Er kämpft wie ein Ungeheuer. Nimm das Gaff, er darf nicht an die Oberfläche kommen, dann wird er um sich schlagen, Pirouetten drehen und die Schnur ist blitzschnell durch, oder er befreit sich mit einem Schlag vom Haken. Du musst ihn kurz unter der Wasseroberfläche einhaken.«

Rob zieht wieder an, wir sind keine 40 Meter von der Riffkante entfernt. Vor nur einer halben Stunde sind wir mit dem Dingi aus der schützenden Lagune, dem Pulk der ankernden Yachten bei Hochwasser, über das Riff gekommen und haben mit langsamer Fahrt zwei Rapalla, Fischköder aus Plastik, die wie kleine Rifffische bemalt sind, hinter uns hergezogen. Seitdem Robs Angel angeschlagen hat, ist das Jagdfieber ausgebrochen. Seit zwanzig Minuten kämpft Rob, routinierter Angler aus Durban, mit dem Fisch.

»Diesmal holen wir ihn hoch. Pass auf.« Rob zieht, glänzend vom Schweiß in der prallen Sonne, mit angespannten Oberarmmuskeln die Rute hoch, lässt sie schnell wieder runter, wenn der Zug auf der Schnur nachlässt, um möglichst schnell, möglichst viel Schnur aufzurollen. In der unendlichen Tiefe des Indischen Ozeans unter uns wird schemenhaft der hellgraue Leib des Fisches sichtbar, den Rob Stück für Stück an die Wasseroberfläche kämpft.

»Wahnsinn, schau dir das an. Es ist tatsächlich ein riesiger Yellowfin. Petri Heil. Bloss nicht verlieren. Halt fest Rob, halt fest.«

In den letzten zwei Tagen haben wir schon mehrere Köder verloren, es hat nur *Ping* gemacht und die Schnüre, seine und meine, sind einfach durchgeknallt. Gesehen haben wir diese Viecher nicht, aber groß müssen sie gewesen sein, groß und schwer. Gefangen haben wir Bonitos, geräuchert auf einem alten, ausgedienten Ölfass, auf dem schon Generationen von Fahrtenseglern den Fang des Tages haltbar machen im Qualm glimmender Kokosnussrinden.

»Achtung Michael. Jetzt du!«

Der Thuna verschwindet unter dem Dingi. Der Haken des Gaffs ist unter dem Fisch zu platzieren und dann mit einem kräftigen Ruck nach oben in den Bauch oder bestenfalls Nacken des Fisches zu setzen. Ohne Widerhaken, dann mit einem Ruck ins Dingi ziehen.

»Ich hab ihn, ich hab ihn! Rob, hilf mir, es ist ein Riesenvieh, das schaffe ich nicht alleine. Niemals.«

Gemeinsam ziehen wir den wunderschönen Fisch mit der gezackten gelben Rückenflosse über die Gummiwurst des Dingis ins Innere. Rob schneidet dem Tier blitzschnell die Kehle durch. Der Fisch zuckt und ist schon tot. Blut, überall Blut, das durch die Lenzrohre ins offene Meer fließt. Blitzschnell sind wir von grauen, nervösen Riffhaien umzingelt. Im letzten Jahr soll sich ein Hai genau in unserer Situation ins Heck eines Dingis verbissen haben. Mit Stöcken, Gaff und lauten Schreien sollen es die Abenteurer noch gerade eben mit dem absaufenden Gummiboot ins Ankerfeld geschafft haben.

»Hey«, unsere flachen Hände fliegen zusammen, wir stoßen mit den Fäusten zusammen und führen die Faust danach zum Herz.

»Cool, Dude. Der wiegt über zwanzig Kilogramm.«

Jagdfieber. Wir haben genug für uns zu essen für Tage, doch jetzt hat es uns gepackt.

»Gleiches Recht für alle. Micha, du bist dran.«

Es mag sich verrückt anhören, aber wo ein Thuna dieser Größe ist, sind noch mehr. Yellofins sind keine Einzelgänger. Erneut startet Rob den Außenborder. Wieder ziehen wir zwei Schnüre hinter uns her. Zack, es reißt mir fast die Angel aus der Hand, dann kreischt die Schnurbremse, dass das Schmieröl in der Mechanik anfängt zu qualmen.

»Hol deine Angel rein, ich hab auch einen dran. Bingo! Let's dance.«

Ich bin an der Reihe, den Fisch einzuholen und ich habe Spaß, ein Grinsen über beide Ohren klebt in meinem Gesicht. Rob bringt mir das Gamefishing bei. Der Mann und das Meer. Jetzt kämpfen nur zwei, der Yellowfin und Micha. Es ist nicht wie die Angelei hinter dem Segelboot mit schwerem Geschütz, wo irgendwann ein großer Fisch auf einen Plastiksquidköder beißt, wo es darum geht, ob die Leine dick genug ist, um den Fisch in der Fahrt zu halten, denn keiner würde ein Segelboot in voller Fahrt stoppen wegen eines Bisses auf der Schleppleine. Hochseeangeln sind fürs Schleppangeln unter Segeln nicht geeignet. Auch die großen Motortrawler mit den acht und mehr Hochseeangeln und den Stühlen auf dem Heckcockpit, wo der Angler im Fangsessel festgeschnallt werden, halten an, wenn ein Gamefisch beißt, oder drosseln zumindest die Leistung.

»Ich hab ihn. Er ist schwer. Bestimmt wieder so ein Monster.«

Fünf Minuten später schwimmt mein Yellowfin unter dem Dingi und zählt seine letzten Sekunden bis zum erlösenden Aus. An den anderen Tagen haben uns die Haie die kleinen Bonitos, die kleinsten Thunfische hier um Chagos, einfach bis zu den Kiemen abgebissen.

Schwupps und weg, und wir haben nur verdutzt dagestanden, fast schon so weit, aufzugeben. *Srrrrrrrrr.* Auch dieses Monster will nicht aufgeben.

»Hey, er zieht wieder in die Tiefe.«

Die Bremse der Angel sorgt dafür, dass der Fisch die Schnur nicht zerreißt. Die Schnur rollt von der Spule, immer weiter, immer mehr.

»Gleich ist es vorbei, und ich habe keine Schnur mehr auf der Rolle. 200 Meter feinstes Nylon«, hilfesuchend schaue ich zu Rob.

»Stay cool! Zieh langsam die Bremse nach.«

»Hey, Hey, Hey! Ich hab ihn!« Nach weiteren zehn Minuten Kampf habe auch ich meinen »Catch oft the day«. Rob hat das Gaff sauber zwischen die Kiemen platziert und gemeinsam hieven wir den Leib des zweiten Monsters an Bord unseres kleinen Fischkutters.

»Jetzt aber schnell nach Hause.«

»Bist du dir sicher?«

»Ja, wir haben genug, um alle mit dem rosaroten, zarten Fleisch des Yellowfins glücklich zu machen.« Sushi satt, als Steak, eingelegt in Sojasoße, als Hamburger oder Suppe. Der seglerischen Küchenkreativität sind keine Grenzen gesetzt.

Am Strand von Boddum angekommen, werden wir zu den Stars des Tages erklärt. So große Yellowfins wurden in dieser Saison noch nicht gefangen. Zwischen den Booten, die zum Fischen ans Außenriff fahren, herrscht freundschaftliche Konkurrenz. Jeder will der beste Fischer sein, und unser Fang lässt die Augen der Mitstreiter natürlich überquellen. Wir genießen den Triumph in vollen Zügen.

»Buh«, sagt Maya, und krallt sich vor lauter Ehrfurcht an der Mama fest.

»Fischverbot für mindestens eine Woche«, bestimmt die Capitana trocken, und Rob ereilt dasselbe Schicksal von seiner Frau Belinda.

»Jetzt hoch mit dem Vieh! So ist schön. Cheese!« Bilder fürs Familienalbum werden geschossen.

Keinem gelingt es, die Fische an der Handwaage mit einer Hand hochzuhieven. 23 und 20 Kilo.

Doch nicht nur Thunfische holen wir vom Riff. Auch Wahoos, Doraden, Bonitos sind keine Seltenheit beim täglichen Fischen – sofern man nicht gerade Fischverbot hat. Oder wir fischen in der Lagune. Schnapper und Zackenbarsche kommen gedünstet in frisch gepresster Kokosmilch auf den Tisch. Vermissen wir die gut bestückten Supermärkte der Zivilisation? Zugegeben, manchmal überkommen uns die Gelüste nach einem Stück Fleisch oder noch viel eher nach Gemüse, doch wenn dann die halben Bonitos zum Räuchern auf dem Dieselfass liegen oder ein Brot im selbstgebauten Steinofen an Land duftet, sind diese Sehnsüchte schnell vergessen. Es dauert ein paar Tage, wenn nicht Wochen, bis wir völlig im Inselleben aufgegangen sind. Bis wir mit der Ruhe klarkommen, mit der Natur, mit der Möglichkeit jeden Tag aufs Neue alles oder nichts zu tun. Langeweile? Das ist wohl das größte Problem derer, denen es in diesem Paradies nicht gefallen hat. Es gibt keine Ablenkung. Keine Läden, keinen Konsum, kein Internetcafé, kein Fernsehen, keine Kneipe um die Ecke. Wer etwas erleben möchte, muss selbst die Initiative ergreifen.

Nach einer Woche Volleyball, Party und sozialem Leben sehnen wir uns nach Ruhe und Dreisamkeit. Schließlich sind wir hier in der Mitte des Indischen Ozeans, weit entfernt jeglicher Zivilisation. Wir gehen ankerauf und tasten uns vorsichtig den Weg durch die korallenkopfgespickte Lagune. Die Atolle Perros Banhos und Egmont sind weitaus einsamer und weniger besucht als die Lagune von Solomon. Doch die Ankerplätze werden bei plötzlichen Windänderungen unhaltbar, häufig kann man nicht bei Niedrigwasser an den Strand, da das Riff über lange Strecken trockenfällt. Noch vor einem Jahr wären das unsere Ankerplätze gewesen, ein Paradies für Taucher und Schnorchler, doch mit der elf Monate alten Maya liegen die Prioritäten anders.

Unser erstes Ziel heißt Île Fouquet. Kokospalmen, weiße Strände und Unterholz, eigentlich kein Unterschied, oder? Doch … denn dort herrscht Ruhe! Morgens, bevor die Sonne so hoch am Äquatorhimmel steht, dass man es nur noch im Schatten aushalten kann, fahren wir an Land und zeigen unserer Tochter die Abenteuer der Koralleninseln. Oder zeigt sie sie uns? Viele kleine Wunder, die wir nach so vielen Jahren Fahrtensegeln fast übersehen, bekommen auf einmal wieder ein ganz neues Gewicht. Der Strand wimmelt vor lauter Einsiedlerkrebsen, jedes noch so kleine Schneckenhäuschen ist bewohnt. Und nicht nur die; hier auf Chagos sehen wir das erste Mal auch wieder Einsiedlerkrebse, die aufgrund ihrer Ausmaße Kokosschalen als Häuser hinter sich herschleppen, die Spuren im Sand könnten fast von kleinen Schildkröten stammen. Außer den zwikkenden Krebsen gibt es unzählige Vögel zu beobachten. Über uns, am geschützten Strand der Lagune, schauen neugierig die Tölpel aus den Palmwipfeln, und in den Takamakabäumen findet man das ein oder andere Schwalbenei.

Weiter geht es ins Unterholz, zum zweiten Frühstück gibt es eine dicke Kokosnuss, deren Überreste gleich wieder Legionen von Krabbeltieren anlocken. Quer über die Insel weiter ans Außenriff. Über uns kreischen ein paar Seevögel, und vor uns bricht eine medizinballgroße Kokoskrabbe aus dem Buschwerk, überquert den Pfad und verschwindet ungerührt auf der anderen Seite ins Dunkel. Feucht und kühl ist es im Wald, doch nach 20 Minuten Fußmarsch hören wir die Brandung des Meeres wieder. Eine leichte Brise bewegt die Palmwipfel und schon stehen wir draußen, vor uns die unendliche Weite des Indischen Ozeans. Das Riff ist trockengefallen, in den zurückgebliebenen Pools findet man Korallenfische, Seesterne und Schnecken, 500 Meter weiter die Riffkante, an der sich der Schwell des Indik bricht. Auf dem Riff thront ein rostiges Wrack, Warnung für alle Seefahrer, selbiges weitläufig zu umfahren. Maya findet Schätze am Strand, eine winzige Kokosnuss, die vom Baum gefallen ist, eine glattgewaschene Glasscherbe, ein Stück Muschelschale.

Wir haben unser Chagosleben gefunden, pendelnd verbringen wir zwei Monate in den Solomons, je nach Stimmung ankern wir inmitten des Beachresortlebens der Yachtieszene oder auf den einsamen Ankerplätzen, bis wir die französische Gemeinde entdecken. Die Franzosen haben alle Kinder und Spaß am Leben. Morgens unterrichten sie ihre Kinder und nachmittags bauen sie Buden aus Palmwedeln am Strand, streifen mit den Macheten durchs Unterholz und gehen Fische speeren. Lange geschlafen wird natürlich auch, dafür abends kräftig gefeiert. Franzosen haben selbst gebaute Stahlboote, meist Knickspanter, in deren Chaos unter Deck sich niemand zurechtfinden kann, oder schnelle Aluminiumschiffe. Junge Leute, die unter Segeln leben, segelnd leben und den Motor noch nicht einmal zum Ankern anschmeißen. Dank Nathalies Französischkenntnissen werden wir schnell aufgenommen und stellen fest, dass wir sogar mit Englisch weiterkommen. Maya liebt die sechs Jungs zwischen sechs und zwölf, die sie mit zerlesenen Lieblingsbüchern und aus Liebe plattgedrückten Kuscheltieren verwöhnen. Campingstühle und Kühlboxen gehören nicht ins Repertoire, dafür tausend Tipps übers Fahrtensegeln, 1001 Geschichte über Erlebnisse an Land, die man nur erleben kann, wenn man nicht viel hat.

»Schon toll, wie Yves und Valerie das mit ihren beiden Kindern an Bord machen, oder? Sind tolle Jungs, Titou und Manu, oder findest du nicht, Nathalie?«

»Da hast du recht. Die Franzosen haben es schon gut. Französisch-Polynesien und Neu-Kaledonien im Pazifik, Mayotte und La

Reunion im Indik und Martinique in der Karibik, überall können sie längere Pausen einlegen und arbeiten. Gutes Geld verdienen, mit Zulagen, weil der Aufenthaltsort so weit weg ist von Paris. Das wird wohl der Grund sein, warum man so viele französische Familien trifft. Schule an Bord, die Materialien werden an den Postämtern der Welt abgeholt. Es geht alles.«

»Ja, Schule an Bord, das könnten wir auch machen.«

»Stimmt wohl, aber ich brauche wohl langsam eine Pause, sonst wird mir das Segeln irgendwann über, und das möchte ich nicht. Wenn wir einfach durchs Rote Meer segeln würden, wären wir in sechs Monaten wieder in Europa. Ich könnte wieder als Ärztin arbeiten, meinen Facharzt machen.«

Maya spielt mit ein paar Muscheln, die sie am Vormittag vom Strand mitgenommen hatte. Aus dem unverfänglichen Plaudern ist ein ernstes Thema geworden. Es kribbelt in der Luft. Spannung. Nicht immer ist das Klima der LADY gesegnet und friedlich. In manchen Momenten ist es düster. Unterschiedlich sind die Ansichten der Skipper. Zukunft ist was?

»Heimat, was ist das eigentlich für dich? Die LADY oder Düsseldorf?« Eine gewisse Aggressivität in meiner Stimme ist nicht zu verleugnen. Es ist ein kleiner Kampf, es geht um das Rote Meer als Abkürzung zur Heimat contra dem Kap der guten Hoffnung als letzte seglerische Hürde vor dem unendlichen Südatlantik. Eigentlich ist es klar, für das Rote Meer sind wir zu spät, der einzig logische Weg von Chagos führt über die Seychellen nach Madagaskar, dann nach Südafrika. Die Entscheidung ist längst gefallen, und dennoch nimmt Nathalie sich immer mal wieder den Band »Segelrouten der Weltmeere«, um vielleicht doch noch ein Zeitfenster zu entdecken, das uns schneller Richtung Europa bringt. Fast ein Jahr ist es her, dass Nathalie in Deutschland war, Maya hat in ein paar Tagen Geburtstag und ihre Großeltern vor neun Monaten das letzte Mal gesehen. Wenn das Heimweh zu groß ist, muss man nach Hause fliegen. Familie tanken. Im Zeitalter von E-Mail an Bord ist ein Ticket schnell gebucht. Mahe, Seychellen – Düsseldorf, Ende Juni. Damit steht es fest, das nächste Ziel.

Unser letzter Termin auf Chagos ist Mayas erster Geburtstag. Sie soll einen Kuchen bekommen und eine Party und nicht wie wir auf dem Weg nach Neuseeland mit grüner Nase im Cockpit sitzen müssen. Einen Tag vor der Feier trifft ein neues Boot ein, frisch aus Addu, an Bord Bananenstauden und andere frische Köstlichkeiten. Bananen zum Geburtstag, nach fast zwei Monaten gibt es kein besseres Geschenk. Maya isst gleich zehn am ersten Tag. Wir backen Bananenkuchen mit Kerze drauf und laden alle ein in eines der Camps am Strand. Ballons hängen zwischen den Palmen, auf einer angeschwemmten Tür stehen Kaffee und Kuchen, und von den Seglern bekommt Maya liebevoll improvisierte Geschenke. Auch wenn wir den Verdacht haben, dass schon vor Sonnenuntergang der eine oder andere Konyagi in den Kaffee gewandert ist, gegen sechs Uhr werden die Flaschen und Dosen offen auf den Tisch gestellt und der Wasserkessel macht dem Grillfisch auf dem Feuer Platz. Maya schläft selig auf der mitgebrachten Matratze ein und der zweite Teil der Party beginnt. Am Strand sind Gitarre, Akkordeon, Mundharmonika und Querflöte vertreten, ein bisschen Blues, ein bisschen Improvisation. Rund um Maya sinkt ein Kind nach dem anderen mit auf die Matratze, bis sie umringt von Dan, Titou und Manu tief weiterschlummert. In drei Tagen wollen wir wieder auf See sein. Zurück auf der LADY schaue ich ein weiteres Mal prüfend in den Mast und betrachte das Kreuz des Südens.

»Nathalie, ich glaube, das war ein wunderbarer Abschluß für die Chagoszeit, lass uns Kurs auf die Seychellen nehmen.«

»Avy tsy nangeha nasesiky ny raza.«

Die Vorfahren kommen in unser Leben wie Gäste,
die keine Einladung brauchen.

Madagassisches Sprichwort

Seebeine

Hoch am Wind von den Seychellen nach Madagaskar

»Ein paar Tage später sind wir auf dem Weg zu den Seychellen. Seit zwei Tagen kachelt es, und die LADY surft die Wellenberge runter, um schnell die eintausend Meilen zu den Seychellen zu segeln. Maya findet das alles ganz und gar komisch. Plötzlich ist alles anders, es wackelt, die anderen Boote, ihre Inseln und Einsiedlerkrebse sind weg. Gegen Nachmittag jedoch gehen die Mundwinkel runter. Der Blick wird traurig und vorwurfsvoll. Die Stirn ist kalt, das Gesichtchen blass – Maya ist seekrank. Da hilft nur Augen zumachen und in Mamas Arm das Elend verschlafen.

Eintausend Meilen Ozean liegen vor uns. 30 Knoten und mehr Südostpassat drücken die Nase der LADY auf den nächsten Brecher, die ausgebaumten Segel schieben den Kiel Richtung Victoria, dem Einklarierungshafen der Insel Mahe.

»Sieben Knoten. Fast sechs Knoten Durchschnitt. Über Funk haben sich gerade die anderen Yachten gemeldet. Die haben alle ähnliche Bedingungen. Mit Kurs Seychellen ist das gut zu machen. Hoffentlich wird es nicht noch mehr Wind. Die See reicht. Die Wellen fangen ja schon an, sich zu brechen. Wir werden zu schnell.«

»Hey Schatz. Alles klar da oben im Cockpit? Komm mal wieder runter.« Nathalie reißt mich jäh aus der Welt der Wellenberge. Nur ein paar Stunden später türmen sich Wolkentürme um die LADY, und es herrscht Weltuntergangsstimmung. Vom Wind keine Rede mehr, zu allem Überfluss wird es dunkel.

»Schatz, auch wenn es Maya nicht passt, ich hau jetzt den Motor rein, damit wenigstens die Wackelei aufhört. Mir wird speiübel sonst.«

Wir segeln mit Motorunterstützung in eine graue Wand, die uns so bald nicht mehr loslassen will. Beleuchtet vom Mond, der sein Gesicht so manches Mal durch die Wolkendecke scheinen lässt, treibt Wolke für Wolke ihr Unwesen mit uns. Vor der Wolke gibt es Gegenwind, kommt die Wolke heran, gibt es Südwind, ist sie über uns, gibt es Nordwind, verzieht sich die Wolke, gibt es Rückenwind. Kleine lokale Wettersysteme, die jegliches Setzen von Segeln quasi zum Lottospiel machen. Dann beginnt der Regen. Aus Eimern, aus Kübeln und ohne Vorwarnung.

Nathalie sitzt, Klein-Maya im Salon der LADY bespaßend und über Gewitter, Regen, Seegang und das Segeln an sich fluchend, in der Schwüle unter Deck, wo es zu wenig frische Luft gibt. Zwischendurch geht die Luke auf. Aus dem Niedergang steckt Nathalie ihren Kopf nach draußen, in die frische Luft: »Das ist das letzte Mal. Ich fahr nicht mehr mit. Stundenlang da unten hocken und Bilderbücher vorlesen. Mir ist selbst schon kotzübel. Kannst du denn nichts machen? Anderen Kurs oder mehr Segel setzen? Ich hab echt den Kaffee auf. Wie viele Meilen sind es denn noch?«

»Halt durch mein Schatz«, versuche ich sie zu beruhigen. »Wenn wir unser erstes Bier im Yacht Club getrunken haben, hast du alles wieder vergessen. Ist wie mit den Schmerzen bei einer Geburt.« Ich versuche aufmunternd zu klingen.

»Sehr witzig«, schnaubt Nathalie und schiebt das Luk wieder zu.

Einen Tag und eine Nacht hält uns das Unwetter in seinen Klauen, noch 800 Meilen to go. Der nächste Tag bringt wieder Wind. Segelwind, wenn auch nicht 30 Knoten, sechs Meter See von achtern. Unser Boot kann das ab und noch viel mehr. Go LADY, go! Betrunken vom Wind stehe ich auf dem Vordeck und schaue unserem Zuhause beim Surfen zu. Stolz den Mast senkrecht tragend marschiert die alte Dame mit 140 Meilen und mehr am Tag westwärts. Mir, uns, bleibt nicht mehr zu tun, als die Squidköder zu kontrollieren und die Crew zu belustigen.

»Wie lange dauert es wohl, bis unsere Matrosin mithelfen kann?«

»Die Tochter von den Engländern damals, die hat mit sieben glaube ich Wache in den Morgenstunden gehalten. Tampen aufklarieren konnte sie da auch schon.«

»Na prima, dann sind's ja nur noch sechs Jahre.«

Logbuch

Kein Fisch heute. Meine Theorie: Wir segeln mit der Strömung. Kein Squid würde jemals mit der Strömung schwimmen. Fisch ist nicht doof und beißt deshalb nicht in unsere Köder. Aber egal. Nathalie meinte heute, ich hätte abgenommen. Nette Begleiterscheinung.

Irgendwann heute Nacht ist Bergfest. Wir feiern dann mit Zahnstochern und grünem Tee. Mann, sind wir abgebrannt. Ich fang schon an, Maya beim Füttern den Brei zu klauen. Hoffentlich beißt morgen ein Fisch, der blind ist und nicht merkt, dass der Plastiksquidfischköder falsch rum schwimmt.

Wir scheinen den Wind gefunden zu haben, der in den Büchern steht: »strong southwesterly trade winds from june to september«, sagen die Pilot Books.

»Klasse, wenn das so weitergeht, können wir schon mal die Festmacher rausholen«, meint Nathalie mit einem glücklichen Blick auf das GPS. – Wie schnell sich doch alles ändern kann.

»Abwarten«, zweifele ich und muss leider recht behalten. Keine 100 Meilen vor Mahe schläft der Wind ein, und der Daimler muss wieder mithelfen. Den Anspruch, nur unter Segeln das Ziel zu erreichen, haben wir für diesen Trip aufgegeben. Mit einem halben Supermarkt in den Backskisten wie damals über den Atlantik oder Pazifik sähe das schon anders aus. Aber jetzt? Noch eine Nacht im Cockpit, hoffentlich fängt es nicht wieder an zu regnen.

»Biss!« Ich schreie wie wild durch die Nacht. Zweimal, dreimal haben die Viecher mir auf diesem Trip schon meinen Köder von der Leine geholt, den Zwillingshaken aus Edelstahl in Stücke gerissen. »Biss!« Das Zurren der gespannten Angeleine reißt mich jäh aus dem Dämmerschlaf unter der Sprayhood. Ich habe Wache. Rundumblick. »Biss!« Mein Gott, Micha, wo bist du, was passiert hier gerade? Nach dem dritten gebrochenen Haken hat mich Nathalie gebeten, doch einfach dicke Gummis zwischen Leine und Reling zu spannen, damit diese den Ruck aufnehmen, wenn einer dieser Fische beißt. »Biss!« Die Rolle an der Reling spannt sich, zieht den abfedernden Fahrradschlauch in beachtliche Länge, bis weit hinter die achterliche Reling. Zwei Meter, drei Meter. Diesmal ist der Haken nicht gebrochen. Die Angelleine ist straff wie eine Geigensaite. Die LADY zieht unausweichlich mit fünf Knoten weiter. Ihr ist der Fisch am Ende der Leine egal. Mir nicht. Ich bin bei meiner Wache eingeschlafen. Tief eingeschlafen. Und hatte vergessen, die Leinen reinzuholen.

»Nathalie, komm rauf, wir haben einen Biss!«

»Mitten in der Nacht? Mann, ich kann echt jede Minute Schlaf gebrauchen und du musst mitten in der Nacht angeln. Wir fahren doch morgen früh über die Bank, das hätte doch echt Zeit gehabt.« Nathalie schimpft wie ein Rohrspatz.

»War keine Absicht, bin halt eingeschlafen, nun komm und hilf mir. Ich kann die Leine nicht anfassen, so straff ist sie.«

»Dann schneid sie doch einfach durch.«

»Bist du wahnsinnig? So einen Fang hatten wir noch nie!«

Gemeinsam holen wir zum ersten Mal einen Fisch mit der Winsch rein. Es ist stockduster. Mit der Taschenlampe leuchtet

Nathalie ins Kielwasser, während ich die Leine Meter um Meter über die Winsch reinziehe.

»Wenn das ein Hai ist, schneiden wir ihn ab, aber sofort. Nachts werden keine Trophäen gesammelt, das mache ich nicht mit. Haie werden abgeschnitten«, schimpft Nathalie weiter vor sich hin, doch je näher der Fisch kommt, desto größer wird auch ihre Neugier.

»Hey Nathalie, leuchte noch mal nach da hinten. Genau. Siehst du das Gelb? Und die Zacken? Das ist kein Hai, das ist ein Yellwofin, mindestens so groß wie der auf Chagos!«

»Mensch, das hatten wir noch nie auf See. So ein Riesenvieh.«

Siebzig Meilen vor Mahe, dort, wo der Meeresboden von tausend auf siebzig Meter ansteigt, hat er gebissen. Mit Flaschenzug und Winde schleifen wir 25 Kilogramm Yellowfin an Deck, ziehen dem Bären das Fell über die Ohren und teilen ihn auf in Steuerbordcatch und Backbordcatch. Catch of the night. Der Kühlschrank ist voll. Mehr als das. Die Haie freuen sich über den Abfall, und mein Anglerherz schlägt vor Freude. Nathalie freut sich auch.

»Na toll, ich dachte, morgen Abend bekomme ich ein anständiges Steak, und jetzt müssen wir wieder fünf Tage Yellowfin essen.« Doch das meint sie nicht so.

Mit Sonnenschein, einer frischen Brise und bester Laune laufen wir am nächsten Tag im Hafen von Viktoria ein und verschenken tütenweise den Thuna an alle Segler, die schneller als wir waren, uns überholten, besser segelten, besser trimmten, das längere Boot hatten ... wir aber haben den größten Fisch gefangen, und das ist uns weit mehr wert als Meilen pro Tag.

Victoria, die Hauptstadt von Mahe, den Seychellen, begrüßt uns mit Nieselregen und lautem Verkehr. Die spanischen Thunatrawler stinken bis in den Hafen, R&B schallt laut von den Diskotheken am Ankerplatz. Die ersten Autos nach drei Monaten, die ersten Kneipen, die ersten Geschäfte, das erste Internetcafé. Wie immer sind wir vollkommen überfordert, hin- und hergerissen zwischen Genuss und dem Wunsch, sofort wieder umzudrehen und aufs Meer zu fliehen. Nathalie ist auf dem Sprung. Deutschland erwartet die Capitana zu Besuch. Die Familie ist neugierig auf Maya, Nathalie will ihre Verwandten wiedersehen. Schon wieder sind Monate vergangen, mir kommt es wie Augenblicke vor. Ich verabschiede meine kleine Familie am lokalen Flughafen vor Ort und bin allein. Die LADY, unser kleines Zuhause ist leer und einsam ohne die beiden Frauen. Doch die Einsamkeit hält nicht lange vor. Kunden aus aller Herren Länder klopfen an die Bordwand, suchen den Michael aus Germany, der sich so gut mit Funkgeräten und Modems auskennt.

»I need you. I have a problem with my Pactor-Modem!«

»No problem, I charge 50 Dollar an hour.« Verschlafen stehe ich an der Reling, das Leben ohne Familie bekommt mir nicht. Elf Uhr und immer noch in der Koje, das gibt es sonst nicht.

»To much money.«

»No problem, try to find someone cheaper, then.«

Der Yachtie schlägt seinem Matrosen auf die Schulter und das Dingi mit dem 60-PS-Außenborder zieht mit einer dicken Welle ab.

»Idiot«, murmele ich vor mich hin und widme mich wieder meiner spanische Tortilla. Am nächsten Tag rummst es wieder an der Backbordseite und der Skipper bittet mich erneut, vorbeizukommen. Die 50 Dollar wären okay, es sei denn, ich wäre erfolglos. Ein Handschlag besiegelt den Deal. Es ist eine kurze Reparatur, in deren Verlauf wir feststellen, dass wir beide Spanisch sprechen. Und so wird aus einem zunächst ruppigen Treffen eine lang anhaltende Freundschaft.

Einhand verlege ich auf die ruhige Insel La Digue, einen Tagesschlag von Mahe entfernt, aber ich traue mich nicht in den Hafen und ankere im Schwell von der Einfahrt. Ein eigenartiges Geräusch an der Ruderanlage, ein Klappern oder Knacken, macht mich wahnsinnig. Die Bodenbretter sind schnell hoch und das, was ich sehe, macht mich nicht glücklich: Es ist der Schaft der Ruderwelle, der beim Wackeln im Schwell den Krach verursacht. Immerhin keine Undichtigkeit oder gar Wassereinbruch, aber ruhig schlafen kann ich trotzdem nicht mehr. Die Ruderanlage lässt mir keine Ruhe. Ich muss zurück nach Victoria und Rat einholen. Ich kann nicht beurteilen wie groß der Schaden ist. Zu guter Letzt schwebt die LADY einige Tage später an einem rostigen Kran für ein paar Tage an Land, weil das Ruder ausgebaut werden muss, um zu sehen, was wirklich los ist. Nach den fünf Jahren Segeln wissen wir inzwischen zu viel von Booten, um Geräusche zu ignorieren. Dazu kommt das kleine Mädchen an Bord. Seit ihrer Geburt habe ich das Gefühl, jedes Geräusch des Motors, jeden Rostfleck an Deck, jeden Wassertropfen, der einen Weg ins Innere findet, doppelt kritisch beäugen zu müssen. Auf den Seychellen von einem rostigen Kran für teures Geld on the hard gesetzt zu werden, ob wir das wohl vor zwei Jahren auch gemacht hätten? Vor uns liegen 800 Meilen gegen den Südostpassat nach Madagaskar. Ein ungemütlicher, nicht ungefährlicher Trip. Ein paar

Boote sind schon unterwegs, und man hört nichts Gutes über Funk. 35 Knoten von achtern sind sportlich schönes Segeln mit guten Etmalen, die jedem Segler das Wasser im Munde zusammenlaufen lassen. Der gleiche Wind auf die Nase bei einem Knoten mitlaufender Strömung gegen die Welle ist der absolute Horror. Nun gut, die Buchsen der Wellenlagerungen sind zwar nicht neu, aber vom Spiel her ohne Weiteres im Rahmen, die Welle selbst weist keine Brüche auf, und um das Ganze stabiler zu machen, lasse ich zu drei Seiten Dreiecke aus Stahl anschweißen, die das Stevenrohr mit der dünnen Außenhaut versteifen sollen.

»Es gibt Neuigkeiten«, höre ich die Stimme der Capitana durch das Telefon, »ich bin schwanger. Maya bekommt ein Geschwisterchen! Ein echtes Segelbaby, laut errechnetem Termin muss der neue Wurm irgendwo zwischen Chagos und Seychellen zu uns gestoßen sein.« In Deutschland und auf den Seychellen laufen die Berechnungen parallel. Ein Unfall war das nicht, aber der Termin passt mal wieder gar nicht zu den Wetterbedingungen einer Weltumsegelung. Anfang März soll die Geburt sein. Mitten in der besten Zeit, um die Strecke Kapstadt–Europa zu segeln.

»Das haben wir ja wieder prima hinbekommen. Wenn das so weitergeht, kommen wir nie in Europa an«, denke ich, schiebe den Gedanken aber schnell wieder beiseite und widme mich umso genauer den Problemen der Ruderanlage.

Tage später ist die LADY wieder im Wasser, und die Capitana steht mit kleinem Bäuchlein am Steg. Maya hat an Land laufen gelernt, und bevor wir die nächste Strecke in Angriff nehmen, segeln wir für einige Tage nach La Digue und Praslin. In La Digue liegen wir zwei Wochen lang mit Buganker und Heckleinen im winzigen Hafenbecken. Fast alle anderen Ankerplätze der Seychellen sind mit zusätzlichen Kosten verbunden, entweder sind es Abgaben an die Hotels, denen der Strand gehört, oder Gebühren fürs Schnorcheln oder Schwimmen oder die Strandspaziergänge. Wir sind verwöhnt, haben in den letzten Jahren so viele Strände, so viele Riffe gesehen, dass wir nicht mehr bereit sind, für diese Aktivitäten Geld zu bezahlen. Wir waren gerade auf Chagos, wir haben im Pazifik vor einsamen Motustränden geankert und Riffe ertaucht, die noch nie einen Menschen gesehen haben. Die typischen Paradiesziele sind wohl nichts für uns. Manchmal kommen wir uns direkt arrogant vor, überheblich, wenn wir nicht die Idylle finden, die Postkarten und Reiseführer versprechen, aber wir können es nicht ändern. Trotzdem genießen wir La Digue. Maya darf zum ersten Mal im Kindersitz Fahrradfahren, während sich an den südlichen meilenlangen Traumstränden der Schwell des Indiks bricht und der starke Südost weht – und den Strand damit uninteressant für Sonnenanbeter und Badeurlaub macht.

Wir tanken Energie für die nächste Etappe. Maya wird, seit sie die Vertikale entdeckt hat und laufen kann, seekrank beim Segeln, zumindest die ersten Tage. Wir machen uns Vorwürfe, Sorgen, Gedanken. Warum tun wir unserem Kind das an? Sollen Nathalie und Maya nicht besser fliegen? Aber wohin? Was ist, wenn wir Madakaskar nicht anlaufen können, sondern nur Mayotte? Auch wenn die Distanzen gering sind, die Flüge gehen selten direkt, und billig sind sie auch nicht. Es gibt keine Alternative, jedenfalls keine wirkliche, also ausklarieren und los. Wetter brauchen wir nicht großartig einzuholen. Der Südost bläst immer noch mit Volldampf, und unser Kurs ist 180 Grad. *Bumm! Bumm!* Wieder und wieder knallt der Bug auf die anrollende See, die LADY liegt schräg, die Süllkante immer im Wasser, Erinnerungen an den Trip nach Neuseeland werden geweckt. Jetzt ist allen ist schlecht, nicht nur Maya.

»Das ist ein Hund. Der macht wuff, wuff«, ich zeige auf die entsprechende Abbildung im Buch. Die Sonne steht im Zenit, der Wind bläst, Maya ist mit Lifebelt ebenso dauerhaft angeschnallt wie wir, wenn wir im Cockpit sitzen. Das Rigg surrt, der Passat pfeift durch die Wanten.

»Aaaah!«, Maya schaut mich an.

»Das ist ein eine Kuh. Die macht muuhh.« – »My first ABC«, »My first numbers«, »My first words« heißen die drei Bestseller, mit denen Maya während dieses Hoch-am-Wind-Trips zur Nordspitze von Madagaskar belustigt werden möchte. Über uns der blaue Himmel, unter uns der blaue Ozean, und wir ahmen zum hundertsten Male Tierlaute nach. Mit viel Glück dürfen wir zur Abwechslung Fingerpuppentheater mit den Squidködern spielen. Im Cockpit liegen so viel Kinderspielzeug, Bücher, Legosteine und Tampen, um besser Halt zu finden, dass es schon fast gefährlich ist, sich zur Pinne und den Winschen durchzuarbeiten.

»Nun, es ist zwar ungemütlich, aber wir kommen voran, meine liebe Familie. Nur noch dreihundert Meilen bis Nosy Be. Die LADY gibt mächtig Gas«, tönt Nathalie vom Computerbildschirm. Ich staune: »Was du nicht sagst.«

Logbuch

Schräg. Ich mag es, wenn es so von vorne pfeift, dass die LADY schrecklich luvgierig wird, ihren Mast auf die Seite neigt, in den Wind schießen will und der Autopilot sie wieder auf den richtigen Kurs setzt. Wenn wir leicht in die Polster gedrückt werden und aus diesen Bewegungen die LADY sich nach vorne saugt. Das ist hoch am Wind segeln, wenn der Bug ins Wasser knallt, die Schoten knarren und die Wellen gegen die dünne Stahlhaut schlagen, als würden sie um Einlass bitten.

»Das ist eine Ziege, die macht määääh.« Maya lacht, ihre salzigen, kurzen Haare stehen in alle Richtungen ab, ich klappe die Pinne herunter und wir tun so, als ob wir die LADY steuern. Früh übt sich. Nach ein paar Tagen gewöhnen wir uns alle an diesen Kurs. Unser einziges Problem: Wir machen Wasser. Irgendwo am Bug oder an Deck der LADY muss es eine undichte Stelle geben. Nur bei diesem Kurs, bei so viel Wasser über dem Bug und Deck haben wir dieses Problem, und es macht den Skipper unruhig. In einem GFK-Boot würde man einfach die Bilgenpumpe ab und an einschalten, doch auf einem Stahlboot wird man nervös. Salzwasser in der Bilge macht Rost. Je näher wir dem Kap kommen, desto höher wird die See, umso stärker der Wind. Die anderen Segler hatten uns schon gewarnt. Kapeffekt.

Wir stehen 58 Meilen nördlich der Farquhar Islands Group, der einzige mögliche Zwischenstopp und unser erster Wegpunkt seit Verlassen der Seychellen.

»Mist, wir verlieren jede Stunde ein Grad Höhe, der Wind drückt uns nach West, wir müssen Providence Island anlaufen und dann hinter dem 22 Meilen langem Unterwasserriff durch. Sonst laufen wir in Gefahr, dem Riff mitten in der Nacht zu nah zu kommen.«

Nathalie schaut mit mir auf die Karte, Maya kugelt auf der riesigen Familienliegewiese.

»Wahrscheinlich meint Maya schon, dass das Leben immer so schräg ist. Okay, also Downwind, fünf Meilen, dann sollte das kleine Inselchen am Horizont auftauchen.«

Hinter Providence Island ist es alles andere als ruhig. Dort, wo in der Karte ein Anker eingezeichnet ist, brechen sich Kreuzseen.

»Einen Ankerplatz für die Nacht habe ich mir anders vorgestellt«, mosere ich, während ich auf dem Boden der LADY herumkrieche und mit einem Aufnehmer einen Eimer Wasser aus der Bilge hole.

»Ja, ankern ist ausgeschlossen, das wäre schlimmer als segeln, und bei den Bedingungen können wir uns eh nicht um das vermeintliche Leck kümmern. Lass uns weitersegeln«, stimmt meine Liebste mir zu.

»Am Kap de Ambre soll es mit über vierzig Knoten geblasen haben«, lege ich noch einen drauf.

»Ach, alles wieder Seglerlatein«, grinst Nathalie daraufhin und geht mit dem Autopilot wieder hoch an den Wind, während ich mich zu Maya lege.

»Noch 200 Meilen bis zum Kap! Wow. Das schaffen wir doch im Handumdrehen.«

Wir haben Glück, in der Nacht geht der Wind etwas zurück, wir halten an Höhe, was geht. Wir werden nicht in Mayotte landen, wie es uns einige Franzosen vorhergesagt hatten.

»Madagaskar in Sicht«, jubelt Nathalie am nächsten Morgen. Maya sitzt zum Frühstück im Miniplanschbecken, welches wir ihr im Cockpit aufgeblasen haben. Auch wenn es nur eine vorgelagerte Insel ist, wir haben wieder den Kontinent erreicht, von dem wir unsere Reise gestartet haben: Afrika!

»Na, jetzt haben wir es ja gar nicht mehr weit. Nein, ein paar Wochen in Madagaskar, mit achterlichen Winden und dem mitlaufendem Agulhasstrom zum Kap der guten Hoffnung und schwupps zu den Kanaren«, plappere ich glücklich über den überstandenen Törn vor mich hin.

»Du vergisst aber nicht, dass ich zwischendurch noch irgendwo ein Kind zur Welt bringen muss«, kommt es aus dem Niedergang. Erfreulich, aber auch ernüchternd.

Nosy Be, schon der Name klingt vielversprechend. Mehr als ein Boot haben wir auf unserer Reise getroffen, das den Namen dieser Insel trug und dessen Besitzer mit diesem Wohlklang den Inbegriff ihrer Träume verbanden. Madagaskar ist eines der ärmsten Länder dieser Erde und gerade hier im Nordwesten an der Küste knochentrocken. Sauberes Wasser ist Gold und selbst unsere bescheidene Bordkasse ein Wirtschaftsfaktor. *Platsch*, der Anker fällt zwischen einer Hand voll Yachten im Hafenwasser der Stadt Hellville auf Nosy Be. Einbäume mit hundertfach geflickten Lateinersegeln ziehen an uns vorbei Richtung Strand, beladen mit Bananenstauden und Kokosnüssen oder Kind und Kegel. Fröhlich und laut werden Früchte schon von Weitem angeboten. Der Hafen von Hellville hat Charakter. An der Hafenmole legt alles an, was schwimmen kann, eine Gang von

Boatboys versucht mit allem ein Geschäft zu machen: Mit schlechtem Diesel, brackigem Wasser, mit den Taxifahrten, sogar mit dem Müll der Yachties, der fein säuberlich untersucht wird auf alles, was wiederverwertet werden kann. Wie immer bemühen wir uns, den Müll schon vorher zu trennen in Verwertbares und echten Müll, doch häufig haben wir das Gefühl, dass wir selbst nach so vielen Jahren immer noch nicht das Ausmaß der Armut verstehen, in dem viele Menschen leben müssen.

Vier Meter Tide machen es schwierig, an Land zu kommen, und ohne den obligatorischen Euro für den Dingiaufpasser ist der Außenborder weg, wenn man aus der Stadt wiederkommt. Egal wie alt, egal wie schrottreif, sogar unsere stotternde 2-PS-SEEKUH würde man irgendwie verwerten können. Nachts muss man das Dingi am Fall hochziehen, immer alle Backskisten und auch den Niedergang abschließen.

Wir nehmen es gelassen. Dafür gibt es keine Marina oder Yacht Clubs, keinen Pauschaltourismus oder blitzeblanke Ressorts mit Stacheldraht drumherum, sondern afrikanisches Leben pur. Wir lassen unser Dingi in den Händen eines netten madagassischen Jungen und ziehen Richtung Behörden. Nathalie verhandelt auf französisch mit Immigration, Polizei und Hafenkapitän, ich verstehe kein Wort und schwitze mit Maya auf dem Arm.

»Aah und ohh«, Maya ist glücklich, wieder an Land zu sein. Hinter der Schranke mit der Hafenpolizei streiten sich schon die Taxifahrer um die neue Beute, feilschen, bieten ihre Dienste in den autoähnlichen Wracks an, die wohl vor Jahrzehnten mal als Renault 4 angefangen haben. Neue Autos gibt es in Nosy Be nicht. Keinen Stern, keinen Toyota. Danke, wir laufen lieber nach der lange Zeit auf See, und zwar Richtung Zentrum, Richtung Markt. Es ist unglaublich heiß, denn über den Papierkram ist es Mittag geworden und die Sonne steht im Zenit.

Kurz vorm Markt ziehen wir Geld, immerhin, so zivilisiert geht es hier auf Nosy Be zu. Wir ziehen viel Geld. Ein Euro sind 2500 Ariary, mit 200 000 Ariarys in kleinen Scheinen verlassen wir die Bank. Um das Chaos zu vervollständigen, gibt es gleichzeitig noch die alte Währung, 12 400 Madagassische Francs für einen Euro. Nicht aus dem Automaten natürlich, aber auf dem Markt, den wir mittlerweile erreicht haben. Nach einer Tour durch das duftende Paradies der Ananas, Bananen und Mangostände betreten wir mutig die Fleischhalle, in der Dutzende Cebu-Rinder in Stücken auf ihre Käufer warten. Der Geruch ist nasenbetäubend. Zu dem Fleischgeruch gesellen sich Trockenfisch, Frischfisch, salzige Gambas, die überreifen Bananen aus der Nachbarhalle und ein Hauch von Vanille. Die gibt es überall. Keine einzelnen Schoten abgepackt in Röhrchen, wie man es aus dem Supermarkt kennt, nein, bündelweise in Päckchen zu je 20 bis 50 Stück.

»Micha, das glaub ich nicht, hast du dir mal die Preise angesehen? 10 000 für zwei Ananas! Klar, die sind schon groß, aber das sind vier Euro, das kann doch keiner bezahlen. Ich versteh das nicht, und da, die Kartoffeln, 5000 das Kilo. Ich dachte, hier ist alles preiswert.«

Entsetzt schaue auch ich mir die Schilder an. Nathalie holt ein paar Bananen für Maya, und plötzlich löst sich das Rätsel. Alle Preise sind noch in der alten Währung. Gedanklich und sprachlich wird sie nach wie vor genutzt, aber mit dem neuen Geld bezahlt. Verwirrend. Doch Nathalie hat in kürzester Zeit das Rechenspiel voll im Griff, während ich die Flasche eiskaltes Bier im Schatten mit den Fliegen und dem Blick auf die wunderschönen Gesichter der Frauen genieße. Einer muss ja auf Maya aufpassen. In Nosy Be pulsiert das Leben um den Markt um die ärmlichen Häuser, die staubigen Straßen mit Hunderten von Händlern, die alles anbieten was man braucht oder nicht braucht. Portugiesen waren hier, was man an den einstöckigen, verzierten Häusern sieht. Die Engländer haben sich hundert Jahre später mit der Malaria Tropica, der gefährlichsten Malariaart, auf ein Minimum reduziert und dann den Franzosen das Gebiet überlassen, die bis in die Gegenwart geblieben sind. Das Baguette wird traditionell zum selben Preis wie in Paris angeboten.

Um Nosi Be gibt es fantastische, einsame Orte, alle in Tagestörns zu erreichen. Morgens Seewind, abends stärkerer Landwind, nachts kein Wind, sodass man fast die Uhr nach dem Wind stellen kann. Ein perfektes Segelrevier. Doch wir wollen nicht segeln. Maya will nicht segeln, weil es an Land einfach spannender ist, Nathalie will nicht segeln, weil sie nicht mehr segelt, sondern mit dickem Bauch auf See das Kind hütet, und ich will nicht segeln, weil alleine segeln eben auch keinen Spaß macht. Wir passen.

»Lass uns nach Nosi Komba fahren. Das ist nur ein paar Meilen weg, der Strand soll schön sein, ausserdem gibt es dort die Makis, die Halbaffen, das ist was für Maya.« Gesagt, getan, unseren Kühlschrank haben wir in der Markthalle wieder aufgefüllt, und keine drei Stunden später sitzen wir am Strand von Nosi Komba.

Maya ist bewaffnet mit Eimer, Schippe und Sieb, ein weißblondes Kind mit Juwelen aus Plastik, umringt von 20 schwarzen Kindern aus dem Dorf. Es entwickeln sich sofort Freundschaften, der Sand ist der beste zum Spielen, das kleine Kindergesicht strahlt und die Eltern lehnen sich entspannt zurück.

»Siehst du, Nathalie, das war eine gute Idee, nicht segeln zu gehen.«

Das Dorf besteht aus einer kleinen Schule, Hütten aus Stroh, Backpackerhütten und Wäscheleinen. Kilometerlange Wäscheleinen, denn die Frauen auf Komba sticken. Tischdecken und Servietten aus weißer Baumwolle mit Hohlstickerei oder bunten Madagaskarfiguren hängen von Sonnenaufgang bis Untergang auf den Leinen und warten auf die Tagesausflügler aus Nosy Be. Eine ungewöhnliche Kulisse, die flatternde Wäsche direkt am weißen Sandstrand. Wäsche gewaschen wird natürlich auch, auch direkt am Strand. Da ist die öffentliche Wasserstelle inklusive Waschbrettern aus Stein, an der sich die Frauen täglich treffen. Außer dienstags, da stellen die Bewohner im Dorf das Wasser ab, damit keiner Wäsche wäscht oder sonstige Arbeiten verrichtet. Fadi heißt das auf madagassisch, tabu. Ähnlich wie unser Sonntag.

»Pfui, ist das ein Mistwetter«, irgendeine tropische Depression zieht über den Norden Madagaskars und der eh schon spärliche Schutz vor dem Schwell ist dahin. Genervt stehe ich im Cockpit und versuche mit der Taschenlampe die Entfernung zu Strand, Riffen und anderen Booten abzuschätzen.

»Wir können schlecht im Dunklen hier raus, die zweite Untiefe haben wir noch nicht entdeckt, die kann überall sein.«

Nathalie zieht mit Kind und Kegel in die geliebte Familienecke, dem heruntergelassenen Tisch im Salon, dem ruhigsten Ort auf der LADY in solchen Situationen.

»Einer muss Ankerwache halten. Ich passe auf Maya auf«, stellt sie lakonisch fest und richtet sich häuslich ein.

»Cool. Da bleiben ja nicht viele Matrosen für die Ankerwache«, ich verziehe mich mit einer Zigarette und einem kleinen Glas lokalem Ananasarrange, einem selbst gebrauten Trunk aus weißem Madagaskar-Power-Rum, aufgesetzt mit Ananas, frischen Vanillestangen, etwas Zitronensaft und viel Zucker. Unsere LADY tanzt in den kurzen, hohen Wellen, an Land ist kein Licht zu sehen, wie auch, ohne Strom.

Den Niedergang hinunterschauend ob es meinen Frauen gut geht, lasse ich mich auf die blauen Kissen fallen, schaue in die anrollenden Wellen, hoffe, dass der Wind bald aufhört und schlafe ein. Ankerwache ist das nicht grade, doch bei jedem untypischen Geräusch wäre ich sofort wach, das ist fest einprogrammiert nach sechs Jahren Leben auf der IRON LADY.

Nachdem Nathalie durch Zufall erfahren hat, dass in der Gegend um Nosy Be ein Programm zur Malariabekämpfung lief und seither das Risiko, sich selbige in Komba einzufangen, verschwindend gering ist, haben wir noch einen Grund weniger, den Bug der LADY Richtung Norden oder ans Festland zu richten. Einmal in der Woche fahren wir für zwei Tage nach Hellville, stocken unsere Vorräte auf, dann geht es zurück auf die Insel, zu Mayas Strand und zu ihren kleinen Freunden. Bei einem unserer Ausflüge in die Stadt nehmen wir das große Teleobjektiv mit. Logisch, dass wir einen Artikel über die Menschen hier schreiben werden. In wenigen Stunden entstehen Hunderte von Aufnahmen. Close Ups von den Menschen, auf dem Markt, in den Straßen, den heruntergekommmenen Häusern. Motive gibt es an jeder Straßenecke, wir reißen uns gegenseitig die Kamera aus den Händen, im Fieber der Jagd nach dem besten Bild.

»Moment, was ist denn hier los? Hast du den Sextanten gestern noch ausgepackt, bevor du ins Bett gekommen bist? Warum ist das so unordentlich hier?«

Nathalie rüttelt mich am Morgen nach dem Fotoshooting wach.

»Ich? Nix hab ich gemacht. Was soll ich denn mitten in der Nacht mit dem Sextanten?«, gähne ich.

»Dann hatten wir wohl Besuch, als wir tief und fest geschlafen haben«, stellt Nathalie trocken fest und reißt alle Schränke und Schapps auf, um den Schaden zu begutachten. »Die haben den Alukoffer mit der Nähmaschine mitgehen lassen, der unterm Tisch stand, sonst nix. Ist ja verrückt. Dein Portemonnaie liegt völlig offen auf dem Tisch, und der Rechner ist auch noch auf dem Charttable.«

Türen und Luken der LADY sind immer offen, wenn wir an Bord sind.

»Die haben wohl gedacht, dass da unsere Kameraausrüstung drin ist. Die haben uns in der Stadt gesehen, haben verfolgt auf welches Boot wir zurück sind, und nachts sind sie gekommen um sich die Kamera zu holen. Unfassbar. Irgendwie unsere eigene Schuld.«

»Stell dir vor, wie die geguckt haben müssen, als sie den Koffer an Land aufgemacht haben und dort nur eine deutsche Nähmaschine von Quelle drin war«, grinse ich.

»Na, hoffentlich kommt sie in gute Hände und wird fortan eine

Familien mit sechs Kindern ernähren«, Nathalie schaut traurig, aber nicht wirklich sauer. In den folgenden Nächten spannen wir Angelschnur im Cockpit und Niedergang, verknüpfen das Ganze mit Blechtassen und halten Pfefferspray griffbereit am Bett. Die Kamera, unser Werkzeug um zu überleben, mit dem wir unsere Reise dokumentieren, wird noch tiefer im Boot versteckt. Es kommt keiner mehr – oder wir bekommen es nicht mit.

Mehr als der Verlust der Nähmaschine beschäftigt uns die Tatsache, dass ein Fremder nachts in unserem Schiff war, zwischen uns und unserer Tochter, die in der Achterkoje schläft.

Geklaute Außenborder, mitgenommene Tampen vom Vordeck, Einbruch an Bord – wenn man gerade nicht zu Hause ist, ist das eine Sache, und Diebstahl gibt es überall auf der Welt, aber diese Verletzung der Privatsphäre, daran haben wir zu knabbern. Der Diebstahl macht unter den Seglern schnell die Runde.

»Gut, es wird eh Zeit an die Abfahrt zu denken«, Nathalie streichelt ihren wachsenden Bauch.

Wir liegen uns in den Armen, der Vollmond über uns ist so nah wie schon lange nicht mehr. Weder Nathalie noch ich haben Lust auf den bevorstehenden Trip nach Südafrika.

»Ja, aber erst einmal geht es noch die madagassische Westküste runter. Das soll eines der schönsten und unentdecktesten Segelreviere der Welt sein«, muntert mich meine Capitana auf.

Seewind, Landwind. Tagestörns. Wir kommen also doch noch in den Genuss des Traumsegelns. Der Seewind beginnt um zehn Uhr zu blasen. Jeden Tag Punkt zehn ist er da. Bis dahin muss man auf dem Wasser sein. Dann ist Segeln angesagt. Halbwind. Sailors delight! Unsere LADY zeigt, was sie kann, Segeln wie es im Buche steht. Gegen Abend liegen wir geschützt in einem der unzähligen Flüsse, die die Küste in Tagestrips teilen, oder im Schutze kleinerer vorgelagerter Inseln.

Wir hüpfen in wunderschönen Schlägen gen Süden, aber eben nur mit vierzig Meilen pro Tag. Theoretisch ist der Absprung über die Straße von Mosambik jederzeit möglich, doch jede weitere Meile mit einem Ankerplatz in erreichbarer Nähe nutzen wir aus. Der nächste große Schlag ist einer der schwierigen, und wir müssen ihn mit Maya meistern und dem Baby im Bauch. Nervosität macht sich breit.

Diesel zu bunkern war in Nosy Be ein großes Problem. Die Tankstelle liegt oben im Dorf auf dem Berg, was gute 15 Minuten Fahrt mit einem der alten Taxis bedeutet. Und auch ohne diesen Dienst in Anspruch zu nehmen, ist der Stoff nicht eben billig.

»Wir haben doch ein Segelboot. Bis zum Kap Andres sind es nur dreihundert Meilen. Dann noch 250 Meilen bis zur Ostküste von Afrika, und schon sind wir im Agulhasstrom, der uns schwuppdiwupp mit vier Knoten nach Richards Bay bringt. Da gibt es dann wieder Zivilisation, Tankstellen, Internet, Steaks und ein Krankenhaus.«

Wir dachten wirklich so und hatten statt des üblichen Tankinhalts von 450 Litern Diesel nur knapp 200 Liter an Bord, als wir den Weg zum Kap Andres antreten, dem westlichsten Punkt von Madagaskar und Absprungspunkt für die Überquerung der Straße von Mosambik. Einziger Bunkerhafen auf dem Weg an der Küste entlang ist Mahajunga, wo man das Boot nicht alleine liegen lassen kann, weil es ohne Weiteres möglich ist, dass, wenn man zurück aus der Stadt kommt, der Mast geklaut wurde. Natürlich ist das ein wenig übertrieben, aber nach unserem Erlebnis in Nosy Be sind wir vorsichtig.

Wie ein Vorgeschmack auf den schwarzen Kontinent ragen in der Einfahrt zur letzten Bucht auf Madagaskar mächtige Baobabbäume in den Himmel. Wie verzauberte Fabelwesen sehen sie aus, als könnten sie in einer Vollmondnacht ihre Wurzeln aus der Erde ziehen, um sich auf einen nächtlichen Spaziergang zu begeben. Morgens leuchtet die Rinde der Bäume im Licht der aufgehenden Sonne in sattem Rot. Ihre Krone trägt keine Blätter, dafür schwingen sich die schwarz-weißen Makis, die Lemuren, von Ast zu Ast und beäugen neugierig uns Besucher. Maya weckt uns zuverlässig jeden Tag bei Anbruch der Dämmerung um fünf Uhr, zur besten Foto- und Expeditionszeit also. Nachtmittags kommen Fischer in ihren Einbäumen vorbei und tauschen eimerweise Gambas gegen Zivilisationsware wie Öl, Batterien und Kinderkleidung. Doch all das kann uns nicht über unsere Nervosität hinwegtrösten.

Mittlerweile hören wir Peri Peri Radio, den südafrikanischen Wetterfrosch Fred, der jeden Tag die gleichen schlechten Nachrichten bringt. Kein Wind. Kein Wind. Unsere gekauften Vorräte aus Nosy Be verringern sich rapide, vor allem das Wasser. Ein benachbartes Boot lässt für uns den Wassermacher laufen, denn die Küste Madagaskars ist so trocken, dass es auf dem ganzen Weg bis Moramba nicht eine gute Wasserquelle gab. Wir müssen eigentlich los, weil uns sonst die Vorräte ausgehen, aber wir können nicht, da wir nicht genug Diesel haben, um bei Leichtwinden zu motoren – eine vertrackte Situation. Nach ein paar Tagen platzt uns die Hutschnur und wir segeln raus. 50 Meilen vor der Küste, immer noch nicht in Höhe des Kaps, gibt es keinen Seewind mehr. So weit raus kommen die Winde nicht. Mit jeder Meile nach Südwest wird es trauriger, die Strömung treibt uns langsam nach Norden.

Mit 1000 Touren darf der Daimler mitschieben, der Skipper bekommt dicke Oberarme. Segel rauf, Segel runter. Segel schlagen, dicht holen, Spinnaker rauf, nicht genug Wind, Spinnaker wieder runter.

Logbuch

Noch mehr Mist ist gestern passiert. Wir haben erst einen Bonito gefangen. Die Freude groß. Mögen wir zwar nicht, aber besser als der leere Kühlschrank. Leider voll mit Würmern, also wieder über Bord. Abends hole ich die Leinen rein, da reißt es mir fast den Arm aus der Schulter. Gefährlich, mein absoluter Horror, beim Einholen der Leine beißt ein großer Thuna an. Da kann man sich in der Leine verhakeln und weg ist der Finger. Langsam ziehe ich den schönen Fisch rein. Ein 10 bis 12 Kilo Yellofin Thuna. Sailors delight und Fleisch für eine Woche. Aber nix da, beim Aufschneiden sehen wir, dass auch dieser so voller Würmer ist, dass man ihn leider den Haien geben muss. Das hat uns dann die Laune endgültig versaut, das arme Tier erst umzubringen und dann über Bord zu schmeißen. Scheiße ist das. Echt Scheiße. Die Stimmung auf der LADY ist auf dem Nullpunkt. Hoffentlich passieren heute Wunder. Strömungen nach Süden, Winde aus Norden und ein schwimmender Supermarkt um die Ecke.

Ein windloser Tag nach dem anderen vergeht, einer schleppender als der andere, mit minimalen Etmalen kommen wir voran. Gespült wird schon lange mit Salzwasser, noch sieht alles gut aus.

»So, wir sind jetzt in der Mitte der Straße von Mosambik. Jetzt kommen wir in den Agulhasstrom.«

Doch kein Strom schiebt uns. Nichts. Stattdessen Gegenwind. Wir sind niedergeschlagen, am Ende unserer Kräfte, der psychischen Kräfte, die Laune hochzuhalten müde. 4300 Meilen ist Klein Maya schon seit Thailand mit uns gesegelt in nur ein paar Monaten und es werden 6000 Meilen, fast 12 000 Kilometer sein, wenn wir das Kap der Guten Hoffnung erreichen werden.

»Hey, nur nicht den Mut verlieren. Wir schaffen das, wir haben das immer schon geschafft und wenn wir zusammenhalten geht das auch weiter. So ein paar Tage Flaute, was ist das schon.«

Irgendwann setzt Wind ein, etwa hundert Meilen vor der Küste von Mosambik. Erst leicht, dann spürbar, die Segel schlagen nicht mehr. Muss ich noch erwähnen, dass der Wind aus Süden kommt, dort wo wir hinwollen, uns genau auf die Nase weht? Ein Blick auf Kielwasser und GPS zeigt uns, dass wohl auch eine leichte mitsetzende Strömung aufgekommen ist. Die Segel blähen sich, langsam kommt unser Schiff in Fahrt. Ein Heben und Senken in der See, das wunderbare Geräusch des Wassers, wenn der Bug es teilt. Es ist immer wieder ein unerhört geiles Gefühl, wenn aus einer Flaute eine Brise wird. Aber der Wind kommt aus Süd, mit der Strömung können wir nur ein paar Grad mehr als Westkurs halten.

»Wir könnten in Mosambik hinter den vorgelagerten Inseln anhalten und Schutz suchen, warten, bis der Nordost einsetzt«, schlage ich meinen Damen vor.

»Schatz, in Mosambik herrschte 25 Jahre lang Bürgerkrieg. Der Bürgerkrieg ist zwar vorbei, aber es gibt immer noch Probleme mit den Behörden, mit Visa, Bestechungsgeldern und Ähnlichem. Und Malaria gibt es auch wieder. Alles Flüsse, sicher Sumpfgebiete. Ich will nicht. Lass uns dort bitte nicht anhalten. Lass uns weitersegeln, meinetwegen auf der Stelle kreuzen. Ich bin jetzt schon im sechsten Monat schwanger, wir haben ein kleines Kind, ich habe keine Lust mehr zu segeln!« Nathalie sieht meine Pläne, ich sehe ihre nach sechs Jahren ins Gesicht geschriebene Segelmüdigkeit. Die Tiefs während einer Segelreise um die Welt, die viele vergessen, verdrängen, vergessen wollen, wenn sie ihre Bücher schreiben, sind auch Bestandteil unseres Lebens. Mir fehlen die Worte. Auch an mir sind die langen Törns durch den Indik nicht einfach so vorbeigegangen.

»Komm, ich nehm dich in den Arm, mein Schatz, und streichel dir den Kopf. Das magst du. Das tut gut. Das hilft. Wir schaffen das schon. Morgen kommt der Nordost, dann geht es weiter, ganz bestimmt.«

Lied für Kori, die Göttin der Kinder

Kori, Göttin der Kleinen,
Der Öltopf gehört der Marktfrau,
doch der Löffel gehört Kori.
Wenn die Kinder nicht wären,
Kori läg tot im Busch.
Lass uns heimgehen, Olukori.
Der Regen gehorcht uns nicht!
Mag's regnen, mag's regnen;
Wir haben Tuch, um uns die Köpfe zu decken.
Lass uns heimgehen, Olukori.
Gekrönte Häupter schlafen nicht im Freien.

Aus Olukori, Kinder in Afrika

Guter Hoffnung

Über Mosambik nach Südafrika

*»Peri Peri, Peri Peri, Peri Peri for Sailing Vessel IRON LADY.«
»Copy you loud and clear, Nathalie. Please give me your position.«*

Endlich der ersehnte Wind aus Nord, 25 Knoten stark. Seit drei Tagen machen wir Meilen, doch unsere behäbige LADY ist trotzdem zu langsam, um die Wetterlage voll auszunutzen und uns die letzten Seemeilen bis Richardsbay, unserem Zielhafen in Südafrika, zu bringen. Der nächste Southwesterly kündigt sich an. In unseren Trinkwassertanks haben wir vielleicht noch zehn Liter, 30 Liter Reserve an Deck, und der Dieselvorrat reicht für 24 Stunden motoren. Keinen Tropfen dürfen wir davon noch verschwenden, denn die Reserve brauchen wir für die letzten Meilen. Ein Alptraum: 50 Meilen vor Richardsbay lässt der Wind nach vor der bevorstehenden Front, und der Motor fällt aus, weil der Tank leergefahren ist. Gemüse und Obst haben wir schon seit Tagen nicht mehr, und auch die Windeln für Maya werden knapp.

»IRON LADY, ihr müsst umdrehen. Die Front wird euch schneller erreichen als erwartet, und in Maputo müsstet ihr den Fluss rauf und in den Hafen. Das wird ein ausgewachsener Sturm. Drei bis vier Tage Minimum, vor Ablauf einer Woche kommt ihr nicht weiter. Das könnt ihr nicht hinter der nächsten Landspitze abwettern. Fahrt nach Inhambane zurück, den Fluss rauf, dann hinter der nächsten Landspitze den Anker werfen ohne einzuklarieren, bis das Wetter besser wird.«

Betroffenes Schweigen auf der LADY. Zurück? Gegen 20 Knoten Wind und einen Knoten Strom? Hoch am Wind, mit der LADY? Und das im Wettlauf mit der Zeit? Ein Blick ins Handbuch eröffnet weitere Schwierigkeiten: Auf die total versandete Einfahrt nach Inhambane steht seit Tagen der Nordost, wer weiß, was sich da für eine Welle aufgebaut hat. Die Tonnen sind laut Handbuch unzuverlässig und die Einfahrt nur eine halbe Stunde vor Hochwasser möglich. Jede andere Tageszeit grenzt an Selbstmord. So jedenfalls lesen sich die Berichte. Und dann, wenn wir drin sind? Eine Woche bei trockenen Nudeln und Reis ausharren, das Süßwasser auf einen Liter am Tag rationieren und dann immer noch einen 400-Meilen-Trip vor uns haben? Das klingt nach Schrecken ohne Ende. Aber was sollen wir tun? Die angekündigte Süd-

westfront hört sich wirklich schlimm an, das ist nichts, wo man mit ein paar gestandenen Seemannsbeinen mal eben drübermarschiert. Vor allem nicht, wenn zwei der Beine erst 18 Monate alt sind und zwei weitere hochschwanger.

»Neuer Kurs 50 Grad, Micha«, widerwillig nimmt Micha die Pinne in die Hand und bringt die LADY *auf den neuen Kurs. Aus 5,8 Knoten Fahrt werden 2,0. Wasser kommt über, die* LADY *bleibt in den Wellen stecken.*

»Wir müssen erst näher an Land, da erwischen wir vielleicht die Gegenströmung und können ein bisschen mehr Fahrt machen.«

Der Ankerplatz kann kaum als solcher bezeichnet werden. Geschützt ist die Bucht vielleicht ein wenig bei Südwest, doch jetzt, wo der Nordost seit Tagen pfeift, ist es die reinste Waschküche. Was tun? Es ist zwar gerade Hochwasser und somit der perfekte Zeitpunkt um einzulaufen, aber es ist auch mitten in der Nacht. So harren wir aus, Stunde um Stunde, werden von links nach rechts geworfen und bangen mit jedem Knall, mit dem der Bug der LADY *aufs Wasser kracht, um unsere Ankerkette. Im Morgengrauen halten wir es nicht mehr aus. Ankerauf und langsam gegen den Wind hoch zur Einfahrt kreuzen. Gegen elf Uhr stehen wir vor der Einfahrt, die auflaufende Strömung schiebt uns ins Flussdelta und reißt die* LADY *auch ohne Fahrt mit.*

»Es ist viel zu früh, Micha, viel zu früh. Wir können noch nicht genug Wasser über der Barre haben, wir müssen warten«, warne ich.

Doch der unausgeschlafene, grantige Kapitän grummelt irgendwas über die blöden Handbücher, dass sie noch nie gestimmt haben, dass das mal wieder nur Panikmache sei und legt den Gashebel um. Kurs auf die erste Tonne und los geht's. Ich vergleiche unsere Wegpunkte mit der Karte. Wir erkennen die erste Tonne und starren gebannt auf das Echolot. 30 Meter, 23 Meter, 15 Meter, acht Meter, fünf Meter, fünf Meter, fünf Meter. Nichts passiert. Laut Karte haben wir die Barre passiert, können Kurs auf die nächste Tonne nehmen. Wo ist die Untiefe? Ungläubig schauen wir ins trübe Türkis und nehmen fast die nächste Tonne mit.

Die See wird ruhiger, die Welle im Rücken, zwei bis drei Knoten Tidenstrom nehmen uns mit und tragen uns in Windeseile flussaufwärts. Wir haben uns gegen den Ankerplatz hinter der nächsten Landzunge und für die Stadt Inhambane entschieden. Wasser, Diesel, Lebensmittel und Windeln müssen gebunkert werden, bevor die Damen meutern. Vor allem ich stehe kurz davor auszusteigen. Seit zwei Wochen auf See, nur Fisch und Nudeln und Reis, selbst die Dosentomaten werden rationiert, weil in Madagaskar alles so teuer war und wir dachten, bald sind wir eh in Südafrika. Ich will einen Supermarkt, fließendes Wasser und einen Gynäkologen mit einem modernen Ultraschallgerät, der mir bestätigt, dass es unserem Bauchzwerg gut geht. Ich will keine schlaflosen Nächte mehr verbringen, weil sich doch wieder ein Moskito in unser Schiff verirrt hat und ich Panikanfälle wegen Malariagefahr bekomme. Es reicht! Letzteres muss wohl noch ein wenig warten, aber wenigstens wieder den Wasserhahn aufdrehen und mehr als ein Schnapsglas kühles Nass zum Zähneputzen verwenden zu dürfen, das klingt schon fast nach Paradies.

Nach den langen Tagen auf See steht Maya aufgeregt an der Reling und nimmt das Leben in sich auf. Mangrovenbewachsene Ufer, Seevögel, dünenartige Strände. Nach einer Weile begegnen wir den ersten Menschen, Reisende auf einer Dhau, den typischen Holzbooten des indischen Ozeans mit den dreieckigen Lateinersegeln. Das schwere Tuch hängt bei der Schräglage fast im Wasser, das Schiff scheint völlig überladen, überfüllt mit Menschen und Einkäufen. Als sie Maya an der Reling entdecken, ist die Freude groß, es wird gewunken, gerufen und gelacht. Keine Stunde später liegen wir sicher vor der kleinen Stadt Inhambane. An Land stürzen wir uns auf den ersten Uniformierten, den wir entdecken können. Davide heißt uns mit einem freundlichen Lächeln willkommen, mit einer Mischung aus Spanisch und Französisch versuchen wir uns zu verständigen. Sturm, Schutz suchen, Front abwarten, Wasser tanken sind die Stichwörter.

Davide lächelt: »Freitag Nachmittag schon, heute hat alles zu. Am Montag geht ihr zu den Behörden, bis dahin müsst ihr nichts machen, schaut euch die Stadt an und viel Spaß.«

Das lassen wir uns nicht zweimal sagen.

Inhambane war einst eine blühende Stadt, erbaut in portugiesischem Stil. Großzügige Alleen werden von üppigen Baumen gesäumt, und die schmucken Häuser lassen auch heute noch die satten, warmen Farben erahnen, in denen sie einst gestrichen waren. Doch im Bürgerkrieg wurde viel zerstört, wurden Häuser verlassen, dann vernachlässigt. Nun fehlt das Geld, das Land ist arm. Farbe blättert ab vom Gemäuer, das Straßenpflaster springt an vielen Stellen auf. Über alledem liegt ein Geruch, eine Atmosphäre, die uns bekannt vorkommt. Die portugiesischen Werbeplakate, die Gesichter der Menschen, die jungen Männer, die Hand in Hand gehen, um ihre Freundschaft zu zeigen, und die mit Wasser gefüllten Plastiktüten gegen Fliegen, die in den Geschäften und Cafés hängen. All das erinnert sehr an die Kapverden, die wir zu Beginn unserer Reise um die Welt besucht haben. Vertraute Musik klingt in unseren Ohren, und in dem kleinen Café am Straßenrand läuft vor unserem geistigen Auge noch einmal unsere Reise ab. So viele Jahre sind vergangen, und nun sind wir wieder hier, in Afrika, scheint sich der Kreis zu schließen. Überwältigt und übermüdet schaffen wir es gerade noch, ein bisschen Obst und Brot am Straßenrand zu kaufen, bevor wir auf der LADY in unsere Kojen fallen.

Der Samstag jedoch beginnt ganz anders, als wir ihn uns vorgestellt haben. Auf dem Weg an Land werden wir von zwei Marinepolizisten abgefangen. Unser netter Davide entpuppt sich als Aufseher der Mole, der rein gar nichts zu sagen hatte, und so werden wir zurück zur LADY eskortiert.

Logbuch

Freundliches Geplänkel, woher, wohin. Personalien aufnehmen usw. Alles kein Problem, dann beginnt die Inspektion. Jede Schublade wird geöffnet, die Bodenbretter hochgehoben, in den Kühlschrank geschaut, unter die Betten im Salon. Draußen stellt mir der andere Beamte weiter Fragen. Ob wir Tauchausrüstung an Bord haben? Ja, haben wir. Er lässt sich die vier Flaschen und die Jackets zeigen. Oh, das wird teuer! Wie? Ja, die Genehmigung kostet 250. Was auch immer, ich nehme mal an US$. Ja, aber wir tauchen doch gar nicht, wir liegen hier, weil es draußen morgen mit 40 Knoten aus Süd stürmen wird, weil wir kein Wasser und keinen Diesel mehr haben. Wir wollen 4 Tage hier in diesem schlammigen Fluss liegen und dann schnellstmöglich nach Südafrika. Egal, wir brauchen eine Genehmigung. Zeitgleich findet der andere unsere popelige Digikamera mit Unterwassergehäuse. Das macht alles noch schlimmer. Wir sollen unsere Legalisierung und Genehmigung für diese Kamera zeigen. Wie bitte? Was? Haben die noch alle Tassen im Schrank? Ich rede mir den Mund auf Französisch fusselig, aber es hat keinen Sinn, die beiden suchen nach irgendetwas, womit sie zu Geld kommen können. Da wir nicht freiwillig die Dollars rausholen, um den Spuk zu beenden, bestellen sie uns für Montagmorgen ins Office. Na prima, dann ist der Tag ja auch gelaufen.

Die Freude, die positive Stimmung vom Vortag ist getrübt, wir fühlen uns gegängelt, in die Ecke gedrängt, nicht mehr sicher. Die Willkür, mit der die beiden Beamten offensichtlich gehandelt haben, macht uns Angst. Was sollen wir tun, wenn die Situation eskaliert? Wir können nicht weg. Immer noch haben wir weder Wasser noch Diesel, und die Front ist erst für morgen angesagt. Erzählungen anderer Segler über korrupte Behörden kommen uns in den Sinn, kein gutes Gefühl, noch dazu mit kleinem Kind.

Der Markt entschädigt, die großen Augen von Maya, die auf all die Köstlichkeiten zeigt, die wir einkaufen sollen. Ananas, Papaya, Bananen, süße Mangos. Die netten Menschen im Backpacker-Treff an der Strandpromenade, die uns Wasser tanken lassen. In Windeseile versuchen wir das Nötigste für die Weiterfahrt zu organisieren. Spätestens Montag kommt die Front, danach können wir los, wir wollen bereit sein. Vielleicht müssen wir bei Nacht und Nebel verschwinden, wenn es noch mehr Ärger geben sollte.

Der Sonntag kommt und mit ihm der Sturm. Nachmittags sitzen wir an der Strandpromenade und schauen den einheimischen Jugendlichen beim Balzen zu, als plötzlich eine schwarze Wand aus dem Süden auftaucht. Mein Gott, wie gruselig, denken wir. Das auf See? Nein, danke. In Windeseile schlingen wir unseren Fisch herunter und machen uns auf den Rückweg. Wegen der Tide muss man weit draußen ankern, schon ohne Wind ein beschwerlicher Weg mit unserer zwei-PS-SEEKUH. Die schwarze Front kommt näher, und urplötzlich, von einem Moment auf den nächsten, ist der Wind da. Die LADY, bis eben noch friedlich im Strom ankernd, legt sich auf die Seite und wird an der Ankerkette herumgerissen. Plötzlich fahren wir in die falsche Richtung. Die LADY scheint vor uns wegzusegeln, die Wellen werden immer höher und fies, Wind gegen Strom. Alle drei werden wir bis auf die Haut nass, Nervosität kommt auf. Gut, dass Maya wenigstens ihre Schwimmweste anhat. Die SEEKUH röhrt und röhrt, kämpft, wir widerstehen dem Drang, mit unseren Händen mitpaddeln zu wollen, und nach einer gefühlten Ewigkeit bekommt Micha endlich die Reling zu fassen. Gerettet. Mit zitternden Knien bringe ich Maya nach unten, während Micha versucht, Kanister und andere Kleinteile an Deck zu verzurren, damit sie nicht fliegengehen. Im Inneren des Schiffes kommt man sich vor wie auf See. Um nicht das Gleichgewicht zu verlieren, hocken wir uns auf den Boden, packen die Bilderbücher aus und versuchen den Sturm zu vergessen. Alle sechs Stunden kippt die Strömung. Sechs Stunden liegen wir mit dem Strom, der Wind bläst von hinten ins Cockpit, Wasser kommt über, die LADY legt sich alle paar Minuten auf die Seite. Es ist grauenhaft. Dann sechs Stunden Ruhe. Wind und Welle von vorn, schlimm genug, aber eben doch eine vergleichsweise Erholung.

Jeden Morgen hören wir gebannt das Wetter von Fred, hoffen, dass der Sturm bald ein Ende nimmt. Fast 48 Stunden sind wir an Bord eingesperrt, können mit unserem Dingi und der kleinen Familie nicht an Land.

Am Dienstag ist es endlich so weit, der Wind hat nachgelassen, doch kaum eine Minute an Land, können wir schon wieder umdrehen. Immigration, Zoll, Küstenwache, Gesundheitsbehörde, Marinepolizei, alle wollen sie an Bord kommen. Großartig. Nun geht das Spiel wohl wieder von vorne los. Doch wir haben Glück. Eng aneinandergequetscht sitzen sie ungemütlich in unserem Cockpit, Schatten gibt es auch keinen, da das Sonnensegel noch nicht wieder hängt, und Maya blockiert den Niedergang, glücklich Erdnussbutterbrote vertilgend. Sie bleiben nicht lange, ein paar Fragen, ein bisschen Gelächter, Small Talk, und schon sind sie wieder weg. Kein Wort mehr von Strafe zahlen und Ähnlichem. Der Polizist mit der großen Klappe von Samstag sitzt ganz hinten, versucht noch zur Durchsuchung anzustiften, allerdings ohne Erfolg, die hohen Herrschaften haben genug. 30 Euro Bearbeitungsgebühr sind noch fällig, das war es. Keine Stempel im Pass, nur ein kleiner Wisch, dass wir hier notlanden mussten. Warum nicht gleich so?

Die letzten 400 Meilen sind ein Klacks. Wir haben wieder Diesel in den Tanks, den wir hemmungslos verbraten, sobald das GPS unter fünf Knoten anzeigt. Wir finden den berühmten Agulhasstrom, ziehen mit bis zu zehn Knoten an der Küste entlang und dabei einen Fisch nach dem anderen aus dem Wasser. Riesige Goldmakrelen und Wahoos. Bei Kälte und dichter Wolkendecke laufen wir schließlich ein paar Tage später in Richardsbay, Südafrika ein. Viele, die nach uns in Madagaskar gestartet sind, sind längst da, aber das stört uns nicht. Wir wollen nur einen Platz in der Marina, heiße Duschen, Spielplätze für Maya, einen Gynäkologen und einen Supermarkt. All das bietet Richardsbay, aber eben auch nicht viel mehr. Der Zululand Yacht Club ist unser Refugium. Ein günstiger Liegeplatz, ein Spielplatz, der Pool für gutes und die Badewannen für schlechtes Wetter. Auch wenn es uns manchmal traurig macht, mehr wollen wir zur Zeit nicht. Der Bedarf an Abenteuern ist nach dem Debakel in und vor Mosambik für einige Zeit gedeckt, und wir genießen es, einfach ganz normal zu leben.

Doch der anfänglichen Euphorie weicht langsam ein Unbehagen. Ist dies der Ort, an dem wir unser Baby bekommen sollen? Wollen wir es überhaupt in Südafrika bekommen? Oder in Deutschland? Was machen wir mit dem Schiff? Der ausgerechnete Entbindungstermin ist Anfang März, mitten in der besten Segelzeit für den Törn von Kapstadt nach Europa. Soll Michael die LADY *alleine segeln? Und wo bleibe ich? Und was machen wir nach der Geburt?*

Während wir uns Gedanken um Entbindung und Zukunft machen, läuft Freds Wetternetz auf Hochtouren. Alle Segler dieser Saison sind in Richardsbay und Durban eingelaufen. Die Backskisten sind wieder voll, notwendige Reparaturen erledigt und die obligatorischen Safaris in die Nationalparks zu den Elefanten und Löwen sind auch abgehakt. Jetzt heißt das Ziel Kapstadt. Am liebsten innerhalb von zehn Tagen und auf dem Rücken einer perfekten Wetterfensterwelle.

Wetterfenster, schon in Neuseeland haben wir dieses Wort schnell zum Unwort der Saison gekrönt, nun haben wir es wieder. Die Theorie, schnell und einfach erklärt, ist folgende: man wartet auf eine schöne, kräftige Südwestfront. Die Front nutzt man, um noch schnell die Betreiber von Pick'n Pay, der größten Supermarktkette Südafrikas, reicher zu machen. Nach 48 Stunden Südwest klariert man aus und verlässt in dem Moment den Hafen, in dem das Barometer zu steigen beginnt. Der Wind sollte dann in absehbarer Zeit auf Nordost drehen. Als Nächstes steuert man auf direktem Wege auf die 200-Meter-Tiefenlinie zu. Ist diese erst erreicht, setzt mit gewaltiger und untrüglicher Kraft der Agulhasstrom ein, der bei Südwest- bis Westwinden einer bösen Hexe gleich haushohe Wellen verursachen kann, bei Nordostwinden jedoch wie ein Zauberbesen drei bis fünf Knoten mitlaufenden Strom verursacht. Dieser Autobahn folgt man dann je nach Länge des Wetterfensters, sprich so lange, bis die nächste Front anrückt. Meilen machen, Meilen machen. Es ist wie beim Baseball spielen, wo man möglichst viel Stationen ablaufen muss, bis der Ball zurückkommt. Kommt er zurück, sprich die Front, hat man verloren. Niemand, auch nicht der hartgesottenste Südafrikaner, segelt bei Südwest gegenan. Die nächste Front wettert man in einem der Häfen ab, um ein paar Tage später erneut auf die Autobahn zu springen

So weit zur Theorie. Die Praxis sieht bei uns ganz anders aus – wir kommen nur knapp bis Durban. Dort bleiben wir fast geschlagene drei Wochen, bis das nächste vernünftige Fenster kommt.

Es ist Weihnachten. Mal wieder ein Weihnachten und ein Jahreswechsel in glühender Hitze. Subtropisches Klima und dazu der Lärm und Smog einer Dreimillionenstadt. Schon in Richardsbay haben wir die ersten Geschichten über gewalttätige Raubüberfälle gehört, hier gehören sie nun leider zur Tagesordnung. Nach Anbruch der Dunkelheit wagt sich niemand mehr zu Fuß auf die Straße, selbst für die kürzesten Wege nicht. Steigt man in ein Auto, verriegeln sich sämtliche Türen mit Umdrehen des Zündschlüssels wie von Geisterhand, sämtliche Ladenfenster sind vergittert, und überall wird versucht, mittels Kameras die Kriminalität per Überwachung einzudämmen. Einer der größten Geschäftszweige in Südafrika scheint die Security Branche zu sein. So nett die einzelnen Südafrikaner sind, die wir kennenlernen, und so schön das Land ist, mit der Kriminalität haben wir als Europäer ein großes Problem. Wenn man nicht mit Stacheldraht und automatischer Türverriegelung aufgewachsen ist, fühlt man sich umso mehr eingeschränkt in seiner Lebensweise. Ich kann mich nur schwer damit abfinden, dass ich den Weg von einem Yacht Club zum anderen lieber nicht zu Fuß gehen sollte, auch nicht im Hellen, dass man für jeden Einkauf ein Taxi bestellen muss und unter gar keinen Umständen Anhalter, auch keine Frauen mit kleinen Kindern, mitnehmen soll.

Ein Wetterfenster nach dem anderen öffnet und schließt sich. Viel zu kurz sind sie für unsere lahme Schnecke. Wir feiern Weihnachten, wir feiern Silvester, besuchen die einschlägigen Sehenswürdigkeiten der Stadt, entfliehen einer weiteren Fünf-Tage-Schlechtwetterfront in einem Mietwagen ins Hinterland von Durban. Es ist auch eine Flucht vor Wetterberichten und Seglergesprächen auf den Docks. Eine Flucht vor unseren eigenen Gesprächen.

»Was meinst du, Micha, sollte ich mit Maya nicht lieber den Bus nach East London nehmen? Im Lonely Planet stehen ein paar ganz nette und bezahlbare Backpacker Hotels, da könnten wir warten.«

»Hmm, wäre wahrscheinlich besser, dein Bauch ist ja nicht mehr gerade klein, helfen kannst du eh nicht mehr und ich bin sicher ruhiger, wenn ihr nicht dabei seid.«

»Ja, dann gucke ich mir mal den Fahrplan der Greyhounds an.«

Jeden Morgen beim Frühstück kommt das Thema auf den Tisch, wir drehen uns im Kreis. »Mit dem Bus fahren ist aber auch nicht der Hit. 24 Stunden sind wir unterwegs, Maya die ganze Zeit auf dem Schoß, ich weiß nicht. Außerdem macht es mich traurig, dass ich diese letzten Etappen nicht mitsegeln soll. Wir haben doch bisher immer alles gemeinsam gemacht. Vielleicht sind wir im Salon der LADY doch besser aufgehoben, was meinst du?«

»Tja, ich weiß auch nicht, dann fahrt eben mit, ganz alleine ist schon blöd, und teuer auch, wenn wir das bei jeder Etappe machen. Immerhin hab ich euch ja als seelische Unterstützung.«

Jeden Tag drehen und wenden wir die Situation aufs Neue. Was tun? Die Revierführer und der Seglertratsch am Tresen schreien, besser den Bus nehmen, das Gefühl sagt, ich will nicht. Vernunft, Angst, Bauch, Kopf, Seele und fünf Jahre gemeinsames Segeln drehen sich in unseren Köpfen.

»Es ist so weit, Fred hat grünes Licht gegeben, heute gehe ich ausklarieren, dann haben wir 36 Stunden Zeit, um aus Durban rauszukommen. Kommt ihr mit?«

»Ich nehm den Bus, ist ja kein Bilderbuchfenster. Besser ist das und sicherer. Vielleicht kommt die Front doch eher, und dann hängen wir da, mit Kind und Kegel gegen den Südwest.«

Logbuch

Das Wetterfenster ist kurz, aber es sollte gehen. Abends um acht geht es los aus dem Hafen um die Ecke und – bumm. 10 bis 15 Knoten aus SW, 2 bis 3 m See. Prima. Von wegen der Wind fällt aus in der Nacht. Die ersten zehn Meilen Gegenstrom. Danach Motorsegeln. Kein Strom. Was soll ich schreiben. Motorsegeln ist ja auch schon was. Es regnet ab und an, die LADY haut mit dem Bug knallend in die kurzen Wellen aus Süd. Inzwischen liegen wir schon auf dem Steuerbordbug. Der Wind dreht langsam, frischt auf. Immer noch Motorunterstützung mit 1200 Touren. Ganz schön raue See.

In der Seekoje habe ich zwei blinde Passagiere gefunden. Ein kleines blondes Mädchen mit Sommersprossen und eine gutaussehende dunkelhaarige Schönheit, allerdings mit sehr dickem Bauch. Unzertrennlich? Mutig? Na, dann bringen wir die Damen mal schnell nach East London, bevor der nächste Südwester um die Ecke knallt und uns was auf die Haube gibt.

Das Unangenehmste an den südafrikanischen Wettersystemen ist, dass man immer bei Flaute oder Schwachwindkursen schon raus muss und die ersten Stunden gegen die bestehende Welle der gerade durchgezogenen Front anbolzen muss. Zumindest wenn man nur eine Zwölf-Meter-Stahlschüssel hat. Wir bolzen gegenan, Maya wird seekrank, ich fluche, dass ich nicht den Bus genommen habe, und Micha holt sich die Thermounterwäsche aus den untersten Schapps. Ein Blick auf die Karte zeigt, dass der Weg bis Kapstadt noch weit ist, sehr weit. Immerhin erwischen wir nach ein paar Stunden endlich die berüchtigte Strömung, es fühlt sich an, als würde von ganz unten einer mitschieben. Nur der Nordost läßt auf sich warten. Erst am nächsten Tag, ein paar Stunden vor East London, bricht der Himmel auf, und mit dem Sonnenschein fängt auch der erwartete Wind zu pusten an. 25 Knoten, Delfine tümmeln sich in der Bugwelle, Maya hat die Seekrankheit überwunden und lacht bei jeder Welle, die die LADY *mit Tempo herunterrauscht.*

»Bin ich froh, dass ich mitgekommen bin. Segeln ist ja so schön«, strahle ich Micha an, und wie immer sind die lausigen Stunden oder Tage mit einem Schlag vergessen. »Ist das nicht der beste Trip, den wir jemals hatten?«

»Na, dann schau dir mal das Logbuch von letzter Nacht an.«

East London ist eine Kleinstadt an der Ostküste von Südafrika, am Ufer des Buffalo Rivers gelegen. Die Kaimauer ist kurz, es ist viel zu wenig Platz für den Ansturm der Yachten, die jedes Jahr zwischen November und Februar ihren Weg entlang der Küste suchen. Bei jedem Wetterfenster brechen durchschnittlich um die zehn Yachten auf, die alle in denselben Häfen Schutz suchen müssen. Es gibt nur wenige Stopps an der langen Küste. Mit acht Booten laufen wir ein, liegen letztendlich im Päckchen mit vier bis fünf Schiffen.

»Unglaublich«, staunt Micha, nachdem wir die Leinen unserer Nachbarn entgegengenommen haben. »Das ist wie auf Helgoland am Vatertag. Weißt du noch? Da lagen wir ganz außen und mussten für jeden Landgang über acht Yachten klettern.«

»So, der nächste Schlag geht nach Port Elisabeth. Ein Tag und eine Nacht, wenn alles gut geht. Wind ist keiner angesagt, dafür aber auch kein Südwester. Wird wohl ein Trip unter Motor. Ich finde wir fahren, zumindest ich. Nimmst du den Bus, oder kommst du mit?«

Ich denke an die kleine Maya, die käsebleich die ersten Stunden des letzten Trips in der Seekoje verbracht hat und entscheide mich dagegen. Ich denke an Maya, die die letzten Stunden fröhlich lachend im Cockpit saß und entscheide mich dafür. Wieder derselbe Prozess, wieder kann ich mich bis zum letzten Moment nicht entscheiden und habe schließlich doch wieder die Festmacher der LADY *in der Hand, die mir unser Bootsnachbar zugeworfen hat. Es geht einfach nicht. Im Greyhound die Küste entlang, den blauen Indik zu sehen und zu wissen, irgendwo dort draußen fährt Micha mit der* IRON LADY. *Maya wird langsam groß und entwickelt ihre eigenen Strategien, mit der See fertig zu werden. Da darf auch keiner reinreden. Erst 'ne Stunde Schlaf in der Seekoje, dann Mittagessen und jede Menge verdünnter Saft, ebenfalls liegend in der Seekoje, weitere zwei Stunden Verdauungs-*

schlaf, und schon ist die Welt in Ordnung. Weiterhin bitte immer entweder rohe Möhren, Cracker oder Biltong, getrocknetes Antilopenfleisch, eine südafrikanische Spezialität, in der rechten Hand. Denn wer dauerhaft futtert, kann nicht spucken. Nach fünf Stunden Seekoje steht Maya auf, wankt ein bisschen auf kurzen krummen Beinen, findet ihr Seegleichgewicht und verlangt im Cockpit nach Lego und Bilderbüchern.

Derweil spielen wir unser Strömungssuchspiel, ein paar Meilen näher zur Küste, ein paar Meilen raus. Am Horizont sehen wir die weißen Segel der anderen Yachten. Flotillensegeln. Gar nicht unser Fall, aber hier an der Küste geht es gar nicht anders. Kein Wind, Schwachwind, der Motor läuft. Es ist uns egal. Wir sind mitterlweile froh, überhaupt weiter gen Süden, gen Kap zu kommen. Keine zwei Monate mehr bis zum Entbindungstermin, und wir wissen immer noch nicht, wo wir bleiben werden. Noch immer ist die Möglichkeit im Gespräch, dass Micha die LADY *alleine nach Europa segelt. Vor der Geburt, nach der Geburt? Ein ganzes Jahr wollen und können wir nicht wieder warten. Wir merken es bei jedem Trip, bei jeder neuen Stadt, dass wir des Nomadenlebens müde geworden sind. Wieder eine neue Umgebung, wieder ein neues soziales Umfeld aufbauen, neue Menschen kennenlernen. Immer wieder von vorne beginnen. Das ist anstrengend, zumal mit Kind, wenn das Leben einen ganz eigenen Rhythmus hat. Abends im Cockpit schmieden wir Pläne für neue Reisen, Südamerika rund, Patagonien oder noch mal nach Chagos, dann Indien. Es gibt noch so viel zu entdecken, aber wir fühlen genau, wenn wir wieder Lust auf das Reisen bekommen wollen, müssen wir eine Pause machen. Ein paar Jahre sesshaft werden.*

Die Nacht bricht an, am Horizont sehen wir die Lichter der Mitsegler, schwach, schwächer, dann verschwinden sie ganz. Wir motoren mit Segelunterstützung.

Am nächsten Morgen richtet Micha angestrengt das Fernglas auf das Wasser vor uns.

»Hey, Micha. Schau doch lieber mal nach hinten. Da, da! Eins, zwei, drei, vier, nein, fünf Segel! Wir haben alle abgehängt heute Nacht!«

»Das muss ein Irrtum sein. Wir waren noch nie zuerst da.«

»Dann müssen wir wohl eine Strömung genau erwischt haben, die uns die paar Meilen vorangespült hat! Na, wie fühlt es sich an, endlich mal als Erster im Ziel zu sein?«, frage ich.

Micha grinst und nimmt Kurs auf die Hafeneinfahrt von Port Elisabeth, unsere nächsten Etappe.

Die kleine Marina ist voll, mit Mühe und Not ergattern wir den letz-

ten Platz an der Kaimauer. Keine zwölf Stunden später fegt die Front über Port Elisabeth hinweg.

»Was machen wir beim nächsten Wetterfenster? Fahren wir direkt durch nach Kapstadt, oder machen wir Halt in Knysna?«

Knysna ist der einzige Naturhafen an der Ostseite Südafrikas. Ein Nadelöhr, die Knysna Heads, gespickt mit Untiefen, ist die Einfahrt in eine Lagune, an der das kleine Örtchen Knysna mit Yacht Club und Marina liegt.

»Einer der schönsten Plätze in ganz Südafrika«, schwärmt Fred. »Es wird euch gefallen, ihr müsst dort anhalten.«

»Wenn ihr da einmal drin seid, kommt ihr nie wieder raus. Allein im letzten Jahr sind unzählige Boote in den Heads verunglückt. Schweinegefährlich ist das. Wenn der Schwell auf die Einfahrt steht, entstehen Wellen, die euch querschlagen können. Manchmal sind die Heads für Wochen unpassierbar. Ich würde da nicht hinfahren, das nächste Fenster ist lang genug für Kapstadt«, meinen ein paar einheimische Clubmitglieder. Müssen die es wissen? Oder Fred? Und wer weiß denn schon, was uns gefällt? Ich schaue meinen Bauch an. Der ist rund, kugelrund, und will endlich irgendwo ankommen. Die Internetwettervorhersage sagt fünf Tage Superwetter voraus, einen Tag später lässt auch Fred sich zu euphorischen Vorhersagen hinreißen. Fünf Tage, Samstagmorgen stechen wir in See. Ohne Diskussion über Busfahrten, denn wir alle wollen mitbestimmen, wo der Anker der LADY *das nächste Mal fällt.*

Logbuch

Ein Delfin surft die Wellen hoch und runter. Moment. »Nathalie!!!« Mein Blick schwenkt nach rechts, wo eine ganze Armee von mehreren Hundert Delfinen in einer schier unendlichen Line durchs Wasser pflügen und springen, wo weiße Gischt fliegt, direkt auf die LADY zu. Ein Spektakel der dritten Art. Mir läuft es kaltwarm den Rücken hinunter. Auch Maya hat den Mund offen stehen und starrt gebannt auf die Megaherde ihrer Lieblingstiere, die jetzt die LADY erreichen, uns vollkommen ignorieren und ihren Schwarm Abendessen weiter einzingeln. Auf Backbord bewegt sich der weiße Streifen des aufgewühlten Wassers schnell auf den Horizont zu. So schnell, wie sie da waren, so schnell sind sie wieder weg. Maya steht an der Reling, zeigt mit der Hand Richtung Horizont. »Mehr! Papa. Mehr!!!«

Die Nacht ist mal wieder lausig, doch der nächste Morgen begrüßt uns mit bestem südafrikanischem Segelwetter. Der Nordost hat sich durchgesetzt, Fred bleibt bei seiner Aussage, Kapstadt ist machbar, in einem Rutsch. Die Sonne scheint. Hochwasser in Knysna ist um 16 Uhr, wir werden um 15 Uhr dort vorbeisegeln – die perfekte Zeit, um durch die Heads zu gehen. Betroffenes Schweigen an Bord.

»Ich hatte ja gehofft, das Wetter trifft die Entscheidung für uns, aber das sieht nicht so aus, oder? Fred hat mir die Handynummer von Paul gegeben, wenn wir wollen, fährt er hoch in die Heads und lotst uns durch … Nathalie, hier kommen wir nie wieder hin. Jeder der hier war, schwärmt noch Jahre später. Jetzt segeln wir seit Wochen Flottille, immer mit denselben Leuten im Hafen, immer wieder dieselben Gespräche. Ich hab keine Lust mehr, lass uns hier reinfahren, außer uns brettern alle durch, so ein Fenster lassen die sich nicht entgehen. Bitte. Sonst liegen wir in zwei Tagen wieder zu acht vor dem Cape Agulhas oder in der Hout Bay in Cape Town. Ich weiß, du willst endlich nach Kapstadt und eine Geburtsklinik finden, aber lass und noch einmal was entdecken, wo nicht jeder hinfährt. Nur ein paar Tage verschnaufen, bis zum nächsten Wetterfenster.«

Ich lasse mich breitschlagen. Natürlich bin ich auch neugierig auf das kleine Städtchen am Ufer der Lagune. Wir ändern unseren Kurs, winken den weißen Segeln vor uns ein letztes Mal zu und wählen die Handynummer von Paul.

Die Heads. Raue Felsklippen rechts und links, eine schmale Durchfahrt. Paul steht irgendwo dort oben an Steuerbord mit einer kleinen Handfunke in der rechten und einem frischgezapften Bier in der linken Hand.

»Ich sehe euch, alles klar, ihr seid auf dem richtigen Kurs. Schön weit backbord halten, ihr müsst das Gefühl haben, dass ihr die Klippen berühren könnt, dann seid ihr richtig. Seht ihr vorne die Pyramide, auf die müsst ihr zuhalten.«

Wir sind nervös, obwohl wir schon unzählige Pässe in der Südsee hinter uns haben. Micha hält sich an der Pinne, ich an Maya fest. Die See ist ruhig, trotzdem bricht sich der Schwell an den Klippen und an den Untiefen. Wir haben einlaufendes Wasser, und schon werden wir von der Strömung mitgezogen.

Paul dirigiert weiter. »Weiter backbord, weiter, näher ran«, tönt es aus dem Funkgerät.

Ja, das haben wir gelesen, so nah, dass man meint, gleich sitzt man auf. Es rauscht an Backbord, das Wasser glitzert im Gegenlicht, und schon sind wir durch. Noch ein paar Kurven im Lagunenverlauf und wir haben es geschafft. Paul drückt den Off-Knopf und bestellt wahrscheinlich sein zweites Bier, und wir legen mit der LADY *im wohl romantischsten Yacht Club an, den wir in den letzten sechs Jahren gesehen haben. Eine altes Clubhaus aus Holz auf Stelzen, in Pastelltönen und weiß gebeizt, eine alte Steganlage aus Holz. Es ist später Nachmittag, und die Abendsonne taucht die Lagune in ein wunderbares Licht. Fünf Südafrikaner kommen auf den wackligen Besuchersteg und nehmen die Leinen entgegen. Ein paar Meter weiter beginnt die Waterfront, Marina und Restaurantmeile des Urlaubsstädtchens. Auf der Kurzwelle hören wir die anderen Segler, Mosselbay liegt bereits hinter ihnen, man nimmt Kurs auf das Kap. Wir machen das Funkgerät aus. Es ist uns egal, wir haben die Heads geschafft, sind abgebogen, haben uns ausgeklinkt.*

Der kleine Ort Knysna ist eine Mischung aus Sylt, Brighton und Bretagne. Rund um die geschützte Lagune, auf der sich Wassersportler aller Art herumtreiben, liegen Feriensiedlungen aller Preisklassen. Das fängt bei preiswerten Backpacker Hostels und Bungalows an und hört bei exklusiven Villenvierteln auf, in denen man gut noch eine schicke Werbeagentur aufmachen könnte. Ein weißes Holzhaus auf Stelzen mit Anlegesteg und der LADY *davor als neuer Arbeitsplatz, meint Micha, da könnte er fast mit dem Gedanken spielen, in seinen alten Beruf zurückzukehren. Ich glaube mit einem Auge hat er dabei auf die Oyster Company, ein schickes Restaurant, geschielt, in dem er dann mit seinen Kunden Etats bei Austern und gekühltem Chardonnay bekakeln könnte.*

Wir sind gerade 24 Stunden in der Lagune und fühlen uns so wohl wie lange nicht mehr. Die Kriminalität hält sich im Vergleich zum restlichen Südafrika in Grenzen, die Einheimische erzählen uns auf der Terrasse des Yacht Clubs, hier werden zwar Autos aufgebrochen und Handys geklaut, aber wenigstens wird keiner dafür umgebracht. Südafrikanischer Humor, realistische Darstellung der Situation. Natürlich kommt die Sicherheit nicht von ungefähr. Knysna ist ein reicher Ort, wer hier lebt, arbeitet entweder als Immobilienmakler, im Baugewerbe oder in der Tourismusbranche. Die Gardenroute, der grüne, liebliche Streifen Küste mit seinen schneeweißen Sandstränden und den verträumten Hafenorten, lockt jährlich zahlreiche Besucher an, und Knysna ist das Zentrum der Gardenroute.

Wo viel Geld ist, gibt es auch viel Arbeit, und das spiegelt sich im Straßenbild ebenso wie in den ehemaligen Townships, in denen immer noch die schwarze Bevölkerung lebt, wieder. Doch nicht nur das Geld regiert hier, zwischen den schicken Wohnsiedlungen haben sich auch etliche Biofarmen und kleine alternative Werkstätten und Restaurants angesiedelt. Knysna ist offen für jeden, der sich in die Umgebung verliebt.

Die Anspannung der letzten Wochen fällt von uns ab, statt weiter auf Wetterfenster zu schielen, kaufen wir lieber – eine Occasion! – einen alten Mercedes 230 E.

Stolz rollen wir mit unserem ersten Auto seit sechs Jahren auf das Clubgelände, wo wir die Sekretärin treffen.

»Ihr habt ein Auto gekauft? Ich dachte ihr bleibt nur eine Woche?«

»Ja, war ein gutes Angebot, und wir brauchen doch eh eins, auch in Kapstadt. Die Kliniken sind ja nicht gerade um die Ecke von den Marinas, wir müssen mobil sein. Nathalie kann es runterfahren, und ich fahre die LADY*, irgendwie so«, rechtfertigt Micha unseren völlig überstürzten Kauf.*

»Was hältst du davon, wenn wir unseren Wagen nehmen und für ein paar Tage nach Kapstadt fahren?«, überrascht mich Micha ein paar Tage später. »Dann können wir uns die Liegeplätze dort anschauen, den kleinen Club außerhalb in Simons Town, die Marina in Hout Bay und natürlich den Royal Yacht Club in Kapstadt selbst. Und dann können wir entscheiden, ob wir weitersegeln, bevor das Baby kommt.«

Ich bin hin- und hergerissen, alles in mir schreit nach Ruhe, nach Ankommen, und ich fühle, dass wir angekommen sind. Doch manchmal fällt es schwer, von seinem eigentlichen Ziel loszulassen, und so ist Michas Idee das Beste, was wir zum gegenwärtigen Zeitpunkt machen können. Im Auktionshaus erstehen wir einen Kindersitz für Maya, doch bevor wir die 500 Kilometer lange Fahrt nach Kapstadt antreten, gucken wir uns die hiesige Klinik an und sprechen mit den örtlichen Hebammen.

»Wir nähern uns Europa, was?«, sage ich zu Micha, als wir den maternity ward und den Kreißsaal mit den freundlichen Farben und bunten Babybildern besichtigen. Was für ein Unterschied zu Malaysia!

Kapstadt. Im Rücken der Tafelberg, vor uns der Atlantik. Unser Zimmer liegt im angesagten Viertel Green Hill, schräg gegenüber von der Baustelle des Stadions für die nächste Fußballweltmeisterschaft. Kapstadt ist großartig, es dauert keine 24 Stunden und wir sind verliebt in diese kleine Metropole, in die Menschen, in die Vielfalt, in die Viertel, in das Klima. Wir schlendern durch die Straßen und halten verstohlen nach »zu vermieten«- oder »zu verkaufen«-Schildern Ausschau, doch für unsere dicke LADY *finden wir keinen Platz. Simonstown ist zu weit weg, mindestens eine Stunde Fahrt zum nächsten richtig guten Kran-*

kenhaus, das kann knapp werden. In der Hout Bay knarren die Stege, und aus sicheren Quellen erfahren wir, dass das Leben auf den Booten fast unerträglich ist, wenn die Fallwinde die Berge hinunter in die Bucht pfeifen. Der Yacht Club in Kapstadt im Hafen ist groß, laut und dreckig, nicht ein Quadratmeter Grün, und die Marina an der Waterfront schlicht unbezahlbar.

»Schatz, ich glaube, wir haben uns längst entschieden, schon bevor wir hierherkamen. Knysna ist unser Ort, dort bleiben wir, dort wird unser zweites Baby zu Welt kommen. Und wenn es da ist, wann immer das sein wird, sehen wir weiter. Ich hab keine Lust mehr, Pläne zu schmieden und am nächsten Tag wieder zu ändern.«

»Dass du dich aber auch immer so schwertust mit den Entscheidungen, Nathalie, das war doch eigentlich am ersten Abend in Knysna klar, oder?«

»Vielleicht, aber ich habe gerne die Sicherheit. Die habe ich jetzt, komm, wir fahren nach Hause. Mein Bauch ist schwer und vier Tage Sightseeing in Kapstadt sind genug.«

Nach sieben Stunden Fahrt legen wir eine schlafende Maya in ihre Koje und sitzen noch lange im Cockpit der LADY. Wir haben eine Entscheidung getroffen. Die LADY in diesem Jahr noch nach Europa bringen, ist ein schöner Traum, aber zu welchem Preis? Zwei Monate wäre Micha mindestens unterwegs, und ich mit Maya und schwangerem Bauch oder Neugeborenem alleine. Nicht nur ohne Micha, sondern auch ohne die LADY, unserem schwimmenden Haus, unserer einzigen Konstante der letzten Jahre.

»Weißt du, mit der Weltumsegelung, den alten Kurs kreuzen, ich hab immer gedacht, das ist ungeheuer wichtig. Ein Qualitätsmerkmal für eine Reise. Und wenn wir das nicht schaffen, dann zeigen die Leute mit dem Finger auf uns. Guck mal, haben sie nicht geschafft. Keine Weltumsegelung. Aber mittlerweile ... Wäre unsere Reise so viel besser, wenn wir die 5000 Meilen auch noch segeln? Wir haben alle Ozeane überquert, haben alle Kontinente gestreift, alle erdenklichen Arten von Wetter gehabt, ein Kind bekommen. Wir sind mit einem Baby über den Indik gefahren und nun bekommen wir bald ein zweites. Preise und Trophäen hin oder her. Jetzt zählen unsere Familie und die Zukunft, alles andere ist unwichtig. Was wollen wir denn noch mehr?«

Wir schlafen gut nach dieser Entscheidung. Tief und fest, entspannt.

»Micha, wach auf, ich glaube, es geht los.«

»Was, hast du Wehen?«

»Kann sein, ja, ich denke schon, seit einer halben Stunde. Lass uns frühstücken und aufräumen, wenn es hell wird, rufen wir Nicki, die Babysitterin an und fahren mal langsam in die Klinik.«

Es ist Sonntag, der elfte März, halb sieben. Wir fahren nicht langsam in die Klinik. Nur 20 Minuten nach dem Wecken klingelt Nickis Telefon, Micha fährt den Wagen so nah an die Marina heran wie möglich und ich versuche der gerade aufgewachten Maya zu erklären, warum Mama und Papa nun ganz schnell wegmüssen. Um acht sitzen wir im Auto und preschen über Knysnas menschenleere Straßen Richtung Klinik. Michas Gesichtsausdruck ist mehr als besorgt, zu gut erinnert er sich an die blitzschnelle Geburt von Maya. Bei jeder Wehe drückt er das Gaspedal ein bisschen weiter nach unten. Um 8:58 erfüllt das zarte Brüllen eines Neugeborenen den Kreißsaal. Zärtlich streicheln wir den Kopf des Neuankömmlings.

»Ein Mädchen. Noch ein Mädchen! Willkommen kleine Lena.«

»Sie hat einen Knoten in der Nabelschnur, einen echten, das ist ganz selten.«

Unser Segelkind.

Und wieder schaukeln uns die Wellen am Steg. Die Kinder schlafen gemeinsam in der Achterkoje.

»Schatz, geht es dir nicht genauso? Wenn es hier Arbeit für mich gäbe, dann könnte ich schon hier leben.«

»Ich sowieso, Nathalie, das weißt du ja. Aber egal, was dieses Jahr noch für uns bereithalten wird: Dieser Ort ist wunderbar, der perfekte Hafen für die LADY *und der perfekte Ausgangspunkt für neue Reisen, wann auch immer sie beginnen werden.«*

Gott gebe mir die Gelassenheit,
Dinge hinzunehmen, die ich nicht ändern kann,
den Mut,
Dinge zu ändern, die ich ändern kann,
und die Weisheit,
das eine vom anderen zu unterscheiden.

Reinhold Niebuhr

Epilog

»Wie kommt ihr denn nach so langer Zeit im Ausland hier in Deutschland wieder klar? Mit all den Menschen, der Hektik, der Kälte und dem konsumorientierten Leben?«

Mein alter Freund Guido sitzt mit einer Flasche kühlen Becks Biers in der Hand und schaut mir eindringlich in die Augen. Nicht nur er, alle Freunde, alle Leser unserer Internetseiten haben dieselben Fragen, stellen Prognosen, wie es uns ergehen wird, wie lange wir in Deutschland bleiben werden. Ich schaue traurig zurück und lasse noch mal die vergangenen Monate mit all ihren Hochs und Tiefs Revue passieren.

»Ehrlich, ich kann es dir nicht sagen. Ich weiß es nicht. Manchmal gut, an anderen Tagen bin ich zu Tode betrübt. Es gibt Dinge, die wir auf dem Boot immer sehr vermisst haben: Telefon, Steckdosen, Wasser aus dem Hahn, monatliche Lohnzahlungen und vor allen Dingen die Freunde, die wir zurückgelassen haben, die Familienmitglieder, die wir jahrelang viel zu wenig gesehen haben.« Lächelnd stoße ich meine Flasche Becks an seine. »Lass uns mal das Thema wechseln. Es geht schon. Wir sind hier und so normal wie du selbst und doch so anders. Manchmal kommt es durch, da denke ich an das Meer und unser Schiff. Aber egal, heute Abend ist es schön, hier zu sein.«

Die eigenen vier Wände empfinden wir, ich mehr als Nathalie, als Einengung. Wir vermissen den Horizont und setzen beim Renovieren horizontale Flächen an den Wänden ab. Alles ist irgendwie vertraut. Alles ist irgendwie neu. Nathalie ist genervt, wenn ich nach Hause komme und erst mal alle unnötigen Lichter in der Wohnung ausschalte. »Schatz, wir sind nicht mehr auf dem Boot. Das Licht im Kinderzimmer darf einfach so brennen, wir haben keine Batterien mehr, wir müssen nicht am Strom sparen.«

Wir denken noch immer in DM, und die ersten Wochen nach unserer Ankunft vergehen mit Staunen über die Preise in Restaurants, Supermärkten und Geschäften. Wir fangen ganz von vorne an, sind vollkommen abgebrannt, leben die ersten Monate zu viert bei sommerheißen Temperaturen in einer zwanzig Quadratmeter großen Dachmansarde. Nathalie hat durch einen alten Freund und

Kommilitonen eine Stelle als Assistenzärztin in der Plastischen Chirurgie vermittelt bekommen, doch ihr Arbeitsbeginn verschiebt sich aus verwaltungstechnischen Gründen von Monat zu Monat. Uns wachsen die Kosten über den Kopf, die Kinder werden krank und sind unausgeglichen, und ich frage mich ernsthaft, wie ich meiner zukünftigen Rolle als Hausmann gerecht werden soll. Doch mit dem Herbst kehrt langsam Klarheit in unser neues Leben in Düsseldorf ein. Wir ziehen im Haus von Nathalies Großmutter eine Etage tiefer. 80 Quadratmeter Wohnraum haben wir nun, die wir nur langsam, sehr langsam mit Leben füllen. Schon zwei Räume sind mehr als genug für den Anfang, nach all den Jahren auf unserem kleinen Segelboot. Nathalie stürzt sich voller Elan in den Krankenhausalltag und tauscht ohne Schwierigkeiten ihr Seglerlatein gegen medizinisches Fachchinesisch.

»Wollt ihr denn noch mal los?« Guido lässt den Stuhl nach hinten kippen.

»Klar. Ich gestern, Nathalie in ein paar Jahren. Den Kindern die wenigen Paradiese zeigen, die wenigen Stücke echter Natur, die es dann wahrscheinlich auch noch geben wird. Aber nicht mehr um die Welt, nicht mehr für so lange, aber bestimmt wieder mit einem Segelboot. Guido, wir haben uns einen Kredit in der Zukunft genommen, den müssen wir jetzt erst mal zurückzahlen. Wir haben doch im Grunde einfach so das gemacht, wovon viele träumen, ohne je den Absprung zu schaffen. Wir haben auch viel verloren: Geld, Sicherheiten, Rücklagen, Karriere. All das, was in dieser Gesellschaft als wichtig und erstrebenswert gelehrt und beworben wird. Aber wir sind noch jung, haben eine Familie. Und wenn wir nicht bis ans Ende unser Leben als Vagabunden auf der IRON LADY verbringen wollen, müssen wir uns ein wenig um unsere finanzielle Zukunft kümmern. Aber ganz ehrlich: Es ist nicht immer einfach, dort weiterzumachen, wo wir aufgehört haben. Wir haben schließlich nicht nur positive Reaktionen auf unsere Weltreise bekommen, sondern manchmal sogar Infragestellungen durch Menschen, die wir anders eingeschätzt haben. Das zehrt.«

Guido hört mir zu, kratzt sich am Hinterkopf. Dann räuspert er sich vernehmlich: »Nun hör mal mit dem gesellschaftskritischen Gelaber auf. Ich wollt ja nur wissen, wie's *euch* jetzt geht.«

»Hey, ja, klar. Ich kann aufhören, darüber zu reden, aber die Gedanken kann ich nicht einfach so abstellen.«

»Vielleicht hast du ja auch ein Problem in deiner Birne.«

»Sag ich doch«, grinse ich breit, »aber genau danach hattest du doch gefragt, oder?«, lache ich.

Guido kennt mich und meinen Hang zum Lamentieren und kann mich ganz gut auf den Boden der Tatsachen zurückbringen. Genau dafür braucht man Freunde, denke ich.

»In meiner Höhle, Papa.«

Maya sucht ein Holzspielzeug, das in der Kinderkoje der LADY liegt.

»Piel in meiner Höhle. Zu Boot fahren, ja?«

»Ach Maya, die IRON LADY liegt doch weit, weit weg, fast am südlichsten Punkt Afrikas und wartet dort brav auf eine ungewisse Zukunft. Du weißt doch, dort, wo die Elefanten mit den großen Ohren leben und die Zebras.«

»Ahhhhh«, Maya nickt wissend, setzt sich auf meinen Schoß, schlingt ihre Arme um meinen Hals und kuschelt sich an mich. Für sie ist das Leben auf der LADY schon weit weg. Kindertagesstätte, Oma, Uroma, Opa, Weihnachten, Nikolaus, Karussell fahren, Eis essen und jeden Tag lernen, lernen, lernen. Kinder sind viel anpassungsfähiger als wir Eltern. Lena fängt grade an zu stehen und im Gegensatz zu ihrer älteren Schwester, die während des ersten Lebensjahrs 7000 Seemeilen gesegelt ist, nach Südafrika kam und deren erstes Wort »Auto« war, fängt Lena brav mit »Mama« an. Die Kinder geben unserem Leben einen neuen Sinn. Wir sind verantwortungsvoller geworden, genießen die Zeit in Deutschland, tanken auf, sind aber dennoch infiziert vom Virus des Fahrtensegelns. Wir haben die Bilder der Menschen aus Madagaskar noch im Kopf, die Erlebnisse auf Toau und die unvergesslichen Segelnächte, in denen unser bester Freund der Mond war. Wir haben Sehnsucht nach dem Meer, nach den Küsten, den Menschen und nach den Tropen. Wir wissen von einer Welt, die der Mensch noch lange nicht gänzlich erforscht hat: dem Meer. Dahin wird es uns immer wieder ziehen, wie die Nadel eines Kompasses, der immer nach Norden zeigt – egal, was passiert.

Danke

Dieses Buch wäre nie geschrieben worden, wenn uns nicht zahlreiche Menschen geholfen hätten, unseren Traum von einer Weltreise unter Segeln zu verwirklichen. Dafür danken wir …

… meiner Mutter für den Briefkasten, fürs Mutmachen und dass sie trotz der vielen Verlängerungen immer mit viel Verständnis hinter uns gestanden hat,

… Michaels Vater für das leidenschaftliche Verfolgen und Archivieren unserer Logbuchberichte und das schier endlose Verständnis für seinen eigenwilligen Sohn,

… meiner Schwester Stephanie fürs Rückenfreihalten und Kofferladungen voll Ersatzteilen,

… Michaels Schwester Susanne mit Familie für CDs aus der Heimat und aufmunternde Mails in Krisenzeiten,

… meiner Oma für ein Dach über dem Kopf, wann immer wir es brauchen,

… der Firma *anymotion* und vor allem Klaus Rosskothen, Mark Lambertz, Malte Maas und Jenny Schmidt für die Entstehung und jahrelange Betreuung unserer Internetseite,

… unserem Bodenengel Nadia gesondert für unzählige Mails, beantwortete Fragen, Organisation, bedruckte T-Shirts und Anteilnahme und Unterstützung,

… Ulli Kronberg für sein Vertrauen in unsere Fähigkeit, Artikel zu schreiben,

… Detlef Jens und Anke Bordmerkel für die Vermittlung zum *Segeljournal* und weiteren Artikeln,

… den Jungs von *SCS* für ihre Modems und die Einsicht, dass sie über Michaels Arbeit unsere Bordkasse füllen müssen,

… Martin, DL1ZAM, gesondert für die schnellste Datenkommunikation in allen Lebensfragen,

… Christa und Georg Seifert vom *shipshop* für Ausrüstungstipps und Ersatzteile,

… *Helly Hansen*, weil wir durch ihre Ausrüstung auch nach dem zehnten Squall in zwölf Stunden noch trockene Unterwäsche hatten,

… Winfried und Ute von der ANNA MARIA, Fred von *Peri Peri Radio*, Günther vom *Pacific Island Net*, Poldy, dem Wetterfrosch, und Hannes von der VITE VITE für persönliches Wetter und Törnbegleitung,

… Charly von *Dockland 5* für Farben zum Einkaufspreis und tausend unbezahlbare Ratschläge,

… Elke und Frank von *Orbcomm* für die nette Unterstützung im Satellitenverkehr,

… Michael Ramrodt von der Firma *Nikon* für das unkomplizierte Aufmöbeln und Aufrüsten unserer Kameras,

… Michael Sors und seinen Kollegen von der Firma *Twinhead* für das großzügige Auslegen von Garantiefällen,

… Andrea und ihrer Familie dafür, dass sie unserer Hündin Aileen ein neues Zuhause gegeben haben,

… Angelika für Tauchkompressor und Tauchflaschen und Uwe Drecker für den passenden Wetterschutz,

… Klaus und Karna dafür, dass sie die IRON LADY für ihre nächste große Reise in unsere Hände gegeben haben,

… Robert Ravensburg für beispiellose Gastfreundschaft in Südafrika,

… Judith und Cemil für literweise Kaffee mit Milchschaum,

… den alten Hasen für seelischen und geistigen Beistand,

… Karolin für den Conrad-Katalog,

… Mark für die verlorene Kamera,

… Guido, Katharina, Malte, Rossi und Andreas für das Besorgen, Verpacken, Schleppen und Einchecken diverser Ersatzteile,

… unzähligen Segelfreunden dafür, dass sie mit ihren persönlichen Geschichten unser Buch lebendig gemacht haben,

… Papa John für den ultimativen Tipp, Lobster zu fangen,

… Pam und Nicki in Knysna für Mayabetreuung auf Abruf,

… Günther auf El Hierro für den First-Class-Tauchkurs,

… Sue und Jim von *sailmail* für zuverlässige, prompte Hilfe bei allen technischen Fragen

… Thomas Kersting für die Ausrichtung der IRON LADY-Treffen in Krefeld,

… Charly für das IRON LADY-Treffen in Kaarst,

… Michael Niekau für unvergessliche Tage im Krüger Nationalpark,

… Wolfgang und Helga von der INNOUK, Aurelio von der CARDINALA und Rosemary und Robert von der DEUSA für Trinkwasser, als wir auf dem Trockenen saßen,

… Frau Sallmann vom *TO* für den netten E-Mail-Kontakt,

… Gaby, Roger, Pierre und Michelle, Lyn, John und Julia vom *Knysna Yacht Club* für die liebevolle Aufnahme in die Knysna-Segelgemeinde und Lehrstunden für das perfekte Braai,

… Kathrin vom Reisebüro *Fairlines* in Hamburg für komplizierte Flugbuchungen gegen Heimweh

… und nicht zuletzt allen treuen Lesern der ironlady.de, die wir nicht alle namentlich nennen können, die uns immer wieder Mut gemacht haben, mit dem Schreiben weiterzumachen, und allen anderen Menschen, die uns während der Reise mit großen und kleinen Taten und Worten geholfen haben, und die wir hier unabsichtlich vergessen haben sollten.

Zuletzt, aber allen voran danken wir natürlich unserer Lektorin Birgit Radebold, die weder mit Lob noch mit Kritik gegeizt hat, und ohne deren Begeisterung wir vielleicht den Mut verloren hätten, das Buch fertigzustellen.

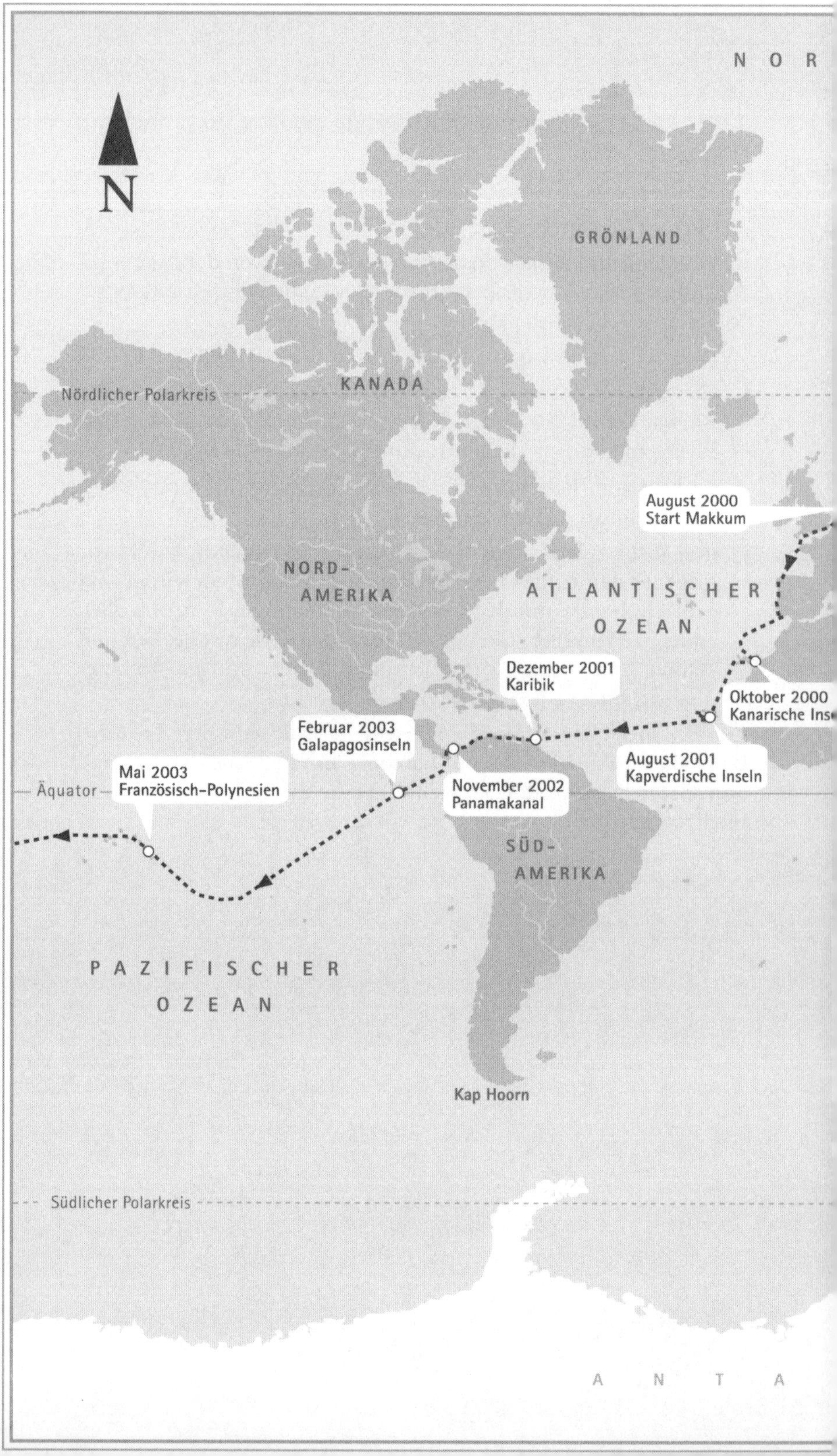

N O R
N
GRÖNLAND
KANADA
Nördlicher Polarkreis
August 2000
Start Makkum
NORD-
AMERIKA
ATLANTISCHER
OZEAN
Dezember 2001
Karibik
Oktober 2000
Februar 2003
Galapagosinseln
August 2001
Kapverdische Inseln
Mai 2003
Französisch-Polynesien
Äquator
November 2002
Panamakanal
SÜD-
AMERIKA
PAZIFISCHER
OZEAN
Kap Hoorn
Südlicher Polarkreis
A N T A

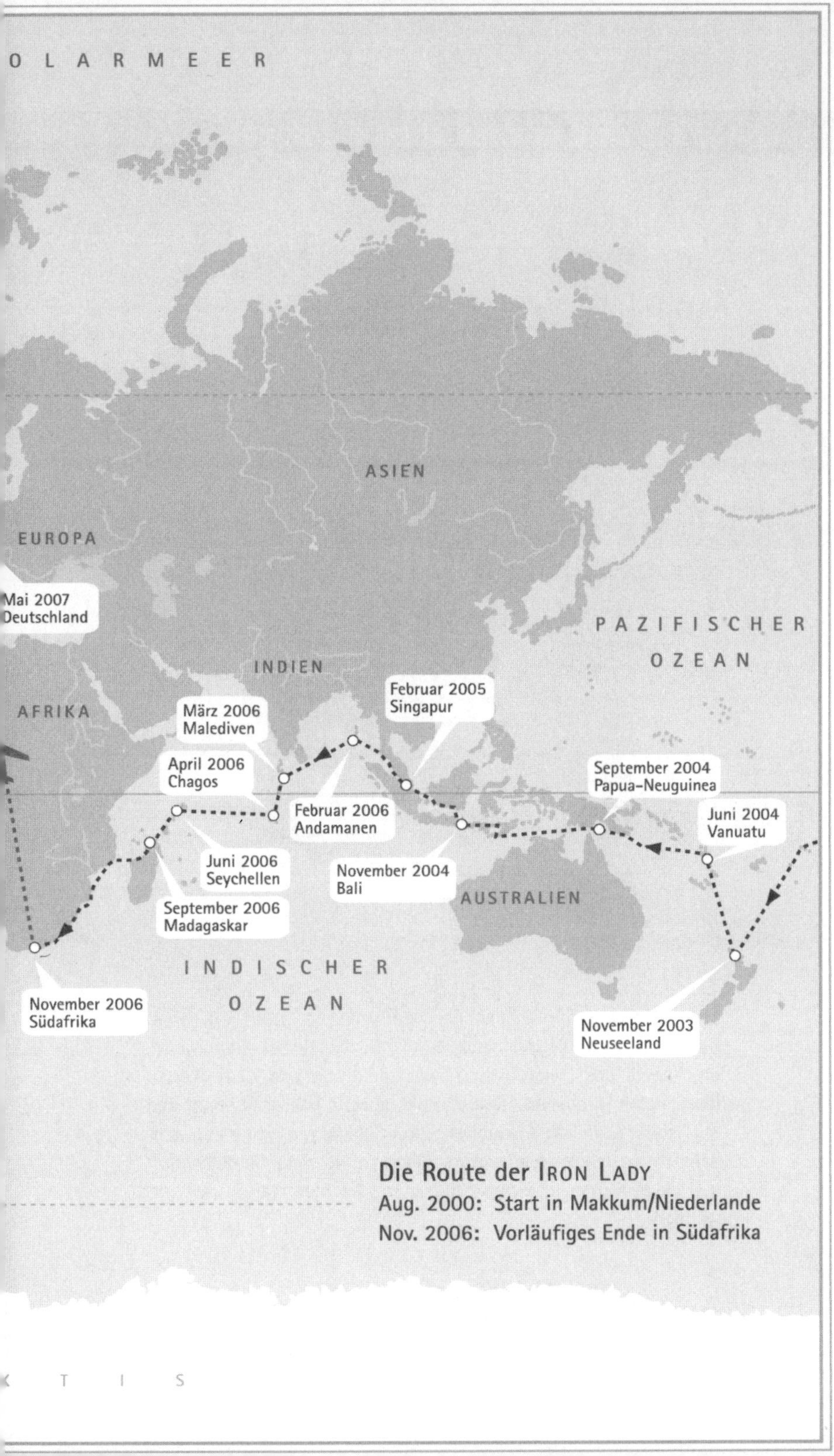
OLARMEER
ASIEN
EUROPA
Mai 2007
Deutschland
PAZIFISCHER
OZEAN
INDIEN
AFRIKA
Februar 2005
Singapur
März 2006
Malediven
April 2006
Chagos
September 2004
Papua-Neuguinea
Februar 2006
Andamanen
Juni 2004
Vanuatu
Juni 2006
Seychellen
November 2004
Bali
AUSTRALIEN
September 2006
Madagaskar
INDISCHER
OZEAN
November 2006
Südafrika
November 2003
Neuseeland
Die Route der IRON LADY
Aug. 2000: Start in Makkum/Niederlande
Nov. 2006: Vorläufiges Ende in Südafrika
TIS